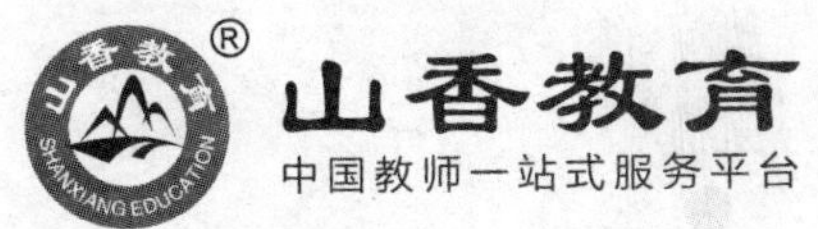


# 教师招聘考试

# 历年真题解析及押题试卷

## 参考答案及解析

### 教育理论基础·通用版

山香教师招聘考试命题研究中心　主编

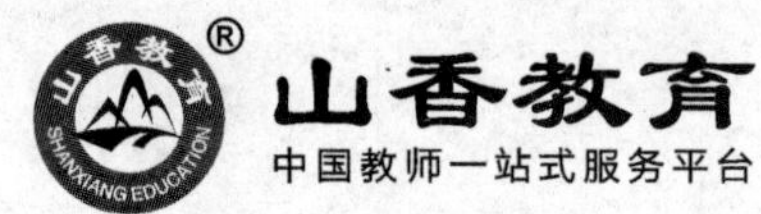

# 教师招聘考试
# 历年真题解析及押题试卷
## 教育理论基础·通用版

山香教师招聘考试命题研究中心　主编

扫码免费领取：
①免费名师视频课程
②精选20套历年真题(带答案和解析)
③山香独家内部讲义
④上岸必刷题库
⑤考试资讯第一时间获悉，从容准备，不错失每一次机会
⑥备考交流群，山香专业老师互动答疑，打卡督促学习

免费领取方式：
①扫码关注公众号
②回复备考省份

图书在版编目(CIP)数据

教育理论基础:通用版／山香教师招聘考试命题研究中心主编．--北京：首都师范大学出版社，2018.8(2021.8重印)
教师招聘考试历年真题解析及押题试卷
ISBN 978-7-5656-4780-2

Ⅰ.①教…　Ⅱ.①山…　Ⅲ.①教育理论－教师－聘用－资格考试－习题集　Ⅳ.①G40-44

中国版本图书馆CIP数据核字(2018)第184217号

教师招聘考试历年真题解析及押题试卷
教育理论基础·通用版
山香教师招聘考试命题研究中心　主编

策划编辑　张文强
责任编辑　曹亮亮　王慕飞　　　封面设计　山香教育
首都师范大学出版社出版发行
地　　址　北京市西三环北路105号
邮　　编　100048
咨询电话　010－68418523(总编室)　　010－68982468(发行部)
网　　址　http://cnupn.cnu.edu.cn
印　　刷　河南黎阳印务有限公司
经　　销　全国新华书店
版　　次　2018年9月第1版
印　　次　2021年8月第12次印刷
开　　本　787mm×1092mm　1/16
印　　张　17.5
字　　数　390千
定　　价　42.00元

# 前　言

近年来，国家扩大和补充教师队伍的政策力度不断加大，教育部指出："深化教师队伍补充机制改革，确保教师聘用质量。全面推行新任教师公开招聘制度，形成长效机制。"这意味着教师招聘考试各方面将日益规范和深入。对每一位立志成为人民教师的考生来说，这既是新的契机，也将是巨大的挑战。教师招聘考试（教师入编考试，简称招教考试）是我国公开招聘教师的选拔性考试，其目的是为教育行政部门录用优秀教师提供参考。各地依据考生笔试成绩，结合面试情况，按已确定的招聘计划择优录取。

考生如何在严峻的教师招聘考试中脱颖而出呢？除了要具备扎实的专业知识外，短时间内系统、针对性的复习和训练也是必备的。为了让更多的考生有针对性地备考，使复习有方向、有条理，作为国内研究开发教师招聘考试辅导教材的专业机构，山香教育专门为有志于教育事业、需要通过教师招聘考试实现人生理想的广大考生朋友推出了《教师招聘考试历年真题解析及押题试卷·教育理论基础：通用版》试卷。

本试卷具有以下特点：

第一，真题省份分布广。本套试卷历年真题部分精选了较有代表性的省份教师招聘考试具有代表性的真题，知识点涵盖全面且题型丰富多样化，预示了教师招聘考试的命题趋势。

第二，内容精。押题试卷部分是在充分研究历年真题的基础上修订的。它注重对思想和方法的考查，注重对能力的考查，同时兼顾试题的基础性、综合性和现实性，重视试题间的层次性，合理调控综合程度，坚持多角度、多层次的考查，努力实现综合素养的要求。

限于时间及水平，本套试卷难免存在一些不足之处，衷心希望各位读者朋友批评指正，同时希望这套试卷能为考生顺利通过招教考试提供帮助。

编　者

# 目　录



**参考答案及解析单独成册**

真题试卷

# 2021年河北省石家庄市事业单位教师招聘考试 教育理论基础真题试卷(一)

(总分100分　时间120分钟)

本套试卷共150小题,包括单项选择题(80小题),多项选择题(20小题),判断题(30小题),材料分析题(20小题)。

## 一、单项选择题(在下列每小题列出的四个选项中只有一个是最符合题意的,请将其代码填在括号内。错选、多选或未选均不得分。本大题共80小题,每小题0.7分,共56分)

1.(　　)的统一所构成的教育影响,使教育活动成为一种区别于其他社会活动的相对独立的社会实践活动。

A.教学方法与教育手段　　B.教育内容与教学材料

C.教学方法与教育目标　　D.教育内容与教育形式

2.从表面属性和外部特征看,教育功能可以分为(　　)(易混)

A.个体功能与社会功能　　B.本体功能与派生功能

C.显性功能与隐性功能　　D.保守功能与超越功能

3.(　　)既包含"为谁培养人""培养什么样的人"的问题,也包含"怎样培养人"的问题和教育事业发展的基本原则。(易混)

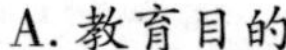

A.教育目的　　B.教育方针　　C.教育制度　　D.教育法规

4.从历史发展来看,近代以前的教育基本上是以(　　)培养作为主要的价值取向。

A.身体素质　　B.科技素质　　C.人文素质　　D.军事素质

5.教育制度的(　　)主要表现为:入学条件和各级各类学校培养目标的日益标准化。

A.客观性　　B.规范性　　C.历史性　　D.强制性

6.单轨学制最早产生于美国,先后被世界许多国家采纳,是因为它有利于(　　)

A.教育的逐级普及　　B.学校的规范管理

C.教师的快速发展　　D.学生的成绩提升

7.(　　)是现代学制的一个重要特点,也是现代学制向终身教育制度发展的重要标志。

A.高中教育阶段　　B.初中教育阶段

C.小学教育阶段　　D.幼儿教育阶段

8.我国现阶段教育改革和发展的重大任务是(　　)

A.促进义务教育均衡发展　　B.快速发展学前教育

C.实现高中教育特色发展　　D.基本普及职业教育

9.有专家说,现代教师的内涵更丰富,是"经师"与"人师"的统一。专家的观点意味着教师具有(　　)

A.发展性　　B.专门性　　C.高素质性　　D.多功能性

10.教师所享有的权利,尤其是(　　)的多少,反映了国家和社会对教师职业的重视与保护程度,直接影响着教师在社会民众及学生心目中的威信与地位。

A.专业权利　　B.荣誉权利　　C.交往权利　　D.生存权利

11.实践—反思取向主张教师专业发展的途径是(　　)

A.经过正规培训,向专家学习先进的学科知识

B.用教育叙事、撰写日志等方法获得教育智慧

C.依赖"教师文化"为其工作提供意义和支持

D.通过学习团队建设进行协同教学、合作教研

12.在教师合理的专业知识中,教育原理、心理学、教学论、班级管理和现代教育技术等知识属于(　　)(常考)

A.本体性知识　　B.条件性知识

C.实践性知识　　D.技巧性知识

13.承认学生的(　　)是发挥学生主体性的前提条件。

A.独立性　　B.调控性　　C.选择性　　D.创造性

14.(　　)学生的道德感、理智感在情感生活中占主要地位。

A.幼儿园　　B.童年期　　C.少年期　　D.青年期

15.当学生置身于班级组织中时,他的人格及能力上的特点、差异和不足就会显现出来。这反映了班级组织具有(　　)

A.促进发展功能　　B.诊断功能

C.满足需要功能　　D.矫正功能

16.一些教育行政部门和学校规定:不允许男教师与女学生单独谈话。这属于师生关系的(　　)

A.学校调节　　B.法律调节　　C.道德调节　　D.沟通调节

17.美国学者古德莱德归纳的课程中,由一些研究机构、学术团体和课程专家提出应该开设的课程属于(　　)(常考)

A.领悟的课程　　B.正式的课程

C.理想的课程　　D.经验的课程

18. 存在主义课程论认为教材是(　　)(易错)

A. 对学生进行心智训练的材料　　B. 为学生谋求职业做好准备的手段

C. 给学生确立学习目标的依据　　D. 学生自我发展和自我实现的手段

19. 多尔设想的后现代课程标准中,最重要的特征是(　　)

A. 丰富性　　B. 循环性　　C. 关联性　　D. 严密性

20. 学科课程的优点主要是(　　)

A. 以学生自主实践为主导　　B. 比较强调每一学科的逻辑组织

C. 内容主要来自社会生活　　D. 将多学科相关内容融合在一起

21. 学校组织机构、班级管理方式和班级运行方式属于(　　)

A. 观念性隐性课程　　B. 物质性隐性课程

C. 制度性隐性课程　　D. 心理性隐性课程

22. 近年来,我国在新的课程计划中推行一纲多本,实施双语教学,强调乡土教材的重要性。这体现了(　　)对课程变革的影响。

A. 文化模式　　B. 市场经济　　C. 科技进步　　D. 社会发展

23. 教学中,许老师一旦发现教学效果不理想,就立即根据学生的实际状况修正、改变原有的教学顺序。许老师这样做符合布鲁纳提出的(　　)

A. 动机原则　　B. 结构原则　　C. 序列原则　　D. 强化原则

24. 教学中,李老师经常用真实、复杂的故事呈现问题、营造解决问题的环境,让学生在解决问题过程中活化知识,用产生于真实背景中的问题启发学生思维。李老师的做法符合(　　)的基本观点。

A. 情感教学理论　　B. 行为主义教学理论

C. 认知教学理论　　D. 建构主义教学理论

25. (　　)是教学设计最关键的环节,是教学设计的主体部分,其质量高低直接影响教学活动的成败。

A. 教学内容设计　　B. 教学方法设计

C. 教学目标设计　　D. 教学评价设计

26. 根据研究,(　　)的学生不会产生疲劳的适当学习时间是 40~50 分钟。

A. 6~8 岁　　B. 9~12 岁　　C. 13~15 岁　　D. 16~18 岁

27. 教学策略都是针对教学目标的每一具体要求而制定的,具有与之相对应的方法、技术和实施程序,并转化为教师和学生的具体行动,这说明教学策略具有(　　)

A. 指向性特征　　B. 操作性特征　　C. 综合性特征　　D. 灵活性特征

28. 学生李鹏在学校受到了挫折,他回到家后就拿小妹妹出气,以发泄自己的情绪,李鹏的行为属于(　　)

A. 恐怖　　B. 退缩　　C. 焦虑　　D. 攻击



29. 王老师说,学生失范行为和越轨冲动主要是由于童年的社会化失调造成的。王老师的说法与(　　)的观点基本一致。

A. "心理缺陷说"　　B. "差异交往说"

C. "控制缺乏说"　　D. "挫折—侵犯说"

30. 在家庭教育的各种因素中,(　　)往往决定着孩子的发展水平。

A. 父母关系的好坏　　B. 家庭环境的状况

C. 亲子关系的质量　　D. 经济收入的高低

31. 班主任对学生负有的激活责任是指(　　)

A. 教育学生学会做人　　B. 促使学生提高素养

C. 发现学生个性特点　　D. 给予学生成功体验

32. (　　)是国民教育的基础,其发展直接关系到国民素质的提高,是衡量一个国家全民教育发展水平的重要尺度。

A. 学前教育　　B. 初等教育　　C. 中等教育　　D. 高等教育

33. 学习者在自己的日常生活、交往和游戏等活动中形成的大量个体经验叫作(　　)

A. 结构良好领域知识　　B. 结构不良领域知识

C. 自下而上的知识　　D. 自上而下的知识

34. 罗杰斯提出(　　)的主张,认为教师只是一个"使学习变得更方便的人"。

A. 有意义学习　　B. 知情统一

C. 以学生为中心　　D. 从做中学

35. 一个学生说:"反正我也不是什么好学生,学习不好,总被老师和家长批评,同学也不喜欢我,我再努力也学不好。"该学生这一说法主要受(　　)的影响。

A. 自我发展　　B. 自我实现　　C. 自我监督　　D. 自我概念

36. 教学中,高老师在播放视频后,组织学生或自由发言或小组讨论关于视频的感想。高老师运用的教学策略对应(　　)的学习风格。(易混)

A. 发散者方式　　B. 顺应者方式

C. 聚合者方式　　D. 同化者方式

37. 张老师认为小明聪明学习好,小磊学习一般,即使他俩某次考试成绩一样,也认为小磊是碰运气,对小明则有更高期待。他俩从老师日常的言行中都能体会到这些。小明被激励,学习更努力;小磊感觉老师偏心不公平,学习松懈。张老师的认知存在着(　　)(常考)

A. 晕轮效应　　B. 首因效应　　C. 刻板印象　　D. 近因效应

38. 李玲在数学课上多次被老师批评,不愉快的经验让她只要上数学课就焦虑紧张,也不喜欢数学老师,逐渐不喜欢上数学课,后来发展为不喜欢上其他课,最终害怕去上学。行

为主义理论称这种现象为(　　)

A. 正强化　　B. 负强化　　C. 消退　　D. 泛化

39. 学生为了保持家长和老师的赞许或认可,而表现出来的努力学好的需要属于(　　)(常考)

A. 附属内驱力　　B. 认知内驱力

C. 自我提高内驱力　　D. 外部驱力

40. 赵新同学厌学,不想去上学是因为不知道如何与宿舍同学相处,自己学习不好,感觉也不被老师关注。学校应注重满足学生(　　)

A. 生理的需要　　B. 安全的需要

C. 归属与爱的需要　　D. 自我实现的需要

41. 教学不仅要依据儿童已经达到的现有发展水平,而且要预见到儿童今后的心理发展,教学要走在发展的前面,这属于(　　)的观点。

A. 情境性教学　　B. 发展性教学　　C. 生成性教学　　D. 支架式教学

42. 自我价值理论在趋向成功和避免失败的两个维度上,采用四象限模型划分动机类型。有一类学生学习努力,聪明能干,会对自己提出更高目标,深得老师喜爱。表面看很好,但实际上因为担心失败,他们深受紧张、冲突的精神困扰。这类学生属于(　　)

A. 高驱低避型　　B. 低驱高避型

C. 高驱高避型　　D. 低驱低避型

43. 苏联教育家苏霍姆林斯基说:让学生变聪明的方法不是补课,不是增加作业,而是(　　)

A. 做手工　　B. 交朋友　　C. 强化记忆　　D. 阅读

44. 小蒙从小练习舞蹈,熟练地掌握了一定的舞蹈动作,但在高考前的集训中,更换了舞蹈老师。新舞蹈老师按考试标准要求小蒙改变原有动作,小蒙在调整舞蹈动作时期,舞蹈练习成绩出现停顿或下降现象。此时小蒙出现了(　　)

A. 高原现象　　B. 起伏现象　　C. 特殊迁移　　D. 逆向迁移

45. 小轩遇到商场着火,所在楼层是卖布料的。在紧急情况下,他只想到布是用来做衣服和被褥的,却没有想到布可以作为求生工具。影响小轩问题解决的主要因素是(　　)(易混)

A. 酝酿效应　　B. 功能固着　　C. 自由联想　　D. 聚合思维

46. 不利于培养教学实际中问题解决能力的是(　　)

A. 设置难度适当的问题　　B. 帮助学生正确表征问题

C. 指导学生从记忆中提取信息　　D. 由教师提问要求学生配合

47. 小刚在家完成作业过程中一会儿出去倒杯水喝,一会儿上厕所,一会儿又去看手机,导致作业内容记不住。影响短时记忆中保存的是(　　)

A. 干扰　　B. 前摄抑制　　C. 近因效应　　D. 首因效应



48. 教师常常埋怨课堂上那些注意力不集中的学生是不成熟、注意力缺陷或不想学。这样给学生贴标签,对学生提高学习成绩没有帮助。教师的正确做法是(　　)

A. 课后及时补课　　B. 安排同学互相监督

C. 教会学生抑制分心　　D. 使用时间管理策略

49. 小楠考试没有考好,虽然父母没有责怪她,但从良心上讲,她还是感觉对不起父母。这一内疚感是由(　　)引发的。

A. 本我　　B. 自我　　C. 超我　　D. 现实的我

50. 价值教育作为道德教育的代表,其主要目的在于增强学生的六种能力:沟通、移情、问题解决、批判、决策和个人一致。这一道德教育观点来自(　　)

A. 精神分析学派　　B. 人本主义学派

C. 行为主义学派　　D. 认知学派

51. (　　)是亲社会行为的动机基础,能够激发与促进亲社会行为的发展,在道德培养过程中是最具有动力特征的因素。

A. 移情　　B. 真诚　　C. 信任　　D. 尊重

52. 儿童认同父母,遵从父母的道德标准,主要满足社会期望,并开始将社会规范内化。此时儿童处于(　　)(常考)

A. 自律道德　　B. 前习俗水平　　C. 习俗水平　　D. 后习俗水平

53. 我们要求公众人物严格自律,有污点的公众人物不能出现在官方媒体,因为青少年对偶像的崇拜,影响其(　　)

A. 对社会规范的认同　　B. 心智技能的培养

C. 逻辑思维的完善　　D. 气质特征的矫正

54. 小丽是一个从小被抛弃、遭欺凌、从未接受过爱的孩子,小洁一直成长在充满爱的家庭,她们二人在"助人为乐"的社会规范中具有不同的体验。小丽对这一社会规范的价值认同存在着(　　)

A. 认知障碍　　B. 情感障碍　　C. 行为障碍　　D. 思维障碍

55. 教学中,教师和学生轮流承担教的角色,旨在教学生总结、提问、澄清和预测四种策略的课堂教学组织形式属于(　　)

A. 直接教学　　B. 脚本式合作

C. 实践教学　　D. 交互式教学

56. 王老师在编制试卷时,她根据自己容易取得的资料和感兴趣的内容出题,测验内容缺乏代表性,这样会导致(　　)(易错)

A. 信度偏低　　B. 实证效度低

C. 内容效度低　　D. 构想效度低

57. 帮助学生在短时间内获得解决问题、高层次思维等能力，对学习过程保持更高满意感的教学方法是(　　)

A. 自主学习　　B. 探究学习

C. 合作学习　　D. 基于问题学习

58. 课堂管理与不同年龄阶段有关。小学高年级和初中阶段课堂管理的关键是(　　)

A. 强调课堂规则和程序　　B. 建设性地处理混乱

C. 监控和维持管理系统　　D. 管理课程和自我管理

59. 马老师说："如果明天测验全班平均分在90分以上，下周的家庭作业就免了"。他的说法属于实用行为分析程序中的(　　)

A. 集体绩效系统　　B. 个人日志卡

C. 整班代币强化　　D. 以家庭为背景的强化

60. (　　)有助于加强评定与教学的联系，降低竞争带来的负面影响，把教学提到最显著的位置，降低测验与考试的作用。

A. 非正式评定　　B. 动态评定

C. 课程本位评定　　D. 传统评定

61. 教师想了解教学效果，查找教学中存在的问题，对学生进行多次评定，但测验分数不计入成绩册，也不评定等级或名次。这属于(　　)

A. 形成性评定　　B. 诊断性评定

C. 总结性评定　　D. 常模参照评定

62. 具有泛灵论和自我中心特点的儿童认知发展阶段是(　　)(常考)

A. 感知运动阶段　　B. 前运算阶段

C. 具体运算阶段　　D. 形式运算阶段

63. 教师从事职业活动最强大的精神动力和根本目的是(　　)

A. 职业责任感　　B. 职业正义感

C. 职业荣誉感　　D. 职业幸福感

64. 加强职业道德修养，教师首先要做到(　　)

A. 勤学　　B. 慎独　　C. 内省　　D. 自律

65. 是否具备(　　)是衡量教师职业道德素质高低的重要标志。(常考)

A. 坚定的职业道德信念　　B. 坚强的职业道德意志

C. 真诚的职业道德情感　　D. 良好的职业道德行为

66. 师德的灵魂是(　　)

A. 关爱学生　　B. 提高修养　　C. 加强反思　　D. 提高业务水平



67. 教师职业道德素质的培养应以(　　)为主。

A. 学校约束　　B. 政府规定　　C. 学生监督　　D. 教师自律

68. 教师职业道德最基本、最重要的作用是(　　)

A. 调节作用　　B. 导向作用　　C. 促进作用　　D. 教育作用

69. 在学校教育中，教师处理教育活动各种关系的行为准则是(　　)

A. 教师职业标准　　B. 教师专业标准

C. 教师职业道德　　D. 教师教育原则

70. 某学校开展青年教师赛课活动，张老师认真研读教材，依据课程标准制定教学目标，运用新教育理念设计教学过程和教学方法，制作了精美的教学课件，为参加比赛做好准备。讲课之后，评委向张老师提出了一些具有教育前沿发展趋势的问题。张老师根据自己的日常学习和体会，迅速做出恰当、合理的回答，赢得了评委的好评。张老师参加赛课的过程反映了教师工作具有(　　)

A. 示范性与细致性　　B. 复杂性与创造性

C. 全面性与榜样性　　D. 主体性与长期性

71.《中华人民共和国义务教育法》规定，义务教育实行(　　)为主管理的体制。

A. 国务院　　B. 省级人民政府

C. 市级人民政府　　D. 县级人民政府

72.《中华人民共和国教育法》做出明确规定，学校的教学及其他行政管理，由(　　)负责。

A. 校长　　B. 上一级教育主管部门

C. 班主任　　D. 教职工代表大会

73. 近年来，一些学校陆续出现学生遭受辱骂、殴打、强迫脱衣等校园暴力事件，引起人们的高度重视。上述校园暴力行为严重侵犯了学生的(　　)

A. 人身自由权　　B. 生命健康权　　C. 人格尊严权　　D. 社会生活权

74. 未履行对义务教育经费保障职责的，由国务院或者上级地方人民政府责令限期改正；情节严重的，对直接负责的主管人员和其他直接责任人员依法给予(　　)

A. 刑事处罚　　B. 民事处分　　C. 治安处罚　　D. 行政处分

75. 幼儿园规模应当有利于幼儿身心健康，便于管理，一般不超过(　　)

A. 250人　　B. 360人　　C. 480人　　D. 600人

76. 义务教育的(　　)是义务教育的基本性质。(常考)

A. 普及性　　B. 强制性　　C. 基础性　　D. 公共性

77. 根据《中华人民共和国义务教育法》的规定，县级以上人民政府及其教育行政部门不得将实施义务教育的学校分为(　　)

A. 城市学校和乡镇学校　　B. 示范学校和非示范学校

C. 公办学校和民办学校　　D. 重点学校和非重点学校

78. 教育必须为社会主义现代化建设服务、为人民服务,必须与生产劳动和社会实践相结合,培养德、智、体、美等方面全面发展的社会主义建设者和接班人。该表述出自(　　)

A.《中华人民共和国教师法》　　B.《中华人民共和国义务教育法》

C.《中华人民共和国教育法》　　D.《中共中央关于教育体制改革的决定》

79. 按照规定,班主任由学校从班级任课教师中选聘。聘期由学校确定,担任一个班级的班主任时间一般应连续(　　)

A. 一学期以上　　B. 一学年以上　　C. 三学期以上　　D. 二学年以上

80. 某市一小学老师张敏为照顾体弱多病的父母主动要求调往父母所在山区的一所偏远小学任教。依据《中华人民共和国教师法》规定,当地政府对张敏应当(　　)

A. 提高工资待遇　　B. 给予奖励

C. 增加教龄津贴　　D. 予以补贴

**二、多项选择题(下列各题的选项中有两个或两个以上是符合题意的,请将其代码填在括号内。多选、少选或错选均不得分。本大题共 20 小题,每小题 0.8 分,共 16 分)**

81. 当代教育目的社会价值取向的确立应注意把握(　　)

A. 人的社会化与个性化问题　　B. 民族性与世界性问题

C. 功利价值与人文价值问题　　D. 适应与超越问题

82. 教师是社会物质财富和精神财富的创造者,通过(　　)直接参与社会物质文明和精神文明建设,起着"先导"的作用。

A. 理论建构　　B. 知识创新　　C. 品德示范　　D. 宣传咨询

83. 中小学教师专业标准在"专业能力"中提出的基本要求有(　　)

A. 尊重学生个体差异　　B. 善于自我调节情绪

C. 有效调控教学过程　　D. 妥善应对突发事件

84. 教师的职业形象中,教师的内在精神包括(　　)

A. 工作态度　　B. 精神风貌　　C. 人际关系　　D. 教师组织

85. 课堂的组织环境主要包括(　　)(常考)

A. 教室的布置　　B. 座位的排列

C. 学生的人数　　D. 教师的态度

86. 目前,许多学校在课程开设上将多种学科的相关内容融合在一起,形成综合课程。下列属于综合课程的有(　　)

A. 人口教育课　　B. 社交技能课

C. 法制教育课　　D. 环境教育课

87. 昆体良在《论演说家的教育》一书中主张,教学要根据儿童的年龄特点,(　　),给学生以奖励、反对体罚等。

A. 因材施教　　B. 量力而行　　C. 授人以渔　　D. 劳逸结合

88. "过度学习"的主要表现有(　　)

A. 综合学习　　B. 超量学习　　C. 过难学习　　D. 重复学习

89. 对学生的心理发展产生经常性影响,能够起到"润物细无声"渗透作用的有(　　)

A. 班级标语　　B. 学习园地　　C. 研学活动　　D. 社区服务

90. 1.5~3 岁的孩子,渴望自己穿衣服、抢勺子自己吃饭,如果遭遇父母严苛限制和斥责,会影响孩子的(　　)(易错)

A. 自信心　　B. 安全感　　C. 独立性　　D. 羞怯感

91. 罗杰斯倡导的"有意义的自由学习"冲击了传统教育理论,推动了教育改革运动的发展,其主要表现有(　　)

A. 突出情感在教学活动中的地位和作用

B. 以学生"自我"完善为核心

C. 把教学活动的重心从教师引向学生

D. 人的潜能是自我实现,而不是教育的作用使然

92. 韦纳的归因理论认为,人们在解释成功与失败时知觉到的主要原因有(　　)(常考)

A. 能力　　B. 努力　　C. 任务难度　　D. 运气

93. 接受控制性教育方式的学生不仅容易丧失学习主动性,而且在进行概括性和创造性学习时,学习效果比预期的要差。在(　　)情况下,才能促进学生真正的内在动机需要。

A. 归属感　　B. 成就感　　C. 自我效能感　　D. 自我决定感

94. 地理老师问学生:"假如从你站的地方,一直向东走下去,没有山水阻挡,最后你会发现什么?"小兰回答说:"我发现我走到了大地的尽头。"小琴说:"我会回到原地。"老师引导学生转变错误概念主要用(　　)的方法。

A. 倾听洞察学生的经验世界　　B. 鼓励学生交流探讨

C. 创设教师主导的课堂气氛　　D. 引发认知冲突

95. 建构主义学习理论的基本观点包括(　　)

A. 知识观　　B. 学生观　　C. 学习观　　D. 教学观

96. 下列属于教学设计中情感目标内容的有(　　)

A. 反应　　B. 价值观　　C. 领会　　D. 评价

97. PBL(基于问题学习)的主要特征有(　　)

A. 问题是课程的关键　　B. 以学生为中心

C. 教师是辅导者或引导者　　D. 小组合作，共同学习

98. 教师个体专业发展的主要内容有(　　)

A. 专业理想的建立　　B. 专业知识的拓展

C. 专业能力的发展　　D. 专业自我的形成

99.《中华人民共和国未成年人保护法(2020 年)》指出，国家保障未成年人的(　　)等权利。

A. 生存权　　B. 选举权

C. 受保护权　　D. 参与权

100. 根据《中华人民共和国教育法》的相关规定，(　　)等场所应当对教师、学生实行优待。

A. 博物馆　　B. 游乐场　　C. 美术馆　　D. 电影院

**三、判断题(判断下列各题的正误，正确的选“A”，错误的选“B”，请将其代码填在题后的括号内。本大题共 30 小题，每小题 0.4 分，共 12 分)**

101. 为经济建设和社会的全面发展进步培养各级各类人才，是我国教育的基本使命。(　　)

A. 正确　　B. 错误

102. 壬戌学制的突出特点是教育年限长。(　　)

A. 正确　　B. 错误

103. 三十多年来，我国学制改革和发展的基本方向是重建和完善双轨学制。(　　)

A. 正确　　B. 错误

104. “才高八斗”“学富五车”是教师的典型文化特征。(常考)(　　)

A. 正确　　B. 错误

105. 最早提出对班级教学进行改造的教学组织形式是特朗普制。(易错)(　　)

A. 正确　　B. 错误

106. 师生关系是一所学校的精神风貌、校风、教风、学风的整体反映，是一种重要的课程资源。(　　)

A. 正确　　B. 错误

107. 目标是课程评价的依据和出发点，通过测量目标的达到程度判断教学效果，这是人文—自然主义课程评价观的核心思想。(　　)

A. 正确　　B. 错误

108. 有的学生喜欢自然科学的科目，有的学生喜欢社会科学的科目，有的学生爱好音体科目，这反映了学生身心发展具有不均衡性。(常考)(　　)

A. 正确　　B. 错误

109. 在教学中，教主要是一种外化过程，而学主要是一种内化过程。(　　)

A. 正确　　B. 错误



110. 提出趣味教学思想，主张学生“乐知”；强调联系实际，使学生有所“发明”；推行自动、自主、自治、自立教学法的是我国教育家梁启超。(　　)

A. 正确　　B. 错误

111. 14 ~ 16 岁是青少年越轨犯罪的多发年龄段，也是青少年个性最为突出、心理最为脆弱的时期。(　　)

A. 正确　　B. 错误

112. 女生常常把不满归咎于学校，而男生则更多的是自责，他们在学校中的行为一般与那些满意学校的男生相差不大。(　　)

A. 正确　　B. 错误

113. 场依存性的教师往往倾向于高估那些与自己场定向不相匹配的学生。(　　)

A. 正确　　B. 错误

114. 教师知道让学生对一定的问题情境进行探索的重要性，但他在教学中可能依然沿袭“满堂灌”的模式。这说明前者只是该教师“所倡导的理论”。(　　)

A. 正确　　B. 错误

115. 奖励是影响学习的主要因素，这是斯金纳效果律的观点。(易错)(　　)

A. 正确　　B. 错误

116. 学习是一个意义建构的过程，是社会建构主义理论的观点。(　　)

A. 正确　　B. 错误

117. 莱泊尔认为，外在奖励会提升其内部动机。(　　)

A. 正确　　B. 错误

118. 无条件的积极关注，是学习的促进者尊重学习者的情感和意见，接纳个体学习者的价值观和情感表现。(　　)

A. 正确　　B. 错误

119. 社会规范认同具有自觉性、服从性、稳定性的特点。(　　)

A. 正确　　B. 错误

120. 抛锚式教学模式是通过镶嵌式教学以及学习共同体中成员间互动、交流进行的。(　　)

A. 正确　　B. 错误

121. 课堂管理就是课堂纪律管理，即学生行为管理。(　　)

A. 正确　　B. 错误

122. 老师对全班同学说：“大家仔细听张强的发言，然后你们告诉我，你是否同意他的观点，为什么？”老师使用了问责制来维持团体的注意焦点。(　　)

A. 正确　　B. 错误

123. 学生总是把失败归因于自己的能力差,容易产生习得性无助感。 ( )

A. 正确 B. 错误

124. 教师职业道德区别于其他职业道德的显著标志是为人师表。(常考) ( )

A. 正确 B. 错误

125. 大力开展"阳光体育"运动,保证学生每天锻炼30分钟,不断提高学生体质健康水平。 ( )

A. 正确 B. 错误

126. 游艺娱乐场所设置的电子游戏设备,除国家法定节假日外,不得向未成年人提供。 ( )

A. 正确 B. 错误

127. 网络游戏服务提供者不得在每日二十二时至次日八时向未成年人提供网络游戏服务。 ( )

A. 正确 B. 错误

128.《中华人民共和国教育法》是由全国人民代表大会常务委员会制定的。 ( )

A. 正确 B. 错误

129. 教育部发布的《关于进一步加强中小学生睡眠管理工作的通知》要求,小学生每天睡眠时间应达到10小时,初中生应达到9小时,高中生应达到8小时。 ( )

A. 正确 B. 错误

130.《中华人民共和国未成年人保护法》规定学校、幼儿园、托儿所和公共场所发生突发事件时,应当优先救护未成年人。 ( )

A. 正确 B. 错误

**四、材料分析题(下列各题的选项中有一项或多项符合题意,请将其代码填在括号内。多选、少选、错选均不得分。本大题共20小题,每小题0.8分,共16分)**

材料一 德育教人为善,智育教人求真,体育教人健体,美育教人臻美,劳动教育教人在劳力上劳心。"五育"各有其独特的任务和价值,共同完成培养德智体美劳全面发展的社会主义建设者和接班人的任务。但在教育实践中,没有单独的德育,也没有单独的智育,教育本身是整体发生的。德育贯穿于各育之中,是其他各育的灵魂;智育为实施其他各育进行知识和智力的储备;体育为其他各育提供体质的准备和生理的基础;美育以精神的力量助推其他各育的发展;劳动教育是对其他各育的综合实践运用与成果的检验。

131. 马克思主义关于人的全面发展的内涵,是指每个人的全面发展和( )

A. 自由发展 B. 均衡发展 C. 持续发展 D. 个性发展

132. 广义的德育包括( )

A. 道德教育 B. 生命教育

C. 思想教育 D. 心理品质教育

133. 提高青少年身心健康水平,促进青少年全面发展的重要途径和手段,最终指向人格塑造的教育是( )

A. 智育 B. 体育 C. 美育 D. 劳动教育

134. 2020年3月,中共中央、国务院印发了《关于全面加强新时代大中小学劳动教育的意见》。劳动教育的首要价值是( )

A. 树德 B. 增智 C. 强体 D. 育美

材料二 半个多月来,山西某中学的英语老师张老师一直在"跪着"上课,这是怎么回事?

今年2月底,张老师的左脚骨折,在家休息了一个月,担心会耽误孩子们的学习进度,脚伤还没有痊愈,她就回到了学校。

每天两节英语课,大约90分钟,她基本是"跪"在凳子上讲课。"跪着"讲课,不仅膝盖不舒服,也不利于血液循环,时间长了脚还会肿。脚受伤后,上厕所不方便,张老师在学校不敢多喝水。

虽然坐着上课,有利于脚伤的恢复,但张老师说:坐着上课,无法看到所有学生,不方便与学生进行课堂交流和互动。"跪着"讲课没什么大不了,我只是做了任何一个老师都可能会做的事。

张老师的脚伤还没有痊愈,走路多了,脚会肿;走路快了,脚会疼,同学们就扶着她走路,帮她拿东西、倒水。在张老师看来,"跪着"上课不值一提,反而是学生们的行为,更让她感动。

135. 张老师"跪着"上课的做法,符合《中小学教师职业道德规范(2008年修订)》中( )对教师提出的基本要求。

A. 爱国守法 B. 爱岗敬业 C. 因材施教 D. 廉洁奉公

136. 张老师"跪着"上课主要是为了( )

A. 强化意志教育,树立良好形象 B. 增强课堂效果,保证教学质量

C. 规范教学秩序,维持课堂纪律 D. 关注全班同学,重视师生互动

137. 张老师与学生之间具有良好的师生关系。理想的师生关系具有的基本特征有( )

A. 尊师爱生,相互配合 B. 民主平等,和谐亲密

C. 共享共创,教学相长 D. 学生主导,对话频繁

138. 我国有千千万万名教师默默地坚守在教育教学岗位上,辛勤耕耘。荣获"全国脱贫攻坚楷模"称号,被评为"感动中国2020年度人物"的优秀教师是( )

A. 邓家军 B. 叶嘉莹 C. 张桂梅 D. 支月英

材料三 2012年9月,杭州市小学为学生统一免费配发了"三斤半书包"。有人称之为作业改革的1.0版本,从最外显的书包重量上画出红线。

2014年初,杭州市某区制定出台了《中小学推进"一本作业本"的指导意见(试行)》,对教师选、编作业本提出具体要求,确保每门学科只配备一本巩固作业本。这是作业改革的2.0版本,从书包延伸到作业本,用数量控制的方式立规。

2017年9月,杭州市某区推出"小学生推迟半小时上学"的举措。2018年初,又开始推行初中生

"晚十点不作业"措施，即只要家长签字，过了晚上 10 点没完成作业，孩子也可以去睡觉，这成为作业改革的 3.0 版本。

139. 近年来，杭州市连续进行学生作业改革主要是为了(　　)

A. 体现学生自主学习、自主发展　　B. 展示中小学课程改革取得的成果

C. 减轻中小学生过重的学业负担　　D. 突出作业在中小学教育中的地位

140. 杭州市学生作业改革的作用主要有(　　)

A. 倒逼教师提升教学质量　　B. 保障学生身心健康成长

C. 推动教育质量高位运行　　D. 促进学校规范管理制度

141. 教师在布置作业时，应遵守的要求有(　　)

A. 内容科学合理　　B. 精心设计，突出重点

C. 及时批改作业　　D. 分量适当，难易适度

142. 2021 年 4 月，教育部在《关于加强义务教育学校作业管理的通知》中指出，要严控书面作业总量，学校要确保小学 3～6 年级每天书面作业完成的时间平均不超过(　　)

A. 30 分钟　　B. 60 分钟　　C. 90 分钟　　D. 120 分钟

**材料四**　2013 年 9 月，小陈入读某实验中学。小陈妈妈向学校提交了《学生特定疾病特异体质情况申报表》，申报小陈患有肾病，且有近 10 年的病史，初一、初二阶段不宜参加剧烈运动，得到了学校的同意。学校书面通知了小陈所在班级的体育教师龚老师，说明了小陈的身体状况，要求其监督小陈不要在体育课上参加剧烈运动。

小陈升入初二年级后，主动找到龚老师，请求在体育课上参加运动。老师经过考虑，同意小陈进行适量运动。一天下午，龚老师给小陈所在班级上体育课，要求所有学生自行慢跑。龚老师没有明确说小陈可以自行运动，小陈便与其他同学一起慢跑。然而在慢跑过程中，小陈突然晕倒，被送往医院接受治疗。小陈向某司法鉴定所请求鉴定，鉴定结果是小陈进行慢跑对其肾功能进一步损害有轻微的促进作用。为此，小陈向法院起诉，法院依据《学生伤害事故处理办法》的相关规定，进行了判决。

143. 对于小陈身体的伤害，(　　)应当承担相应的责任。

A. 小陈本人　　B. 小陈父母　　C. 龚老师　　D. 实验中学

144. 制定《学生伤害事故处理办法》的主要依据有(　　)

A.《中华人民共和国教育法》　　B.《中华人民共和国义务教育法》

C.《未成年人学校保护规定》　　D.《中华人民共和国未成年人保护法》

145. 特定疾病是指在校学生患有非危及生命的恶性病变，学生常见的特定疾病有(　　)

A. 先天心脏病　　B. 感冒、骨折　　C. 脑血管疾病　　D. 癫痫、哮喘

146. 针对有特定疾病的学生，学校可采取的有效措施有(　　)

A. 建立档案，随时关注　　B. 注重心理健康教育



C. 加强日常管理和保护　　D. 督促学生强身健体

**材料五**　某版本小学数学四年级下册"乘法分配律"，面对真实的问题情境"四年级有 6 个班，五年级有 4 个班，每个班领取 24 根跳绳，四五年级一共要领取多少根跳绳"，教材给出两种解决问题的思路：一是先算四五年级一共有多少个班，即 $(6+4)\times24=240$(根)；二是先算四五年级各领取多少根跳绳，即 $6\times24+4\times24=240$(根)。

在教学中，刘老师指导学生观察比较，让学生首先发现两种算法的结果相等。在此基础上，刘老师继续引导学生观察两个算式："结合前面学习的运算律，你有怎样的猜想？"学生经过思考发现乘法有交换律、结合律，这应该也是一个运算律，是乘法分配律。

当学生得出"乘法分配律"的猜想后，刘老师继续追问："乘法分配律成立吗？我们可以怎样验证？"在具有挑战性学习任务的引领下，学生想起了举例验证、画图验证、意义验证等方法，通过不同方法的验证，坚定了前面的猜想。

147. 教学中，刘老师引导学生进行猜想。猜想和(　　)都是人脑对表象的加工、改造的基本形式。

A. 记忆　　B. 联合　　C. 夸张　　D. 拼合

148. 刘老师在教学中引导学生进行猜想有助于(　　)

A. 培养学生的创新思维　　B. 发展学生的记忆能力

C. 巩固学生的已有知识　　D. 增强学生的合作意识

149. 刘老师在讲授"乘法分配律"过程中，运用的推理是(　　)

A. 演绎推理　　B. 归纳推理　　C. 类比推理　　D. 综合推理

150. 刘老师运用该推理方法能够(　　)

A. 改变学生的学习方法，打破思维定势

B. 发挥教师的主导作用，突出课堂管理

C. 引导学生把握知识结构，建立新旧联系

D. 帮助学生掌握基本方法，实现触类旁通

# 2021年河南省濮阳市清丰县事业单位公开招聘教师真题试卷(二)

**(满分100分 时间120分钟)**

本套试卷共56小题,包括单项选择题(30小题),多项选择题(10小题),判断题(10小题),简答题(3小题),论述题(1小题),材料分析题(2小题)。

**一、单项选择题(下列每小题列出的四个选项中只有一个是最符合题意的,请将其代码填在括号内,错选、多选或未选均不得分。本大题共30小题,每小题1分,共30分)**

1. 最早将"教"和"育"连用,提出"得天下英才而教育之,三乐也"的是(　　)(常考)

A.《孟子·尽心上》　B.《大学》　C.《论语》　D.《学记》

2. 以下不属于陶行知先生的教育思想的是(　　)

A. 生活即教育　B. 教学做合一

C. 活教育　D. 千教万教教人求真

3.《墨子·所染》中说:"染于苍则苍,染于黄则黄,所入者变,其色亦变,五入必而已则为五色矣。故染不可不慎也!"这体现的是(　　)(常考)

A. 遗传决定论　B. 内发论

C. 教育决定论　D. 环境决定论

4. 教师备课时写的某节课或某单元所要达到的教学期望和要求属于(　　)

A. 教学目标　B. 各级各类学校的培养目标

C. 课程目标　D. 教育总目的

5. 在我国全面发展教育中处于首要地位的是德育,素质教育的核心和灵魂是(　　)

A. 德育　B. 创新教育　C. 智育　D. 全面发展教育

6. 借鉴日本学制,反映"中学为体,西学为用"的思想,规定不许男女同校,轻视女子教育,第一部由国家颁布并实行的学制系统是(　　)

A. 壬寅学制　B. 癸卯学制　C. 壬戌学制　D. 六三三学制

7.《师说》里的"道之所存,师之所存也"体现了(　　)的教师职业角色。

A. 传道者　B. 授业解惑者　C. 研究者　D. 示范者



8. "教学有法,教无定法"体现了教师劳动的(　　)特点。(常考)

A. 复杂性和创造性　B. 长期性和间接性

C. 主体性和示范性　D. 个体性和群体性

9. 最符合维果斯基提出的"最近发展区"理念的教学原则是(　　)

A. 量力性原则　B. 启发性原则

C. 循序渐进原则　D. 科学性和教育性相结合原则

10. 学校实施德育的基本途径是(　　)

A. 社会实践活动　B. 思想品德课和其他学科教学

C. 班主任工作　D. 校会、班会、周会、晨会、时事政策学习

11. 班主任工作的首要任务是(　　)

A. 提高学生的学业成绩　B. 促进后进生转化

C. 协调授课教师做好教学工作　D. 组织建立良好的班集体

12. 评价一节课好坏的最主要标准是(　　)

A. 教学目标是否明确　B. 教学内容是否准确

C. 教学方法是否得当　D. 学生主体性是否充分发挥

13. 老师经常鼓励我们不要总和别人比,就和自己比,只要你努力了,今天比昨天进步一点就是进步。这是(　　)评价。

A. 绝对性　B. 相对性　C. 个体内差异性　D. 形成性

14. 下列现象属于第二信号系统的是(　　)(常考)

A. 一朝被蛇咬,十年怕井绳　B. 谈虎色变

C. 望梅止渴　D. 马做算术题

15. 看书时,我们将重要的句子或概念用红色的笔圈起来。这运用的感觉规律是(　　)

A. 感觉适应　B. 感觉对比　C. 感觉阈限　D. 感觉补偿

16. 当我们喜欢《山河令》中的温客行的时候,就很喜欢他的扮演者龚俊,觉得他哪儿都好。这种现象被称为(　　)

A. 晕轮效应　B. 首因效应　C. 刻板印象　D. 近因效应

17. 过度学习的记忆效果最好,那么小红花了十分钟刚好记住《山行》,她还需要继续背诵(　　),才最有利于保持记忆。

A. 5分钟　B. 10分钟　C. 15分钟　D. 20分钟

18. 看见"月晕"就刮风,看见"石墩"受潮后就下雨,随即得出"月晕而风,础润而雨"的结论,这属于思维的(　　)特征。(易混)

A. 间接性　B. 抽象性　C. 概括性　D. 历史性

19. 老师在教学"种子的萌芽"时,运用生动、简洁、富有感染力的语言,对种子的萌芽过程进行了描述和概括。这里老师运用了哪种教学方法( )

A. 谈话法 B. 读书指导法 C. 讲授法 D. 讨论法

20. 小李在校园招聘会上收到一家工资很高的用人单位的招聘意向,但是公司要求经常出差,这让小李举棋不定。这种心理冲突是( )

A. 趋避冲突 B. 双趋冲突 C. 双避冲突 D. 多重趋避冲突

21. "失之东隅,收之桑榆"属于积极适应挫折的方法和技术中的( )

A. 升华 B. 幽默 C. 补偿 D. 合理宣泄

22. 小红通过努力找到了一份稳定的工作,还给自己买了多种保险。这体现了小红具有( )

A. 生理需要 B. 安全需要 C. 归属与爱的需要 D. 自我实现需要

23. 诚实或虚伪、勇敢或怯懦、谦虚或骄傲、勤劳或懒惰等描述的是个体的( )(易错)

A. 性格特征 B. 能力特征 C. 气质特征 D. 认知特征

24. 某位新教师非常关注领导和同事对自己的评价,关注自己是否被学生喜欢。这属于教师成长过程中的( )

A. 关注情境阶段 B. 关注生存阶段

C. 关注学生阶段 D. 关注教学阶段

25. 高中生安然平时安静沉稳,喜欢沉思,考虑问题全面,情绪不易外露,善于忍耐和克制自己,但反应缓慢,对新环境的适应能力较差。该生的气质类型最可能是( )

A. 多血质 B. 胆汁质 C. 黏液质 D. 抑郁质

26. 我国首次以法律形式明确规定"国家实行教师资格制度"的文件是( )(常考)

A.《教师资格条例》 B.《教师资格认定的过渡办法》

C.《<教师资格条例>实施办法》 D.《中华人民共和国教师法》

27. 新修订的《义务教育法》规定,县级以上人民政府及其教育行政部门应当促进学校均衡发展,缩小学校之间办学条件的差距,不得将学校分为重点学校和非重点学校。学校不得分设重点班和非重点班。这条规定有利于( )

A. "后进生"的教育而不利于优秀学生的培养

B. 我国实现教育公平

C. 培养学生的诚信意识

D. 学生享有受教育权

28. 有的班主任利用考试分数给学生排名次,并把它作为安排调整座位和评价学生的唯一标准。这违反了《中小学教师职业道德规范》中的( )(常考)

A. 爱国守法 B. 教书育人 C. 爱岗敬业 D. 关爱学生



29. 学生在开展以"保护绿水青山"为主题的综合实践活动过程中,自己选择指导老师,自己查阅资料、确定活动方案,自己呈现活动结果。这体现了综合实践活动的( )

A. 综合性 B. 开放性 C. 自主性 D. 实践性

30. 新课程改革倡导( )的课程评价。

A. 强调学生学会学习 B. 立足过程,促进发展

C. 强调新的学习方式 D. 突出甄别和选拔功能

**二、多项选择题(在下列每小题列出的选项中至少有两个是正确的,请将其代码填在括号内。错选、多选或未选均不得分。本大题共10小题,每小题1.5分,共15分)**

31. 备好课是上好课的前提,以下属于教师备课范围的是( )

A. 备教材 B. 备教法 C. 备学生 D. 写好教学计划

32. 记忆的品质包括( )

A. 敏捷性 B. 准备性 C. 准确性 D. 持久性

33. 提高复习效果的有效方法有( )(常考)

A. 及时复习 B. 集中复习

C. 利用多种感官参与复习 D. 反复阅读和尝试回忆相结合

34. 杨震到东莱当太守,途经昌邑,昌邑县令是他从前举荐的王密。王密在晚上怀揣十斤金子来送给杨震,杨震很生气,说:"我了解你,你却不了解我。"王密说:"天黑,没有人知道。"杨震说:"天知、神知、我知、你知,怎么能说没有人知道呢?"这个故事给我们教师的启示有( )

A. 要加强自身修养 B. 要严格要求自己

C. 要努力做到慎独 D. 要提高自律能力

35. 李老师一气之下将屡次对低年级学生实施校园暴力的初中生小明开除回家,李老师的做法违反了哪些法律( )

A.《中华人民共和国义务教育法》

B.《中华人民共和国教育法》

C.《中华人民共和国未成年人保护法》

D.《中华人民共和国预防未成年人犯罪法》

36. 与自制性相反的意志品质有( )

A. 任性 B. 优柔寡断 C. 怯懦 D. 动摇性

37. 新课程倡导的新的学习方式主要有( )(常考)

A. 自主学习 B. 讨论学习 C. 探究学习 D. 合作学习

38. 下列属于迁移理论的是( )

A. 形式训练说 B. 概括化理论 C. 多元智力理论 D. 相同要素说

39. 初中生小蕊早上起床后感觉不适，但未告知父母自身的情况，仍按时去上学，导致在体育课上突然发病而昏迷，家长要求学校承担全部责任。对此，下列认识正确的是(　　)

A. 如果学校加强学生的安全教育，此类事件完全可以避免

B. 小蕊家长的要求是不合理的，不能将责任全部推给学校

C. 学生或其监护人知道学生有特异体质，但未告知学校的，应承担相应责任

D. 学校对未成年学生不承担监护职责，但有教育保护职责，学校应对学生进行安全教育

40. 下列做法中有助于学生创造性个性塑造的有(　　)

A. 保护学生的好奇心　　B. 鼓励独立性和创新性

C. 重视逻辑思维的培养　　D. 为学生树立创新性学习榜样

**三、判断题(判断下列各题的正误，并在题后的括号内打"√"或"×"。本大题共 10 小题，每小题 1 分，共 10 分)**

41. 老鹰教小鹰，师傅教徒弟，老师教学生都是教育现象。(　　)

42. 评价教学方法是否科学、先进，关键看学生成绩是否能快速提高。(易错)(　　)

43. 埃里克森认为，小学生的主要任务是培养勤奋感、克服自卑感。(易混)(　　)

44. 促进全面发展并不是指德、智、体、美、劳各方面得到平均的发展。(　　)

45. 教学如果错过了关键期，就再也无法弥补。(　　)

46. 学习风格只是影响到学生的学习方式，并不会影响学生个人的智力水平。(　　)

47. 教育学、心理学等知识是教师知识素养中的核心知识，即本体性知识。(　　)

48. 活动课程和课外活动一样，都属于课堂教学之外的课程，是课堂教学必要的补充。(　　)

49. 新课程改革要求实行国家、地方和学校三级课程管理。因此，学校要根据自身实际情况制定相应的课程标准。(易错)(　　)

50. "人生天地间，各自有禀赋：为一大事来；做一大事去。"正体现了加德纳的多元智力理论观点：每个人都各有优势。(　　)

**四、简答题(本大题共 3 小题，每小题 5 分，共 15 分)**

51. 新型师生关系的基本特征有哪些？

52. 如果你是新生班主任，如何组织和培养班集体？(常考)

53. 简述中学生情绪发展的主要特点。

**五、论述题(本大题共 10 分)**

54. 有网友说："小时候上学是自己扫地，当家长了，还要去学校代孩子扫地。"这揭示出现代社会的一个奇怪现象：劳动教育趋于边缘化，一些孩子不爱劳动、不会劳动，劳动意识淡薄。

请根据劳动技术教育对全面发展的意义谈谈你的看法。

## 六、材料分析题(本大题共2小题,每小题10分,共20分)

55. 有一个男生王友用泥块砸自己班上的男生,被校长陶行知发现制止后,命令他放学时到校长室去。放学后,陶行知来到校长室,王友早已等着挨训了,可是陶行知却笑着掏出一颗糖果送给他,说:"这是奖励给你的,因为你按时来到这里,而我却迟到了。"

王友惊疑的接过糖果,随后陶行知又掏出第二颗糖果放到他的手里,说:"这是奖励你的,因为我不让你打人时,你立即住手了。这说明你很尊重我,我应该奖励你。"

王友更惊疑了,这时陶行知又掏出第三颗糖果塞到男生手里,说:"我调查过了,你用泥块砸那些男生是因为他们欺负女生,你砸他们说明你很正直善良,且有跟坏人作斗争的勇气,应该奖励你啊!"王友感动极了,他流着眼泪后悔地喊道:"陶校长,我错了,我砸的不是坏人,而是同学……",陶行知满意地笑了,他随即掏出第四颗糖果递过来,说:"为你正确的认识自己的错误,我再奖励给你一块糖果,我没有多的糖果了,我们的谈话也可以结束了。"

结合案例,请分析陶行知四颗糖的故事中运用了哪些德育原则?



56. 有四名学生犯了错,老师分别把他们叫到办公室,这四名学生有以下不同的表现:小赵积极承认错误,答应老师一定改,可是后来还是犯同样的错。小钱没等老师说话就气急败坏,愤怒暴躁。小孙去了办公室后一句话也不说,然后听完老师的讲话就默默地走了。小李去了办公室,满脸忧郁,感觉天都要塌了。

(1)请分析材料中的四名学生都是什么气质类型?(8分)

(2)针对小李的气质类型应如何进行教育管理?(2分)

# 2021年辽宁省沈阳市皇姑区教师招聘考试教育理论基础真题试卷(三)

本套试卷共100小题,目前已收录96小题,均为客观题,包括单项选择题(66小题)、多项选择题(30小题)。

## 一、单项选择题(下列每小题列出的四个选项中只有一个是最符合题意的,请将其代码填在括号内。错选、多选或未选均不得分。本大题共66小题,每小题0.85分,共56.1分)

1. 中国教育史上第一部教育专著是(　　)(常考)

A.《论语》　B.《大学》　C.《学记》　D.《孟子》

2. 联合国教科文组织首次提出教育先行的一篇著名报告是(　　)

A.《学会生存》　B.《教育——财富蕴藏其中》

C.《可持续发展教育》　D.《反思教育》

3. 在世界教育史上,被认为是"现代教育学之父"的是(　　)

A. 斯宾塞　B. 赫尔巴特　C. 杜威　D. 洛克

4. 教育最早的独立形态是(　　)

A. 学校教育　B. 社会教育　C. 自我教育　D. 家庭教育

5. 教育本质和教育结构在人类发展历史过程中有着相对的稳定性,这就决定了教育功能的(　　)

A. 客观性　B. 整体性　C. 多样性　D. 社会性

6. "孟母三迁"的故事说明了(　　)对人的发展的影响。

A. 父母　B. 家庭　C. 环境　D. 时代背景

7. 主张通过"内在奖励"的形式激励学生学习,重视发展学生的直觉思维,提倡发现法的课程理论是(　　)

A. 结构主义课程理论　B. 永恒主义课程理论

C. 要素主义课程理论　D. 后现代主义课程理论

8. 品德的心理结构不包括(　　)

A. 认识　B. 信念　C. 意志　D. 行为

9. 发展学生的创造才能,把感受美、鉴赏美的能力用于实践是美育过程的(　　)

A. 起点　B. 终点　C. 首要目的　D. 最终目的

10. (　　)是素质教育最本质的规定、最根本的要求。(易错)

A. 全体性　B. 全面性　C. 基础性　D. 发展性

11. 教育的最高理想是通过(　　)体现出来的。

A. 教学目标　B. 培养目标　C. 教育目的　D. 课程目标

12. 教师的(　　)是其教学能力中最重要的部分,是教学能力的核心。

A. 教学实施能力　B. 教学反思能力

C. 教学监控能力　D. 教学计划能力

13. 教师的劳动很难得到明确的评价,这体现了教师劳动的价值具有(　　)

A. 模糊性　B. 滞后性　C. 隐藏性　D. 不确定性

14. (　　)是教师职业道德的核心,是教师高尚道德品质的表现。

A. 忠于人民的教育事业　B. 热爱学生

C. 团结协作　D. 为人师表

15. 从教育和教学的特点来看,教育和教学活动自身就是一种(　　)

A. 社会活动　B. 学校活动　C. 道德活动　D. 文化活动

16. 依据马斯洛的需要层次理论,下列属于成长性需要的是(　　)

A. 安全需要　B. 归属与爱的需要

C. 尊重的需要　D. 自我实现的需要

17. 教师检查自己教学质量的依据是(　　)(常考)

A. 教材　B. 教科书　C. 课程标准　D. 课程计划

18. 下列教学活动中,不属于学校进行德育的是(　　)

A. 进行外国文化学习,拓宽学生视野

B. 教育学生树立正确的劳动观,提倡节俭

C. 教师播放爱国影片,培养学生的爱国主义情怀

D. 引导学生树立科学的世界观和人生观

19. 教师专业发展的核心因素是(　　)

A. 自我反思　B. 向优秀教师学习

C. 读书　D. 进修

20. 教师组织学生到田间地头、工厂、博物馆、社区等进行教学,这种教学被称为(　　)

A. 课堂教学　B. 个别教学　C. 现场教学　D. 探究教学

21. 有的农村,由于教师少、学生少,把几个年级集中在一起授课,这种教学组织形式是(　　)(常考)

A. 分组教学　B. 复式教学　C. 道尔顿制　D. 特朗普制

22.“人心不同,各如其面”体现了人格的(　　)

A. 独特性　B. 稳定性　C. 整合性　D. 功能性

23.“道之所存,师之所存也”体现了教师职业的(　　)

A. 示范者角色　B. 职业性角色

C. 传道者角色　D. 研究者角色

24.“教育不应局限于学校的围墙之内”是(　　)的教育理想。

A. 非制度化　B. 前制度化　C. 制度化　D. 义务教育

25. 对缺乏信心和决心的学生,教师应注重培养其意志品质的(　　)(易错)

A. 自觉性　B. 自制性　C. 果断性　D. 坚韧性

26. 心理过程包括认知过程、情绪情感过程和意志过程。其中,认知过程又包括感觉、知觉、记忆、想象和(　　)

A. 思维　B. 需要　C. 能力　D. 行动

27. 当课堂上学生吵闹的声音盖过教师讲课的声音时,教师通过加大嗓门使课堂中的学生安静下来,这是借助(　　)引起学生的注意来控制课堂秩序的一种方法。

A. 刺激与环境中其他物体的差异　B. 刺激物强度

C. 感知者的情感　D. 感知者的需要

28. 刘老师与学生一起讨论“网络语言攻击的危害”,随后形成了“拒绝网络语言攻击”的认识,共同提出了相应的具体要求,并被全班同学所认可。这种品德培养的方法是(　　)

A. 有效的说服　B. 树立良好的榜样

C. 利用群体约定　D. 价值辨析

29. 数学课上,张老师在教“圆周率”时,向学生介绍了祖冲之的成长过程以及祖冲之与圆周率的故事。张老师遵循的教学原则是(　　)

A. 直观性原则　B. 巩固性原则

C. 循序渐进原则　D. 科学性与思想性相统一原则

30. 我国政府通过在国外设立“孔子学院”,让更多的外国民众学习汉语,了解中国,喜欢中国。这说明教育可以(　　)

A. 创造更新文化　B. 传播交流文化

C. 选择提升文化　D. 筛选保存文化

31. 杜威认为:“附带学习可能比正式学习来得更根本、更重要。”这句话强调的是哪类课程的重要性(　　)

A. 选修课程　B. 地方课程　C. 显性课程　D. 隐性课程



32. 为了将教学活动中教师的主导地位和学生的主体地位统一起来,教育家提出了(　　)的教学原则。

A. 系统性　B. 启发性　C. 量力性　D. 理论联系实际

33.“苦其心志,劳其筋骨,饿其体肤,空乏其身”体现的教育方法是(　　)(常考)

A. 锻炼法　B. 陶冶法　C. 说服法　D. 榜样法

34. 考试结束后,王军同学能够分析考试成败的原因,总结经验教训并做出下一步计划和安排。王军同学运用的学习策略是(　　)

A. 精加工策略　B. 元认知策略　C. 组织策略　D. 复述策略

35. 教师设计板书时利用色彩对比突出直观对象的特点,这一做法利用了感知的(　　)

A. 强度律　B. 差异律　C. 活动律　D. 组合律

36. 从教师个体职业良心形成的角度看,教师的职业良心首先会受到(　　)(常考)

A. 教育对象的影响　B. 教育法律的影响

C. 教育原则的影响　D. 社会生活和群体的影响

37.《中华人民共和国教育法》规定,明知校舍或者教育教学设施有危险,而不采取措施,造成人员伤亡或者重大财产损失的,对直接负责的主管人员和其他直接责任人员,依法追究(　　)

A. 民事责任　B. 行政责任　C. 一般责任　D. 刑事责任

38.《中华人民共和国义务教育法》规定,县级以上人民政府及其教育行政部门应当缩小学校之间办学条件的差距,促进学校(　　)

A. 跨越发展　B. 优先发展　C. 均衡发展　D. 差异发展

39. 学生享有(　　),因此教师不得随意宣扬学生的个人信息。

A. 人格尊严权　B. 人身自由权

C. 身体健康权　D. 隐私权

40. 中小学校教师从事教育教学的“施工蓝图”是(　　)

A. 教育方针　B. 教材　C. 课程标准　D. 课程

41. 小宇决定如果期末考试能考 100 分,就用零花钱给自己买个足球,这属于(　　)

A. 间接强化　B. 替代强化　C. 自我强化　D. 直接强化

42. 随着网络技术、通信技术的快速发展,人们把互联网技术应用于教育实践中,出现了网络教学模式。这种教学模式的特点不包括(　　)

A. 协作性　B. 共享性　C. 实时性　D. 封闭性

43.(　　)是人们获得知识或应用知识的过程,或对信息进行加工的过程,是人的最基本的心理过程。

A. 认知过程　B. 情绪过程　C. 情感过程　D. 意志过程

44. 人们看电影时，电影拷贝上的一幅幅画面是不动的，而人们看到的却是连贯的动作、活动的景物。这是运用了(    )的心理学原理。

A. 联觉 B. 视觉后像 C. 感觉对比 D. 感觉适应

45. 学生阅读时常常使用划重点线的方式，这是利用了知觉的哪一种特性(    )(常考)

A. 选择性 B. 理解性 C. 整体性 D. 恒常性

46. 琦琦在考试的时候，一般都是把难题放在一边，先把容易的做完。这种策略属于(    )

A. 计划策略 B. 监控策略 C. 调节策略 D. 求助策略

47. 学生解出一道难题，感到无比兴奋，内心充满轻松愉快的体验。这属于(    )

A. 道德感 B. 理智感 C. 美感 D. 幸福感

48. 小明很容易适应环境，且他善于学习系统化、条理化的材料，喜欢与同伴一起讨论或进行协作学习，因此很受大家欢迎。小明的认知风格可能属于(    )

A. 场独立型 B. 场依存型 C. 冲动型 D. 沉思型

49. 强调以学生为中心的学习理论是(    )(易错)

A. 行为主义学习理论 B. 认知主义学习理论

C. 建构主义学习理论 D. 情境学习理论

50. 熟练的杂技演员一边骑车，一边做出优美复杂的动作，这说明他的动作技能处于(    )

A. 认知阶段 B. 分解阶段

C. 联系定位阶段 D. 自动化阶段

51. 教师王某故意不按照大纲要求完成教学任务，而且经常对学生进行变相体罚，他的行为造成了恶劣的影响，所在学校或者教育行政部门应当给予其(    )

A. 行政处分或者解聘 B. 行政警告或者拘留

C. 行政管制或者拘留 D. 行政处罚或者解聘

52. 义务教育作为一项教育制度和法律制度，就其性质而言，义务教育最基本的三个特征是(    )

A. 强制性、公益性、统一性 B. 自愿性、普及性、完善性

C. 强制性、免费性、普及性 D. 普及性、基础性、完善性

53. 狂喜、暴怒属于下列哪种情绪状态(    )

A. 激情 B. 应激 C. 心境 D. 以上都不对

54. 在青春期开始发展和形成的个体自我意识是(    )

A. 生理自我 B. 社会自我 C. 心理自我 D. 群体自我

55. 阅读技能、写作技能、运算技能和解题技能都属于(    )

A. 操作技能 B. 运动技能 C. 应用技能 D. 心智技能



56. 人的身心发展速度在其整个发展过程中，呈现出加速与平缓交替发展的状态。这体现了个体身心发展的(    )(常考)

A. 阶段性 B. 客观性 C. 个别差异性 D. 不平衡性

57. 教师不得以任何理由对学生关禁闭，这是因为学生具有(    )

A. 人格尊严权 B. 人身自由权

C. 隐私权 D. 名誉权

58. “独学而无友，则孤陋而寡闻”体现的教学方法是(    )

A. 演示法 B. 讨论法 C. 练习法 D. 参观法

59. 下列关于复式教学的叙述，正确的是(    )

A. 复式教学中教师的教学和学生的自学或做作业同时进行

B. 复式教学适用于学生多、教师少的情况

C. 复式教学可以在同一年级内进行

D. 复式教学情境下的学生的基本技能和自学能力相对较弱

60. 适度的紧张和焦虑促使个体积极思考并产生行动，达到成功解决问题的目的。这是情绪的(    )

A. 适应功能 B. 信号功能 C. 组织功能 D. 动机功能

61. 思维的不可逆性和自我中心性在皮亚杰描述的(    )表现最为明显。

A. 感知运动阶段 B. 前运算阶段

C. 具体运算阶段 D. 形式运算阶段

62. 俗语“鱼与熊掌不可兼得”属于(    )

A. 多重趋避冲突 B. 趋避冲突

C. 双避冲突 D. 双趋冲突

63. 教师不能以任何原因、在任何场合随意对学生进行精神伤害，这是因为《中华人民共和国教育法》明确规定学生具有(    )

A. 个人隐私权 B. 个人自由权

C. 受教育权 D. 人格尊严权

64. 刘老师在班级时学生不声不响，她离开后学生就开始说话，这说明刘老师的领导方式最可能是(    )

A. 民主型 B. 专制型 C. 忽视型 D. 放任型

65. 为研究近年来我国中小学教育的发展状况，张老师需收集有关数据，最可靠的信息来源是(    )

A. 教育论文 B. 教育年鉴

C. 教育辞书 D. 教育著作

66. 下列选项中,不属于《中华人民共和国教育法》规定的教育基本制度的是(　　)

A. 教育督导制度　　B. 教师培训制度

C. 教育评估制度　　D. 学业证书制度

**二、多项选择题(下列每小题列出的四个选项中至少有两个是正确的,请将其代码填在括号内。错选、少选、多选或未选均不得分。本大题共 30 小题,每小题 1.35 分,共 40.5 分)**

67. 我国古代的学校分为(　　)

A. 官学　　B. 私学　　C. 私塾　　D. 书院

68. 奥苏贝尔根据学习内容与学习者原有认知结构的关系,将学习分为(　　)

A. 有意义学习　　B. 机械学习　　C. 接受学习　　D. 发现学习

69. 下列哪些属于实用主义教育学的基本观点(　　)

A. 教育研究必须采用精神科学或文化科学的方法

B. 教育是生活,是个人经验的增长过程

C. 课程组织以学生的经验为中心

D. 提倡把实验心理学的研究成果和方法运用于教育研究

70. 教育的具体而实在的规定性体现在(　　)(易错)

A. 教育是人类所特有的一种有意识的社会活动

B. 教育是人类有意识地传递社会经验的活动

C. 教育是以人的培养为直接目标的社会实践活动

D. 教育是以人类的进步为目的而进行的一种活动

71. 一般认为,(　　)是构成教育活动的基本要素。(常考)

A. 教育者　　B. 受教育者(学习者)

C. 教育媒介(教育影响)　　D. 教育机构

72. (　　)是构成教学过程的基本要素。

A. 教师　　B. 学生　　C. 教学内容　　D. 教学手段

73. 社会政治经济制度决定(　　)

A. 教育的领导权　　B. 受教育权

C. 教育目的　　D. 教育制度

74. 教师劳动的特点有(　　)

A. 复杂性　　B. 示范性　　C. 创造性　　D. 专业性

75. 新时期学校德育的"三生教育"是指(　　)

A. 生存教育　　B. 生理教育　　C. 生活教育　　D. 生命教育



76. 语文老师王老师每次在课堂上进行提问时,爱表现的小强总是抢着回答问题,但基本上每次回答都是错误的。对此,王老师的正确做法是(　　)

A. 启发小强认真思考后再回答

B. 给小强安排更多的作业

C. 鼓励小强提高积极性,鼓励他多动脑筋

D. 从此对小强置之不理

77. 学校是个体社会化的场所,学校教育是个体社会化的途径。学校教育主要通过哪些方面实现个体的社会化(　　)

A. 教育促进个体行为的社会化

B. 教育促进个体思想意识的社会化

C. 教育培养个体的职业意识和角色

D. 教育开发人的创造性,促进个体价值的实现

78. 教师在教学过程中遵循"因材施教"原则的要求是(　　)

A. 要善于发现每个学生的兴趣、爱好

B. 要坚持课程计划和学科课程标准的统一要求

C. 要注意使教学保持一定的难度

D. 要了解学生,从实际出发进行教学

79. 运用榜样示范法的关键是要选择好榜样。选择榜样应该坚持的原则有(　　)

A. 可接受原则　　B. 真实性原则

C. 时代性原则　　D. 德智并重原则

80. 按照心理学的研究,"鹤立鸡群"反映出的心理现象是(　　)

A. 感觉对比　　B. 无意注意

C. 兴趣　　D. 注意的选择性

81. 学生创造性思维能力的培养方式包括(　　)

A. 激发学生的学习兴趣　　B. 发展学生的直觉思维

C. 鼓励学生的求异思维　　D. 培养学生的独创性思维

82. 掌握了汉语拼音,对于学习英语字母"a""b"的书写,将出现(　　)(易混)

A. 正迁移　　B. 负迁移　　C. 顺向迁移　　D. 逆向迁移

83. 与家庭教育、社会教育相比较,学校教育在人的发展中起主导作用,其原因是(　　)

A. 学校教育是有目的、有计划地培养人的活动

B. 学校教育对人的影响全面且系统

C. 学校教育有专门的老师来负责教育活动

D. 学校有运动场所、图书资料

84. 实施素质教育,必须端正教育思想,转变教育观念。在学生观方面,新课程倡导的主要观点有(　　)

A. 学生具有巨大的发展潜能

B. 学生是处于发展过程中的人

C. 每个学生都具有独特性

D. 学生是学习的主体、权利的主体、责任的主体

85. 素质教育的重点是培养学生的(　　)(常考)

A. 创新精神　　B. 实践能力

C. 身体素质　　D. 思想道德素质

86. 下列属于错觉现象的是(　　)

A. 有扩音设备的时候,还是觉得听到的声音来自主席台的发言者

B. 筷子放进水杯里看到筷子变弯了

C. 从空调房里出来感觉外面特别热

D. 月亮明亮的时候感觉星星很少

87. 学习心理学研究者认为,影响问题解决的主要因素包括(　　)

A. 定势　　B. 功能固着

C. 认知结构　　D. 情绪与动机状态

88. 在引导与帮助学生进行合作方面,教师要特别注意的是(　　)

A. 激发学生的合作动机

B. 指导学生学会合作技巧

C. 提高学生社会交往的能力

D. 保证每个成员都积极参与集体学习

89. 课程的设置受到多方面的制约。制约课程的因素主要包括(　　)(易错)

A. 社会需求　　B. 学科知识

C. 学习者的身心发展需求　　D. 课程理论

90. 为了提高学生的意义记忆能力,教师可以采取的措施有(　　)

A. 帮助学生很好地理解教材

B. 对高年级学生要教会他们良好的记忆方法

C. 要求学生不用太理解知识,只需反复诵读即可

D. 适当训练机械记忆能力以辅助意义记忆

91. 影响学习迁移的因素包括(　　)

A. 学习材料之间的共同因素　　B. 原有的认知结构

C. 对学习情境的理解　　D. 学习的心理准备状态

92.《中华人民共和国教育法》规定,在校学生享有的权利有(　　)

A. 参加教育教学活动权　　B. 获得资助权

C. 获得公正评价权　　D. 申诉、诉讼权

93. 根据《中华人民共和国未成年人保护法》可知,我国对未成年人的保护分为家庭保护、(　　)

A. 学校保护　　B. 司法保护

C. 社会保护　　D. 制度保护

94. 下列选项中属于新课程结构主要特点的有(　　)(常考)

A. 平均性　　B. 均衡性　　C. 综合性　　D. 选择性

95.《中华人民共和国义务教育法》规定,教育教学工作应当符合教育规律和学生身心发展特点,面向全体学生,教书育人,将德育、智育、体育、美育等有机统一在教育教学活动中,注重培养学生(　　),促进学生全面发展。

A. 独立思考能力　　B. 社会交往能力

C. 创新能力　　D. 实践能力

96. 根据我国《教育法》的规定,受教育者应当履行的义务有(　　)(常考)

A. 遵守法律、法规　　B. 遵守学生行为规范

C. 完成规定的学习任务　　D. 遵守所在学校的管理制度

# 2021年广东省汕尾市教师招聘考试通用能力测试(教育类)真题试卷(四)

**(满分100分　时间120分钟)**

本套试卷共100小题,目前已收录99小题。包括单项选择题(69小题),多项选择题(10小题),判断题(20小题)。

## 一、单项选择题(在下列每题四个选项中只有一个是最符合题意的,将其选出并把它的标号写在括号内。错选、多选或未选均不得分。本大题共70小题,每小题1.05分,共73.5分)

1. 我国春秋时期的私学,汉代以后的书院和私塾采用的教学组织形式均是(　　)

A. 分组教学制　B. 道尔顿制　C. 班级授课制　D. 个别教学制

2. 教育的(　　)认为教育只存在于人类社会,而动物界不存在人类的教育。(常考)

A. 神话起源说　B. 生物起源说　C. 心理起源说　D. 社会起源说

3. 孟子是我国古代(　　)的代表人物,他认为人的本性是善的,万物皆备于我。

A. 外铄论　B. 内发论　C. 成熟机制论　D. 多因素相互作用论

4. 社会经济政治制度对教育的制约体现在(　　)等方面。(易混)

A. 教育的性质与领导权

B. 人才的培养规格与教育结构

C. 教育事业发展的规模与速度

D. 教学方法和教学组织形式的发展与改革

5. 赫尔巴特的(　　)是教育理论发展史上的里程碑,是近代教育理论走向科学的开山祖和奠基石。

A.《大教学论》

B.《论演说家的培养》

C.《普通教育学》

D.《民主主义与教育》

6. 倪老师在教小学生"分数的基本性质"这一知识点时,拿出一个大西瓜模型,将其分成若干等份,然后分别取走1/4,2/8和4/16,学生发现老师取走的三份是一样多的,从而加深了对分数基本性质的理解。这种教学方法属于(　　)

A. 讲授法　B. 实验法　C. 演示法　D. 参观法

7. 道德与法治教师在设计《家乡新变化》这一节的教案时,设计了如下教学目标,其中属于情感态度与价值观目标的是(　　)

A. 通过联系实际、合作探究的方法,了解家乡的变化

B. 了解家乡发生的巨大变化,知道如何为家乡发展做贡献



C. 养成留心观察生活的好习惯,在生活点滴中为家乡发展做贡献

D. 感受家乡的变化,为家乡发生的巨大变化而自豪,激发为家乡做贡献的愿望

8. 对于"三角形内角和为180°"这一知识点,小学时只要求学生测量、画图,中学则要求学生证明。这种课程内容的组织方式是(　　)

A. 直线式　B. 螺旋式　C. 纵向组织　D. 横向组织

9. 班主任在课堂上讲到"共和国勋章"时,向学生介绍了钟南山不顾生命危险救治危重病人,奔赴疫区指导医疗救治工作的事迹,同学们深受教育。这体现的教学规律是(　　)

A. 发展性规律　B. 间接性规律　C. 教育性规律　D. 双边性规律

10. 政治教师在课堂上问道:"根据你所选择的证据,是资本主义国家还是社会主义国家的生活水平更高?"这类提问属于(　　)(易混)

A. 应用型提问　B. 分析型提问　C. 记忆型提问　D. 评价型提问

11. 教学行为目标的陈述具备三个要素,其中,"根据参考书""按课文内容""不用笔算"等属于(　　)

A. 产生条件　B. 行为标准　C. 行为效果　D. 具体目标

12. 语文教师在讲解贺知章的《咏柳》前,引导学生回忆与春天有关的名句,学生们回答:"春眠不觉晓,处处闻啼鸟""好雨知时节,当春乃发生"……教师因势利导:"不知细叶谁裁出,二月春风似剪刀",让我们一起来品味感受《咏柳》。该教师所运用的导课方式属于(　　)

A. 释题导入　B. 直接导入　C. 设疑导入　D. 复习导入

13. 伍老师上课时注重变换各种角度对知识和技能进行讲授,经常设计各种变式,使学生领会知识、技能,并在一定的新情境中加以应用,伍老师的教学水平处在(　　)(易混)

A. 记忆性理解水平

B. 解释性理解水平

C. 探究性理解水平

D. 综合性理解水平

14. 合作学习一般需要具备五个要素,其中,(　　)是小组合作有效的关键所在。

A. 社会技能

B. 积极的相互依赖

C. 小组自加工

D. 面对面的促进性相互作用

15. 计算机辅助教学模式中,(　　)的教学目的不在于向学生传授新知识,而在于使学生通过做大量的习题,巩固知识,形成技能。

A. 模拟　B. 对话　C. 操作与练习　D. 问题求解

16. 下列哪种教学评价是基于对学生学习全过程的持续观察、记录、反思而做出的发展性评价(　　)(常考)

A. 诊断性评价　B. 形成性评价　C. 总结性评价　D. 个别化评价

17. (　　)是教师的反省思维或思维的批判性在其教育教学活动中的具体体现,它包括课堂的组织与管理、教材的呈现、反省与评价等。

A. 教学操作能力

B. 教学认知能力

C. 教学监控能力　　D. 言语组织与表达能力

18. 德国教育家凯兴斯泰纳认为，国家的教育只有一个目的，那就是造就公民。该观点体现的教育目的价值取向是(　　)

A. 儿童本位论　　B. 社会本位论　　C. 个人本位论　　D. 教育无目的论

19. 所有学生在同样的学校系统中学习，从小学到大学的各级各类学校是相互衔接的。这属于(　　)的特点。(常考)

A. 单轨制　　B. 三轨制　　C. 双轨制　　D. 分支型学制

20. 一名有不良行为习惯的学生进入一个班风良好、纪律严明的班集体，在周围同学良好表现的耳濡目染下，该学生的不良行为方式得以改善。这体现的是(　　)

A. 反应促进效应　　B. 抑制效应

C. 刺激指向效应　　D. 情绪唤醒效应

21. 缺失

22. 在幼儿园和小学低龄年级阶段，教师进行课堂管理的关键是(　　)

A. 直接教授课堂规则和程序

B. 花较多的时间监控和维持管理系统

C. 如何建设性地处理课堂混乱

D. 如何激励那些对社会生活更感兴趣的学生

23. 下列不属于学生产生课堂不良行为的主要原因的是(　　)

A. 教师的注意　　B. 同伴的注意

C. 家长的言语刺激　　D. 避免不愉快的状态或活动

24. 下列不属于学生行为矫正的原则的是(　　)

A. 识别目标行为和强化　　B. 选择强化物和强化的标准

C. 必要的体罚及其标准　　D. 减少强化的频率

25. 教师利用已有的教研成果，为实际教学问题的解决提供可行的方案和实践方法，这属于教育研究中的(　　)

A. 基础研究　　B. 实验研究　　C. 行动研究　　D. 开发研究

26. 某儿童认为好的行为就是帮助别人、使别人愉快、受他人赞许的行为，根据科尔伯格的道德认知发展阶段理论，该儿童处于(　　)(常考)

A. 前习俗水平：惩罚和服从的定向阶段

B. 前习俗水平：工具性的相对主义的定向阶段

C. 习俗水平：人际关系和谐协调的定向阶段

D. 习俗水平："法律与秩序"的定向阶段

27. 张老师在德育过程中，注重培养学生在处理与社会、国家、国际等关系方面形成的情感态度、价值取向和行为方式。从学生发展核心素养方面看，这主要有利于(　　)

A. 丰富学生的文化基础　　B. 促进学生的自主发展

C. 养成学生良好的生活习惯　　D. 发展学生的社会参与能力

28. "狐假虎威""东施效颦"属于态度与品德的形成过程中的(　　)(易混)

A. 依从　　B. 逆反　　C. 内化　　D. 认同

29. 德育模式中的认知模式主张(　　)

A. 引导学生学会关心，学会体谅

B. 促进儿童道德判断力的发展及其行为的发生

C. 观察学习是行为获得的基本学习方法

D. 教会学生如何分析不同的道德价值，善于在复杂的社会情境中做出明智的抉择

30. 小盒经常看同学下五子棋，时间一长，他也掌握了下五子棋的方法。从意识的参与水平看，这属于(　　)

A. 内隐学习　　B. 外显学习　　C. 信号学习　　D. 刺激—反应学习

31. 学生在其学习经历中，如果多科失败而只有一科成功，就可能只形成对成功的那门学科的学习动机。从学习动机起作用的范围看，这属于(　　)

A. 一般学习动机　　B. 具体学习动机

C. 内部学习动机　　D. 外部学习动机

32. 一般来说，学习任务对于学生有三种价值。其中，学生学习音乐是出自对艺术的热爱属于(　　)

A. 内在价值　　B. 成就价值　　C. 效用价值　　D. 评判价值

33. 学生学习数学是因为觉得不学数学是在违反学校规范而对不起父母和教师，或担心被人视为低能。根据自我决定理论，这属于外部动机中的(　　)

A. 外部调节　　B. 整合调节　　C. 认同调节　　D. 内摄调节

34. 教育家孔子在描述学生颜回时，说道："贤哉，回也！一箪食，一瓢饮，在陋巷，人不堪其忧，回也不改其乐。"根据科温顿的自我价值理论，颜回属于(　　)学生。(常考)

A. 高驱低避型　　B. 低驱高避型　　C. 高驱高避型　　D. 低驱低避型

35. 陈老师在讲解岛屿的概念时，列举了中国、澳大利亚、美国夏威夷州以及中国台湾来进行例证，其中，中国、澳大利亚属于________，美国夏威夷州、中国台湾属于________。(　　)

A. 正例　反例　　B. 反例　正例

C. 正例　变式　　D. 变式　反式

36. 学生在物理中学习了"平衡"的概念后，就会对以后学习化学平衡、生态平衡、经济平衡、心理平衡产生影响。从迁移的方向看，这属于(　　)

A. 正迁移　　B. 负迁移　　C. 顺向迁移　　D. 逆向迁移

37. 谢老师在学习安装一个书架时，需要参照说明书上的步骤进行尝试，并时刻想着每一个步骤，头脑中还会形成一个个画面，如想象"给4寸的螺丝拧上螺帽"是怎样的。谢老师处于动作技能形成的(　　)(易混)

A. 认知阶段　　B. 联系阶段　　C. 练习阶段　　D. 自动化阶段

38. 问题根据其内容特性可分为概念性问题、经验性问题和价值问题。下列属于经验性问题的是(　　)

A. 初中生该不该早恋

B. 在冰面上行走时如何防滑

C. 长方体的表面积与体积之间存在什么关系

D. 小学生张某的学习积极性如何

39. 教师要求小静写一篇关于小树生病了的作文，小静把自己想象成一个生病的小树，将自己生病时的症状和感受都赋予了这棵小树，因此写得生动感人。这种类比属于(　　)

A. 符号类比　　B. 拟人类比　　C. 直接类比　　D. 狂想类比

40. 学生孟某在记忆一次绝对值不等式的解集"$|x|>a(a>0)$，$x<-a$或$x>a$；$|x|<a(a>0)$，$a>x>-a$"这一知识点时，将其记作："大鱼取两边，小鱼取中间"。这种学习策略属于(　　)

A. 调节策略　　B. 资源管理策略　　C. 组织策略　　D. 精细加工策略

41. 周老师开始接手待优班时，信心满满地想和学生一起努力提高全班的成绩，可一年之后班级的成绩依旧没有起色，于是周老师怀疑是自己的能力太差，并感到自卑与自责。这属于教师职业倦怠中的(　　)

A. 去个性化　　B. 低成就感　　C. 情绪衰竭　　D. 行为失当

42. 小军的头脑中具备这样一个概念："会动的事物是有生命的。"有一天他看到纸飞机在飞、在动，但是他知道纸飞机是没有生命的。这时他认识到不是所有会动的事物都是有生命的。根据皮亚杰的认知发展理论，小军的认知过程属于(　　)

A. 组织　　B. 顺应　　C. 图式　　D. 平衡

43. "一声短笛斜阳外，知有渔舟泊柳阴"反映了人的思维具有(　　)(易错)

A. 间接性　　B. 直接性　　C. 概括性　　D. 独创性

44. 吃梨会觉得梨很甜，但吃了糖之后接着吃梨，会觉得梨很酸。这一现象属于(　　)

A. 感觉适应　　B. 感觉后像　　C. 继时对比　　D. 同时对比

45. 记忆的基本过程中，(　　)是对识记内容的一种强化过程，使之能更好地成为人的经验。

A. 识记　　B. 保持　　C. 回忆　　D. 再认

46. 根据识记时对材料是否理解，学生对无意义音节、地名、人名、历史年代等的识记属于(　　)

A. 机械识记　　B. 意义识记　　C. 无意识记　　D. 有意识记



47. 有意注意可以控制活动向着一定的目标和方向进行，使注意适当分配和适当转移，这体现了注意的(　　)

A. 保持功能　　B. 选择功能　　C. 控制功能　　D. 调节功能

48. 人们认识世界的主观意识过程，通常可以分为三个阶段，其中(　　)的目的在于解决"怎么办"或"实施什么行为"的问题。

A. 认知阶段　　B. 评价阶段　　C. 想象阶段　　D. 意志阶段

49. 有些学生在制定了学习目标后，总是一遇到困难就放弃目标，这山望着那山高，学无所成。这类学生主要缺乏意志的(　　)

A. 果断性　　B. 自制性　　C. 坚持性　　D. 自觉性

50. 由于不愿意去上学，小朋友莉莉最近一段时间闷闷不乐，这是一种(　　)

A. 热情　　B. 心境　　C. 激情　　D. 应激

51. 根据埃里克森的心理社会性发展八阶段理论，当学龄期儿童的勤奋感大于自卑感，他们就会获得(　　)品质。(易混)

A. "目的"　　B. "忠诚"　　C. "能力"　　D. "智慧"

52. 中小学心理健康教育的主要任务是培养身心健康、具有社会责任感、创新能力和(　　)的德智体美全面发展的社会主义建设者和接班人。

A. 应变能力　　B. 理解能力　　C. 实践能力　　D. 分析能力

53. 某学生考不上理想的高中而考上了职高，就说考上职高更好，学费少，能够早点出来参加工作，早挣钱。这种心理防御机制是(　　)

A. 投射　　B. 转移　　C. 压抑　　D. 合理化

54. 学校心理咨询根据所解决问题的不同可分为三类，其中(　　)的目的是为了更好地认识自己，充分发挥潜能，提高学习与生活的质量。

A. 心理发展咨询　　B. 心理适应咨询

C. 心理障碍咨询　　D. 团体心理咨询

55. 某学生活泼好动，善于交际，思维敏捷，容易接受新鲜事物，情绪情感容易产生也容易变化和消失。该学生的气质类型偏向于(　　)(常考)

A. 多血质　　B. 黏液质　　C. 胆汁质　　D. 抑郁质

56. 巴甫洛夫的阳性强化法认为，人们会因奖励而加强为他人所赞赏的行为；因惩罚而减少不为人们所认同的行为。当"阳性强化法"被用于教学中，期待效应就会显现。这体现了(　　)

A. 马太效应　　B. 定势效应　　C. 蝴蝶效应　　D. 皮格马利翁效应

57. 班杜拉认为榜样有三种形式，其中通过语言或影视图像而呈现的榜样属于(　　)

A. 活的榜样　　B. 符号榜样　　C. 诫例性榜样　　D. 理想榜样

58. 小丽看到同桌小明举手大声回答问题受到老师表扬后，得出“大方勇敢的孩子被人喜欢”的结论，因此她在体育课上勇敢地在同学和老师的面前做示范，这属于(　　)的观察学习。

A. 直接　　B. 抽象性　　C. 综合性　　D. 创造性

59. 根据科尔勃的两维坐标理论，(　　)的学生寻求观念和理论的实际运用，宁愿处理技术任务和问题，而不愿意处理社会和人际事务。(易混)

A. 同化者学习风格　　B. 发散者学习风格

C. 聚合者学习风格　　D. 顺应者学习风格

60. 根据加涅的学习水平分类理论，下列属于规则学习的是(　　)

A. 学习三角形的概念

B. 学习三角形的面积公式

C. 学习区别两个相似的汉字

D. 学习利用所学过的公式去完成几何证明题

61. 如果学生喜爱做航空模型而不喜欢阅读，可以让学生完成一定的阅读之后去做模型。这体现了强化中的(　　)

A. 行为塑造　　B. 修正原理　　C. 普雷马克原理　　D. 比例强化原理

62. 六年级学生陈某经常欺凌同学，多次违反学校管理制度，学校经研究决定将其开除。根据我国《义务教育法》的规定，该学校的做法(　　)

A. 正确，学校有处分学生的权利

B. 正确，学校维护了其他受欺凌学生的合法权益

C. 错误，学校应当予以批评教育，不得开除

D. 错误，学校应向当地教育行政部门报备后才能将其开除

63. 小乐在学校组织的校外活动中不慎受伤，后经教育行政部门调解，小乐父母与学校就事故处理达成了协议，但事后家长又对协议内容不满而反悔。根据我国《学生伤害事故处理办法》的规定，对此，学校可以(　　)

A. 依法提起诉讼　　B. 申请行政复议

C. 请仲裁机关仲裁　　D. 请教育行政部门重新调解

64. 根据我国《教师资格条例》的规定，下列教师的行为应被相关部门撤销教师资格证的是(　　)

A. 甲弄虚作假、骗取教师资格　　B. 乙衣着邋遢，上课时间抽烟

C. 丙经常占用学生休息时间讲解习题　　D. 丁只关注学习成绩优异的学生

65. 根据我国《教师法》关于教师的待遇的规定，建立正常晋级增薪制度，具体办法由(　　)规定。

A. 各学校　　B. 国务院　　C. 当地财政部门　　D. 当地教育行政部门

66. 我国《未成年人保护法》规定，任何组织或者个人不得在学校、幼儿园播放、张贴或者散发商业广告；不得利用校服、教材等发布或者变相发布商业广告。这属于对未成年人的(　　)

A. 家庭保护　　B. 学校保护　　C. 社会保护　　D. 司法保护

67. 15 岁学生谭某多次实施严重危害社会的行为，经专门教育指导委员会评估同意，教育行政部门会同公安机关可以决定(　　)

A. 让其休学或转学　　B. 将其交由当地人民政府收容教养

C. 将其交由儿童福利机构收留抚养　　D. 将其送入专门学校接受专门教育

68. 张老师在教学过程中以平等和宽容的心态对待学生，尊重每个学生的兴趣与需求、观点与看法。张老师遵循了教师职业道德基本原则中(　　)的要求。

A. 教育人道主义原则　　B. 教育民主原则

C. 集体主义原则　　D. 教书育人原则

69. 何老师经常利用空余时间组织、参与有偿补课。何老师的做法(　　)

A. 正确，教师有人身自由权

B. 正确，有利于提高学生的成绩

C. 错误，违背了坚守廉洁自律的教师职业准则

D. 错误，违背了规范从教行为的教师职业准则

70. 师德内化的最高层次是(　　)，这种师德内化是建立在对道德原则的本质理解和坚信不疑基础上的，是近于完美的师德内化。

A. 遵守师德规范

B. 不接受师德规范

C. 将师德升华为自身的道德信念

D. 具备自主的道德信仰并充当师德的推行者、捍卫者

**二、多项选择题(在下列每题列出的选项中至少有两项是符合题意的，将其选出并把它的标号写在括号内。多选、错选或未选均不得分。本大题共 10 小题，每小题 1.23 分，共 12.3 分)**

71. 下列关于“癸卯学制”特点的表述，正确的有(　　)

A. 修业年限长

B. 以美国学制为蓝本

C. 第一次规定了男女同校

D. 在课程设置上，特别注重读经，具有浓厚的封建性

72. 下列属于杜威“新三中心论”内容的有(　　)(常考)

A. “教师中心”　　B. “课堂中心”　　C. “经验中心”　　D. “活动中心”

73. 下列属于课堂特征的有(　　)

A. 公开性　　B. 同时性　　C. 多维性　　D. 可预测性

74. 下列属于影响知识理解的客观因素的有(　　)

A. 学生学习材料的内容与形式　　B. 教师言语的提示与指导

C. 学生原有的知识经验背景　　D. 学生主动理解的意识与方法

75. 马斯洛认为,人具有七种基本需要,其中被称为"成长需要"的有(　　)

A. 审美需求　　B. 自我实现的需求

C. 归属与爱的需求　　D. 求知与理解的需求

76. 德育过程是提高自我教育能力的过程,自我教育能力主要由(　　)构成。

A. 自我期望能力　　B. 自我评价能力

C. 自我调控能力　　D. 自我认识能力

77. 下列关于流体智力的表述,正确的有(　　)

A. 随着年龄的增长而减退

B. 包括记忆能力和推理能力等

C. 对不熟悉的事物,能以迅速准确的反应来判断其彼此的关系

D. 受先天遗传因素影响较小,受教育文化影响大

78. 下列属于基础教育课程改革的具体目标的有(　　)(常考)

A. 改变课程管理过于集中的状况,实行国家、地方、学校三级课程管理

B. 改变课程内容"繁、难、偏、旧"和过于注重书本知识的现状,加强课程内容与学生生活以及现代社会和科技发展的联系

C. 改变课程过于注重知识传授的倾向,强调形成积极主动的学习态度

D. 改变课程评价过分强调甄别与选拔的功能,发挥评价促进学生发展、教师提高和改进教学实践的功能

79. 下列属于《中小学教师职业道德规范》中关爱学生的要求的有(　　)

A. 对学生严慈相济,做学生的良师益友

B. 关心学生的健康,维护学生的权益

C. 不讽刺、挖苦、歧视学生

D. 认真备课上课,认真批改学生作业

80. 学生违反校规校纪,情节较重或者经当场教育惩戒拒不改正的,学校可以实施下列哪些教育惩戒,并及时告知家长(　　)

A. 由学校德育工作负责人予以训导

B. 承担校内公益服务任务

C. 安排接受专门的校规校纪、行为规则教育

D. 暂停或者限制学生参加游览、校外集体活动以及其他外出集体活动



**三、判断题(判断下列各题的正误,并在题后的括号内打"√"或"×"。本大题共 20 小题,每小题 0.71 分,共 14.2 分)**

81. 学生与学生的关系是教师在职业活动中要处理的核心关系。(　　)

82. 课堂规则和程序的设计涉及三个方面的工作,其中确定后果的关键是对学生的适当行为建立有效的强化系统。(　　)

83. 人的发展的阶段性启示教师要抓住学生发展的关键期,不失时机地采取有效措施,促进学生健康发展。(易错)(　　)

84. 儒家在教育方面主张以自然主义教育为价值取向,以培养"圣人"为教育目标。(　　)

85. 德育是教育的社会性质的根本标志。(　　)

86. 教学大纲是确定教育内容、选择教育方法、检查和评价教育效果的根据。(　　)

87. 在皮亚杰看来,自我中心言语是一种社会性言语,其实质是外部言语向内部言语、言语的交际功能向言语的自我调节功能转化的中介。(　　)

88. 根据耶克斯—多德森定律可知,在难度较小的任务中,较低的动机水平有利于学习任务的完成。(　　)

89. 韦纳认为,归因于努力相比于归因于能力,无论成功或失败,都会引发更强烈的情绪体验。(　　)

90. 内容效度是指测验题目对有关内容或行为取样的适用性,从而确定测验是否是所欲测量的行为领域的代表性取样。(易混)(　　)

91. 经验课程以儿童从事某种活动的兴趣和动机为中心组织课程。(　　)

92. 干扰说认为,遗忘是知识的组织和认知结构简化的过程。(常考)(　　)

93. 注意的分配就是注意的范围,是指同一时间内能清楚地把握对象的数量。(　　)

94. 理想是符合事物发展规律、并可能实现的想象。(　　)

95. 情绪和情感是人对客观外界事物的态度的主观体验和相应的行为反应,它反映的是主体需要和外界客观事物之间的关系。(　　)

96. 理智感是在认识和评价事物过程中所产生的情感,学生的求知欲、好奇心都属于理智感的范畴。(　　)

97. 教师的专业自我是教师专业情意发展成熟的标志。(　　)

98. 教师职业道德的功能具有多样性,其中社会促进功能是最基本、最主要的功能。(　　)

99. 国家实行教育与宗教相分离。(　　)

100. 学生扰乱教育教学秩序,影响他人的,教师可以采取必要措施,将学生带离教室或者教学现场,并予以教育管理。(　　)

# 2021年江苏省徐州市教师招聘考试真题试卷(五)

(本套试卷仅收录公共基础知识和教育教学综合知识的试题)

本套试卷共16小题,包括单项选择题(10小题),判断题(4小题),案例分析题(1小题),作文题(1小题)。

**一、单项选择题(下列每小题列出的四个选项中只有一个是最符合题意的,请将其代码填在括号内。错选、多选或未选均不得分。本大题共10小题,每小题2分,共20分)**

1. 2021年2月25日,习近平总书记在全国脱贫攻坚总结表彰大会上发表重要讲话强调,我国脱贫攻坚战取得了________胜利,现行标准下9899万农村贫困人口全部脱贫,832个贫困县全部摘帽,12.8万个贫困村全部出列,区域性整体贫困得到解决,完成了________的艰巨任务。( )

A. 全面　消除绝对贫困　　B. 阶段性　消除绝对贫困

C. 全面　消除相对贫困　　D. 阶段性　消除相对贫困

2. 2020年11月10日,我国自主研发的"( )"全海深载人潜水器在太平洋马里亚纳海沟成功坐底,深度达到10909米,创造了中国载人深潜的新纪录。

A. 蛟龙号　　B. 神舟七号

C. 奋斗者号　　D. 北斗三号

3. 2021年3月11日,第十三届全国人民代表大会第四次会议表决通过了《中华人民共和国国民经济和社会发展第________个五年规划和________年远景目标纲要(草案)》的决议。( )

A. 十三　2035　　B. 十四　2035

C. 十三　2050　　D. 十四　2050

4. 李老师在数学课上讲到"圆周率"时,从历史事实出发讲述了祖冲之努力探索圆周率的故事,使同学们受到了感染和鼓励。李老师的教学主要体现了哪一种教学原则( )

A. 直观性原则　　B. 启发性原则

C. 因材施教原则　　D. 科学性和思想性相统一的原则

5. 讨论法是新课改倡导的主要方法,下列哪个选项不是讨论法的特点( )

A. 讨论时要做好讨论小结　　B. 讨论时要注意严格要求

C. 讨论的问题要有吸引力　　D. 讨论中对学生进行启发

6. 教师要以身作则、为人师表,这体现了教师职业道德的哪种特点( )

A. 行为的典范性　　B. 意识的自觉性

C. 影响的深远性　　D. 境界的高层次性

7. 某学生在学习地理时,为了记住城市、河流、山川的名字,时常对其赋予特别的意义,从而使记忆过程变得生动有趣。该学生的学习策略是( )

A. 复述策略　　B. 组织策略

C. 计划策略　　D. 精加工策略

8. 某学生在学习过程中善于归纳,能深知事物的本质。这反映了该学生思维的( )较好。(易错)

A. 敏捷性　　B. 灵活性　　C. 抽象性　　D. 独立性

9. 教师应该教给儿童调节不良情绪的具体方法,其中能运用内部语言的形式来调节情绪的方法是( )

A. 转换认知法　　B. 自我暗示法

C. 注意转移法　　D. 适当宣泄法

10. 为了增加新旧知识之间的可辨别性、促进学习迁移,教师可以引导学生利用( )给新学习任务提供观念上的支撑点。

A. 观察学习　　B. 信息加工

C. 完形与顿悟　　D. 先行组织者

**二、判断题(判断下列各题的正误,并在题后的括号内打"√"或"×"。本大题共4小题,每小题1分,共4分)**

1. 学生的主动学习是教学活动的基础,学生只有主动学习,教学活动才能取得预期效果。( )

2. 最早提出"隐性课程"这一概念的是美国教育家、课程理论专家布鲁纳。( )

3. 皮亚杰认为,十岁以前,儿童的道德判断往往依据自己的内在标准,属于自律道德阶段。(易混)( )

4. 学习者的直接经验对效能感影响是最大的,所以,反复失败会降低学生的自我效能感。( )

## 三、案例分析题(本大题共6分)

新入职的张老师最近很焦虑,因为她的课堂这段时间总是出问题,尤其是课堂氛围和她课前预想的活泼有序、积极互动的良好氛围大相径庭。比如,有一天刚开始上课时,她发现班级气氛过于沉闷,学生学习兴趣不高。为了活跃课堂气氛,调动学生的学习积极性,她随即提出了一个问题,话音刚落,同学们立马来了精神,便七嘴八舌地讨论起来,有的学生过度兴奋,出现了故意捣乱、起哄的情况,张老师多次制止都无济于事,场面一度失控。这种对抗的课堂情况让张老师不知所措。

问题:

(1)请分析出现上述情况,教师方面的主要原因有哪些。(3分)

(2)请结合上述案例,说明如何创设良好的课堂气氛。(3分)



## 四、作文题(本大题共30分)

某日,杨绛先生的同事问她:“您一天能翻译多少字?”杨绛回答:“我想平均起来也就不过五百字左右吧。”面对众人的不解,她补充道:“我翻译其实是很慢的,我首先要把每段话的原意弄清楚,然后把每个原文句子通通拆解,再按照我们汉语的语言习惯重新组成句子,把整段话的原意表达出来。”正因为如此她才翻译出了一部部脍炙人口的著作。

以上对我们的教育教学也有一定的启示,请谈谈你的认识和思考。

# 2020年山东省临沂市教师招聘考试真题试卷(六)

(本套试卷仅收录教育基础知识部分的真题)

本套试卷共44小题,包括单项选择题(40小题),案例分析题(4小题)。

## 一、单项选择题(在下列每小题四个选项中只有一个是符合题意的,将其选出并把它的标号写在括号内。错选、多选或未选均不得分。本大题共40小题,每小题0.9分,共36分)

1. 东汉许慎在《说文解字》中对教育的解释是"教,上所施,下所效也""育,养子使作善也",就影响人身心发展的动因而言,这一说法更认可(　　)

A. 内发论　　B. 外铄论

C. 多因素相互作用论　　D. 遗传决定论

2. 在教育活动的基本构成要素中,对整个教育教学活动的开展发挥主导作用的是(　　)(常考)

A. 教育者　　B. 受教育者

C. 教育场所　　D. 教育内容

3. "风声鹤唳,草木皆兵""一朝被蛇咬,十年怕井绳",这些都属于(　　)现象。

A. 分化　　B. 消退　　C. 泛化　　D. 维持

4. 孔子在《论语》中说到"不愤不启,不悱不发。举一隅不以三隅反,则不复也。"这一表述体现了孔子(　　)的教育教学思想。

A. 因材施教　　B. 启发诱导

C. 教学相长　　D. 长善救失

5. 就儿童发展而言,口语学习的最佳时期是2~3岁,在这一时期,如果得到合适的教育,就能获得事半功倍的效果,这一现象体现了儿童身心发展的(　　)

A. 顺序性　　B. 个别差异性

C. 互补性　　D. 不平衡性

6. "花儿开了,因为它想看见我",这种思维方面的特点,主要存在于儿童认知发展的(　　)

A. 感知运动阶段　　B. 前运算阶段

C. 具体运算阶段　　D. 形式运算阶段

7. 科学家、会计师、工程师及电脑程序员这一群体在(　　)上更突出。(易混)

A. 逻辑—数学智能　　B. 空间智能

C. 语言智能　　D. 内省智能

8. 车胤囊萤、孙康映雪、孙敬头悬梁、苏秦锥刺股的历史故事充分体现了(　　)因素在人身心发展中的作用。

A. 遗传　　B. 环境

C. 学校教育　　D. 个体主观能动性

9. 卢梭强调人性本善,认为教育的任务就是使儿童"归于自然",就教育目的的价值取向而言,卢梭的观点更倾向于(　　)

A. 个人本位论　　B. 社会本位论

C. 教育无目的论　　D. 生活本位论

10. 好的教师不仅要教授知识,而且要不断反思,认真分析学生的心理年龄特点,创造性地开展教育教学工作。这一表述主要体现了教师的(　　)角色。

A. 授业者　　B. 管理者　　C. 示范者　　D. 研究者

11. 刚开始洗澡的时候,感觉水有点凉,过了一会,就感觉不那么凉了,这种现象是(　　)

A. 感觉对比　　B. 联觉　　C. 感觉后像　　D. 感觉适应

12. 在课堂上,教师讲解重点内容时,声音提高,语速放缓,使之更为突出,这是利用了知觉的(　　)

A. 整体性　　B. 选择性　　C. 恒常性　　D. 理解性

13. 遇到复杂的、意外的或难以处理的教育教学问题时,优秀的、有经验的教师往往能够基于问题,因势利导、随机应变、恰当而有效地化解问题并带给学生知识的提升和思想的升华。这突出体现了教师职业劳动的(　　)

A. 创造性　　B. 间接性　　C. 主体性　　D. 示范性

14. 在韦纳的归因理论中,下列哪个因素不属于内部因素(　　)

A. 能力　　B. 运气　　C. 努力程度　　D. 自身状况

15. 根据耶克斯—多德森定律,当学生学习较困难的知识时,教师应使其动机水平保持在(　　)水平,学生的学习效率会提高得更明显。

A. 较高　　B. 中等　　C. 较低　　D. 非常低

16. 教师个体的专业发展过程是从一名新教师成长为专家型教师的过程,在这一过程中对其专业发展起决定作用的最直接最普遍途径是(　　)(常考)

A. 入职培训　　B. 在职培训

C. 自我教育　　D. 师范教育

17. 在本学期的听课活动中，张老师严格按照学校发放的听课记录表进行观察记录，这种观察是(　　)

A. 叙述观察　　B. 间接观察　　C. 结构观察　　D. 参与观察

18. 某省不同县市在艺术教育方面差距较大，如果要初步了解该省艺术教育的开展情况，在时间紧急、抽取样本数量比较小的情况下，比较合适的抽样方法是(　　)

A. 等距随机抽样　　B. 分阶段随机抽样

C. 整群随机抽样　　D. 分层随机抽样

19. 北京大学的校徽中"北大"二字上下排列，其中"北"像两个侧立的人像，"大"像正面站立的人像，这突出了北大"以人为本"的办学理念。也有人说"北大"二字上面是学生，下面是教师，教师就要甘为人梯，学生就要青出于蓝。就学校文化和课程类型而言，这分别属于(　　)

A. 学校观念文化，隐性课程　　B. 学校规范文化，显性课程

C. 学校制度文化，学科课程　　D. 学校物质文化，活动课程

20. 小红一边听音乐，一边打毛衣，这属于(　　)

A. 注意的选择　　B. 注意的保持

C. 注意的分配　　D. 注意的稳定

21. 学生背完单词再回忆时发现，最先背诵的单词比较容易回忆，较少遗忘，这种现象是(　　)

A. 前摄抑制　　B. 首因效应　　C. 近因效应　　D. 倒摄抑制

22. 人们一般认为公安局局长都是男性，这属于(　　)

A. 原型启发　　B. 正迁移　　C. 功能固着　　D. 定势

23. 在课程目标编写时，如果某一课程目标侧重于学生需要掌握的基础知识和基本技能，其课程目标取向是(　　)(易错)

A. 普遍性目标取向　　B. 行为性目标取向

C. 生成性目标取向　　D. 表现性目标取向

24. 在校本课程开发过程中，我们经常用的思路是：首先考虑开设这一课程的意义和达成的目标；然后根据目标去搜集和组织材料；最后评价学生学习后达成目标的程度。这一思路突出体现了课程开发的(　　)

A. 目标模式　　B. 过程模式

C. 情境模式　　D. 体谅模式

25. 教师在讲授新知识时，一定要考虑学生已有的认知水平，关注大部分学生的"最近发展区"。这突出体现了下列哪一教学原则(　　)

A. 理论联系实际原则　　B. 直观性原则

C. 巩固性原则　　D. 量力性原则

26. 在进行分组教学时，为了形成既有合作又有竞争的良好学习氛围，我们应尽量做到(　　)(易混)

A. 组间同质，组内异质　　B. 组间同质，组内同质

C. 组间异质，组内异质　　D. 组间异质，组内同质

27. 学生在完成暑假作业时，对作业的浏览、进度的安排以及完成情况的监控主要采用的学习策略是(　　)

A. 复述策略　　B. 元认知策略

C. 组织策略　　D. 精加工策略

28. 学生在解决困难的任务时，倾向于多方面搜集信息、考虑周全且出错较少，这种认知风格是(　　)

A. 场独立型　　B. 沉思型　　C. 冲动型　　D. 场依存型

29. 老师在下课之前，会告知学生下一节课将要学习的新内容，这运用的学习原理是(　　)

A. 练习律　　B. 效果律　　C. 反应律　　D. 准备律

30.《学记》中谈到"良冶之子，必学为裘；良工之子，必学为箕。"这一表述体现了对(　　)教学原则的追求。

A. 理论联系实际　　B. 直观性

C. 启发性　　D. 循序渐进

31. 在动作技能的教学(比如广播体操的教学，武术动作的教学)中，比较合适的教学模式是(　　)

A. 传递—接受式　　B. 问题—探究式

C. 示范—模仿式　　D. 情感—陶冶式

32. 在课堂教学评价时，如果我们关注的重点是学生对学习内容的掌握程度，学生是否达到了教学目标的要求，应尽量采用(　　)

A. 绝对性评价　　B. 相对性评价

C. 常模参照评价　　D. 个体内差异评价

33. 陈老师走进教室，面对学生的交头接耳、吵吵闹闹，他把食指竖起来放在嘴上，表示"不要讲话"，这种手势语属于(　　)

A. 象征性手势　　B. 指示性手势

C. 会意性手势　　D. 隐蔽性手势

34. 物理老师在讲解牛顿力学定律后，提出这样一个问题："我们踢出去的球在空中运动过程中是否还

受到脚对它的作用力?”这是一种(　　)

A. 回忆性提问　　B. 理解性提问

C. 评价性提问　　D. 批判性提问

35. 在德育的以下四条规律中,特别强调教师对学生的塑造以及学生主观能动性的是(　　)

A. 德育过程是培养和提高学生知、情、意、行的过程

B. 德育过程是一个长期、反复、逐步提高的过程

C. 德育过程是组织学生活动和交往,统一多方面教育影响的过程

D. 德育过程是促进学生思想内部矛盾斗争的过程,是教育与自我教育相结合的过程

36. 马卡连柯提出“平行影响”的教育思想,强调班级的平行管理,这一做法体现了(　　)的德育原则。(常考)

A. 集体教育与个别教育相结

B. 尊重信任与严格要求相结

C. 正面教育与纪律约束相结合

D. 依靠积极因素克服消极因素

37. 良好的教育环境会对学生产生潜移默化的熏陶,德高望重的教师会让学生在耳濡目染中受到感化,优秀的艺术作品会让学生自然而然地产生美的体验。这体现了(　　)

A. 榜样示范法　　B. 情感陶冶法

C. 自我修养法　　D. 品德评价法

38.《国家中长期教育改革和发展规划纲要(2010～2020年)》指出,把育人为本作为教育工作的根本要求,把(　　)作为国家基本教育政策。(易混)

A. 改革创新　　B. 德育为先

C. 促进公平　　D. 提高质量

39. 根据《中华人民共和国未成年人保护法》规定,未成年人指的是未满(　　)的公民。

A. 12 周岁　　B. 14 周岁　　C. 16 周岁　　D. 18 周岁

40. 教师有下列哪些情形之一,且情节严重的,将依法追究刑事责任(　　)

①故意不完成教育教学任务给教育教学工作造成损失的

②体罚学生,经教育不改且构成犯罪的

③品行不良、侮辱学生,影响恶劣且构成犯罪的

④教育教学业务水平低,不积极上进的

A. ①②③④　　B. ①②③　　C. ②③　　D. ①②



**二、案例分析题(在下列每小题四个选项中只有一个是符合题意的,将其选出并把它的标号写在括号内。错选、多选或未选均不得分。本大题共 4 小题,每小题 1 分,共 4 分)**

李老师是初二 3 班的历史老师,为了讲好“隋朝的灭亡”这一教学内容,李老师做了如下教学设计:首先,从电视剧《隋唐演义》中精选了一个与教学内容密切相关且学生熟悉的短视频引入课堂教学;然后带领学生简略地回顾了隋朝的历史,并提出思考问题“隋朝快速灭亡的原因是什么?”在回答这个问题之前,李老师先给学生讲解了我国古代历史上朝代灭亡的一般规律,然后再引导学生分析隋朝快速灭亡的原因……

请根据李老师课堂教学的小片段,回答下列问题:

41. 李老师采用学生熟悉的短视频进行导课,主要体现了(　　)教学原则。

A. 直观性　　B. 循序渐进

C. 巩固性　　D. 科学性与思想性相统一

42. 李老师的这一教学片断运用的教学方法是(　　)

A. 讲授法、练习法　　B. 演示法、参观法

C. 演示法、讲授法　　D. 发现法、陶冶法

43. 这一教学片断主要体现了下列哪一学习理论(　　)

A. 班杜拉的社会学习理论

B. 托尔曼的符号学习理论

C. 布鲁纳的发现学习理论

D. 奥苏贝尔的接受学习理论

44. 李老师在引导学生分析隋朝的灭亡原因时,先介绍我国古代历史上朝代灭亡的一般规律,这一做法运用的学习策略是(　　)

A. 发现学习策略　　B. 先行组织者策略

C. 掌握学习策略　　D. 自我效能感策略

# 2020年内蒙古自治区赤峰市中小学校教师招聘考试教育综合知识真题试卷(七)

**(满分100分 时间120分钟)**

本套试卷共75小题,包括单项选择题(50小题),多项选择题(25小题)。

**一、单项选择题(下列每小题列出的四个选项中只有一个是最符合题意的,请将其代码填在括号内。错选、多选或未选均不得分。本大题共50小题,每小题1分,共50分)**

1.( )主张人只有通过教育才能成为人。

A.夸美纽斯 B.康德 C.赫尔巴特 D.布鲁纳

2.冯特在( )大学建立第一个心理学实验室。

A.慕尼黑 B.柏林 C.海德堡 D.莱比锡

3.面对问题时经常举棋不定,是意志的( )弱的表现。

A.自觉性 B.果断性 C.坚韧性 D.自制性

4.《中华人民共和国教师法》规定的教师考核内容为"政治思想、业务水平、( )、工作成绩"几个方面。

A.工作态度 B.工作热情 C.工作效率 D.工作质量

5.班主任要善于抓住班级重大偶发事件的处理,组织学生讨论,以明辨是非、美丑,发扬优点、抵制不良行为为习惯,形成正确的人生观、价值观。这说明培养班集体时应注意( )

A.确定集体目标 B.组织、培养班干部

C.有计划地开展集体活动 D.培养正确的舆论与良好班风

6.夸美纽斯出版的( )是教育学形成一门独立学科的标志。(易错)

A.《大教学论》 B.《普通教育学》

C.《爱弥儿》 D.《世界图解》

7.到2035年,教师综合素质、专业化水平和( )大幅提升,培养造就数以百万计的骨干教师、数以十万计的卓越教师、数以万计的教育家型教师。

A.教育教学能力 B.思想政治素质

C.职业道德水平 D.创新能力

8.注意是心理活动对一定事物的( )

A.整体反映 B.个体反应 C.指向和集中 D.倾向性



9.当课堂秩序出现学生吵闹,杂音盖过教师讲课的声音时,老师通过加大嗓门使课堂中的学生安静下来。这是借助( )引起学生的注意来控制课堂秩序的一种方法。

A.刺激与环境中其他物体的差异 B.刺激强度

C.感知者的情感 D.感知者的需要

10.思维包括两个基本特征,一是间接性,二是( )

A.对比性 B.概括性 C.稳定性 D.目的性

11.与生产劳动相脱离的教育是( )

A.原始社会教育 B.奴隶社会教育 C.近代教育 D.现代教育

12.学校工作的中心环节是( )

A.教学 B.科研 C.行政管理 D.后勤保障

13.为适应学生的个性差异而开发的课程类型是( )

A.选修课程 B.必修课程 C.学科课程 D.综合课程

14.根据学习的定义,下列属于学习的现象是( )

①会打球 ②个子越长越高 ③风沙吹进眼睛自然流泪 ④小孩看到穿白大褂的医生感到害怕 ⑤儿童理解了"地球是圆的,而不是平的"

A.①②④ B.②③⑤ C.①④⑤ D.①③④

15.教师对学生持有积极的期待,学生就会向教师期望的方向发展,这种效应称为( )(常考)

A.首因效应 B.晕轮效应

C.近因效应 D.皮格马利翁效应

16."入芝兰之室,久而不闻其香;入鲍鱼之肆,久而不闻其臭"指的是( )

A.明适应 B.暗适应 C.感觉适应 D.味觉适应

17.义务教育是国家统一实施的所有适龄儿童、少年必须接受的教育,是国家必须予以保障的( )事业。

A.长期性 B.社会性 C.公益性 D.强制性

18.根据我国《教师法》的规定,各级人民政府应该采取措施,加强教师的思想政治教育和业务培训,改善教师的工作条件和生活条件,保障教师的合法权益,提高教师的( )地位。

A.政治 B.经济 C.法律 D.社会

19.( )在心理学的发展历史上说:"心理学有着漫长的过去,但只有短暂的历史。"

A.弗洛伊德 B.巴甫洛夫 C.艾宾浩斯 D.凯利

20.提出"生活即教育""社会即学校""教学做合一"教育主张的教育家是( )(常考)

A.杜威 B.陈鹤琴 C.凯洛夫 D.陶行知

21.根据《关于进一步加强学校体育工作的若干意见》,中小学生每天校园体育活动时间应达到( )

A.0.5小时 B.1小时 C.1.5小时 D.2小时

22. 根据《教师资格条例》,参加教师资格考试有作弊行为的,其考试成绩作废,不得再参加教师资格考试的限制年限是(    )

A. 1 年　B. 3 年　C. 5 年　D. 8 年

23. 我国最早提出"教学相长"的著作是(    )

A.《大学》　B. 四书　C.《战国》　D.《学记》

24. 个体身心发展的互补性要求教育者要做到(    )

A. 相互衔接　B. 长善救失　C. 循序渐进　D. 教学相长

25. 班主任在班级管理中的领导影响力主要表现在两方面,一是职权影响力,二是(    )

A. 学术影响力　B. 个性影响力

C. 年龄影响力　D. 职称影响力

26. 某学生在学校放假期间,擅自翻越学校围墙摔倒在地,导致腿部受伤,经治疗花去医疗费 5000 元。对于该名同学受到的伤害,下列表述正确的是(    )

A. 学校没有过错,无需承担赔偿责任　B. 学校没有过错,但要承担部分赔偿责任

C. 学校存在过错,应当承担全部赔偿责任　D. 学校存在过错,应当承担部分赔偿责任

27. 教育活动要注意"三结合","三结合"的教育一般是指(    )

A. 学校、家庭、社会教育三结合　B. 班主任、科任老师、家长教育三结合

C. 校长、教师、家长教育三结合　D. 家庭、环境、学校教育三结合

28. 吹拉弹唱为(    )

A. 识记技能　B. 心智技能　C. 操作技能　D. 认知技能

29. 政治经济制度决定着(    )(易混)

①教育领导权　②受教育权　③教育目的　④教育结构　⑤教育内容

A. ①②③④　B. ①②④⑤　C. ②③④⑤　D. ①②③⑤

30. 我国教学的基本组织形式是(    )

A. 个别教学　B. 分组教学　C. 课堂教学　D. 现场教学

31. 在我国,受教育者在入学、升学、就业等方面依法享有(    )

A. 公平权利　B. 特殊权利　C. 平等权利　D. 唯一权利

32. 在我国,适龄儿童、少年的父母或其他监护人有义务使适龄儿童、少年接受并完成规定年限的(    )教育。

A. 高等　B. 职业　C. 义务　D. 中等

33. 根据我国《教师法》的规定,教师的平均工资水平应当(    )国家公务员的平均工资水平。

A. 接近　B. 不低于或高于　C. 高于　D. 等同于

34. 在我国,爱国主义教育基地、图书馆、青少年宫、儿童活动中心应当对未成年人(    )开放。

A. 无偿或优惠　B. 优惠　C. 免费　D. 无偿

35. 集体舆论是指(    )

A. 集体中占优势的、为大多数人所赞同的言论和意见

B. 班主任所提倡的言论和意见

C. 集体中所有人都一致同意的言论和意见

D. 集体中优秀分子的言论和意见

36. "教学有法,而无定法"反映了教师劳动的(    )(常考)

A. 连续性　B. 创造性　C. 长期性　D. 示范性

37. 学生年龄特征包括哪两方面的特征(    )

A. 认识和个性特征　B. 个性和性格特征

C. 生理和心理特征　D. 认识和情感特征

38.《给教师的建议》的作者是(    )

A. 克鲁普斯卡娅　B. 苏霍姆林斯基　C. 布鲁纳　D. 马卡连柯

39. 艾宾浩斯发现遗忘的规律表现为(    )(常考)

A. 先快后慢　B. 先慢后快　C. 不快不慢　D. 比较均匀

40. 马斯洛需要层次理论的最高层次需要是(    )

A. 安全需要　B. 尊重需要

C. 爱和归属需要　D. 自我实现的需要

41. 习近平总书记指出,"两个一百年"奋斗目标和中华民族伟大复兴中国梦的实现,归根到底要(    )

A. 靠经济　B. 靠人才和教育　C. 靠政策开放　D. 靠科技发展

42. 习近平指出,(    )是教育的首要问题。

A. 培养什么人　B. 怎样培养人　C. 为谁培养人　D. 立德树人

43. 为人师表是教师职业的(    )

A. 内在要求　B. 内在动力　C. 本质要求　D. 基本要求

44. 学生在学校各项权利中最主要、最基本的一项权利是(    )

A. 受教育权　B. 生命健康权　C. 人格尊严权　D. 人身自由权

45. 学校的各种人际关系中,居于核心地位的是(    )

A. 师生关系　B. 上下级关系　C. 教师与家长的关系　D. 同学关系

46. "举一反三"和"触类旁通"所说的是(    )

A. 学会学习　B. 学习迁移　C. 创造学习　D. 发现教学法

47. 创造性思维的核心是(    )

A. 发散思维　B. 聚合思维　C. 形象思维　D. 抽象思维

48. 教育与人类社会共存亡、同始终。这说明教育具有(    )

A. 历史性　B. 阶级性　C. 永恒性　D. 相对独立性

49. 教师的根本任务是(　　)(常考)

A. 传授知识　B. 教书育人　C. 提高升学率　D. 提高业务水平

50. 教师是教育工作的组织者、领导者,在教育过程中起(　　)

A. 领导作用　B. 主导作用　C. 主体地位　D. 执行作用

## 二、多项选择题(本题共25小题,每小题2分,共计50分。每小题有多个选项符合题意,全部选对的得2分,选对但不全的得0.9分,选错或未选的得0分)

51. 学校应对老师的(　　)进行考核。

A. 政治思想　B. 工作态度　C. 业务水平　D. 工作成绩

52. 国家建立统一的义务教育教师职务制度。教师职务分为(　　)

A. 初级职务　B. 中级职务　C. 高级职务　D. 特级职务

53. 下列符合发散思维的是(　　)

A. 一物多用　B. 先入为主　C. 一事多写　D. 一题多解

54. 心理健康是一种持续、良好的心理状态与过程,主要表现为(　　)

A. 良好的社会适应能力　B. 有效发挥个人的身心潜力

C. 具有生命的活力　D. 具有积极的内心体验

55. 新手型教师的特点包括(　　)(易错)

A. 非常重视课前准备　B. 课堂调控能力强

C. 注重周围人对自己的评价　D. 充满热情活力

56. 国家实行教师资格、职务、聘任制度,通过(　　)提高教师素质,加强教师队伍建设。

A. 培养　B. 培训　C. 考核　D. 奖励

57. 以下属于教师权利的是(　　)

A. 参加进修或者其他方式的培训

B. 按时获得工资报酬,享受国家规定的福利待遇以及寒暑假期的带薪休假

C. 进行教育教学活动,开展教育教学改革和实验

D. 从事科学研究、学术交流,参加专业的学术团体,在学术活动中充分发表意见

58.《中华人民共和国教师法》规定,对教师的考核应客观、公正、准确,充分听取(　　)意见。

A. 学生　B. 教师本人　C. 学生家长　D. 其他教师

59. 习近平提出:"国家繁荣、民族振兴、教育发展,需要我们大力培养造就一支(　　)的高素质专业化教师队伍。"

A. 师德高尚　B. 业务精湛　C. 结构合理　D. 充满活力

60. 记忆过程的基本环节包括(　　)

A. 识记　B. 保持　C. 再认和回忆　D. 运用

61. 属于教师职业道德修养的基本方法的是(　　)

A. 虚心向他人学习,自觉与他人交流　B. 坚持自律和他律相结合

C. 加强理论学习,注意内省、慎独　D. 勇于实践锻炼,增强情感体验

62. 下面有关教师为人师表的特征,正确的是(　　)

A. 具有鲜明的示范性　B. 具有突出的严谨性

C. 具有较弱的激励性　D. 缺乏可操作性

63. 廉洁从教的内容包括(　　)

A. 坚守高尚情操　B. 发扬奉献精神

C. 自觉抵制社会不良风气　D. 不利用职权之便谋取私利

64. 学习和教学活动过程包括(　　)

A. 学习过程　B. 教学过程　C. 评价　D. 反馈

65. 我国心理学家对学习的分类是(　　)

A. 知识的学习　B. 认知策略的学习　C. 技能的学习　D. 行为规范的学习

66. 知识的直观形式包括(　　)

A. 情景直观　B. 实物直观　C. 模像直观　D. 言语直观

67. 品德的心理结构包括(　　)

A. 道德认识　B. 道德情感　C. 道德修养　D. 道德行为

68. 个人的自我意识主要包括三种心理成分,分别是(　　)

A. 自我认识　B. 自我体验　C. 自我行动　D. 自我控制

69. 气质类型包括(　　)

A. 胆汁质　B. 多血质　C. 黏液质　D. 抑郁质

70. 属于教师职业道德素养的是(　　)

A. 忠诚于人民教育事业　B. 热爱学生

C. 严格要求自己,为人师表　D. 集体协作精神

71. 知觉的特性包括(　　)

A. 选择性　B. 整体性　C. 理解性　D. 恒常性

72. 思维的基本形式包括(　　)

A. 概念　B. 判断　C. 推理　D. 比较

73. 影响人身心发展的因素主要有(　　)

A. 遗传　B. 环境　C. 社会　D. 教育

74. 下列属于教学工作的基本环节的是(　　)

A. 备课　B. 布置作业和课外辅导

C. 上课　D. 学业成绩的检查与评定

75. 德育过程的构成要素包括(　　)(常考)

A. 教育者　B. 受教育者　C. 德育内容　D. 德育方法

# 2020年山西省太原市晋源区小学(幼儿园)教师招聘考试教育基础知识真题试卷(八)

本套试卷共100小题,目前已收录97小题。包括单项选择题(87小题),多项选择题(10小题)。

## 一、单项选择题(下列每小题列出的四个选项中只有一个是最符合题意的,将其选出并把其标号写在括号内。错选、多选或未选均不得分。本大题共87小题,每小题0.95分,共82.65分)

1. 教育的(　　)的显著标志是非计划性、非预期性,例如教师的行为方式、学校文化等。

A. 正向功能　B. 负向功能　C. 显性功能　D. 隐性功能

2. 推动教育学发展的内在动力是(　　)

A. 教育法律　B. 教育问题

C. 教育现象　D. 教育制度

3. 下列不属于形式化教育阶段特征的是(　　)

A. 教育主体确定　B. 教育对象相对稳定

C. 大抵有固定的活动场所　D. 明确规定各种制度,如入学制度、教学制度等

4. "白沙在涅,与之俱黑"说明(　　)影响人的身心发展。

A. 遗传素质　B. 社会环境　C. 教育手段　D. 个体的主观能动性

5. "善歌者,使人继其声;善教者,使人继其志"出自(　　),它是我国最早的一篇专门论述教育和教学问题的专著。

A.《学记》　B.《论语》　C.《理想国》　D.《大教学论》

6. 同年龄的儿童具有不同的兴趣爱好和性格,这说明人身心发展具有(　　)(常考)

A. 顺序性　B. 阶段性　C. 不均衡性　D. 个别差异性

7. 在古希腊"七艺"课程中,侧重自然科学的是(　　)

A. 文法　B. 修辞学　C. 辩证法　D. 算术

8. 下列能夯实素质教育的基础的是(　　)

A. 国家各项教育政策　B. 课程大纲的实施

C. 学校的具体改革措施　D. 新课程改革

9. "人受了什么样的教育,就会成为什么样的人"体现的教育理论是(　　)

A. 教育万能论　B. 教育独立论

C. 筛选假设理论　D. 劳动力市场理论



10. 办学宗旨为"激发忠爱,开通智慧,振兴实业"的学制是(　　),它也是我国首次颁布的学制。(常考)

A. 壬寅学制　B. 癸卯学制　C. 壬戌学制　D. 壬子癸丑学制

11. 下列制约着教育目的的设定、教育内容和专业设置的是(　　)

A. 人口因素　B. 文化传统

C. 生产力发展水平　D. 政治经济制度

12. 在课程标准的组成部分中,统率课程标准的指导思想的是(　　)

A. 前言部分　B. 课程目标部分

C. 课程内容标准部分　D. 课程实施建议部分

13. "教育的产生完全来自于动物本能,是种族发展的本能需要"体现了教育起源说的哪种观点(　　)

A. 劳动起源说　B. 神话起源说　C. 生物起源说　D. 交往起源说

14. (　　)是教材的基本部分,也是教学的依据。

A. 插图　B. 附录　C. 课文　D. 习题

15. 孔子将古代封建文化典籍分为诗、书、礼、乐四科来教学生,这些课程属于(　　)(常考)

A. 综合课程　B. 分科课程　C. 活动课程　D. 隐性课程

16. 引导学生将知识运用到实际中去,体现了赫尔巴特教学过程思想中的(　　)

A. 明了　B. 联合　C. 方法　D. 系统

17. 某班学习委员拾金不昧,该班班主任号召全班同学向他学习,该教师所采用的方法是(　　)

A. 榜样示范法　B. 情感陶冶法　C. 品德评价法　D. 实际锻炼法

18. 在全面发展教育中,(　　)对其他各育起保证方向和保持动力的作用。(易混)

A. 智育　B. 德育　C. 美育　D. 劳动技术教育

19. 课程内容组织形式中的(　　)是指教材内容要按照学科知识的逻辑序列,从已知到未知、从简到繁、从具体到抽象等先后顺序来组织编写。

A. 直线式　B. 螺旋式　C. 横向组织　D. 纵向组织

20. "读书无疑者,须教有疑;有疑者,却要无疑,到这里方是长进"说明教学要遵循(　　)原则。

A. 循序渐进　B. 理论与实践结合

C. 启发性　D. 科学性与思想性相统一

21. 某教师在教授《路旁的橡树》一课时,将学生"学会关爱生命"拟定为教学目标之一。该教学目标属于(　　)

A. 过程与方法目标　B. 知识与技能目标

C. 价值观与方法目标　D. 情感态度与价值观目标

22. 幻灯片、录像带、影视片属于直观教具中的(　　)

A. 实物直观　B. 模像直观　C. 多媒体教学　D. 言语直观

23. 上好一堂课的关键是(　　)

A. 明确教学目的　B. 组织教学活动　C. 布置课外作业　D. 注重解惑纠错

24. 某教师在教授《小小的船》一课时,想要了解学生对这首诗的理解情况,于是在课堂上向学生提问:"你们知道叶圣陶先生想要通过这首诗表达什么吗?"这属于教学过程中的(　　)

A. 个体差异性评价　B. 诊断性评价

C. 形成性评价　D. 总结性评价

25. 教学实践中最基本、最常用的一种教案形式是(　　)

A. 表格式教案　B. 记叙式教案　C. 卡片式教案　D. 议论式教案

26. 在德育工作中,教师要善于依靠、发扬学生自身的积极因素,调动学生自我教育的积极性,克服消极因素,实现品德发展内部矛盾的转化。这说明德育工作要遵循(　　)

A. 疏导原则　B. 尊重学生与严格要求学生相结合的原则

C. 教育影响的一致性和连贯性原则　D. 长善救失原则

27. 被认为是"教师专业发展和自我成长的核心因素"的是(　　)

A. 自我发展　B. 专业引领　C. 自我反思　D. 同伴互助

28. 某同学通过学习知道北京是中国的首都。根据加涅的学习分类理论,这属于(　　)的学习。

A. 言语信息　B. 智慧技能　C. 认知策略　D. 动作技能

29. 在某综艺真人秀节目中,黄磊会给女儿多多设立恰当的目标,同时,也会倾听女儿的意见。这说明其家庭教养方式属于(　　)

A. 忽视型　B. 溺爱型　C. 专制型　D. 权威型

30. 某学生热爱交际、能说会道、活泼好动、反应迅速、适应性强,但同时也见异思迁、缺少耐性、稳定性差。该学生的气质类型属于(　　)

A. 胆汁质　B. 多血质　C. 黏液质　D. 抑郁质

31. 小姝为了得到其他小朋友手中的布娃娃而打人,这一行为属于(　　)

A. 言语攻击　B. 间接攻击　C. 工具性攻击　D. 敌意性攻击

32. 下列不属于亲社会行为的是(　　)

A. 分享　B. 模仿　C. 谦让　D. 援助

33. 某学生认为,插队是不文明的行为,但是当遇到孕妇和老人时,可以让他们"插队",根据皮亚杰的认知发展阶段理论,该学生处于(　　)

A. 感知运动阶段　B. 前运算阶段　C. 具体运算阶段　D. 形式运算阶段

34. 同一首曲子用不同的乐器演奏或由不同人来演唱,我们仍然知觉为同一首曲子。这体现了知觉具有(　　)(常考)

A. 选择性　B. 理解性　C. 恒常性　D. 整体性

35. "情急生智"描述的情绪状态是(　　)

A. 应激　B. 激情　C. 心境　D. 喜悦



36. 某学生放学后不用家长催促,就能自己主动去做作业。这说明该学生意志的(　　)较好。(易混)

A. 果断性　B. 自制性　C. 自觉性　D. 坚持性

37. 某学生在冬天因为怕冷不想起床,但又害怕上学迟到。这种心理冲突属于(　　)(常考)

A. 双趋冲突　B. 趋避冲突　C. 双避冲突　D. 多重趋避冲突

38. 某教师在教授《我的母亲》一课时,天空中突然响起了雷,把学生的注意力都吸引了过去。这种注意属于(　　)

A. 有意注意　B. 无意注意　C. 有意后注意　D. 无意后注意

39. 某学生在复习时喜欢做笔记,该学生利用的学习策略是(　　)

A. 复述策略　B. 精细加工策略

C. 组织策略　D. 资源管理策略

40. 某学生可以将在语文学习中习得的阅读技巧、写作技巧等运用到英语学习中。这种迁移属于(　　)

A. 零迁移　B. 负迁移　C. 具体迁移　D. 一般迁移

41. 某学生先学习"锐角"的概念,后学习"角"的概念。这种学习属于(　　)

A. 上位学习　B. 并列结合学习　C. 派生类属学习　D. 相关类属学习

42. 某学生这样来管理自己的学习:"如果我能在 30 分钟内完成英语老师布置的家庭作业,那么就可以和爸爸出去玩。"该学生运用的是(　　)

A. 外部强化　B. 替代强化　C. 自我强化　D. 消极强化

43. 某学生能够记得曾经吃过的食物的味道。这种记忆属于(　　)

A. 动作记忆　B. 情绪记忆　C. 逻辑记忆　D. 形象记忆

44. 根据奥苏贝尔的学习动机分类理论,某学生为了获得老师的夸奖而朗诵诗歌。这种学习动机属于(　　)

A. 自我提高内驱力　B. 附属内驱力

C. 自我生存内驱力　D. 认知内驱力

45. 游泳时,刚刚跳进水中时会觉得水很冷,不久后这种感觉就会消失,这种感觉规律属于(　　)

A. 感觉后像　B. 感觉适应　C. 感觉对比　D. 感觉补偿

46. 在一节课 45 分钟内,甲同学能够集中注意力 30 分钟,乙同学能够集中注意力 20 分钟。这说明甲同学注意的(　　)比乙同学好。

A. 转移　B. 分配　C. 广度　D. 稳定性

47. 某学生思考了 20 分钟,终于把一道棘手的数学题给解出来了,感到非常开心。这种情感属于(　　)

A. 美感　B. 理智感　C. 正义感　D. 道德感

48. 妈妈告诉小明,只要他期末考试进入班级前十名就给他买一台游戏机。妈妈运用的是(　　)

A. 消退　B. 负强化　C. 正强化　D. 惩罚

49. 某学生对英语有着浓厚的兴趣，教师引导其继续学习。这种主要考虑如何使学生原有的学习需要得到满足的培养学生学习动机的方式属于(　　)

A. 间接发生途径　　B. 直接发生途径

C. 直接转化途径　　D. 间接转化途径

50. 小虎在读"落霞与孤鹜齐飞，秋水共长天一色"时，好像自己站在滕王阁上看到了诗中描绘的美景。这种想象属于(　　)

A. 无意想象　　B. 再造想象　　C. 创造想象　　D. 幻想

51. 某教师让学生列举报纸的用途，得到的答案是学习、包东西、用来引火。这种思维属于(　　)

A. 抽象思维　　B. 聚合思维　　C. 发散思维　　D. 直觉思维

52. 智力的核心是(　　)

A. 注意力　　B. 思维力　　C. 创造力　　D. 观察力

53. 教师在制作课件时，一般不会将字设置得过大或过小，这是运用了感知规律中的(　　)(易错)

A. 强度律　　B. 活动律　　C. 组合律　　D. 对比律

54. 阿特金森认为，个体的成就动机可分为(　　)

A. 追求刺激的动机和追求利益的动机

B. 回避困难的动机和避免失败的动机

C. 追求成功的动机和避免失败的动机

D. 追求利益的动机和追求成功的动机

55. 有的人觉得晚上的学习效果会更好，这是因为这一阶段的学习不受(　　)的干扰。

A. 前摄抑制　　B. 双重抑制　　C. 单一抑制　　D. 后摄抑制

56. "以小人之心，度君子之腹"可用(　　)解释。

A. 投射效应　　B. 近因效应　　C. 晕轮效应　　D. 首因效应

57. 李老师每次上新课前，都会预设问题激发兴趣，并让学生提前进行预习，这符合桑代克学习定律中的(　　)(常考)

A. 练习律　　B. 泛化律　　C. 准备律　　D. 效果律

58. (　　)是教师在履行自己职业责任的过程中产生的一种使命感。

A. 职业良心　　B. 职业荣誉感

C. 职业幸福感　　D. 职业义务感

59. 教师职业道德规范中的(　　)是完成本职工作的前提和基础。

A. 依法执教　　B. 终身学习　　C. 关爱学生　　D. 为人师表

60. 教师进行职业道德修养的根本途径是(　　)

A. 理论学习　　B. 职业实践

C. 参考他人经验　　D. 独自进行摸索

61. (　　)是关系到能否教育好学生，培养好人才的大问题，是衡量教师职业道德水准高低的一个起码尺度。

A. 教书育人　　B. 乐于奉献　　C. 严谨治学　　D. 团结协作

62. 下列不属于教师在与家长交往中应该保持的态度的是(　　)

A. 谦虚和蔼　　B. 尊重理解　　C. 颐指气使　　D. 一视同仁

63. 中国共产党坚持独立自主的和平外交政策，坚持和平发展道路，坚持(　　)的开放战略。

A. 互利共赢　　B. 互信互利　　C. 包容互信　　D. 包容共赢

64. "故不登高山，不知天之高也；不临深溪，不知地之厚也。"强调(　　)

A. 先知后行，重在知　　B. 没有知就没有行

C. 先行后知，重在行　　D. 知对行具有指导作用

65. 下列属于客观唯心主义观点的是(　　)

A. "理在事先"　　B. "意识是万物的本原"

C. "物是观念的集合"　　D. "存在即被感知"

66. 中国特色社会主义制度的最大优势是(　　)

A. 依法治国　　B. 以德治国

C. 人民当家作主　　D. 中国共产党的领导

67. 要实现全体人民共同富裕的宏伟目标，最终要靠的是(　　)

A. 改革　　B. 发展　　C. 创新　　D. 技术

68. 确立毛泽东思想为党的指导思想，通过了毛泽东《论联合政府》政治报告的是(　　)

A. 八七会议　　B. 古田会议　　C. 洛川会议　　D. 中共七大

69. "三个代表"重要思想在党的建设方面作出了一系列新的理论贡献。其中不包括(　　)

A. 提出"两个先锋队"的思想

B. 提出解决"两大历史性课题"的思想

C. 提出党的建设必须按照党的政治路线来进行的理论

D. 提出中国共产党是中国特色社会主义事业的领导核心

70. 下列不符合否定之否定规律的是(　　)

A. 团结—批评—团结　　B. 麦粒—麦株—麦粒

C. 地心说—日心说—三维空间　　D. 白天—黑夜—白天

71. 下列与"自古逢秋悲寂寥，我言秋日胜春朝"蕴含相同哲理的是(　　)

A. 横看成岭侧成峰，远近高低各不同

B. 少小离家老大回，乡音无改鬓毛衰

C. 七十二溪成一瀑，合流飞落玉渊长

D. 东边日出西边雨，道是无晴却有晴

72. 下列关于科学发展观的说法，错误的是(　　)

A. 第一要务是绿色　　B. 核心是以人为本

C. 根本方法是统筹兼顾　　D. 基本要求是全面协调可持续

73. 我们党的根本组织原则和领导制度是(　　),它是马克思主义政党区别于其他政党的重要标志。

A. 个人独裁制　　B. 领导负责制

C. 民主集中制　　D. 集中负责制

74. “善泳者,溺;善骑者,堕;各以其所好,反自为祸”蕴含的哲理是(　　)

A. 事物之间是普遍联系的　　B. 人可以认识和利用规律

C. 要透过现象认识事物的本质　　D. 矛盾双方在一定条件下可以相互转换

75. 甲、乙签订购销合同,甲按约给乙付三万元定金后,乙违约,则甲依法有权要求乙给付(　　)赔偿。

A. 3 万元　　B. 6 万元　　C. 9 万元　　D. 12 万元

76. 我国《刑法》规定的完全刑事责任年龄为(　　)

A. 12 周岁　　B. 14 周岁　　C. 16 周岁　　D. 18 周岁

77. 甲与乙共谋枪杀丙,两人先后开枪,甲未击中丙,乙击中丙,造成丙死亡,甲的行为属于(　　)

A. 犯罪既遂　　B. 犯罪未遂　　C. 侵权行为　　D. 犯罪中止

78. 甲经常结伙对周边小学生使用轻微暴力强抢财物,严重扰乱社会秩序,甲的行为构成(　　)

A. 抢夺罪　　B. 抢劫罪　　C. 诈骗罪　　D. 寻衅滋事罪

79. 根据我国《合同法》的规定,恶意串通,损害国家、集体或者第三人利益的合同(　　)

A. 无效　　B. 可更改　　C. 可撤销　　D. 效力待定

80. 下列不属于民事法律关系构成要素的是(　　)

A. 主体　　B. 行为　　C. 内容　　D. 客体

81. 最高人民法院是国家的(　　)

A. 专门审判机关　　B. 最高审判机关

C. 最高司法机关　　D. 专门行政机关

82. 下列哪种刑罚可以单独使用,也可附加使用(　　)

A. 拘役　　B. 管制　　C. 死刑　　D. 没收财产

83. 根据我国《未成年人保护法》的规定,国家采取措施,预防未成年人沉迷网络属于(　　)

A. 社会保护　　B. 家庭保护　　C. 司法保护　　D. 学校保护

84. 根据我国《教育法》的规定,下列不属于学校及其他教育机构可行使的权利的是(　　)

A. 拒绝任何组织和个人对教育教学活动的非法干涉

B. 招收学生或者其他受教育者

C. 维护受教育者、教师及其他职工的合法权益

D. 组织实施教育教学活动

85. 根据我国《教育法》的规定,侵占学校及其他教育机构的校舍、场地及其他财产的,依法(　　)

A. 承担刑事责任　　B. 承担民事责任

C. 给予行政处分　　D. 给予行政处罚



86. 某教师当着全班同学的面辱骂兵兵为傻子,该教师侵犯了兵兵的(　　)

A. 隐私权　　B. 健康权　　C. 人格尊严权　　D. 人身自由权

87. 根据我国《义务教育法》的规定,对违反学校管理制度的学生,学校应当(　　)

A. 开除其学籍　　B. 对其单独禁闭

C. 进行劳动改造　　D. 予以批评教育

**二、多项选择题(下列每小题列出的四个选项中至少有两个是符合题意的,请将其选出并把它的标号写在括号内。错选、多选或未选均不得分。本大题共 10 小题,每小题 1.45 分,共 14.5 分)**

88. 在德育过程中,自我教育能力由(　　)构成。

A. 自我期望的能力　　B. 自我评价的能力

C. 自我调整的能力　　D. 自我认识的能力

89. 下列属于教学的辅助形式的是(　　)

A. 作业　　B. 参观　　C. 讲座　　D. 辅导

90. 下列关于小学生心理发展的特点,说法正确的有(　　)

A. 具有封闭性　　B. 具有可塑性

C. 速度较为缓慢　　D. 过程平稳协调

91. 布鲁纳的认知结构学习理论认为,学习的三大过程包括(　　)

A. 领会　　B. 评价　　C. 转化　　D. 获得

92. 下列师生沟通中的体态恰当的有(　　)

A. 时而微笑　　B. 不时点头　　C. 用手指戳　　D. 保持善意的目光

93. 下列属于教师职业道德修养的基本方法的有(　　)

A. 坚持自律和他律相结合　　B. 确立可行目标,坚持不懈努力

C. 勇于实践锻炼,增强情感体验　　D. 虚心向他人学习,自觉与他人交谈

94. 我国处理民族关系的原则包括(　　)

A. 团结　　B. 互助　　C. 共同繁荣　　D. 平等

95. 下列属于毛泽东思想的有(　　)

A. 枪杆子里出政权　　B. 星星之火,可以燎原

C. 一切反动派都是纸老虎　　D. 改革是中国发展生产力的必由之路

96. 下列属于不可诉讼的行政行为的有(　　)

A. 国家领导人预备出使访问日本

B. 某县政府出台新的规划方案,涉及大面积拆迁问题

C. 某市交警部门在执法过程中对司机李某处以 50 元的行政处罚

D. 某地公安局对本局程某的记过处分决定

97. 根据我国《教师法》的规定,学校或者其他教育机构应当对教师的(　　)进行考核。(常考)

A. 政治思想　　B. 业务水平　　C. 工作方法　　D. 学习能力

# 2019年黑龙江省齐齐哈尔市龙江县教师招聘考试真题试卷(九)

**(满分100分　时间90分钟)**

本套试卷共80小题,包括单项选择题(60小题),多项选择题(20小题)。

**一、单项选择题(在下列每题四个选项中只有一个是符合题意的,将其选出并把它的标号写在括号内,本大题共60小题,每小题1分,共60分)**

1. 马克思主义认为,培养人的全面发展的唯一方法是(　　)(常考)

A. 教育与生产劳动相结合　B. 脑力劳动与体力劳动相结合

C. 城市与农村相结合　D. 理论知识与实践知识相结合

2. "师者,人之楷模也。"这句话说明了教师劳动的(　　)

A. 示范性　B. 创造性　C. 复杂性　D. 永恒性

3. 多元智能理论是由(　　)提出的。

A. 斯皮尔曼　B. 加德纳　C. 斯腾伯格　D. 加涅

4. 杨柳被教室外的小鸟吸引,不能专心听讲。这属于(　　)

A. 注意分配　B. 注意广度　C. 注意分散　D. 注意转移

5. 学校工作的全面安排,必须以(　　)

A. 德育为主　B. 智育为主　C. 教学为主　D. 体育为主

6. 小伟为获得老师和同学的关注,在课堂上总扮鬼脸,但老师和同学都不予理睬,于是他扮鬼脸的行为逐渐减少。这体现了(　　)原理。(常考)

A. 消退　B. 负强化　C. 惩罚　D. 正强化

7. (　　)是在教学和学习过程中进行的,采用及时反馈并根据学生个体差异进行有针对性的矫正。

A. 诊断性评价　B. 总结性评价

C. 形成性评价　D. 相对性评价

8. 小丹说,当她听到小刀刮竹子的声音时,就会觉得很冷,浑身不舒服。这种感觉现象是(　　)

A. 感觉适应　B. 感觉对比　C. 联觉　D. 综合

9. 初三学生小岩晚上在家复习功课,忽然灯灭了,他根据物理课上所学的知识,推测可能是保险丝断了,然后检查了闸盒里的保险丝。这是问题解决过程中的(　　)(易错)

A. 发现问题阶段　B. 理解问题阶段

C. 提出假设阶段　D. 检验假设阶段

10. 儿童身心发展有两个高速发展期,即乳儿期与青春期,这反映了身心发展的(　　)规律。(易混)

A. 顺序性　B. 不平衡性　C. 阶段性　D. 个别差异性

11. 在人格特征中,具有核心意义的心理特征是(　　)

A. 能力　B. 气质　C. 性格　D. 动机

12. "教学有法,而无定法"说明教师的劳动具有(　　)

A. 创造性　B. 连续性　C. 示范性　D. 间接性

13. 我国古代的"六艺"和古希腊的"七艺"都属于(　　)

A. 学科课程　B. 活动课程　C. 综合课程　D. 经验课程

14. 在教育活动中,教师负责组织、引导学生沿着正确的方向,采用科学的方法,使其获得良好的发展。这句话的意思是说(　　)

A. 学生在教育活动中是被动的客体

B. 教师在教育活动中是被动的客体

C. 要充分发挥教师在教育活动中的主导作用

D. 教师在教育活动中不能起到主导作用

15. 经验丰富的李老师一边讲课,一边兼顾全班同学的活动。谁认真听讲、谁玩手机、谁看课外书,她都一清二楚。这主要体现了李老师的(　　)的心理品质

A. 思维　B. 注意　C. 意志　D. 个性

16. 学生学习《望庐山瀑布》这首古诗时,头脑中呈现出诗句所描绘的相关景象。这种心理活动属于(　　)

A. 无意记忆　B. 有意记忆　C. 再造想象　D. 创造想象

17. "知子莫如父,知女莫若母。"这句话说明家庭教育比学校教育更具有(　　)

A. 感染性　B. 先导性　C. 权威性　D. 针对性

18. 一名初中生在地理学习中,学会画概念地图的方法后,将这种方法运用到生物学习中去。这是一种(　　)

A. 负迁移　B. 一般迁移　C. 特殊迁移　D. 逆向迁移

19. 在下列教学组织形式中,有利于高效率、大面积培养学生的是(　　)(常考)

A. 个别教学制　B. 班级授课制

C. 分组教学制　D. 道尔顿制

20. 在教师不授课的情况下,学生依靠自己的力量去获取新知识、寻求解决问题方法的学习方式是(　　)

A. 接受学习　B. 发现学习　C. 机械学习　D. 有意义学习

21. (　　)是我国历史上最早采用启发式教学方法的教育家。

A. 孟子　B. 荀子　C. 孔子　D. 朱熹

22. 琳琳在听课时,经常将学习内容要点以画线的方式在书上做标记。这种学习策略属于(　　)

A. 复述策略　B. 调节策略　C. 监控策略　D. 计划策略

23. "学不躐等""不陵节而施"体现了教学的(　　)

A. 直观性原则　B. 巩固性原则

C. 启发性原则　D. 循序渐进原则

24. 主张从个体自身的发展出发来规定教育目的,认为教育应当把促进个体个性的发展作为教育目的。这一价值取向是(　　)(易错)

A. 个体本位论　B. 社会本位论

C. 教育无目的论　D. 综合价值论

25. 某中学一次数学考试中,陈鹏是唯一满分的学生,当老师宣布考试成绩时,陈鹏内心非常高兴,但他却表现出若无其事的样子。这反映了青少年的情绪具有(　　)

A. 稳定性　B. 持久性　C. 掩饰性　D. 短暂性

26. 赵毅在学习过程中缺乏独立性,易受同学影响。当他发现自己的意见和同学们不一致时,往往不能坚持己见。这表明他的认知方式属于(　　)

A. 整体性　B. 系列性　C. 场独立型　D. 场依存型

27. 自我意识发展的第三阶段是(　　)

A. 社会自我　B. 心理自我　C. 生理自我　D. 精神自我

28. 世界杯期间看足球比赛的记忆属于(　　)(易混)

A. 情景记忆　B. 语义记忆

C. 程序性记忆　D. 陈述性记忆

29. 存储时间至少在一分钟以上的记忆为(　　)

A. 长时记忆　B. 短时记忆　C. 感觉记忆　D. 工作记忆

30. 马斯洛的需要层次理论,把人的需要分为自上而下的五个层次,其中最高层次的需要是(　　)

A. 安全需要　B. 尊重需要

C. 自我实现的需要　D. 归属与爱的需要

31. 根据学习的定义,下列属于学习现象的是(　　)

A. 儿童模仿成人的行为　B. 喝酒之后脾气变得暴躁

C. 服用兴奋剂,比赛成绩提高　D. 从亮处走进暗室,视力显著提高

32. (　　)是学生学习或认知活动的动力。

A. 学习动机　B. 学习兴趣

C. 学习过程　D. 学习策略

33. 创造性思维的核心是(　　)

A. 形象思维　B. 抽象思维

C. 发散思维　D. 聚合思维



34. 某学生读 6 遍材料正好能记住,按照适当过度学习的要求,若要达到最佳的记忆效果,该生要再读(　　)遍。(常考)

A. 2　B. 3　C. 6　D. 9

35. "视其所以,观其所由,察其所安"所体现的德育原则是(　　)

A. 因材施教原则　B. 疏导原则

C. 知行统一原则　D. 导向性原则

36. 孔子说:"其身正,不令则行;其身不正,虽令不从。"这句话强调的是(　　)的重要性。

A. 说理教育法　B. 榜样教育法

C. 陶冶教育法　D. 自我修养法

37. 教师在教育工作中要做到循序渐进,这是因为(　　)

A. 学生只有机械记忆的能力

B. 教师的知识、能力是不一样的

C. 教育活动完全受到人的遗传素质的制约

D. 教育活动中要遵循人的身心发展的一般规律

38. "让学校的每一面墙壁都开口说话",这体现了(　　)的德育方法。

A. 陶冶教育　B. 榜样示范　C. 实际锻炼　D. 品德评价

39. 遗传素质是人身心发展的(　　)

A. 决定因素　B. 物质前提　C. 主要因素　D. 无关因素

40. 教育目的要回答的一个根本问题是(　　)(常考)

A. 教育的方向　B. 教育为谁服务

C. 教育要培养怎样的人　D. 教育怎样培养人

41. "举一反三""触类旁通"告诉教育工作者,在教学中应重视(　　)

A. 培养学生良好的思想品德　B. 发展学生的能力

C. 培养学生积极的心理品质　D. 知识传授的迁移

42. 不少中学的班主任让学生轮流当班长,使每个学生都有机会参与班级事务及管理,成为班级的主人。这种班级管理模式是(　　)

A. 班级常规管理　B. 班级平行管理

C. 班级民主管理　D. 班级目标管理

43. 贯彻新课程"以人为本"的教育理念,首先应该做到(　　)

A. 充分地传授知识　B. 尊重学生人格,关注个体差异

C. 培养学生正确的学习态度　D. 让学生自主地选择课程

44. 新课程把教学过程看成是(　　)的过程。

A. 教师有目的、有计划、有组织地向学生传授知识

B. 师生交往、积极互动、共同发展

C. 教师的教与学生的学

D. 知识传授与学生能力发展

45. 在人类历史上，最早专门论述教育问题的著作是(　　)

A.《学记》　　B.《论语》

C.《论演说家的教育》　　D.《理想国》

46. 教育是人类社会特有的现象，任何社会进步与个人发展都离不开教育。这表明教育具有(　　)

A. 永恒性　　B. 依附性　　C. 时代性　　D. 独立性

47. 在学校教育中，学生对客观世界的认识主要借助的是(　　)

A. 生产经验　　B. 生活经验

C. 直接经验　　D. 间接经验

48. 编写教材(教科书)的直接依据是(　　)

A. 课程计划　　B. 课程目标

C. 课程标准　　D. 课程说明

49. 校本课程属于(　　)

A. 学校自主开发的课程　　B. 必修课程

C. 选修课程　　D. 隐性课程

50. "夫子循循然善诱人，博我以文，约我以礼，欲罢不能"体现的德育原则是(　　)(常考)

A. 思想性原则　　B. 疏导性原则

C. 连贯性原则　　D. 一致性原则

51. 现代教育与传统教育的根本区别在于(　　)

A. 重视实践能力的培养　　B. 重视创新能力的培养

C. 重视高尚品德的培养　　D. 重视劳动品质的培养

52. 教师要崇尚科学精神，树立终身学习的理念，拓展知识视野，更新知识结构。潜心钻研业务，勇于探索创新，不断提高专业素养和教育教学水平。这说明教师应具备(　　)的职业道德。

A. 教书育人　　B. 爱岗敬业　　C. 为人师表　　D. 终身学习

53. 教师要关注(　　)，促进学生的全面发展。

A. 优秀学生　　B. 单亲家庭学生

C. 每一位学生　　D. 智障学生

54. 下列不属于对中小学教师的职业道德要求的是(　　)

A. 爱国守法　　B. 爱岗敬业

C. 关爱学生　　D. 敬业奉献

55. 下列不属于教师教育专业素养的是(　　)

A. 爱岗敬业　　B. 正确的教育观

C. 一定的研究能力　　D. 良好的教育能力



56. 黄老师向民间艺人学习地方戏曲，并引入音乐课的教学中。这体现了黄老师具有(　　)(常考)

A. 校本教研的意识　　B. 课程开发的意识

C. 长善救失的意识　　D. 示范领导的意识

57. 学生的实际发展水平与在成人的指导下可以达到的水平之间的差距，维果斯基称之为(　　)

A. 教学支架　　B. 最近发展区

C. 先行组织者　　D. 互相协助

58. 习总书记提出的有理想信念、有道德情操、有扎实学识和有仁爱之心的四有"好老师"，更多地体现了对教师的(　　)

A. 专业技能要求　　B. 专业思想要求

C. 专业素质要求　　D. 专业知识要求

59. 教师必须能对新的意外情况，特别是突如其来的偶发事件，做出正确、迅速、敏捷的判断，随机应变地采取适当而有效的教育措施做出处理。这属于(　　)

A. 教师的基本素质　　B. 教育教学能力

C. 组织能力与创新能力　　D. 教育机智

60. 某教学点，张老师根据班级学生太少的情况，打破传统课堂讲授惯例，进行讨论式教学改革。张老师这样做是《中华人民共和国教师法》赋予他的(　　)

A. 科学研究权　　B. 教育教学权

C. 管理学生权　　D. 民主管理权

**二、多项选择题(在下列每题四个选项中有两个及两个以上是符合题意的，将其选出并把它的标号写在括号内，错选、多选、漏选均不得分。本大题共 20 小题，每小题 2 分，共 40 分)**

61. 正强化的方法包括(　　)(常考)

A. 奖学金　　B. 对成绩的认可

C. 表扬　　D. 改善学习条件

62.《国家中长期教育改革和发展规划纲要(2010~2020 年)》提出的战略主题是(　　)

A. 坚持以人为本　　B. 坚持以教育为本

C. 全面实施综合教育　　D. 全面实施素质教育

63. 中国学生发展核心素养包括哪三大方面(　　)

A. 文化基础　　B. 自主发展

C. 社会参与　　D. 实践技能

64. 创造性思维的三个特征是(　　)

A. 流畅性　　B. 认知性　　C. 变通性　　D. 独创性

65. 关于"能力"，下列说法正确的有(　　)

A. 要顺利完成某种活动，人必须具有一般能力和完成该活动需要的特殊能力

B. 能力是通过行为来体现的，可以只通过考试成绩来判断学生的能力大小

C. 不同类型的能力在不同人身上体现的强弱不同

D. 模仿也是一种能力

66. 教育的本质属性是指(　　)(常考)

A. 教育是一种社会现象　　B. 教育是人类社会有意识的实践活动

C. 教育是一种培养人的社会活动　　D. 教育是塑造人的手段

67. 教学过程是一种特殊的认识过程,它区别于一般认识过程的显著特点是(　　)

A. 间接性　　B. 引导性

C. 简捷性　　D. 被动性

68. 下列心理现象中属于学习迁移现象的有(　　)

A. 学会弹钢琴,有利于学习弹手风琴

B. 后来的学习对先前的学习产生一定的影响

C. 会骑自行车的人比较容易掌握骑摩托车的技术

D. 汉语拼音的学习会对以前学习的汉字发音产生积极影响

69. 根据心理学常识,下列说法错误的有(　　)

A. 只要不断地学习,成绩就会呈直线式稳定上升

B. 考试中要想考好就能考好,这是因为动机和效果是一致的

C. 在睡觉前背诵英语单词效果更好,是由于没有受到影响

D. 学习骑自行车,只要单纯的反复操作和机械重复即可,没有技巧可言

70. 为使每个学生体验到成就感,在实际教学中,你认为下列哪些说法是正确的(　　)

A. 学生的成败感与他们的自我标准有关,教师应注意这种个别差异,使每个学生都体验到成功

B. 教学内容的难度适当,要让学生经过努力可以完成

C. 教学内容应由易到难,使学生不断获得成就感

D. 学生在学习难度较大的知识时,为保证学生获得成就感,可以放弃该教学内容

71. 发现问题取决于以下哪几个因素(　　)

A. 认知的过程　　B. 主体活动的积极性

C. 主体的求知欲　　D. 主体的知识经验

72. 教育的要素包括(　　)

A. 教育者　　B. 受教育者

C. 教育态度　　D. 教育内容

73. 下列关于九年义务教育,说法正确的有(　　)(易错)

A. 九年义务教育具有强制性

B. 普及九年义务教育是学校教育系统的基础

C. 普及九年义务教育是提高民族文化、心理素质的保证

D. 九年义务教育尊重受教育者的自由选择



74. 学生不是被动的加工对象,他具有主体性。这主要体现在(　　)

A. 独立性　　B. 选择性

C. 创造性　　D. 自我意识性

75. 关于综合课程,下列说法正确的有(　　)(易错)

A. 是由两门或两门以上相邻学科知识相互渗透、融合而成的课程

B. 强调学科的关联性和统一性

C. 是基于各门学科内在联系编制而成的课程

D. 是针对学科课程而言的

76. 国家实施素质教育有(　　)的基本要求。

A. 坚持德育为先　　B. 坚持能力为重

C. 坚持全面发展　　D. 坚持间接经验为主

77. “生活中的磨难教育了我们”中的“教育”指的是(　　)

A. 正规教育　　B. 非正规教育

C. 广义教育　　D. 狭义教育

78. 贯彻思想性和科学性相统一的教学原则的要求有(　　)

A. 保证教学的科学性

B. 结合教学内容进行思想品德教育

C. 不断提高自己的业务能力和思想水平

D. 正确选择直观教具和教学手段

79. 理想师生关系的特征有(　　)(常考)

A. 民主平等　　B. 尊师爱生

C. 真诚相待　　D. 教学相长

80. 班集体对学生的教育作用表现在(　　)

A. 有利于形成学生的群体意识

B. 有利于培养学生的社会交往能力和适应能力

C. 有利于训练学生的自我教育能力

D. 有利于学生创新能力的培养

# 2019年吉林省长春市净月高新技术产业开发区教师招聘考试真题试卷(十)

（满分100分　时间100分钟）

**单项选择题(下列每题四个选项中只有一个符合题意,将其选出并把其标号写在括号内。错选、多选或未选均不得分。本大题共100小题,每小题1分,共100分)**

1. 我国先秦时代,主张“有教无类”,倡导“因材施教”的教育家是(　　)(常考)

A. 孔子　B. 孟子　C. 荀子　D. 庄子

2. 提出经典性条件反射作用理论的是(　　)

A. 柏拉图　B. 夸美纽斯　C. 巴甫洛夫　D. 凯洛夫

3. “师者,所以传道授业解惑也”出自(　　)

A.《学记》　B.《师说》　C.《论语》　D.《春秋》

4. 陶行知教育思想的理论核心是(　　)

A. 传统教育　B. 进步教育　C. 生活教育　D. 社会教育

5. “六艺”是古代中国学校教育的主要内容,下列哪一项不属于“六艺”的内容(　　)(易混)

A. 礼　B. 诗　C. 数　D. 射

6. 苏格拉底的“产婆术”体现了教学应遵循(　　)原则。

A. 量力性　B. 因材施教　C. 直观性　D. 启发性

7. “学而时习之,不亦说乎”一语出自(　　)

A.《论语》　B.《大学》　C.《孟子·尽心上》　D.《劝学篇》

8. 苏霍姆林斯基教育思想的核心内容是(　　)

A. 全面和谐发展的教育　B. 认知结构理论　C. 教学与发展理论　D. 教学过程最优化理论

9. 20世纪初实用主义教育学的代表人物是(　　)(常考)

A. 泰勒　B. 桑代克　C. 埃拉斯莫斯　D. 杜威

10.《学记》指出,“独学而无友,则孤陋而寡闻”“相观而善”。这启示我们在教学中要注意运用(　　)

A. 谈话法　B. 讨论法　C. 参观法　D. 练习法

11. 老师要求学生尽量尝试“努力归因”,以增强他们的自信心。因为在韦纳的成败归因理论中,努力属于(　　)(常考)

A. 内部的、不稳定的、可控的因素

B. 外部的、不稳定的、不可控的因素

C. 内部的、稳定的、可控的因素

D. 外部的、稳定的、不可控的因素

12. 如果让六个月的婴儿学习走路,不但徒劳,而且无益。同理,让四岁的儿童学习高等数学,也难以成功。这说明(　　)

A. 遗传素质的成熟程度制约着人的发展过程及其阶段

B. 遗传素质的差异性对人的发展有一定影响

C. 遗传素质具有可塑性

D. 遗传素质决定了人发展的最终结果

13. 小明看书可以“一目十行”,而小华则“一目一行”。这反映了他们在哪种注意品质上存在差异(　　)

A. 注意广度　B. 注意分配　C. 注意稳定　D. 注意转移

14. 遗忘的进程是不均衡的,呈现的趋势是(　　)(常考)

A. 时快时慢　B. 愈来愈快　C. 先快后慢　D. 先慢后快

15. 随着身心的迅速发展,中学生开始积极尝试脱离父母的保护和管理,渴望自己的行为像成人一样,不愿意被当作孩子看待。这说明中学生的心理发展具有(　　)

A. 不平衡性　B. 独立性　C. 闭锁性　D. 动荡性

16. 小玲性格内向,平时不敢同老师说话,遇到疑难问题也没有勇气向老师求助。偶然一次,她向杨老师求助,杨老师耐心地解答了问题,并对她的行为给予表扬。经过多次这样的教学交往,小玲学会了主动向老师请教问题。杨老师改变小玲行为的方法属于(　　)

A. 强化法　B. 自控法　C. 脱敏法　D. 放松法

17. 某位同学先后学习两组难度相当、性质相似的材料，随后检查发现他对前一组材料的回忆效果不如后面一组好，这是由于受到了(　　)的影响。

A. 倒摄抑制　　B. 前摄抑制

C. 分化抑制　　D. 延缓抑制

18. 学生小强善于统筹安排学习时间，能够合理利用课后零碎时间进行学习。期末考试结束后，小强在班上名列前茅。小强采用的学习策略是(　　)(常考)

A. 精细加工策略　　B. 计划策略

C. 监控策略　　D. 时间管理策略

19. "龙生龙，凤生凤"说明在人的身心发展过程中起重要作用的是(　　)(常考)

A. 环境　　B. 遗传

C. 学校教育　　D. 主观能动性

20. 以下哪种学习动机属于外部动机(　　)

A. 小明喜欢文学，所以上语文课时特别认真

B. 月月为解答心中的疑惑，努力钻研课本

C. 乐乐为获得老师的表扬而努力学习

D. 宁宁认为读书是一种乐趣

21. 卢梭曾说："在万物的秩序中，人类有它的地位；在人生的秩序中，童年有它的地位；应当把成人看作成人，把孩子看作孩子。"卢梭之所以这样说，是因为看到了个体身心发展的(　　)规律。

A. 顺序性　　B. 阶段性

C. 不均衡性　　D. 互补性

22. "学生如同泥坯，他能否成型，依赖于教师的雕塑。"此说法忽视了学生的(　　)

A. 可塑性　　B. 发展性

C. 能动性　　D. 向师性

23. 任务分析必须将教学目标逐级细分成彼此关联的(　　)

A. 各种智力活动　　B. 各种子目标

C. 各种课堂行为　　D. 教学阶段

24. 教育学生必须了解学生的年龄特征，这要求教师的知识结构应有(　　)

A. 系统的马列主义理论修养　　B. 精深的专业知识

C. 广博的文化基础知识　　D. 必备的教育科学知识

25. "唯上智与下愚不移""生而知之"等反映了影响人的发展因素的哪一理论(　　)

A. 环境决定论　　B. 遗传决定论

C. 教育万能论　　D. 儿童学理论



26. 学生小辉由于会打羽毛球，很快就学会了打网球。这种现象属于(　　)

A. 顺向正迁移　　B. 逆向正迁移

C. 顺向负迁移　　D. 逆向负迁移

27. 罗森塔尔效应说明，能对学生产生巨大影响的是(　　)

A. 教师的人格特征　　B. 教师的教学水平

C. 教师对学生的期望　　D. 教师的威信

28. 著名生态学家、生物学家劳伦兹发现，刚出生的小鸭子会发生"印刻"现象，即模仿第一眼看到的动物并向其学习。这一观点支持了教育的(　　)

A. 神话起源说　　B. 生物起源说

C. 劳动起源说　　D. 心理起源说

29. 某学生活泼、好动、乐观、灵活，喜欢交朋友，爱好广泛，稳定性差，缺少毅力，见异思迁。他的气质类型属于(　　)

A. 多血质　　B. 胆汁质　　C. 黏液质　　D. 抑郁质

30. 学生在掌握整数、分数、小数的知识后，可以概括归纳为有理数。这是思维过程的(　　)

A. 具体化　　B. 分析　　C. 系统化　　D. 抽象

31. 马克思说："搬运工和哲学家之间的原始差别要比家犬和猎犬之间小得多，他们之间的鸿沟是分工造成的。"这一论断表明(　　)(易错)

A. 遗传素质最终决定人的发展

B. 遗传素质只是为人的发展提供可能性

C. 遗传素质具有差异性

D. 遗传素质对人的发展不起作用

32. 使学生"跳起来，摘桃子"体现的教学原则是(　　)

A. 巩固性原则　　B. 量力性原则

C. 直观性原则　　D. 系统性原则

33. 标准化成就测验是指由专家或学者们编制的适用于大规模范围内评定个体(　　)的测验。

A. 学业成就水平　　B. 能力形成

C. 知识结构　　D. 智力发展

34. 某人经常问自己："我是一个怎样的人？"按照埃里克森人格发展理论，该个体正处于(　　)(常考)

A. 信任感对怀疑感阶段　　B. 主动感对内疚感阶段

C. 勤奋感对自卑感阶段　　D. 自我同一性对角色混乱阶段

35. 有的学生在文学、艺术方面有才能，有的学生在科学技术方面有才能，有的则在体育运动、组织工

作方面显示才能。这说明了人的身心发展具有(　　)

A. 互补性　　B. 可变性

C. 个别差异性　　D. 不平衡性

36. 小芳看到有人随地乱扔果皮纸屑,立刻产生了一种厌恶感。这是一种(　　)

A. 道德认识　　B. 道德情感　　C. 道德意志　　D. 道德行为

37. 王老师是初二(2)班的物理老师,他坚定地认为只要自己努力教学,就能提高学生的学习效果,因此就以最大的热情投入到物理教学工作中。这说明王老师具有较好的(　　)(常考)

A. 教学认知能力　　B. 教学操作能力

C. 教学效能感　　D. 教学应变能力

38. 学生具有善于模仿、崇拜英雄的特点,教师可以利用学生的这些特点对学生实施(　　)(常考)

A. 说服教育法　　B. 榜样示范法

C. 品德评价法　　D. 陶冶教育法

39. 在教育目的的价值取向问题上,主张教育是为了使人生活得更加充实幸福的观点属于(　　)

A. 个体本位论　　B. 社会本位论

C. 知识本位论　　D. 能力本位论

40. 世界各国的学制存在差别,但是在入学年龄和中小学分段等方面具有较高的一致性。这说明学制的建立主要依据(　　)

A. 社会政治经济制度　　B. 生产力发展水平

C. 青少年身心发展规律　　D. 民族和文化传统

41. 对学校重大问题拥有决策权的是(　　)

A. 校长　　B. 教职工代表大会

C. 学校工会　　D. 党员代表大会

42. 问题解决的过程包括发现问题、理解问题、提出假设和(　　)

A. 思维程序　　B. 调查研究

C. 验证假设　　D. 得出结论

43. 我国确立教育目的的理论基础是(　　)

A. 素质教育理论　　B. 马克思关于人的全面发展学说

C. 创新教育理论　　D. 生活教育理论

44. 校风、教风和学风是学校文化的重要构成部分,就课程类型而言属于(　　)

A. 活动课程　　B. 显性课程　　C. 学科课程　　D. 隐性课程

45. 在教育目标的分类中,美国教育心理学家布卢姆就学生学习结果划分的三大领域是(　　)

A. 知识、技能和技巧　　B. 知识、理解和应用技能

C. 认知、情感和动作技能　　D. 认知、应用和评价技能

46. 化学课上,张老师运用分子模型和挂图,帮助学生认识乙醛的分子结构。张老师采用的教学方法是(　　)

A. 实验法　　B. 练习法

C. 实习作业法　　D. 演示法

47. 教师进行教学的直接依据是(　　)

A. 课程计划　　B. 课程标准

C. 课程目标　　D. 教科书

48. 在教学研讨会上,作为教研组组长的周老师多次强调:“作为老师,我们要寻找、研究一种适合儿童的教育,而不是挑选适合教育的儿童。”周老师的这一观点体现了(　　)

A. 素质教育以提高国民素质为根本宗旨　　B. 素质教育是面向全体学生的教育

C. 素质教育是促进学生全面发展的教育　　D. 素质教育是促进学生个性发展的教育

49. 师生在社会道德上是(　　)的关系。

A. 民主平等　　B. 互相促进

C. 主动与被动　　D. 授受

50. 下列属于校园精神文化的是(　　)(常考)

A. 班风、教风、学风　　B. 校容校貌、校园绿化

C. 道德规范、行为准则　　D. 图书、教学仪器

51. 一位诺贝尔奖获得者在发表获奖感言时表达了对启蒙老师的感恩。这一事例说明教师工作的价值具有(　　)

A. 临时性　　B. 示范性　　C. 长期性　　D. 复杂性

52. 在学校教育体系中处于核心地位的是(　　)

A. 后勤工作　　B. 管理工作

C. 教学工作　　D. 科研工作

53. 部分教师上课自由散漫、迟到早退,或者仪表不整、举止粗俗。这反映了这些教师的职业道德存在的问题是(　　)

A. 价值观念淡薄　　B. 育人意识退化

C. 角色意识淡化　　D. 专业知识弱化

54. 教师要适应时代发展需要,拓宽知识视野,更新知识结构,不断提高专业素养和教育教学水平,就必须(　　)

A. 爱岗敬业　　B. 勇于创新

C. 严谨治学　　D. 终身学习

55. 编制课程表时，尽量将文科与理科、形象性的学科与抽象性的学科(　　)

A. 随机安排　　B. 分类安排

C. 集中安排　　D. 交错安排

56. "学为人师，行为世范"体现了教师工作的(　　)(常考)

A. 复杂性、创造性　　B. 连续性、广延性

C. 长期性、间接性　　D. 主体性、示范性

57. 在当代，教育被人们视为一种投资，一种人力资本。这是因为教育具有(　　)

A. 政治功能　　B. 经济功能

C. 文化功能　　D. 人口功能

58. 某沿海城市在义务教育阶段全面开设海洋教育知识课程，这种课程属于(　　)

A. 国家课程　　B. 地方课程

C. 校本课程　　D. 生本课程

59. 在我国新一轮基础教育课程改革中，义务教育课程实行的是(　　)

A. 六三分段设置　　B. 五四分段设置

C. 九年整体设置　　D. 十二年整体设置

60. 我国小学开设的语、数、英等课程属于(　　)

A. 综合课程　　B. 活动课程

C. 学科课程　　D. 自发课程

61. 我国新一轮基础教育课程改革中，课程评价功能更加强调的是(　　)

A. 甄别与鉴定　　B. 选拔与淘汰

C. 促进学生分流　　D. 促进学生发展与改进教学实践

62. 布鲁纳认为，无论我们选教何种学科，都务必使学生理解该学科的基本结构，依此而建立的课程理论是(　　)

A. 百科全书式课程理论　　B. 综合课程理论

C. 实用主义课程理论　　D. 结构主义课程理论

63. 某老师认为课堂管理是教学的一部分，课堂管理本身可以教给学生一些行为准则，促使学生从他律走向自律，使学生逐步走向成熟。这主要说明课堂管理具有下列哪项功能(　　)(易错)

A. 维持功能　　B. 导向功能

C. 发展功能　　D. 调节功能

64. 教育上的"拔苗助长"违背了人的身心发展的什么规律(　　)

A. 顺序性　　B. 阶段性

C. 互补性　　D. 个别差异性

65. 某学校为了对学生进行思想品德教育，组织学生观看爱国主义影片。该校采用的德育方法是(　　)

A. 实际锻炼法　　B. 情感陶冶法

C. 说服教育法　　D. 个人修养法

66. 在教材编写过程中，课程内容前后反复出现，且后面内容是对前面内容的扩展和深化，这种教材的编排方式是(　　)

A. 直线式　　B. 螺旋式　　C. 分科式　　D. 综合式

67. 对于鸡兔同笼问题，小静和小文用不同的方法得出了同样的答案。李老师没有直接评论优劣，而是请她们两人到黑板上板书自己的计算步骤。李老师这一做法，突出体现了他(　　)

A. 关注教学结构　　B. 关注教学过程

C. 关注情感教学　　D. 关注知识教学

68. 某小学二年级(3)班又开始调换座位了。对于换座位，班主任王老师可是有自己的"独家秘诀"，座位的调换时间在期末考试之后，按照成绩的名次，成绩靠前的位置在前面，成绩稍次的在前面两侧，成绩靠后的则在最后面。王老师的做法(　　)

A. 正确，体现了公平竞争的原则

B. 正确，体现了因材施教的原则

C. 不正确，违背了教育公正的原则

D. 不正确，不利于提高课堂气氛

69. 张老师在上课时善于引导学生从原有的知识经验中挖掘出新的理论知识。他主张的学习理论是(　　)(常考)

A. 人本主义学习理论　　B. 认知主义学习理论

C. 行为主义学习理论　　D. 建构主义学习理论

70. 为了培养学生书写汉字的能力，城南小学的语文小组定期举办"汉字听写大赛"。这种活动属于(　　)

A. 学科活动　　B. 科技活动

C. 文体活动　　D. 主题活动

71. 整个教案的核心和主体设计内容是(　　)(常考)

A. 教学内容　　B. 教学过程

C. 教学重点和难点　　D. 教学方法

72. 新学期伊始，数学老师为了了解学生的学习情况，对三年级(2)班的同学们做了一个测验。这种评价属于(　　)

A. 形成性评价　　B. 相对性评价

C. 绝对性评价　　D. 诊断性评价

73. 某位教师在教学过程中发现，在阅读课上开展小组合作学习时，学生对这种学习方法缺乏兴趣，在

小组中不愿主动承担学习责任，总是希望搭小组的“便车”。由此，教师决定开展“如何提高学生小组合作学习效率”的研究。这是运用了教师专业发展方法中的(　　)

A. 终身学习　　B. 教育反思

C. 行动研究　　D. 合作交流

74. 我国目前主要由下列哪一主体承担着普及九年义务教育的责任(　　)

A. 地方政府　　B. 中央政府　　C. 社会力量　　D. 学生家长

75. 教师在教育工作中要做到循序渐进，这是因为(　　)

A. 学生只有机械记忆的能力

B. 教师的知识、能力是不一样的

C. 教育活动要遵循人的身心发展的一般规律

D. 教育活动完全受到人的遗传素质的制约

76. 教学过程中学生掌握知识的中心环节是(　　)(常考)

A. 感知教材　　B. 理解教材

C. 巩固知识　　D. 运用知识

77.《中华人民共和国教育法》明确规定：“中华人民共和国公民有受教育的权利和义务。公民不分民族、种族、性别、职业、财产状况、宗教信仰等，依法享有平等的受教育机会。”这体现了《中华人民共和国教育法》的(　　)

A. 方向性原则　　B. 公益性原则

C. 平等性原则　　D. 终身性原则

78. 某小学以小华不能正常走路为由，将其视为残疾儿童，拒绝为其办理入学手续，建议其父母将其送到特殊学校。该学校的做法侵犯了小华的(　　)

A. 生命健康权　　B. 平等的受教育权

C. 人格尊严权　　D. 人身自由权

79. 小君是八年级(2)班的学生，在学校组织的考试中提前交卷离开后擅自离校，与其他同学相约到离校一公里处的池塘游泳，因体力不支溺水身亡。根据《学生伤害事故处理办法》，认定该学校(　　)(易错)

A. 承担全部责任　　B. 承担大部分责任

C. 承当过错责任　　D. 不承担法律责任

80. “不以分数作为评价学生的唯一标准”，这是《中小学教师职业道德规范》(2008 年修订)中对教师在下列哪方面的具体要求(　　)

A. 关爱学生　　B. 教书育人

C. 爱岗敬业　　D. 为人师表

81. 初二(3)班的体育课上，体育老师让学生自行踢球，自己则在操场旁边玩手机。踢球过程中，学生孙刚和吴军为抢球发生争吵、扭打。孙刚被重重地打倒在地，造成手臂受伤，旁边的同学赶紧向体育老师汇报，几名男同学协助体育老师将孙刚送往医院。学校则立即通知孙刚父母，医院经检查后确认孙刚需要手术治疗。依据相关教育法律法规，在这起事故中关于承担责任的说法不正确的是(　　)(易错)

A. 学生孙刚负次要责任，由其监护人负责赔偿

B. 学生吴军负主要责任，由其监护人负责赔偿

C 学校负次要责任，应进行相应赔偿

D. 学校承担经济赔偿后，可向体育老师进行全部或部分追偿

82. 小刚今年 14 岁，为某校八年级的学生，他很调皮、不爱学习，让班主任伤透了脑筋。班主任就“要不要让小刚继续在校读书”的问题在全班进行无记名投票表决。这给小刚带来很大的精神压力，他再也不肯到学校读书了。班主任的做法(　　)

A. 正确，有助于班集体的和谐健康发展

B. 不正确，侵犯了小刚的合法权益

C. 正确，符合全班大多数学生的发展需求

D. 不正确，给学生家长造成了负担

83. “三结合”的教育一般是指(　　)(常考)

A. 学校、家庭、社会教育三结合　　B. 班主任、科任教师和家长教育三结合

C. 校长、教师和家长教育三结合　　D. 家庭、环境和学校教育三结合

84. 根据《中华人民共和国教育法》的规定，明知校舍或者教育教学设施有危险，而不采取措施，造成人员伤亡或者重大财产损失的，对直接负责的主管人员和其他直接责任人员，依法追究(　　)(常考)

A. 民事责任　　B. 刑事责任

C. 一般责任　　D. 行政责任

85. 在教育调研中，为获取相关资料只对一所学校或一个学生进行专门调查，属于(　　)

A. 全面调查　　B. 重点调查

C. 抽样调查　　D. 个案调查

86. 某中学教师围绕中学生网瘾问题，采用问卷、谈话、座谈会等多种形式收集资料，并对所获得的资料进行定量、定性分析，找出中学生网络成瘾的原因并提出建议，这种研究方法属于(　　)

A. 调查法　　B. 观察法

C. 实验法　　D. 个案研究法

87.《永遇乐·京口北固亭怀古》中的“永遇乐”是指(　　)

A. 格律　　B. 词牌

C. 韵脚　　D. 加板

88.“虽无丝竹管弦之盛,一觞一咏,亦足以畅叙幽情”出自《兰亭集序》,其作者是(　　)

A.王勃　　B.谢灵运

C.王羲之　　D.陶渊明

89.“屈氏已沉死,楚人哀不容”,这句诗中蕴含我国哪一个节日(　　)

A.中秋节　　B.重阳节

C.端午节　　D.中元节

90.下列事件与“老骥伏枥,志在千里。烈士暮年,壮心不已”的作者有关系的是(　　)

①挟天子以令诸侯　②官渡之战　③赤壁之战　④八王之乱

A.①②　　B.③④

C.②③　　D.①②③

91.汉族传统寓意图案中的(　　)经冬不凋,因此有“岁寒三友”之称。

A.兰、梅、松　　B.松、竹、梅

C.兰、竹、菊　　D.菊、梅、竹

92.“有些白领留短发,因此,有些留短发的人穿职业装。”

为使上述推理成立,必须补充以下哪项作为前提(　　)

A.有些白领穿职业装　　B.所有穿职业装的人都是白领

C.所有白领都穿职业装　　D.有些穿职业装的人不是白领

93.在 PowerPoint 中,为所有幻灯片设置统一的、特有的外观风格,应运用(　　)

A.母版　　B.自动版式

C.配色方案　　D.联机协作

94.在 Word 中,以下哪种操作可以使在下层的图片移至上层(　　)

A.“绘图”菜单中的“旋转与翻转”　　B.“绘图”菜单中的“微移”

C.“绘图”菜单中的“组合”　　D.“绘图”菜单中的“叠放次序”

95.在“六一”儿童节,一年级四个班表演节目。甲同学说“一班第一个出场,二班第三个出场。”乙同学说:“一班第三个出场,三班第一个出场。”丙同学说:“三班第四个出场,四班第二个出场。”结果公布后,发现三位同学都只对了一半,那么正确的出场顺序是(　　)

A.一班第一,三班第二,四班第三,二班第四

B.二班第一,三班第二,一班第三,四班第四

C.三班第一,四班第二,二班第三,一班第四

D.一班第一,四班第二,二班第三,三班第四

96.仔细观察数列的排列顺序,从四个选项中选择最合适的一项,使之符合原数列的排列规律。

3,5,6,10,11,17,18,(　　)

A.25　　B.26　　C.27　　D.28



97.从所给的四个选项中,选择最合适的一个填入问号处,使之呈现一定的规律性(　　)

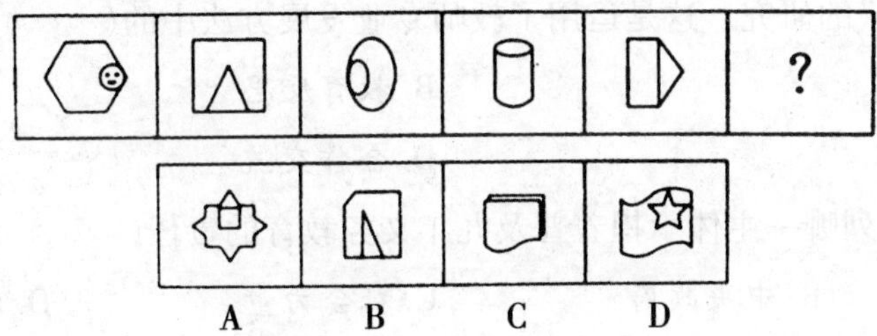


98.示例:奶粉—牛奶

下列选项中,与所给示例逻辑关系相同的是(　　)

A.国家—王国　　B.毛豆—绒毛

C.面粉—挂面　　D.麦片—大麦

99.成人礼是对青春活力的一种确认和激发,成人礼到底应该托起什么样的青春呢?仪式________很重要,经由庄严的仪式,往昔的青涩少年将走向人生的新岸;不过,也不能刻意强调仪式、神化仪式,________走形变味,甚至成为枷锁和禁锢。毕竟,青春是无法固化的。

填入画横线部分最恰当的一项是(　　)

A.虽然;致使　　B.当然;乃至

C.固然;以致　　D.诚然;以至

100.标准是人类文明进步的成果。从中国古代的“车同轨、书同文”,到现代工业规模化生产,都有标准化的生动实践。伴随着经济全球化深入发展,标准化在便利经贸往来、支撑产业发展、促进科技进步、规范社会治理中的作用日益凸显。要携手共建网络空间命运共同体,同样要通过完善规则体系,形成“通用语言”,进而互联互通、规范约束、协同发展。

作者接下来最有可能讲述的是(　　)

A.如何完善网络空间规则体系

B.标准化的具体作用

C.共建网络空间命运共同体的理由

D.实施标准化的途径

押题试卷

# 教师招聘考试教育理论基础押题试卷(十一)

**(满分100分　时间120分钟)**

本套试卷共83小题,包括单项选择题(40小题),多项选择题(20小题),判断题(20小题),简答题(2小题),案例分析题(1小题)。

## 一、单项选择题(在下列每题四个选项中只有一个是符合题意的,将其选出并把它的标号写在括号内。错选、多选或未选均不得分。本大题共40小题,每小题1分,共40分)

1.“玉不琢,不成器;人不学,不知义”揭示了教育的(　　)

A. 个体功能　B. 社会功能　C. 经济功能　D. 政治功能

2. 柴老师退休后还坚持去老年大学学习,这体现了现代教育的(　　)特点。

A. 大众性　B. 公平性　C. 终身性　D. 未来性

3. 行为主义创立的标志是1913年美国心理学家(　　)出版了《在行为主义者看来的心理学》一书,由此,他被称为“行为主义的创始人”。

A. 罗杰斯　B. 华生　C. 弗洛伊德　D. 马斯洛

4. 教学评价的目的是对课程、教学方法以及学生培养方案(　　)

A. 做出分析　B. 做出判断　C. 进行评估　D. 做出决策

5. 有的人记忆力强,有的人感知力强,有的人语言表达能力强,有的人写作能力强。这说明人的发展具有(　　)

A. 顺序性　B. 阶段性　C. 不平衡性　D. 个别差异性

6. 教师检查自己教学质量的依据是(　　)

A. 教材　B. 教科书　C. 课程标准　D. 课程计划

7. 马克思主义关于人的全面发展学说提出要培养德、智、体、美、劳等全面发展的人,为培养社会主义人才指明了方向。这体现了教育目的的(　　)

A. 导向作用　B. 激励作用　C. 评价作用　D. 调控作用

8. 班主任在班级管理中了解学生的最基本方法是(　　)

A. 观察法　B. 书面材料分析法　C. 谈话法　D. 调查法

9. 李老师教学能力强,善于与学生交流,经常倾听学生对于开展教学活动的意见,班上的学生学习积极性高,兴趣广泛,和老师配合默契。这属于(　　)的师生关系。

A. 专制型　B. 放任型　C. 民主型　D. 权威型



10. 王老师带着全班学生参加志愿活动,让学生真正体会到帮助别人是一件快乐的事情。这运用了德育方法中的哪种方法(　　)

A. 实际锻炼法　B. 情感陶冶法　C. 品德评价法　D. 说服教育法

11.“亲其师”才能“信其道”。这就要求教师要(　　)

A. 爱国守法　B. 爱岗敬业　C. 关爱学生　D. 终身学习

12. 某生物教师在备《植物怎样吸收和运输水》一课时,设定了下列几项教学目标,其中属于三维目标中“过程与方法目标”的是(　　)

A. 学生知道植物吸收水分的来源和去向

B. 学生能说出植物吸收和运输水的过程及与该过程有关的植物器官

C. 学生通过阅读教材并设计实验,锻炼猜想、分析和表达能力

D. 学生通过对实验的设计和探索,增进对设计实验的兴趣,体验科学的神奇

13. 以培养学生技能为目的,一般程序为定向—示范—参与性练习—自主练习—迁移的教学模式为(　　)

A. 传递—接受式　B. 示范—模仿式

C. 引导—发现式　D. 情境—陶冶式

14. 柏克赫斯特创立的教学组织形式是(　　)

A. 班级授课制　B. 设计教学法　C. 道尔顿制　D. 分组教学

15. 教师要提高自己的人格修养,最好采取的策略是(　　)

A. 取法乎上　B. 取法乎中　C. 取法乎下　D. 无法即法

16. 教育制度的(　　)主要表现在入学条件即受教育权的限定和各级各类学校培养目标的确定上。

A. 客观性　B. 规范性　C. 历史性　D. 强制性

17. 课程研究的“活动分析法”是由(　　)提出来的。

A. 泰勒　B. 博比特　C. 斯腾豪斯　D. 斯克里文

18. 能够在最短的时间内向学生呈现、介绍大量的、系统的信息的方法是(　　)

A. 实践活动法　B. 谈话法　C. 参观法　D. 讲授法

19. 智育的根本任务是(　　)

A. 发展学生的智力　B. 培养学生的自主性

C. 提高学生的竞争意识　D. 完善学生的人格

20. 学科中的研究性学习与研究性学习课程的终极目的都是(　　)

A. 形成研究性学习的学习方式　B. 促进学生的个性健康发展

C. 强调学科内容的归纳和整合　D. 注重研究生活中的重大问题

21. 学生对自己人际关系的意识,属于下列哪方面的自我意识(　　)

A. 生理自我　B. 心理自我　C. 社会自我　D. 理想自我

22. 学与教的系统包含的五个要素是:学生、教师、教学内容、教学环境和(　　)

A. 教学过程　　B. 学习过程　　C. 学习氛围　　D. 教学媒体

23. 以下现象中,表明感受性可通过练习而提高的是(　　)

A. 从亮处到暗处,由看不清到逐渐看清物体的轮廓

B. 吃糖之后再吃橘子,觉得橘子酸

C. 卖糖果的售货员用手抓糖,重量较准确

D. 洗热水澡时开始觉得水热,稍后感觉不那么热了

24. 人们通常认为"太阳从东边升起,往西边落下"。这属于(　　)

A. 抽象思维　　B. 经验思维

C. 理论思维　　D. 直观动作思维

25. 依据艾宾浩斯的遗忘规律,以下表述不正确的是(　　)

A. 遗忘数量随时间递增

B. 在识记后的短时间内遗忘特别迅速,然后逐渐缓慢下来

C. 及时复习有利于识记材料在急速遗忘前获得必要的巩固

D. 一般情况下,集中复习的效果优于分散复习

26. 整天和油漆打交道的油漆工人能辨别 400 ~ 500 种不同的漆色,这种能力的形成是因为受到了(　　)的影响。

A. 实践活动　　B. 学校教育　　C. 主观能动性　　D. 早期经验

27. 教师在讲课过程中要求声音洪亮,这依据的感知规律是(　　)

A. 组合律　　B. 差异律　　C. 活动律　　D. 强度律

28. 丽丽在日常学习及与同学交往的过程中,精力旺盛,热情直率,意志力坚强,勇敢,乐于助人,思维敏捷,但准确性差,则丽丽的气质类型最有可能属于(　　)

A. 胆汁质　　B. 多血质　　C. 抑郁质　　D. 黏液质

29. 狗最初会对圆形和椭圆形做出同样的反应,经训练后仅对圆形做出反应。这是条件反射的(　　)

A. 获得　　B. 消退　　C. 泛化　　D. 分化

30. 下列选项中属于建构主义学习理论的基本观点的是(　　)

A. 教育要培养知情合一的人

B. 学生的学习是一种有意义的接受学习

C. 内在教育的模式会促使学生自发地学习

D. 学习应该与情境化的社会实践活动结合起来

31. 同学们正在教室里聚精会神地听课,突然从外面飞来一只蜻蜓,大家都把视线转向它,这是(　　)

A. 有意注意　　B. 无意注意

C. 随意注意　　D. 有意后注意



32. 在电视节目《最强大脑》中,有的选手表现出了超强的处理数字系列、空间视觉等方面的能力。依据卡特尔的智力理论,说明这些选手具有超强的(　　)

A. 流体智力　　B. 经验性智力

C. 晶体智力　　D. 情境性智力

33. 学习需要的主观体验形式是学习者的学习愿望或学习意向,它不包括(　　)

A. 学习的兴趣　　B. 爱好　　C. 努力　　D. 学习的信念

34. 学生通过阅读不同的唐代诗歌,学会了辨别现实主义与浪漫主义的特点。根据布卢姆对认知领域目标的划分,这属于(　　)

A. 知识水平　　B. 领会水平　　C. 综合水平　　D. 评价水平

35. 儿童多动综合征是一种以注意力缺陷和活动过度为主要特征的行为障碍综合征。高峰发病年龄是(　　)岁。

A. 5 ~ 8　　B. 8 ~ 10　　C. 10 ~ 12　　D. 12 ~ 18

36. 下列关于新手型教师教学特点的表述,正确的是(　　)

A. 新手型教师的课时计划简洁、灵活,以学生为中心,并具有预见性

B. 新手型教师有完善的维持学生注意的方法

C. 新手型教师往往较注意课堂的细节

D. 新手型教师有丰富的教学策略

37. 学生刘某扰乱课堂秩序,班主任张老师将其赶出教室,并罚其在操场上跑 20 圈,刘某体力不支摔倒在地,导致头部磕伤。下列说法正确的是(　　)

A. 刘某对其头部所受伤害负主要责任

B. 张老师可以将刘某赶出教室但不应实施体罚

C. 学校可依法给予张老师相应的行政处罚

D. 张老师侵犯了刘某的受教育权和人身权

38. 某老师未经学生允许私自将学生的作文编入自己编著的优秀作文集,对该老师的做法叙述正确的是(　　)

A. 该老师的做法侵害了学生的财产权

B. 该老师的做法侵害了学生的著作权

C. 该老师的做法没有侵害学生的著作权,因为作文不算"作品",不受《中华人民共和国著作权法》的保护

D. 该老师的做法侵害了学生的人身权利

39. 通过不断强化逐渐趋近目标的反应,来形成某种较复杂的行为,这是个体心理辅导的(　　)

A. 代币奖励法　　B. 行为塑造法

C. 自我控制法　　D. 认知疗法

40. 假设下列事故发生时，都有未成年人在场。那么，下述行为符合《中华人民共和国未成年人保护法》规定的是(　　)

A. 客车发生交通事故，先救护驾驶员

B. 影剧院举行庆典发生火灾，先救护邀请的嘉宾

C. 小学生上课的教室发生火灾，先救出学生

D. 意外事故现场，120 急救车先将下岗工人送往医院

**二、多项选择题(在下列每题列出的选项中至少有两项是符合题意的，将其选出并把它的标号写在括号内。多选、错选或少选均不得分。本大题共 20 小题，每小题 1.5 分，共 30 分)**

1. 我国学校教育的类别结构主要包括(　　)

A. 基础教育　　B. 成人教育　　C. 高等教育　　D. 中等教育

2. 斑斑是班里的先进生，聪明机灵，充满自信，深受老师喜爱，班主任更是偏爱他，这引起了同学们的反感。班主任对待先进生的正确方式包括(　　)

A. 给予更多关注，鼓励为主　　B. 严格要求，防止自满

C. 不断激励，弥补挫折　　D. 消除嫉妒，公平竞争

3. 中小学课外、校外教育的主要特点有(　　)

A. 强制性　　B. 自主性　　C. 灵活性　　D. 实践性

4. 晏阳初的“四大教育”主要指生计教育、________、________和________。(　　)

A. 公民教育　　B. 美德教育　　C. 卫生教育　　D. 文艺教育

5. 教师钻研教材一般要经历哪三个阶段(　　)

A. 懂　　B. 透　　C. 明　　D. 化

6. 学校物质文化是校园文化的物质载体。下列属于学校物质文化的是(　　)

A. 校园布局　　B. 学校建筑　　C. 规章制度　　D. 教学设备

7. 关于综合课程，下列描述正确的是(　　)

A. 打破了传统的分科课程的知识领域

B. 教科书的编写较为困难

C. 容易带来科目过多的问题

D. 不利于高级专业化人才的培养

8. 关于个体身心发展的动因理论有(　　)

A. 内发论　　B. 外铄论

C. 辐合论　　D. 多因素相互作用论

9. “学生是具有独立意义的人”的基本含义是(　　)

A. 每个学生都是独立于教师的头脑之外，不以教师的意志为转移的客观存在

B. 学生是学习的主体



C. 每个学生都有自身的独特性

D. 学生是责权主体

10. 教学过程作为一种特殊的认识过程，其特殊性表现在(　　)

A. 认识对象的直接性与具体性　　B. 认识的教育性与发展性

C. 认识的交往性与实践性　　D. 认识方式的简捷性与高效性

11. 以教育目的的存在方式为依据，可以将教育目的分为(　　)

A. 外在的教育目的　　B. 内在的教育目的

C. 实然的教育目的　　D. 应然的教育目的

12. 下列关于情绪性质的表述中，正确的是(　　)

A. 情绪与动机关系不是很密切　　B. 情绪是主观意识经验

C. 情绪状态不容易控制　　D. 情绪由刺激引起

13. 根据迁移内容的不同，学习迁移可分为一般迁移和具体迁移。下列属于具体迁移的是(　　)

A. 对“蚂蚁”“蝗虫”等具体概念的理解影响着对“昆虫”这一概念的掌握

B. 举一反三、触类旁通、闻一知十

C. 乒乓球运动学习中，推挡动作的学习可以直接迁移到左推右攻这种组合的动作学习中去

D. 学生学会写“牛”这个字，有助于学习写“犇”字

14. 下列属于精加工策略的有(　　)

A. 关键词法　　B. 列提纲　　C. 做笔记　　D. 画线

15. 元认知的训练可以提高学生的智力发展水平，其训练的方法主要有(　　)

A. 自我提问法　　B. 暗示教育法

C. 相互提问法　　D. 知识传授法

16. 青年初期心理发展的特征是(　　)

A. 智力接近成熟，抽象逻辑思维已从“经验型”向“理论型”转化，出现了辩证思维

B. 道德感、理智感与美感都有了深刻的发展

C. 形成了理智的自我意识

D. 心理活动的随意性显著增长

17. 教师威信是教师的教育教学行为对学生影响所产生的众望所归的心理效应，体现着凝聚力、吸引力、号召力和影响力。一般而言，教师威信的结构包括(　　)

A. 形象威信　　B. 学识威信

C. 情感威信　　D. 人格威信

18. 下列属于学生过错行为的是(　　)

A. 调皮捣蛋　　B. 恶作剧

C. 考试作弊　　D. 未经允许拿他人东西

19. 自我效能感指人们对自己是否成功地从事某一成就行为的主观判断,自我效能感的功能主要体现在哪些方面(　　)

A. 决定人们对活动的选择及对该活动的坚持性

B. 决定人们对活动结果的满意程度

C. 影响新行为的获得和习得行为的表现

D. 影响活动时的情绪

20. 下列选项中,教师在履行自身义务的是(　　)

A. 田老师按时完成教育教学工作任务

B. 齐老师加入某专业的学术团体

C. 白老师批评某学生沉迷网络的行为

D. 艾老师为提高教学业务水平前往外地参加培训

**三、判断题(判断下列各题的正误,正确的打"√",错误的打"×"。本大题共 20 小题,每小题 0.5 分,共 10 分)**

1. 教育的本质属性是等级性。(　　)
2. 一个顽皮的孩子偶然把手指伸到火苗上,被灼伤,并由此获得有关火的知识。这一过程可以称为"教育"。(　　)
3. 教育创新一定能推动经济发展。(　　)
4. 学校生活可以在一定程度上代替家庭生活,因为学校生活的规范性比家庭生活更强。(　　)
5. 全面发展与个性发展两者互相排斥。(　　)
6. 教师劳动的长期性特点可以形象地比喻为"十年树木,百年树人"。(　　)
7. 在新课程背景下,教师应从"教教材"走向"用教材教"。(　　)
8. 教育就是智育。(　　)
9. 必修课程的主导价值在于培养和发展学生的共性。(　　)
10. 班级管理中,凡事都能与学生商量就是民主。(　　)
11. 与课堂教学相比,课外活动更有利于因材施教原则的实施。(　　)
12. 人的心理像镜子一样反映事物。(　　)
13. 分配学生座位时,教师需关注座位对学生学习和人际关系的影响。(　　)
14. 小学低年级学生常在家长、教师的督促下完成作业或活动任务。这体现了儿童意志的自觉性水平较高。(　　)
15. 幻想是一种不切实际、不能实现的空想,因而它是消极的。(　　)
16. 依法执教就是依法治教。(　　)
17. 依据奥苏贝尔的有意义学习理论,学习材料的逻辑意义能确保产生有意义学习。(　　)
18. 动作技能的形成需要长时间的反复练习,因此练习的次数越多越好。(　　)



19. 在教育法律关系的构成要素中,主体是指教育法律关系的权利和义务所指向的对象,如物、行为和智力成果。(　　)

20. 偶尔出现一些不健康的心理和行为并不等于心理不健康,更不等于已患心理疾病。(　　)

**四、简答题(本大题共 2 小题,每小题 5 分,共 10 分)**

1. 教师教学工作包括哪几个基本程序?

2. 再造想象与创造想象有什么相同与不同?

**五、案例分析题(本大题共 10 分)**

小楠是一名五年级的学生,经常协助老师检查班级同学的学习情况。最近,同学们新学了一首古诗,老师要求大家利用课外时间把它背熟,并安排小楠负责检查背诵情况。小楠发现:有些同学没有认真准备,背得磕磕巴巴,在多次提醒后才能勉强背出来。有些同学记忆力非常好,仅读几遍,就能够顺利地背出来,记得很快。有些同学先学习这首诗的基本意思,在理解这首诗创作时的作者境遇和历史背景之后,不仅背得很流利、声情并茂,而且记忆深刻,就像知识在脑子里"生了根"。

(1)结合材料,谈谈记忆品质的类型。(3 分)

(2)记忆过程包括哪些环节?(3 分)

(3)教师如何在教学中运用记忆规律?(4 分)

# 教师招聘考试教育理论基础押题试卷(十二)

(满分 100 分　时间 120 分钟)

本套试卷共 100 小题,包括单项选择题(60 小题),多项选择题(20 小题),判断题(20 小题)。

一、单项选择题(在下列每题四个选项中只有一个是符合题意的,将其选出并把它的标号写在括号内。错选、多选或未选均不得分。本大题共 60 小题,每小题 1 分,共 60 分)

1. 最早以马克思主义为基础探讨教育学问题的著作是(　　)
A. 克鲁普斯卡娅的《国民教育与民主主义教育》
B. 凯洛夫的《教育学》
C. 杨贤江的《新教育大纲》
D. 布卢姆的《教育过程》

2. 有史以来,除(　　)以外,教育都具有阶级性的特征。
A. 原始社会　B. 奴隶社会　C. 近代社会　D. 现代社会

3. 对学生的纪律教育可以让学生养成良好的服从习惯,但纪律教育也可能规训了学生的心智以致其缺乏自主性。这表明从教育发生作用的方向看,教育功能可分为(　　)
A. 一般功能和特殊功能　B. 显性功能和隐性功能
C. 个体功能和社会功能　D. 正向功能和负向功能

4. 在课程的实施过程中努力使课程计划与班级或学校实际情境在课程目标、内容、方法、组织模式诸方面相互调整、改变,以促进双方彼此协调。这是课程实施的(　　)
A. 忠实取向　B. 相互适应取向　C. 创生取向　D. 创新取向

5. 衡量教育好坏的最高标准只能是看教育能否为社会稳定和发展服务,能否促进社会的存在和发展。这是(　　)的观点。
A. 神学教育目的论　B. 社会本位论
C. 教育无目的论　D. 个人本位论

6. 教师热爱教育事业具体体现在(　　)上。
A. 为人师表　B. 敬业奉献　C. 热爱学生　D. 团结协作

7. 陶行知说:“你的教鞭下有瓦特,你的冷眼中有牛顿,你的讥笑中有爱迪生。”与之相关联的教师职业道德规范是(　　)
A. 爱国守法　B. 关爱学生　C. 爱岗敬业　D. 终身学习

8. 在一节课的基本构成中,贯穿一节课始终的是(　　)
A. 组织教学　B. 讲授新知识　C. 巩固新知识　D. 布置作业



9. 制度化教育建立的典型表征是(　　)
A. 学校的产生　B. 教育实体的出现
C. 学制的建立　D. 定型的教育组织形式的出现

10. 教育史上两大对立学派——传统教育学派与现代教育学派的代表人物分别是(　　)
A. 凯洛夫和赫尔巴特　B. 杜威和赫尔巴特
C. 赫尔巴特和杜威　D. 夸美纽斯和杜威

11. 最常用、最简单的导入方法是(　　)
A. 直接导入　B. 直观导入　C. 温故导入　D. 实例导入

12. 某医院皮肤科接诊了一个 2 岁半就斑秃的孩子,其发病原因竟是父母为让孩子上好的幼儿园,一口气给她报了 4 个培训班。这说明教育应该适应个体身心发展的(　　)
A. 不平衡性　B. 阶段性　C. 个别差异性　D. 互补性

13. 小学生“三点半难题”指小学下午三点半就会放学,而忙于工作的家长们却无暇接送孩子回家。为解决这个难题,许多小学在放学后组织学生开展 3D 打印、机器人、航模、手工制作、足球、篮球等兴趣课程。这类兴趣课程属于(　　)
A. 基础型课程　B. 拓展型课程　C. 研究型课程　D. 识记型课程

14. 在“三维”教学目标中,(　　)目标是关键性目标。
A. 过程与方法　B. 知识与技能　C. 价值观　D. 情感与态度

15. 教师专业化发展的奠基阶段是(　　)
A. 自我教育　B. 在职培训　C. 入职培训　D. 师范教育

16. 学生具有向师性的特点,教师的言行是学生学习和模仿的榜样,其言论、行为、为人处世的态度,对学生具有潜移默化的影响。这体现了教师职业的(　　)
A. 示范者角色　B. 研究者角色
C. 管理者角色　D. 授业、解惑者角色

17. 有人说,教师工作是个无底洞,没有明显的时空界限。这反映了教师劳动具有(　　)的特点。
A. 复杂性和创造性　B. 主体性和示范性
C. 长期性和间接性　D. 连续性和广延性

18. “爱岗敬业”是教师职业的(　　)
A. 基本要求　B. 本质要求　C. 内在要求　D. 专业发展要求

19. 小张独自照顾妈妈的事迹感动了社会,被评为市“十佳”少年。最近,学校开展了向他学习的活动,该学校所运用的德育方法是(　　)
A. 说服教育法　B. 榜样示范法
C. 情感陶冶法　D. 品德评价法

20. 下列说法不符合新课程对教师定位的是(　　)
A. 教师是“平等中的首席”　B. 教师是学生人生的引路人
C. 教师是教育教学的研究者　D. 教师是“社会代表者”

21. 在学习过程中，学生会因漏掉某个字或者错算某道题，被老师罚抄或要求重做。作为教师，要改变学生错字、漏字的现象，最为合适的做法是(　　)

A. 教会学生调动多种感官参与学习活动，养成仔细观察、认真检查的习惯

B. 加大罚抄力度，以此来让学生加深记忆

C. 请家长来学校，将学生的作业情况反映给家长，并让家长全权负责检查学生的家庭作业

D. 将其默认为低年级学生的正常现象，并坚信到了高年级会有所好转

22. 在教育中提倡"躬行"，即身体力行，并把"学""思""行"看作统一的学习过程的思想家是(　　)

A. 孔子　B. 朱熹　C. 昆体良　D. 苏格拉底

23. 某堂课上，政治老师在讲授法律常识的有关内容后，组织全班同学围绕"学法、知法、守法"的主题发表自己的见解，同学们畅所欲言，说出了他们各自的想法。这位老师采取的教学方法是(　　)

A. 探究法　B. 讨论法　C. 谈话法　D. 练习法

24. 学生自身发展有很大的不稳定性和可塑性，无论是从新的思想品德的形成和发展，还是不良品德的改变来说，都不是一蹴而就的。这表明德育过程是(　　)

A. 对学生知、情、意、行的培养提高过程

B. 组织学生的活动和交往，统一多方面教育影响的过程

C. 促进学生思想内部矛盾斗争的过程

D. 长期的、反复的、逐步提高的过程

25. 化学课上，李老师通过展示学生收集的关于燃料的资料，引导学生辩证思考燃料带给人类的便利和危害，树立环境保护意识。李老师采用的德育途径是(　　)

A. 班主任工作　B. 社会实践活动

C. 学科教学　D. 课外与校外活动

26. 某小学根据当地太极拳具有悠久历史的现实，在该校开设了太极拳课程。该课程属于(　　)

A. 国家课程　B. 地方课程　C. 校本课程　D. 基础型课程

27. "没有规矩，不成方圆"，因此在组织和培养班集体时应(　　)

A. 确立班集体的目标　B. 全面了解和研究学生

C. 建立健全必要的班级规则　D. 开展丰富多彩的集体活动

28. 某学校成立"气象观测小组"，让学生了解气候的变化规律。这属于课外活动中的(　　)

A. 科技活动　B. 文学活动　C. 艺术活动　D. 体育活动

29. 为了提高教育研究的效益，避免重复劳动，最重要的工作是(　　)

A. 问题确定　B. 文献检索　C. 数据收集　D. 研究设计

30. 神经元由胞体、树突和轴突组成，下面说法正确的是(　　)

A. 轴突较长，分支多，负责接受刺激　B. 树突较短，分支多，负责接受刺激

C. 轴突较短，只有一根，负责传出神经冲动　D. 树突较长，只有一根，负责传出神经冲动

31. "见者易，学者难"这句话强调的是(　　)对动作技能学习的重要性。

A. 言语指导　B. 示范　C. 练习　D. 反馈



32. "刚刚戴上近视眼镜觉得不适应，久了就感觉不到了。"这属于感觉的(　　)

A. 明适应　B. 听觉适应　C. 温度觉适应　D. 触压觉适应

33. "富贵不能淫，贫贱不能移，威武不能屈"反映了态度与品德形成过程的(　　)

A. 依从阶段　B. 认同阶段　C. 内化阶段　D. 执行阶段

34. 利用课余时间读短篇文章或阅读报纸杂志，拓宽自己的知识面，属于(　　)

A. 计划策略　B. 组织策略　C. 时间管理策略　D. 调节策略

35. 幼儿在家中和学校里看到了大量的桌子，掌握了"桌子"的概念。幼儿对"桌子"这个概念的学习方式是(　　)

A. 概念整合　B. 概念同化　C. 概念转变　D. 概念形成

36. 下列关于思维间接性表现的表述，错误的是(　　)

A. 对根本不能直接感知的事物加以反映

B. 在对现实事物认知的基础上，做出某种预见

C. 从部分事物的联系中，找出普遍的、必然的联系

D. 对不在眼前，没有直接作用于感官的事物加以反映

37. 小明在每次练习游泳时，都会想起换气要领"入水时嘴巴和鼻子同时出气，尽可能用力吹，达到吹出气泡的效果"。这属于(　　)

A. 情景记忆　B. 程序性记忆　C. 形象记忆　D. 自传性记忆

38. 在训练学生射击水下靶子之前，先给学生讲解水的折射原理，有利于提高训练成绩。可以用来解释这种现象的迁移理论是(　　)

A. 关系转换说　B. 相同要素说　C. 形式训练说　D. 概括化理论

39. 当需要不能满足时，人们可以借助想象从心理上得到满足。这体现了想象的(　　)

A. 预见功能　B. 补充功能　C. 替代功能　D. 调节功能

40. 同样是努力学习，有些学生只是为了获得老师或家长的赞许，并不在意自己是否真正掌握了知识；而有些学生则是对学习内容本身较为感兴趣。这种现象体现了动机具有(　　)

A. 激活功能　B. 指向功能　C. 调节功能　D. 维持功能

41. 小江学习刻苦认真，虽然基础并不好，但他遇到困难时总能勇往直前，不达目的不罢休，因此他的学习成绩在班里一直名列前茅。这体现了小江性格的(　　)特征。

A. 态度　B. 理智　C. 意志　D. 情绪

42. 通过分析儿童的绘画、日记、作品等以了解儿童心理特点的方法是(　　)

A. 实验法　B. 测验法　C. 观察法　D. 作品分析法

43. (　　)是指在教育心理学的研究过程中所采用的研究手段与方法应能促进被试心理的良性发展。

A. 教育性原则　B. 客观性原则　C. 发展性原则　D. 理论联系实际原则

44. 小说中的重要人物通常都具有鲜明的特点，以至于提到这些特点我们一下子就会想到这些人物。从人格特质的角度出发，这些特点属于这些人物的(　　)

A. 共同特质　B. 差异特质　C. 首要特质　D. 次要特质

45. 心理学家研究发现，人和动物的某些行为和能力的发展有一个最佳时间段，如果在此时给予适当的良性刺激，会促进其行为与能力得到更好的发展。这一最佳时间段称为(　　)

A. 关键期　B. 萌芽期　C. 高原期　D. 潜伏期

46. 根据埃里克森的心理社会发展阶段论，4～5 岁儿童所要解决的主要矛盾是(　　)

A. 自主感对羞怯感　B. 主动感对内疚感

C. 勤奋感对自卑感　D. 自我同一性对角色混乱

47. 若有人给你起绰号，你不做任何反应，绰号就不会流传。这符合操作性条件作用规律中的(　　)

A. 正强化　B. 负强化　C. 消退　D. 惩罚

48. 德国心理学家苛勒采用“接竿实验”和“叠箱实验”对黑猩猩的问题解决行为进行了一系列的研究，从而提出了学习的(　　)

A. 灵感—顿悟说　B. 灵感—试误说

C. 完形—顿悟说　D. 完形—试误说

49. 赵老师在进行教学时首先通过情境的创设，让学生对本节课的主要问题产生兴趣，然后鼓励学生提出解决这个问题的假设，再让同学交流、分析、验证这个假设是否正确，从而得出正确的结论解决该问题。赵老师使用的教学策略是(　　)

A. 发现学习　B. 接受学习　C. 自主学习　D. 合作学习

50. 学生掌握知识过程的中心环节是(　　)

A. 应用　B. 迁移　C. 理解　D. 巩固答案

51. 短时记忆的主要编码形式是(　　)

A. 图像记忆　B. 听觉编码　C. 语义编码　D. 情境编码

52. 选拔性考试一般是典型的(　　)

A. 学能测验　B. 成就测验　C. 标准参照测验　D. 常模参照测验

53. 下列不属于结构良好的问题是(　　)

A. 从北京到上海，最快的路线应该怎么走

B. 修电脑

C. 求边长为 5cm 的正方形的面积

D. 计算 35×8 的结果

54. 在平时谈话时，方老师发现，某些学生眼睛不敢看对方，那么对于这类学生，方老师最好采用的方法是(　　)

A. 全身松弛法　B. 肯定性训练　C. 系统脱敏法　D. 暂时隔离法

55. 下列主要依靠心智技能完成的任务是(　　)

A. 体操训练　B. 提问　C. 抄笔记　D. 织毛衣

56. 根据《中华人民共和国教育法》的规定：“学校、教师可以对学生家长提供家庭教育指导。”该教育法律规范属于(　　)

A. 强制性规范　B. 义务性规范　C. 授权性规范　D. 任意性规范

57. 当学生听到上课铃响时，就停止其他课外活动而准备上课，这属于(　　)

A. 信号学习　B. 连锁学习

C. 言语联结学习　D. 刺激—反应学习

58. 考生在国家教育考试中，有(　　)的行为的时候，组织考试的教育考试机构可以取消其相关考试资格或者考试成绩，情节严重者由教育行政部门责令其停止参加相关国家教育考试一年以上三年以下。

A. 让他人代替自己参加考试　B. 报名之后不参加考试

C. 考试中组织作弊　D. 考试前把手机关机

59. 王某在距某初级中学不足百米处，开了一家网吧，允许该校学生出入。王某的做法(　　)

A. 合法，王某具有自主经营的权利　B. 合法，王某并未强迫学生玩游戏

C. 违反了《中华人民共和国义务教育法》　D. 违反了《中华人民共和国未成年人保护法》

60. 美惠子是一位具有日本国籍的公民，她若是在中国的教育机构从事教育工作，她不能担任的职务是(　　)

A. 任课教师　B. 教学辅导人员

C. 学校校长　D. 班主任

**二、多项选择题(在下列每题列出的选项中至少有两项是符合题意的，将其选出并把它的标号写在括号内。多选、错选或少选均不得分。本大题共 20 小题，每小题 1.5 分，共 30 分)**

1. 班主任了解学生的方法有(　　)

A. 书面材料分析法　B. 调查法　C. 观察法　D. 谈话法

2.《论语》中记述孔子教育思想的观点有(　　)

A.“教学相长”　B.“不愤不启，不悱不发”

C.“学而不思则罔，思而不学则殆”　D.“其身正，不令而行；其身不正，虽令不从”

3. 根据教育研究目的的不同，可以把教育研究分为(　　)

A. 基础研究　B. 定性研究　C. 定量研究　D. 应用研究

4. 根据《中华人民共和国义务教育法》关于学生德育工作的要求的规定，下列说法正确的是(　　)

A. 把德育放在首位

B. 寓德育于教育教学之中，开展与学生年龄相适应的社会实践活动

C. 形成学校、家庭、社会相互配合的思想道德教育体系，促进学生养成良好的思想品德和行为习惯

D. 把智育放在首位，以智育带动德育

5. 学制具体规定着(　　)

A. 学校的性质　B. 学校的任务　C. 入学条件　D. 修业年限

6. 魏老师每次接手一个新班级前都会仔细研究每位学生的情况，查看前一阶段老师的评价，为每一名学生都量身定制一套德育方法，不重复也不超前。魏老师的以上做法体现的德育原则包括(　　)

A. 说理疏导　B. 尊重学生与严格要求学生相结合

C. 教育影响的一致性与连贯性　D. 因材施教

7. 下列选项中,以日本学制为蓝本的有(　　)

A. 壬寅学制　　B. 癸卯学制　　C. 壬子癸丑学制　　D. 壬戌学制

8. 以下属于课程资源的是(　　)

A. 教师、学生　　B. 博物馆、科技馆

C. 教科书　　D. 网络资源

9. 参观教学法可分为(　　)

A. 准备性参观　　B. 可行性参观

C. 总结性参观　　D. 并行性参观

10. 班级管理的内容包括(　　)

A. 班级目标管理　　B. 班级制度管理

C. 班级组织建设　　D. 班级教学管理

11. 教学设计的依据包括(　　)

A. 学生的需要　　B. 现代教学理论

C. 系统科学的原理与方法　　D. 教学的实际需要

12. 下列属于经典性条件反射现象的有(　　)

A. 望梅止渴　　B. 画饼充饥　　C. 谈虎色变　　D. 叶公好龙

13. 不良的意志品质包括(　　)

A. 患得患失　　B. 人云亦云　　C. 审时度势　　D. 一意孤行

14. 下列有关智力测验量表的叙述,正确的是(　　)

A. 比纳—西蒙智力量表是世界上第一个智力测验量表

B. 斯坦福—比纳智力量表的公式:智商(IQ) = 智龄(MA)/实龄(CA) ×100

C. 韦克斯勒智力量表的计算公式:IQ = 100 ×15Z

D. 瑞文标准智力测验适用年龄范围宽,测验对象不受文化、种族、语言的限制,并且可以用于一些生理缺陷者

15. 自我意识的作用非常强大,具体可以包括以下哪几个方面(　　)

A. 大大提高人的认识功能　　B. 使人形成一个丰富的感情世界

C. 促进了人的意志的发展　　D. 是道德的必要前提

16. 现在很多人都喜欢用电脑打字,不喜欢用笔写字。用电脑打字属于动作技能中的(　　)

A. 粗大技能　　B. 精细技能　　C. 连续的技能　　D. 不连续的技能

17. 心理健康教育是现代社会发展的需要,是学校促进学生心理健康和人格健全发展的有效途径。学校心理健康教育的途径有(　　)

A. 开设心理辅导活动课

B. 开设心理健康教育有关课程

C. 在学科教学中渗透心理健康教育的内容

D. 结合班级、团队活动开展心理健康教育



18. 课堂管理的目标是使学生能(　　)

A. 拥有更多的学习时间　　B. 进行自我管理

C. 投入到学习中去　　D. 安静和驯服

19. 下面关于情绪情感的说法,正确的是(　　)

A. 情绪是基本的感情现象,情感是较高级的感情现象

B. 情绪具有外显性,情感具有内隐性

C. 情绪持续的时间短,情感持续的时间长

D. "爱屋及乌"反映的是情感的动力功能

20. 教育法规的效力主要包括(　　)

A. 时间效力　　B. 地域效力　　C. 物的效力　　D. 对人的效力

**三、判断题(判断下列各题的正误,正确的打"√",错误的打"×"。本大题共20小题,每小题0.5分,共10分)**

1. 教育的生物起源说的代表人物是法国的利托尔诺和英国的沛西·能。(　　)

2. 对班主任有较大的依赖性,不能离开班主任的监督独立地执行要求,这时的班集体处于形成阶段。(　　)

3. 专著、论文、调查报告、档案材料等属于三次文献。(　　)

4. 教育既有社会依存性,也有自身的相对独立性。(　　)

5. 理想的师生关系就是教师和学生之间建立亲密无间、"零距离"的关系。(　　)

6. 学生在教师指导下运用知识去完成一定的操作,并形成技能、技巧的方法是练习法。(　　)

7. 劳动技术教育即组织学生参加生产劳动。(　　)

8. 为了更好地完成教学任务,教师可在一节课上采用几种不同的教学方法。(　　)

9. 行动研究的基本过程大致分为循序渐进的四个环节,即计划、考察、反思、行动。(　　)

10. 教师职业道德高低的试金石是教书育人。(　　)

11. 思想品德的四个基本要素是知、情、意、行,其中情是动力。(　　)

12. 行为主义心理学派重视人自身的价值,提倡充分发挥人的潜能。(　　)

13. 为了培养思维的敏捷性,教师可以训练小学生在解决问题时的速度,而暂时地忽略其正确性。(　　)

14. 归因理论认为,人们对学业成败的归因包括能力、努力、任务难度和运气。(　　)

15. 从马斯洛的需要层次理论来看,一般来说学校里最重要的缺失需要是爱和自尊。(　　)

16. 罗杰斯倡导的学习原则的核心是让学生自由学习。(　　)

17. 态度是一种内部准备状态,而不是实际反应本身。(　　)

18. 义务教育是国家统一实施的所有适龄儿童、少年必须接受的教育,父母不得擅自以自己孩子在家学习替代国家统一实施的义务教育。(　　)

19. 聘任教师由教育行政部门与其签订聘任合同,明确规定双方的权利、义务和责任。(　　)

20. 教师对学生进行轻微的体罚不会侵犯学生的人身权。(　　)

# 教师招聘考试教育理论基础押题试卷(十三)

**(满分 100 分　时间 120 分钟)**

本套试卷共 58 小题,包括单项选择题(30 小题),多项选择题(10 小题),填空题(10 小题),辨析题(4 小题),简答题(2 小题),论述题(1 小题),案例分析题(1 小题)。

**一、单项选择题(在下列每题四个选项中只有一个是符合题意的,将其选出并把它的标号写在括号内。错选、多选或未选均不得分。本大题共 30 小题,每小题 1 分,共 30 分)**

1. 一般认为,我国最早的学校出现在(　　)

A. 夏朝　B. 封建社会　C. 周朝　D. 十九世纪末

2. 我国近代教育史上,被毛泽东誉为"学界泰斗,人世楷模"的是(　　)

A. 陶行知　B. 杨贤江　C. 徐特立　D. 蔡元培

3. 在小学阶段,教学多采用直观形象的方式,而进入中学以后则可进行抽象讲解。这体现了儿童身心发展具有(　　)

A. 个别差异性　B. 阶段性　C. 顺序性　D. 不平衡性

4. 课堂环境对师生关系有重要影响。下列课桌摆放的形式中,(　　)不利于师生之间的交往及学生之间的交流。

A. "圆桌式"　B. "半圆式"　C. "蜂巢式"　D. "秧田式"

5. 发达国家实行 12 年甚至更多年限的义务教育,发展中国家实行 9 年义务教育,这反映了学校教育制度受(　　)

A. 历史传统影响　B. 政治制度影响

C. 经济发展水平影响　D. 社会成员意识影响

6. 孟子说"征于色,发于声,而后喻",意在强调教师的(　　)

A. 道德素养　B. 专业知识

C. 教学技能　D. 教育机智

7. 社会研究课综合了历史、地理、经济学、社会学、政治学、法学、人类学等有关学科内容。其课程类型是(　　)

A. 融合课程　B. 广域课程　C. 核心课程　D. 相关课程

8. 直接经验与间接经验的关系反映到课程类型上主要表现为(　　)的关系。

A. 活动课程与学科课程　B. 分科课程与综合课程

C. 显性课程与隐性课程　D. 选修课程与必修课程



9. "不积跬步,无以至千里;不积小流,无以成江海"体现的教学原则是(　　)

A. 循序渐进原则　B. 因材施教原则

C. 启发诱导原则　D. 直观性原则

10. 学校通过开展爱国主义教育主题月活动,结合历史课、语文课的相关内容及主题团队活动、艺术活动等形式,增强学生为实现中国梦而努力学习的使命感和责任感。这些教育活动所运用的德育方法是(　　)

A. 说服教育法　B. 榜样示范法　C. 实际锻炼法　D. 品德评价法

11. 基础型课程注重培养学生的基础学力,即培养学生作为一个公民所必需的以"三基"为中心的基础教养。"三基"指的是(　　)

A. 读、写、画　B. 读、画、算　C. 画、写、算　D. 读、写、算

12. 班主任的领导方式一般有三种类型,即(　　)

A. 民主型、惩罚型、放任型　B. 权威型、放任型、民主型

C. 放任型、监督型、正义型　D. 惩罚型、争议型、权威型

13. 某小学开展全校性的以"热爱家乡"为主题的课外活动,此活动属于(　　)

A. 个人活动　B. 小组活动　C. 群众性活动　D. 班级活动

14. 孙老师在任教的两个平行班开展教育研究,检验"阅读名著是否能够提高学生写作水平",一班学生每周进行 3 小时名著阅读,二班学生不阅读。一学期结束后,通过写作测试两班学生的作文水平。孙老师采用的研究方法是(　　)

A. 实验研究法　B. 调查研究法　C. 文献研究法　D. 历史研究法

15. 最先提出"班级"一词的教育家是(　　)

A. 埃拉斯莫斯　B. 康德　C. 柏拉图　D. 杜威

16. 反射弧是由什么组成的(　　)

A. 感受器、神经中枢、效应器　B. 传入神经、神经中枢、传出神经

C. 感受器、传入神经、传出神经、反馈　D. 感受器、传入神经、神经中枢、传出神经、效应器

17. 微格教学的课堂教学时间一般为(　　)

A. 3 ~ 5 分钟　B. 5 ~ 20 分钟　C. 5 ~ 10 分钟　D. 10 ~ 30 分钟

18. 高级神经活动类型属于强、平衡、不灵活,与其对应的气质类型是(　　)

A. 胆汁质　B. 多血质　C. 黏液质　D. 抑郁质

19. 某学生在放学回家的路上突遇歹徒抢劫,这一突发事件使其心理上产生高度紧张和惊慌,这种在出乎意料的紧迫与危险情况下引起的情绪状态称为(　　)

A. 心境　B. 激情　C. 应激　D. 危机

20. 游客游览黄山时见到一块石头,导游提示其很像一只雄鸡,此景点叫作"金鸡叫天门",于是游客越看越像。这主要体现了知觉的(　　)

A. 整体性　B. 恒常性　C. 选择性　D. 理解性

21. 法官判案要理性、客观,不能受情绪和个人偏好的影响。这是对其思维(　　)的要求。

A. 广阔性　　B. 独立性　　C. 批判性　　D. 深刻性

22. 影响人格发展的社会因素有家庭教养模式、学校教育和(　　)

A. 同辈群体　　B. 伙伴关系　　C. 社会教育　　D. 榜样示范

23. 数学老师在教应用题时一再强调学生要看清题目,必要时可以画一些示意图。这样做的目的是帮助学生(　　)

A. 牢牢记住题目内容　　B. 很好地形成对问题的心理表征

C. 有效地监控解题过程　　D. 熟练地使用计算技能

24. 在认知领域的教学目标中,(　　)代表较高水平的理解。

A. 知识　　B. 领会　　C. 运用　　D. 分析

25. 下列教学概念的活动中,没有使用变式策略的是(　　)

A. 教"鸟"的概念时谈到"鸭子"

B. 教"液体"的概念时谈到"沙子"

C. 教"三角形"的概念时谈到"等腰三角形"

D. 教"哺乳动物"的概念时谈到"蝙蝠"

26. 某学生认为自己不能随意闯红灯,因为这样做一旦被交警发现,自己可能会遭到批评甚至是处罚。根据科尔伯格的道德发展阶段理论,该学生的道德认知处于(　　)

A. 前习俗水平　　B. 习俗水平

C. 低习俗水平　　D. 高习俗水平

27. 7 岁的莉莉随父母迁居到另一个国家,父母让她每天与新的小伙伴一起玩耍,完全不进行专门的语言教学,然而,几个月内莉莉就掌握了一种新的语言而且学会了当地的口音。莉莉对语言的学习属于(　　)

A. 接受学习　　B. 无意义学习　　C. 发现学习　　D. 有意义学习

28. 国家乒乓球队的健儿团结拼搏,为祖国和人民赢得金牌。这种爱国主义和集体主义情感属于(　　)

A. 伦理的道德情感　　B. 想象的道德情感

C. 直觉的道德情感　　D. 记忆的道德情感

29. 在合作办学、教师聘任等方面发生的法律责任属于(　　)

A. 刑事法律责任　　B. 民事法律责任

C. 行政法律责任　　D. 行政和刑事法律责任

30. 县级人民政府教育行政部门应当均衡配置本行政区域内学校师资力量,组织校长、教师的(　　),加强对薄弱学校的建设。

A. 学习和培训　　B. 沟通和合作

C. 培训和流动　　D. 交流和互访



**二、多项选择题(在下列每题列出的选项中至少有两项是符合题意的,将其选出并把它的标号写在括号内。多选、错选或少选均不得分。本大题共 10 小题,每小题 1.5 分,共 15 分)**

1. 教师的能力素养主要包括(　　)

A. 语言表达能力　　B. 组织教育与教学的能力

C. 组织管理能力　　D. 自我调控和反思能力

2. 教师的教育机智主要体现在善于(　　)

A. 因势利导　　B. 随机应变　　C. 对症下药　　D. 掌握分寸

3. 下列属于贯彻德育导向性原则要求的是(　　)

A. 统一社会各方面的教育影响

B. 坚持正确的政治方向

C. 德育目标必须符合新时期的方针政策和总任务的要求

D. 把德育的理想性和现实性结合起来

4. 班主任处理偶发事件的原则有(　　)

A. 教育性原则　　B. 客观性原则

C. 可接受性原则　　D. 冷处理原则

5.《中小学教师职业道德规范》中关于"爱国守法"方面所规定的具体职业行为的要求有(　　)

A. 全面贯彻国家教育方针　　B. 自觉遵守教育法律法规

C. 不得有违背党和国家方针政策的言行　　D. 依法履行教师职责权利

6. 下列选项中,对青少年心理发展特点描述正确的有(　　)

A. 抽象逻辑思维占主导地位,辩证逻辑思维迅速发展

B. 自我意识发展的第二个高峰,开始关注自己的内心

C. 大部分个体的道德发展水平处于科尔伯格所说的习俗水平

D. 情绪不稳定,对微小的刺激也可能有很大的反应

7. 在程序教学法的应用中,编制程序应遵循的原则有(　　)

A. 积极反应原则　　B. 小步子原则

C. 及时反馈原则　　D. 自定步调原则

8. 能够分配注意的条件是(　　)

A. 所从事的活动中必须有一些活动是非常熟练的

B. 所从事的活动不能在同一感觉通道内完成

C. 所从事的活动不能用同一种心理操作来完成

D. 所从事的几种活动之间应该有内在的联系

9. 美国发展心理学家加德纳提出的多元智力理论(　　)

A. 直接影响教师形成积极乐观的"学生观"

B. 直接影响教师重新建构"智力观"

C. 认为智力是以语言能力和逻辑—数理能力为核心的

D. 能帮助教师树立新的“教育观”

10. 学校不得有(　　)的行为。

A. 拒绝接收具有接受普通教育能力的残疾适龄儿童随班就读

B. 分设重点班和非重点班

C. 随意开除学生

D. 处分学生

## 三、填空题(在下列每小题的空格中填上正确答案。错填、不填均不得分。本大题共 10 小题,每小题 1 分,共 10 分)

1. ________在教学中形成的问答法被后人称为“产婆术”。
2. 教学的特殊组织形式是________。
3. 现代学校教育制度主要有双轨制、单轨制和________三种类型。
4. ________被视为教师的最基本形象。
5. CIPP 评价模式的四个步骤是________、输入评价、过程评价以及成果评价。
6. 教育心理学研究的系统过程是由学习过程、________和评价/反思过程这三种活动过程交织在一起组成的。
7. 人们持有的不合理信念有绝对化要求、________和糟糕至极。
8. 一个教师消极地评价自己,贬低工作的意义和价值,是职业倦怠________方面的表现。
9. 滥竽充数是一种________现象。
10. 思维的基本形式有概念、________和________。

## 四、辨析题(判断正误并简要说明理由。本大题共 4 小题,每小题 4 分,共16 分)

1. 德育过程具有多端性,不一定要按照知、情、意、行的顺序来进行。

2. 学生在校的学习以间接经验为基础,以直接经验为主。

3. 性格有好坏之分。

4. 学习迁移是指一种学习对另一种学习的促进作用。

## 五、简答题(本大题共 2 小题,每小题 4 分,共 8 分)

1. 学生的学习有哪些特点?

2. 简述加涅对学习结果的分类。

## 六、论述题(本大题共 10 分)

中小学生心理健康的标准有哪些？请联系实际论述中小学校开展心理健康教育的意义与途径。

## 七、案例分析题(本大题共 11 分)

初一(2)班学生李小刚对学习毫无兴趣,成绩极差,各科考试很少及格。一次数学期中考试,他一道题也答不上来,就在试卷上写下了这么一段话:

“零分我的好朋友你在慢慢地向我靠近零分你是如此多青难道你把我当着一个无用的人我不是一个无用的人我是人我也有一颗自尊心再见吧零分。”

数学老师阅卷时,看到这份无标点、错别字连篇、字迹潦草的“答卷”后,非常生气地把李小刚叫到了办公室,交给了新任班主任梁老师。梁老师问明情况后,并没有直接训斥李小刚,而是耐心地帮助李小刚在他的“杰作”上加了标点、改了错别字、重新组织了那段话:

零分,我的好朋友,

你在慢慢地向我靠近。

零分,你是如此多情,

难道你也把我当作一个无用的人?

不,我不是一个无用的人!



我是人,我也有一颗自尊心。

再见吧,零分!

然后,梁老师让李小刚读了这段话,赞叹道:“这是诗,一首很好的诗啊!”

听到这句话,李小刚感到很惊讶。梁老师接着说:“诗贵在形象,你的这首诗很形象。诗言情,诗言志,从这首诗中可以看出你是一个不甘与零分为伍的人。”

“这是诗？我也能写诗?”

没想到梁老师不但没有批评他,还会如此地评价他,李小刚非常激动。

从此,在梁老师的不断鼓励和帮助下,李小刚驱散了心中的阴霾,坚定了学习的信心,端正了学习态度。

两年后,李小刚顺利地考上了高中。

(1)梁老师成功地运用了哪一种德育原则?(5 分)

(2)结合案例,阐述贯彻该原则的基本要求。(6 分)

# 教师招聘考试教育理论基础押题试卷(十四)

(满分 100 分　时间 120 分钟)

本套试卷共 54 小题,包括单项选择题(30 小题),多项选择题(5 小题),判断题(10 小题),名词解释(5 小题),简答题(2 小题),论述题(1 小题),材料写作题(1 小题)。

**一、单项选择题(在下列每题四个选项中只有一个是符合题意的,将其选出并把它的标号写在括号内。错选、多选或未选均不得分。本大题共 30 小题,每小题 1 分,共 30 分)**

1. 小雪非常喜欢印象派的绘画作品,当她看到印象派的代表作《草地上的午餐》《日出·印象》时,顿时心中非常喜悦。小雪此时的情感属于(　　)

A. 道德感　B. 理智感　C. 美感　D. 成就感

2. 动机可以理解为在(　　)的作用下,个体使自身的内在需求与行为的外在诱因相协调,从而形成激发、维持行为的动力因素。

A. 自我效能感　B. 自我意识　C. 自我教育　D. 自我调节

3. 班级组织建构的首要原则是(　　)

A. 有利于教育的原则　B. 目标一致原则

C. 有利于身心发展的原则　D. 灵活性原则

4. 李岩将来想当一名科学家,他的数学老师却说:"你现在学数学都那么吃力,以后物理、化学肯定也学不好,一定不能把成为一名科学家作为人生目标。"数学老师的说法(　　)

A. 忽视了学生的主体性　B. 忽视了学生的发展性

C. 忽视了学生的创造性　D. 忽视了学生的差异性

5. 下列现象中,不属于教育的是(　　)

A. 家长批评孩子　B. 感受美好的自然环境

C. 新生儿吮吸母乳　D. 参观画展

6. (　　)是指学生在学习新知识时,那些促进或妨碍学习的个人生理、心理发展的水平和特点。

A. 学习适应　B. 学习准备　C. 学习促进　D. 学习技能

7. 人们通常说的"灵感"主要来自(　　)

A. 分析思维　B. 直觉思维　C. 聚合思维　D. 发散思维

8. "虽有嘉肴,弗食不知其旨也;虽有至道,弗学不知其善也。是故学然后知不足,教然后知困。知不足然后能自反也,知困然后能自强也。"这段话所体现的教学原则是(　　)

A. 藏息相辅　B. 启发诱导　C. 教学相长　D. 长善救失



9. 教师要根据儿童的实际情况促进儿童发展,有的放矢地选择适宜、有效的教育途径和方法手段,使每个学生都能得到最大的发展。这一做法的依据是人身心发展的(　　)

A. 顺序性　B. 阶段性　C. 个别差异性　D. 不平衡性

10. 班主任为提高学生的学习成绩,承诺奖励比前一次考试多十分的学生笔记本,因而全班形成了良好学风。这符合桑代克学习规律中的(　　)

A. 准备律　B. 联结律　C. 效果律　D. 练习律

11. 在德育过程中起主导作用的是(　　)

A. 受教育者　B. 教育者　C. 德育内容　D. 德育方法

12. 终身教育作为发达国家和发展中国家在今后若干年内制定教育政策的指导原则,是现代教育制度的发展方向,以下说法不正确的是(　　)

A. 终身教育贯穿人的一生以及人生的各个发展阶段

B. 终身教育不是传统教育的简单延伸,不包括正规教育

C. 课堂教学不再是教育的核心,终身教育没有固定的内容和方法

D. 终身教育有助于实现教育民主化

13. 重视对人类异常行为的研究,强调心理学应研究无意识现象的心理学流派为(　　)

A. 人本主义学派　B. 格式塔学派　C. 行为主义学派　D. 精神分析学派

14. 一般认为,美国学者(　　)出版的《课程》一书,标志着课程作为专门研究领域的诞生。

A. 斯克里文　B. 杜威　C. 布鲁纳　D. 博比特

15. 大脑(　　)主要是调节机体的触、温、动感觉等。

A. 额叶　B. 顶叶　C. 枕叶　D. 颞叶

16. 在现实教学的过程中,有的教师会对知识分子家庭的孩子格外青睐,认为这样的孩子比较聪明、勤奋。这种情况属于(　　)

A. 首因效应　B. 晕轮效应　C. 投射效应　D. 刻板效应

17. 1922 年,全国教育会联合会颁布了(　　),又称"新学制"或"六三三学制"。

A. 壬寅学制　B. 壬戌学制　C. 癸卯学制　D. 壬子癸丑学制

18. 把教育目的分为"可能的目的"和"必要的目的",主张教育的最高目的是道德和性格的完善的是(　　)

A. 杜威　B. 赫尔巴特　C. 夸美纽斯　D. 卢梭

19. (　　)是一个班集体成功的重要标志。

A. 一致的群体规范　B. 积极的课堂气氛

C. 良好的班级人际关系　D. 很强的群体凝聚力

20. 根据《中华人民共和国义务教育法》的规定,由(　　)确定义务教育的教学制度、教育教学内容和课程设置。

A. 省级教育行政部门　B. 市级教育行政部门

C. 国务院教育行政部门　D. 学校

21. 美育最高层次的任务是培养学生(　　)的能力。

A. 发现美　　B. 鉴赏美　　C. 创造美　　D. 感受美

22. 教师在教学中积极创造机会让学生在现实世界中去感受和体验。这属于(　　)

A. 范例教学　　B. 探究式教学　　C. 情境性教学　　D. 传递—接受式教学

23. 学校课外、校外教育活动的主要组织形式是(　　)

A. 群众性活动　　B. 个别活动　　C. 小组活动　　D. 社会活动

24. (　　)是教师职业道德修养的首要环节。

A. 树立教师职业道德理想　　B. 确立教师职业道德信念

C. 参加教师职业道德实践　　D. 学习和掌握教师职业道德知识

25. 下列有关我国基础教育课程改革中关于课程结构变革的表述,正确的是(　　)

A. 小学阶段以分科课程为主

B. 初中阶段设置分科与综合相结合的课程

C. 高中以综合课程为主

D. 从小学至高中设置综合实践活动并作为选修课程

26. 有些打字员可以在不看键盘的情况下,熟练地打出所要求的字词。这是(　　)

A. 有意注意　　B. 有意后注意　　C. 无意注意　　D. 不随意注意

27. 小亮去过几次小姨家,就能画出具体的路线图。小亮处于儿童认知发展的(　　)

A. 形式运算阶段　　B. 具体运算阶段　　C. 前运算阶段　　D. 感知运动阶段

28. 把学习者的学习动机归为"力求成功的动机"和"避免失败的动机"的理论是(　　)

A. 自我价值理论　　B. 成就动机理论

C. 成败归因理论　　D. 自我效能感理论

29. 吉尔福特认为三个智力维度中,(　　)真正代表智力的高低。

A. 产品　　B. 内容　　C. 操作　　D. 单元

30. 小学生刚学拼音时,容易记住声母表和韵母表的开头和结尾部分,不容易记住中间部分。这表明遗忘受(　　)

A. 材料数量的影响　　B. 材料性质的影响

C. 个人兴趣的影响　　D. 材料系列位置的影响

**二、多项选择题(在下列每题列出的选项中至少有两项是符合题意的,将其选出并把它的标号写在括号内。多选、错选或少选均不得分。本大题共 5 小题,每小题 2 分,共 10 分)**

1. 说服教育法的具体方式有(　　)

A. 讲解　　B. 表扬　　C. 谈话　　D. 报告

E. 参观

2. 下列属于我国教育心理学家提出的心智技能的形成阶段的是(　　)

A. 认知阶段　　B. 联结阶段

C. 原型内化阶段　　D. 原型操作阶段

E. 原型定向阶段

3. 根据主体与客体之间关系的不同,心理学家把人的基本情绪分为(　　)

A. 快乐　　B. 悲哀　　C. 愤怒　　D. 恐惧

E. 痛苦

4. 教育目的的基本层次包括(　　)

A. 国家的教育目的　　B. 各级各类学校的培养目标

C. 教师的教学目标　　D. 社会的价值取向

E. 个人的价值取向

5. 下列哪些属于促进中学生形成良好品德的方法(　　)

A. 有效的说服　　B. 树立良好的榜样

C. 利用群体约定　　D. 给予适当的奖励和惩罚

E. 价值辨析

**三、判断题(判断下列各题的正误,正确的打"√",错误的打"×"。本大题共 10 小题,每小题 1 分,共 10 分)**

1. 学生具有依赖性,因此学生并不能成为自我教育的主体。(　　)

2. 在小学的课堂教学中,直观教具运用得越多越好。(　　)

3. 当前部分学校德育实效性不高,主要是教育认知方面的局限,与德育方法的选择无关。(　　)

4. 因材施教的根本目的在于消除个别差异,最终让每个学生都达到同样水平。(　　)

5. "师也者,教之以事而喻诸德者也"体现了教师职业道德要求的双重性。(　　)

6. 古典文学四大名著之一的《西游记》,成功塑造了许多生动鲜明的形象,其中"猪八戒"是把客观事物中从未结合过的特征加以综合,这体现了想象过程中的夸张形式。(　　)

7. 教师在教"鸟"的概念时,既举例了会飞的鸟,如麻雀、鸽子,又举例了不会飞的鸟,如鸡、鸭,其目的是要形成定势,便于促进学生理解概念。(　　)

8. 开放式问卷提供可供选择的答案。(　　)

9. 在巴甫洛夫的经典实验中,食物是作为强化物而出现的。(　　)

10. 发生学生伤害事故,学校与受伤害学生或者学生家长不得以协商方式解决。(　　)

**四、名词解释(本大题共 5 小题,每小题 2 分,共 10 分)**

1. 智育

2. 教师专业发展

3. 群体极化

4. 发散思维

5. 习得性无助

## 五、简答题(本大题共 2 小题,每小题 5 分,共 10 分)

1. 简述有意义学习的条件。

2. 简述运用讲授法的基本要求。



## 六、论述题(本大题共 10 分)

奥苏贝尔说:"假如让我把全部教育心理学仅仅归结为一条原理的话,那么,我将一言以蔽之:影响学生学习新知的唯一最重要的因素,就是学习者已经知道了什么,要探明这一点,并应据此进行教学。"请谈谈你的理解和看法。

## 七、材料写作题(本大题共 20 分)

在一节科学课上,老师正拿着一只蚯蚓讲解相关知识,一位学生突然问蚯蚓是什么味道,老师抱歉地说不知道,因为从来没有尝过。这位学生接着问可不可以尝尝,老师说当然可以,学生又问尝了能否加分,老师告诉他当然能。于是,这位学生把蚯蚓洗干净尝了一口,并把蚯蚓的味道讲给大家听,引起了同学们一片惊叹。

认真分析上述材料,自选角度、自拟题目,写一篇不少于 800 字的议论文。

要求:(1)观点正确,立论清晰,思想深刻,内容充实,论述流畅。

(2)紧密结合报考岗位特点,准确传达自己对材料主旨和工作愿景的思考。

# 教师招聘考试教育理论基础押题试卷(十五)

(满分 100 分　时间 120 分钟)

本套试卷共 70 小题,包括单项选择题(30 小题),多项选择题(10 小题),判断题(10 小题),材料分析题(20 小题)。

## 一、单项选择题(在下列每题四个选项中只有一个是符合题意的,将其选出并把它的标号写在括号内。错选、多选或未选均不得分。本大题共 30 小题,每小题 1 分,共 30 分)

1. 小童是个充满好奇心的孩子,对未见过的一切事物都好奇,爱看爱问,并渴望了解,从而获得了许多同龄人不知道的知识。根据奥苏贝尔的观点,在小童的学习动机中占主导地位的是(　　)

A. 自我提高内驱力　　B. 附属内驱力

C. 认知内驱力　　D. 生理内驱力

2. 教育能够把潜在的劳动力转化为现实的劳动力,这体现了教育的(　　)

A. 经济功能　　B. 育人功能　　C. 政治功能　　D. 文化功能

3. 如果一个心理学家的研究对象是具有经验的人,研究关心的是个人的创造性、对个人和社会有意义的问题以及如何提高人的尊严和价值,则该心理学家最有可能属于的学派是(　　)

A. 行为主义学派　　B. 认知主义学派

C. 精神分析学派　　D. 人本主义学派

4. 操行评定的一般步骤是(　　)

A. 学生自评—小组评议—信息反馈—班主任评价

B. 学生自评—小组评议—班主任评价—信息反馈

C. 小组评议—班主任评价—学生自评—信息反馈

D. 小组评议—学生自评—班主任评价—信息反馈

5. 关于教育的起源一直众说纷纭,我国古代的朱熹所持的观点是(　　)

A. 神话起源说　　B. 生物起源说

C. 心理起源说　　D. 劳动起源说

6. 关于错觉的说法正确的是(　　)

A. 错觉是对客观事物不正确的感觉　　B. 错觉的产生源于个人心理

C. 错觉不存在个体差异　　D. 错觉是可以通过主观努力来纠正的

7. 马克思主义关于人的全面发展的内涵是指(　　)

A. 人在脑力上的自由发展



B. 德、智、体和谐发展

C. 人的知识和智力充分、自由地发展

D. 人的体力和智力的全面、和谐、充分的发展,还包括人的道德的发展和人的个性的充分发展

8. 吃不到葡萄说葡萄酸,得不到的东西就是不好的。这种自我防御机制是(　　)

A. 置换　　B. 否认　　C. 文饰　　D. 代偿

9. 当一个人的服装和发型改变以后,照样能够认出他。这是利用了(　　)

A. 知觉的整体性　　B. 知觉的理解性

C. 知觉的完整性　　D. 知觉的不变性

10. 元素周期表的学习深化了学生对以前所学的元素化合物等知识的理解,这种迁移属于(　　)

A. 顺向正迁移　　B. 顺向负迁移

C. 逆向正迁移　　D. 逆向负迁移

11. 有爱就有恨,有喜悦就有悲伤,有紧张就有轻松,说明情绪和情感(　　)

A. 具有两极对立特性　　B. 具有不可调和特性

C. 两极是不相容的　　D. 其两极是绝对对立的

12. "自由联想"或"触景生情"引起的回忆是一种(　　)

A. 有意回忆　　B. 无意回忆　　C. 间接回忆　　D. 追忆

13. 我国历史上著名的思想家王阳明 5 岁时还不能开口说话,却能默背祖父的众多藏书。这说明人的身心发展具有(　　)

A. 阶段性　　B. 不均衡性　　C. 顺序性　　D. 整体性

14. 永恒主义课程理论的代表人物是(　　)

A. 杜威　　B. 赫钦斯　　C. 巴格莱　　D. 布鲁纳

15. 陈老师为某中学的数学教师,他在给学生讲解完等差数列的基本概念之后,不断给他们出新的题目进行练习,加深学生对等差数列概念的理解。陈老师遵循了教学过程中的(　　)

A. 循序渐进原则　　B. 直观性原则

C. 巩固性原则　　D. 启发性原则

16. 教师的思想道德不仅影响在校学生,而且会通过学生和家长影响整个社会。这体现了教师职业道德影响的(　　)

A. 广泛性　　B. 针对性　　C. 多样性　　D. 奉献性

17. 依据学生个人的学习成绩在该班学生成绩序列中所处的位置来判定其成绩的优劣,而不考虑其是否达到了教学目标的要求。这种教学评价属于(　　)

A. 诊断性评价　　B. 绝对性评价　　C. 总结性评价　　D. 相对性评价

18. 我国当前教学改革的重心是(　　)

A. 教学改革和实验　　B. 建立合理的课程结构

C. 实施素质教育　　D. 个性发展

19. 适用于学生少、教师少、校舍和教学设备较差的农村以及偏远地区的特殊教学组织形式是( )

A. 班级授课制　B. 个别教学　C. 分组教学　D. 复式教学

20. 以下对教师职业道德的理解,正确的是( )

A. 教师职业道德是一般社会道德在教师职业中的特殊体现

B. 教师职业道德具有控制功能

C. 教师职业道德要求教师无私奉献,不能追求个人利益

D. "爱自己的孩子是人,爱别人的孩子是神",教师职业道德要求教师爱别人的孩子胜过爱自己的孩子

21. 我国教育史上第一个具有资本主义性质的学制是( )

A. 癸卯学制　B. 壬寅学制　C. 壬戌学制　D. 壬子癸丑学制

22. 课外活动的主体是( )

A. 教师　B. 学生　C. 社会工作人员　D. 科技工作者

23. 起源于人类学、社会学、民俗学等学科,建立在经验和直觉的基础上,以研究者本人作为研究工具,在与研究对象的互动中理解和解释其行为和意义建构的教育研究方法是( )

A. 行动研究法　B. 质性研究法

C. 观察法　D. 教育叙事研究法

24. 一位语文老师在执教李白的《赠汪伦》时,他是这样开讲的:"李白是我国唐代的大诗人,可他上过一次大当。"这使得学生疑团顿生,充满好奇。这位教师导入新课的方法是( )

A. 衔接导入法　B. 悬念导入法　C. 情境导入法　D. 实验导入法

25. 基础教育课程改革倡导的教学评价理念是( )

A. 发展性评价　B. 终结性评价　C. 实质性评价　D. 绝对性评价

26. 概念同化的典型方式是( )

A. 接受学习　B. 发现学习　C. 机械学习　D. 有意义学习

27. 小刚同学性格内向,平时不敢和老师交流,学习上遇到问题也没勇气向老师求教。一次偶然的机会,他向李老师请教了一个问题,李老师耐心地解答并对他的行为给予了表扬,从此小刚逐渐地学会了主动与老师交流。李老师改变小刚的方法属于( )

A. 自我控制法　B. 系统脱敏法　C. 全身松弛法　D. 强化法

28. 收集创造活动所必需的各种信息属于创造性思维的( )

A. 准备期　B. 酝酿期　C. 豁朗期　D. 验证期

29. 化学测验试题的语句文字超出学生已有的理解水平,那么该测验属于( )

A. 低效度的　B. 低信度的　C. 低难度的　D. 高区分度的

30. 下列关于操作整合的特点的描述,不正确的是( )

A. 动作可以表现出一定的灵活性、稳定性和精确性,但当外界条件发生变化时,动作的这些特点都有所降低



B. 各个动作成分趋于分化、精确,整体动作趋于协调、连贯,各动作成分间的相互干扰减少,多余动作也有所减少

C. 听觉控制不起作用,逐渐让位于视觉控制

D. 疲劳感、紧张感降低,心理能量不必要的消耗减少,但没有完全消除

**二、多项选择题(在下列每题列出的选项中至少有两项是符合题意的,将其选出并把它的标号写在括号内。多选、错选或少选均不得分。本大题共10小题,每小题2分,共20分)**

1. 备课时,教师要写好哪三种计划( )

A. 课时计划　B. 学期计划　C. 培养计划　D. 单元计划

2. 良好师生关系的建立是学生健康发展的重要保证,是实施素质教育、提高教育质量的重要条件。影响师生关系的因素具体有( )

A. 教师的人格因素　B. 学生对教师的认识

C. 学校的人际关系环境　D. 课堂的组织环境

3. 现代三大教学理论流派包括( )

A. 有效教学论　B. 教学与发展理论

C. 范例教学理论　D. 结构教学理论

4. 小组活动的特点是( )

A. 自愿组合　B. 小型分散　C. 灵活机动　D. 普及性

5. 教育社会功能的主要特点有( )

A. 直接性　B. 迟效性　C. 超前性　D. 潜在性

6. 近年来,校园安全引发高度关注,某县人民政府和学校认为及时消除安全隐患、预防事故发生是工作的重中之重,所采取的以下措施中正确的有( )

A. 学校建立健全安全制度和应急机制

B. 学校对学生进行安全教育并加强管理

C. 县政府定期对学校校舍安全进行检查

D. 县政府及时维修、改造需维修、改造的校舍

7. 下列属于再造想象的是( )

A. 阅读文艺作品时,脑中出现的有关事物的形象

B. 白日梦

C. 发明家设计将要发明的工具

D. 根据描写,头脑中呈现阿Q形象

8. 访谈法是教育心理学研究中的一种常用方法,它是指研究者通过与儿童进行口头交谈,了解和收集有关他们心理特征和行为的数据资料的一种研究方法。关于访谈法下列说法正确的有( )

A. 访谈者应争取掌握访谈过程的主动权,积极影响儿童

B. 访谈法回收率和有效率较高

C. 访谈法省时省力,但受环境、时间限制

D. 访谈法所得到的资料比较容易量化

9. 学生在学习过程中会产生高原现象,产生这种现象的原因有(　　)

A. 学习动机减弱　　B. 学习方法新颖　　C. 意志品质薄弱　　D. 学习任务复杂

10. 问题解决具有(　　)

A. 目的性　　B. 结构性　　C. 序列性　　D. 认知性

**三、判断题(判断下列各题的正误,正确的打"√",错误的打"×"。本大题共 10 小题,每小题 1 分,共 10 分)**

1. 纵观我国学校教育的历史,官学的出现早于私学。(　　)
2. 素质教育就是要学生什么都学,什么都学好。(　　)
3. 非制度化教育就是对制度化教育的全盘否定。(　　)
4. 师生关系就是教与学的关系。(　　)
5. 我国小学目前开设的道德与法治课程属于综合课程。(　　)
6. 注意分配是指在同一时间内把注意分配到不同的对象上,是主动的过程。(　　)
7. 冲动型认知风格的学生的思维方式以冲动为特征,在回答问题时倾向根据线索形成看法并快速做出反应,但错误较多。因此冲动型认知风格劣于沉思型认知风格。(　　)
8. 看见路上的垃圾就绕道走开,这属于正强化。(　　)
9. 学生对学习时间进行安排,并列出学习日程安排表的学习策略属于精细加工策略。(　　)
10. 影响教师课堂管理的因素不包括班级类型和班级规模。(　　)

**四、材料分析题(在下列每题列出的选项中至少有一个选项是正确的,错选、多选、少选均不得分。本大题共 20 小题,每小题 2 分,共 40 分)**

根据下面材料,作答 1 ~ 2 题。

有人主张,动物尤其是略微高等的动物,完全同人一样,生来就有一种由遗传而得到的潜在的教育,其效果见诸个体的发展过程,他认为,从观察得到的互相有联系的许多事实已无争辩地证实:兽类教育和人类教育在根本上有同样的基础,由人强加的人为的教育,可移动甚至改变动物的被称为本能的倾向,并反复教其具有一些新的倾向,为取得这一结果,通常只要让年幼动物反复练习并恰当地利用奖励就够了。按照这一观点,教育就是基于生物生存与繁衍的天性本能而产生的。

1. 从教育起源的相关观点分析,材料中的观点(　　)

A. 属于生物起源说

B. 主张人类教育起源于动物界中各类动物的生存本能活动,教育是一种生物现象,教育活动是按生物学规律进行的本能的传授活动

C. 主张教育起源于儿童对成人的无意识模仿

D. 主张教育起源于劳动,起源于劳动过程中人的生产需要和发展需要的辩证统一

E. 主张教育起源于有意识模仿

2. 教育心理起源说是对上述观点的批判,其代表人物是(　　)

A. 达尔文　　B. 孟禄　　C. 沛西·能　　D. 利托尔诺

E. 朱熹

根据下面材料,作答 3 ~ 4 题。

《中国教师》杂志对儿童的生存状态进行了调查。调查发现:833 名从小学一年级到高中三年级的学生中,有 47% 的学生认为自己的童年不快乐。主要表现是:受考试折磨、没有自由、压抑、紧张、忙碌。其中,考试是学生认为童年不快乐的主要原因。学生的年龄越大越觉得自己的童年不快乐。

一位每逢考试就会犯"间歇性精神错乱"的学生,高考后却被中国人民大学录取了。后来是他给中学班主任的信揭了谜。原来,为了逃避每月一次的考试排名和在排名中总位居 30 多名时所遭受到的同学鄙夷的目光、父母的数落和自己的失望,他精心设计了骗局,瞒过老师、同学和父母。为了避免他再次"犯病",学校允许他仅把考试作为作业来完成,也不参加成绩排名。父母不再苛求他的成绩,转而开始担心他会因学习而熬坏身体。去掉了过重的幻想和期望后,他的生活也开始变得轻松,没有了来自家庭和排名的压力,心情变得舒展,学习也感到了轻松,学习效果也更好了。

3. 从材料中可知,我国的教育现状存在哪些问题(　　)

A. 以发展人的单方面素质为根本目的　　B. 以帮助学生通过选拔考试为根本目的

C. 只单纯提高学生的应试能力　　D. 忽视了学生的全面发展

E. 以分数来衡量一个学生的好坏

4. 从教育的根本目的出发,该材料给我们的启示是(　　)

A. 要实施全面发展教育

B. 实施全面发展教育是社会主义教育目的的必然要求

C. 教育不追求解放自我

D. 全面发展教育要能迎接新世纪的挑战

E. 教师要提高自身的道德水平

根据下面材料,作答 5 ~ 6 题。

期中考试时,小夏数学考了 68 分,刘老师却在他的卷子上批了"68—98"。刘老师对他说:"这次的考试成绩比上次有进步,但还是有很多不足之处。你看,这道题错了,肯定是上课没有认真听,把概念搞错了。如果你上课专心听,凭你的聪明才智完全可以做对,就可以得 78 分,不是吗?"小夏信服地点点头。"你再看这道题,我记得同样的题型你有一次作业中也错过,后来改对了,这次考试怎么又错了呢?"小夏惭愧地说:"我上次改作业是拿别人的作业本抄了一遍。"刘老师笑着说:"你很诚实,希望你记住这次教训,这道题要是对了,是不是就得 88 分了?""再看这道题,真是可惜,就一个小数点,要是再细心一点是不是就可以得 98 分了?"小夏也笑了:"我明白了刘老师,以后我上课认真听,作业认真订正,再改掉粗心的毛病,期末我就能考 98 分,不,我要考 100 分!"

5. 刘老师运用的教学评价有(　　)

A. 总结性评价　　B. 诊断性评价

C. 形成性评价　　D. 相对性评价

E. 常模参照评价

6. 在实践中运用测验、考试等方法检查教学效果，应注意的原则有(　　)

A. 客观性原则　　B. 发展性原则

C. 经常性原则　　D. 指导性原则

E. 整体性原则

根据下面材料，作答 7 ~ 10 题。

王老师正在操场上给同学们上体育课，学生 A 和学生 B 突然吵了起来，然后扭打在一起。接着 A 的朋友 C 和 B 的朋友 D、E 也加入其中，其他的同学有的劝架，有的躲在一边窃窃私语。面对这样的混乱场面，王老师大吼了一声，同学们都停了下来，接着王老师责令 A、B、C、D、E 站到一边，并终止这五名学生的体育活动，A 和 C 提出抗议，王老师说："让你们站一边就站一边，不听我的话就是不行！"一直到下课，A、B、C、D、E 都没能参加体育活动。下课了，所有学生一起回到教室开始上其他课。而王老师也匆匆开始了下一个班的体育课。这个事情已经过去两周了，王老师好像也忘了这件事。同学们说王老师就是这样，他从来不会听同学们说什么，王老师说怎么办就必须怎么办。

7. 材料中的师生关系(教师的领导方式)属于(　　)

A. 自由型　　B. 民主型　　C. 放任型　　D. 平等型

E. 专制型

8. 材料中王老师的做法没有体现(　　)

A. 学生是发展的主体　　B. 学生是完整的人

C. 学生是独特的人　　D. 学生具有发展的潜力

E. 学生是教育活动的对象

9. 王老师对五位学生的处置侵犯了学生的(　　)

A. 名誉权　　B. 学习权　　C. 隐私权　　D. 荣誉权

E. 生存权

10. 教师的言行对学生具有耳濡目染、潜移默化的作用。这体现了教师的(　　)

A. "传道者"角色　　B. 学习者角色

C. 管理者角色　　D. "心理医生"角色

E. 示范者角色

根据下面材料，作答 11 ~ 12 题。

初一新生刚入学时，班上有一个文静、可爱的小女生，她的脸上总洋溢着甜甜的微笑。不久，笑容从她的脸上消失了，她每天默默地坐在位子上，很少言语，对班级的事情漠不关心。

起初，我并不在意，认为这是她的性格所致。有一天，我惊异地发现，她用冷漠的神情对着讲台上侃侃而谈的我。通过了解我才知道，她在小学是一名学习优秀、才华出众的学生，非常受老师的器重和喜爱，但她性格腼腆，心思细腻，在陌生的环境中很少主动表现自己。于是，我为她争取了一个代表班级参加演讲比赛的名额。当我拍拍她的肩膀以示鼓励和信任时，她的小脸露出了久违的笑容。在参赛前的日子里，我总是寻找时机与她目光相对，微笑着对她点点头。她上台演讲前，我伸出两根手指冲她做出一个坚定的"V"型动作；她演讲结束时，我由衷地竖起大拇指向她表示祝贺。我相信，这些无声的语言可以给她莫大的勇气和鼓励，让她感受到老师的关注。她为班级捧回了"第一名"的奖状。

从此，这个曾经失意的女孩变为班级建设的积极分子，虽然依旧那样文静，却多了一份事事行动在先的热情和自信。有一天，她悄悄塞给我一张纸条："刘老师，是您无声的鼓励，唤醒了我的自信，激发起我对班级的热爱，愿您继续关注班上每一个沉寂的心灵，使我们的班级变成爱的海洋。"

11. 材料中的女孩升入中学后不久，内心出现失意和惆怅的主要原因不包括(　　)

A. 性格改变，与老师不熟悉

B. 心理发展与生理发展不平衡，产生青春期烦恼

C. 学习任务加重，各学科成绩不尽如人意

D. 缺少展示自我的机会，缺乏来自老师的关注

E. 与朋友产生矛盾，与同学关系不融洽

12. 在教育教学活动中，对于那些性格内向、不爱说话的学生，教师应当(　　)

A. 不批评他们，避免伤害他们的自尊心

B. 在感情上关心和信任他们，多接近他们

C. 给他们创造更多的在众人面前发表见解的机会

D. 鼓励他们多与同学们在一起，感受集体的温暖

E. 漠不关心，让他们自我调整

根据下面材料，作答 13 ~ 14 题。

三年级学生小峰是个成绩中等、平常不多言多语、但大错误不犯小错误不断的孩子。他隔三差五就得出点状况、惹点事端，要么在安静的课堂上把他的铁皮笔盒故意掉落在地上，要么在同学们认真听课时飞个纸飞机，要么在同桌起来回答问题时把椅子移开，要么就把前排女同学的辫子悄悄系在椅背上……

每当班主任赵老师批评时，小峰态度又很诚恳，而且经常是一下课，他的认错书、检讨书、保证书等就写好了，然后很欣然地在教师办公室门口等着赵老师批评，让赵老师异常头疼。赵老师为此请过家长，也非常严厉地批评过小峰，甚至让他在教师办公室罚过站，但仍然无济于事。学校钱老师知晓后，找到小峰，一连几天与小峰聊各种各样小峰感兴趣的话题，也巧妙地把要遵守课堂纪律、要听老师的话、要做好学生的要求提了出来。

在这种聊天进行到第七次的时候，小峰哭着说："钱老师，我不是故意的，我真不是故意的。"钱老师反复追问，终于明白了小峰的问题所在。其实刚上学的小峰并不引人注意。二年级上学期的时候，赵老师的一堂公开课上小峰不小心把铁皮笔盒碰到了地上，下课后被赵老师叫到办公室狠狠地批评了一顿，此事之后小峰渐渐变成了这样。

13. 针对此材料,以下说法正确的有(　　)。

A. 赵老师的做法体现了人本主义心理学的主张

B. 钱老师的做法体现了行为主义心理学的主张

C. 钱老师的陪伴适应了小峰心理发展的特点,这样才能了解问题的缘由

D. 小峰的行为是为了引起赵老师的注意,是学生“向师性”特点的体现

E. 赵老师的批评并没有起到改变小峰行为的作用,反而是满足了小峰的某种需求,成为了他违反纪律的原因

14. 如果你是赵老师,你认为应该怎样做(　　)。

A. 对小峰违反纪律的行为要加大惩罚力度

B. 小峰违反纪律时,不予过多关注;当他表现好时,及时表扬

C. 可以安排一名成绩好、表现好的同学挨着小峰坐,对其行为产生好的影响

D. 加强与其他老师和家长的沟通,探究小峰行为背后的原因,形成教育合力

E. 一旦小峰在课堂上影响到了其他同学,应马上请家长领回家,教育好了再来

根据下面材料,作答 15～16 题。

小辉是 G 市一所中学初二的学生,前几天因为交友的事情离家出走。小辉成绩不错,与班上几个成绩差的同学是好朋友,经常与他们一起打球,参加比赛,还把作业拿给他们抄。班主任刘老师为此多次批评小辉,让他少与这几个同学一起玩,但没有效果。刘老师将此情况告诉了小辉父母,小辉的父母十分反对他与这几个同学交往,经常与小辉发生争执。前几日,父母又为此事跟小辉大吵一架,父母扬言,若小辉再不与这几个同学断交,就要他转学。不料次日起床就在小辉的桌上发现一封信,信上写着:“爸爸妈妈,我知道你们很爱我,但我有我的自由,我不想失去朋友,我现在想出去走走,你们不要找我。”与孩子一起消失的还有书包、几百元压岁钱和几套衣服。夫妻俩看到信后,赶紧组织亲戚朋友分头寻找,终于在当天下午将孩子找到。

15. 针对该材料,以下说法正确的是(　　)

A. 教师和家长应从多角度看待每个孩子,避免以偏概全

B. 小辉因兴趣相投而交友,教师和家长应引导他们共同学习

C. 小辉正处于心理断乳期,家长对孩子的教育不能急于求成

D. 家长对子女有教育的义务,替孩子选择益友是家长应尽之责

E. 教师和家长阻止小辉与成绩差的同学交往,是对他的一种保护

16. 该材料给我们的启示是(　　)

A. 教育孩子时,家长应多听听孩子的心声,而不是替孩子做决定

B. 教师应注意发挥班级中非正式群体的积极作用,引导其健康发展

C. 教师和家长应尊重孩子的交友选择,不能采取强制措施或威胁手段

D. 家长应为孩子创造和睦的家庭氛围,依法履行对未成年人的监护职责

E. 如果不及时对班级中的非正式群体进行干预,任其发展,会造成严重后果



根据下面材料,作答 17～18 题。

某校校长周一在全校课间操上突然宣布,下个星期学校将以班为单位进行综合评比。各班排名靠后的学生要在学校公示,全校师生对校长的这个决定都感到很意外。一周之后,八(2)班开始采用无记名投票的方式进行评选。王晓在本班排名垫底。结果公布后王晓独自到校外买了一瓶老鼠药。晚自习结束,他在楼梯间哭了很久,直到同学们都睡了才回到宿舍。第二天上午上完第一节课,王晓跑回了宿舍。上午放学后,班主任到寝室找王晓,发现他喝了老鼠药,急忙把他送到附近的医院。

17. 针对该材料,以下说法正确的是(　　)

A. 中小学实行校长负责制,校长有权独自做出决策

B. 学校评选并公示排名结果,侵犯了学生的隐私权

C. 学校评选并公示排名结果,可以激发学生的上进心

D. 王晓心理承受能力差是导致此事件发生的主要原因

E. 在此事件中,学校应当承担主要责任

18. 该材料给我们的启示是(　　)

A. 校长是学校管理的责任人,但重大的教育决策不能一个人说了算,必须依法治校

B. 学生个体差异性大,因此在学校发生伤害事故不可避免

C. 教师应当关爱学生,及时关注学生的心理和行为动向

D. 学校应制定周密的学生安全防范措施,及时处理突发事件

E. 教师有学校管理和重大决策的参与权,若发现校长决策的偏差应及时提出

根据下面材料,作答 19～20 题。

肖茹是某校三年级的学生,因寒假在家玩鞭炮导致左手残疾,其他部位并未受损。春季开学时父母送其入学却被校方以无法正常学习为由不予报到,但是肖茹的父母却认为肖茹的成绩一向很好,左手残疾并不会影响肖茹的学习,且肖茹的父母认为学校在假期没有相应地提醒学生要注意自身安全,导致肖茹的安全意识薄弱,因此要求学校赔偿肖茹的全部医药费。

19. 学校不予肖茹报到的行为违反了(　　)

A.《学生伤害事故处理办法》　　B.《中华人民共和国义务教育法》

C.《中华人民共和国教师法》　　D.《中华人民共和国预防未成年人犯罪法》

E.《中华人民共和国未成年人保护法》

20. 下列哪项属于受教育者的权利(　　)

A. 使用教育教学设施、设备、图书资料

B. 努力学习,完成规定的学习任务

C. 遵守所在学校或者其他教育机构的管理制度

D. 养成良好的思想品德和行为习惯

E. 对学校、教师侵犯其人身权、财产权等合法权益,提出申诉或者依法提起诉讼

# 教师招聘考试教育理论基础押题试卷(十六)

**(满分150分　时间120分钟)**

本套试卷共58小题,包括单项选择题(30小题),多项选择题(10小题),填空题(10小题),简答题(4小题),论述题(2小题),案例分析题(1小题),教学设计题(1小题)。

## 一、单项选择题(在下列每题四个选项中只有一个是符合题意的,将其选出并把它的标号写在括号内。错选、多选或未选均不得分。本大题共30小题,每小题1.5分,共45分)

1. 李教授参观一所中学时,翻了翻学生课桌上的课本,问道:"地下一千米比地面冷还是热?"学生面面相觑,哑口无言。旁边的任课老师急了,马上问学生:"地球深层是什么地质结构?"全班学生马上回答:"是熔岩。"材料中学生对地球结构的学习属于(　　)

A. 机械学习　　B. 意义学习　　C. 发现学习　　D. 模仿学习

2. 将情绪划分为心境、激情和应激三种状态的主要依据是(　　)

A. 强度、紧张度、持续性　　B. 需要、动机、社会性、感染性

C. 时间、信念、外显性、敏感性　　D. 动机、时间、内隐性、感染性

3. (　　)是研究如何促使学生从内部理解所学内容的意义,并对学习进行自我调节。

A. 主动性研究　　B. 反思性研究　　C. 合作性研究　　D. 社会文化研究

4. 将"教育"解释为"教,上所施,下所效也","育,养子使作善也"的著作是(　　)

A.《孟子》　　B.《学记》　　C.《说文解字》　　D.《论语》

5. 有的人遇事总是举棋不定,优柔寡断。这说明其意志缺乏(　　)

A. 自觉性　　B. 自制性　　C. 果断性　　D. 坚持性

6. 制约课程的三大因素是(　　)

A. 社会、知识、儿童　　B. 政治、经济、文化

C. 教育目的、教育理论、课程理论　　D. 社会制度、生产力发展水平、课程理论

7. 对感受性与感觉阈限关系的描述,下列说法正确的是(　　)

A. 感觉阈限越小,感受性越大　　B. 感觉阈限与感受性呈正比关系

C. 感觉阈限与感受性呈倒U型关系　　D. 无论感觉阈限如何变化,感受性都不变

8. "知之者不如好之者,好之者不如乐之者。"这句话体现的课程理念是(　　)

A. 关注学生对知识的获得　　B. 关注学生的情绪生活和情感体验

C. 关注学生的健康成长　　D. 关注学生的道德生活和人格养成

9. 两个人看见桌子上的半瓶水,一个学生说:"只有半瓶了。"另一个学生说:"还有半瓶呢!"这说明了心理对客观现实的反映具有(　　)

A. 真实性　　B. 被动性　　C. 客观性　　D. 主观性

10. 一个人生下来不是一张白纸,而是各有底色。这个底色就是(　　)

A. 性格　　B. 气质　　C. 能力　　D. 兴趣

11. 王老师告诉陈浩妈妈,陈浩期中语文测试成绩在班上属于中等水平。这种评价属于(　　)

A. 绝对性评价　　B. 相对性评价　　C. 内部评价　　D. 个体内差异评价

12. 赞科夫在《教学与发展》一书中提出五条教学原则,不在此列的一条是(　　)

A. 高难度原则　　B. 高速度原则

C. 循序渐进原则　　D. 理论知识起主导作用的原则

13. 下列不适用于《中华人民共和国教育法》的主体的是(　　)

A. 特殊教育儿童　　B. 少数民族儿童

C. 孤儿　　D. 中国留学国外学生

14. 义务教育教学计划规定的培养目标和课程设置等是针对全国绝大多数学校、绝大部分地区和绝大多数学生的。这反映了义务教育教学计划的(　　)特点。

A. 普遍性　　B. 计划性　　C. 强制性　　D. 基础性

15. 下列选项中,制约着学校专业设置的是(　　)

A. 政治经济制度　　B. 文化

C. 生产力的发展水平　　D. 教育目的

16. 素质教育是依据人的发展和社会发展的实际需要,以(　　)为根本目的的教育。

A. 全面提高全体学生的基本素质　　B. 全面促进全体学生身体健康成长

C. 全面提高全体学生的智力潜能　　D. 全面提高全体学生的思想道德水平

17. 教师在课外活动中处于辅助地位,说明课外活动具有(　　)

A. 自愿性　　B. 自主性　　C. 灵活性　　D. 实践性

18. 教育科研的起始环节是(　　)

A. 确定研究对象　　B. 提出假设　　C. 选择课题　　D. 收集资料

19. 人们把那些"有羽毛的动物"统称为鸟类,这就是(　　)的过程。

A. 分析　　B. 抽象　　C. 分类　　D. 概括

20. 在三结合教育中,占主导地位的是(　　)

A. 家庭教育　　B. 学校教育　　C. 自我教育　　D. 社会教育

21. 某小学三(1)班班主任张老师用了一支比较别致的笔,几天后班上很多同学也用上了与张老师一样的笔。这个现象说明了学生具有(　　)

A. 依赖性　　B. 接受性　　C. 向师性　　D. 可塑性

22. 在德育过程中,运用马克思主义"一分为二"的辩证法来认识学生的德育原则是(　　)

A. 发扬积极因素与克服消极因素相结合原则

B. 理论与实践相结合原则

C. 集体教育与个别教育相结合原则

D. 尊重信任学生与严格要求学生相结合原则

23. 现代班级管理强调以(　　)为核心，建立一套能够持久地激发学生主动性、积极性的管理机制。

A. 学校　B. 教师　C. 教育内容　D. 学生

24. 根据福勒等人提出的教师成长阶段论，处于"关注情境阶段"的教师主要关注的问题是(　　)

①"学生喜欢我吗"　②"备课是否充分"　③"怎样上好每一堂课"　④"如何安排教学时间"

A. ①②③　B. ①②④　C. ②③④　D. ①③④

25. 学校对学生进行德育的一个重要而又特殊的途径是(　　)

A. 各科教学　B. 课外、校外活动

C. 少先队、学生会的活动　D. 班主任工作

26. 建构主义学习理论认为，学生的学习是在自己原有的知识结构基础上进行学习理解的过程。在这个过程中，教师的角色是(　　)

A. 引导者　B. 传授者　C. 帮助者　D. 指导者

27. 某历史老师要求学生在每节课前能够用自己的话表述上节课所学的知识，根据布卢姆等人对教学目标的分类，该历史老师强调的是认知领域目标中的(　　)

A. 知识　B. 领会　C. 应用　D. 分析

28. 小刚原来见了陌生人就躲避，上幼儿园一个月后，小刚这种行为消失了。根据加涅的学习结果分类，这里发生了(　　)的学习。

A. 言语信息　B. 智慧技能　C. 动作技能　D. 态度

29. 力求成功者倾向于选择成功概率为(　　)的任务。

A. 100%　B. 70%　C. 50%　D. 25%

30. 把一个玩具从儿童的身边拿走，他会去寻找。这说明儿童的认知发展至少应处于(　　)

A. 感知运动阶段　B. 前运算阶段　C. 具体运算阶段　D. 形式运算阶段

## 二、多项选择题(在下列每题列出的选项中至少有两项是符合题意的，将其选出并把它的标号写在括号内。多选、错选或少选均不得分。本大题共 10 小题，每小题 2 分，共 20 分)

1. 师德的核心内容是(　　)

A. 爱岗敬业　B. 终身学习　C. 为人师表　D. 教书育人

2. 影响人的发展的主要因素有(　　)

A. 遗传　B. 个体主观能动性　C. 环境　D. 教育

3. 具体来讲，教师劳动的创造性主要表现在(　　)

A. 因材施教　B. 教育影响具有迟效性

C. 教学方法上的不断更新　D. 教师需要"教育机智"

4. 为了传承地域文化，很多地方教育主管部门根据当地的习惯与文化，按照国家相关规定，开发出一系列极具区域文化特色的课程，比如戏剧课程、方言课程等。这种类型的课程属于(　　)

A. 隐性课程　B. 显性课程　C. 地方课程　D. 核心课程

5. 西欧封建社会把"三科"作为教育内容，这"三科"是指(　　)

A. 算术　B. 文法　C. 修辞　D. 辩证法

6. 教师职业角色形成的几个阶段分别为(　　)

A. 角色认知　B. 角色认同　C. 角色行为　D. 角色信念

7. 傍晚，很多学生在篮球场上挥汗如雨。打篮球是一种(　　)

A. 封闭性技能　B. 开放性技能　C. 心智技能　D. 动作技能

8. 教师申诉制度是指作为教育法律关系主体的公民，在其合法权益受到侵害时，向国家机关申诉理由，请求处理的制度。下列属于《中华人民共和国教师法》规定的申诉范围的是(　　)

A. 教师认为学校侵犯了自己工资福利待遇方面的权益

B. 教师认为学校剥夺了其参加进修的权利

C. 教师认为当地人民政府的有关行政部门侵犯了自己的合法权益

D. 教师认为其他教育机构侵犯自己的退休权益

9. 道德情感的表现形式主要有(　　)

A. 思维的道德情感　B. 直觉的道德情感

C. 想象的道德情感　D. 伦理的道德情感

10. 人本主义对有意义学习的理解是(　　)

A. 学习是学习者自我参与的过程　B. 学习是学习者自我发起的

C. 学习会使学生的行为、态度等发生变化　D. 学习是主动形成认知结构的过程

## 三、填空题(本大题共 10 小题，每小题 1 分，共 10 分)

1. 检查学生学业成绩的方法是多种多样的。常用的检查方式有两大类：________和________。

2. 德育的疏导原则又称________。

3. 习近平总书记号召全国广大教师做"四有"好老师，即有理想信念、有道德情操、有扎实学识、________。

4. 导生制也称________。

5. 近代教育史上提出"白板说"的是________。

6. 斯金纳认为，学习的实质是一种反应概率上的变化，而________是增强反应概率的手段。

7. 在同一时间内心理活动指向不同对象，并能同时从事几种不同活动的现象叫做________。

8. 操作技能的形成可以分为操作定向、________、________和操作熟练四个阶段。

9. 童年期又称________，这是一个人一生发展的基础时期。

10. 比率智商是________与________之间的比值。

## 四、简答题(本大题共 4 小题，每小题 5 分，共 20 分)

1. 贯彻正面教育与纪律约束相结合原则的基本要求有哪些？

2. 简述我国教育目的的基本精神。

3. 如何培养学生良好的意志品质？

4. 教师在对学生进行必要的惩罚时应注意哪些方面？

## 五、论述题（本大题共 2 小题，每小题 10 分，共 20 分）

1. 试述教师主导作用和学生主体作用相统一的规律。

2. 试述考试焦虑症的含义及治疗方法。



## 六、案例分析题（本大题共 15 分）

三年级来了两位新老师。李老师主要采用“教师讲，学生听；教师写，学生抄”的方法，不停地讲授书本知识，并结合大量练习。王老师则善于运用多媒体、设计游戏环节等手段配合教学，提出贴合学生实际生活的问题，并给予学生自由讨论、思考的时间。

结合以上材料，分析两位老师教学活动的相同点和不同点。你喜欢哪位老师的教学？

## 七、教学设计题（本大题共 20 分）

教学材料：某版本品德与社会三年级上册《心中的“110”》

第一课时：有点警惕性

课本中首先用文字告诉学生：生活中总会遇到陌生人，在这些陌生人中，有很多人会像朋友一样关心、爱护、帮助我们，但也有少数人不怀好意，会危及我们的安全。

接下来课本给出两个场景。

场景一：【我该怎么办】

小朋友一个人独自在家，有三个人先后来敲门。一个自称邻居王奶奶，另一个自称修煤气的叔叔，还有一个自称是送快递的叔叔。

场景二：【智捉小偷】

陈宇一个人在家写作业，听到门外有奇怪的响声，于是从门缝里往外看，看到两个陌生男女正在鬼鬼祟祟地撬张奶奶家的门锁，边撬边四处张望，神色慌张。于是陈宇就拨通了 110 报警电话，从而帮助警察成功地抓住了这两个小偷。

请根据所提供的教学材料，按要求完成教学设计。

要求：

（1）设计本课时的教学目标；

（2）写出本课时的教学重难点；

（3）阐述本课时的教学过程。

# 教师招聘考试教育理论基础押题试卷(十七)

**(满分150分　时间120分钟)**

本套试卷共62小题,包括单项选择题(30小题),多项选择题(10小题),判断题(10小题),辨析题(5小题),简答题(4小题),论述题(2小题),案例分析题(1小题)。

**一、单项选择题(在下列每题四个选项中只有一个选项是符合题意的,将其选出并把它的标号写在括号内。错选、多选或未选均不得分。本大题共30小题,每小题1.5分,共45分)**

1. 幼儿把鱼的头和鹿的躯干画到一起,说"我画了一头'鱼鹿'"。这种想象的加工方式是(　　)

A. 拟人化　B. 夸张与强调　C. 黏合　D. 典型化

2. 意识特征不包括(　　)

A. 觉知性　B. 能动性　C. 选择性　D. 社会历史制约性

3. 某学生总是情绪平稳,安静稳重,反应迟钝,善于忍耐,其气质类型属于(　　)

A. 多血质　B. 黏液质　C. 胆汁质　D. 抑郁质

4. 李老师认为爱国主义教育应从幼儿开始,于是她经常在班内开展"中国娃娃""我的少数民族朋友""爱祖国""爱首都"等爱国主题活动。这表明李老师在教学工作中能够做到(　　)

A. 爱国守法　B. 爱岗敬业　C. 终身学习　D. 关爱幼儿

5. 李老师组织学生到郊区的牛奶厂,请工人师傅为学生讲解牛奶的生产加工流程。李老师采用的教学组织形式是(　　)

A. 现场教学　B. 个别辅导　C. 小组教学　D. 复式教学

6. 在中国教育制度发展史上,中学阶段最早兼顾升学和就业双重需要的学制是(　　)

A. 癸卯学制　B. 壬子癸丑学制　C. 壬戌学制　D. 壬寅学制

7. 一位中学教师,头天晚上与家人发生不愉快的事情,但第二天上课仍然兢兢业业,在课堂上谈笑风生,这反映了意志的(　　)

A. 自觉性　B. 自制性　C. 果断性　D. 坚韧性

8. 建立促进学生(　　)的评价体系,评价不仅要关系学生的学业成绩,而且要发现和发展学生多方面的潜能。

A. 整体发展　B. 个性发展　C. 全面发展　D. 自主发展

9. 教育法律规范是以(　　)保证实施的行为规则。

A. 社会规范　B. 国家强制力

C. 党的领导　D. 社会主义核心价值观



10. "万绿丛中一点红"说明红花在一片绿草中更容易被区别开来,这体现了感知规律的(　　)

A. 强度律　B. 差异律　C. 活动律　D. 组合律

11. "理论头头是道,行动不对号""语言的巨人,行动的矮子"违背了(　　)的德育原则。

A. 集体教育与个别教育相结合　B. 知行统一

C. 正面引导与纪律约束相结合　D. 教育影响的一致性与连续性

12. 教育现代化的最高目的是实现(　　)

A. 教育观念现代化　B. 教育内容现代化

C. 教育管理现代化　D. 人的现代化

13. 新教师更多关注课堂中的细节,专家型教师很少谈论课堂管理问题和自己的教学是否成功。这是反映二者在(　　)方面的差异。

A. 课时计划　B. 教学过程　C. 课后评价　D. 教学策略

14. 教育法律关系产生、变更和消灭的根据是(　　)

A. 法律规范　B. 法律事实　C. 法律权利　D. 法律义务

15. 西方教育史上最早的教育著作是(　　)

A. 柏拉图的《理想国》　B. 昆体良的《论演说家的教育》

C. 亚里士多德的《政治学》　D. 亚里士多德的《论灵魂》

16. "亲人不在身边,老师就是我们的亲人"反映了留守儿童所期待的教师角色是(　　)

A. 父母与朋友　B. 研究者　C. 管理者　D. 授业、解惑者

17. 我国20世纪末教育发展总目标里的"两全"指(　　)

A. 全面普及义务教育,全面扫除青壮年文盲

B. 面向全体学生,促进学生全面发展

C. 全面贯彻党的教育方针,全面提高教育质量

D. 全面推行素质教育,促进学生全面发展

18. 以下不属于"教育万能论"的代表人物的是(　　)

A. 康德　B. 爱尔维修　C. 华生　D. 高尔顿

19. (　　)具有加速个体发展的特殊功能。

A. 家庭教育　B. 遗传素质

C. 个体主观能动性　D. 学校教育

20. 在长期观察总结的基础上,有经验的教师能够根据学生表现出来的细微线索对学生的后续行为做出准确的判断,这突出体现了思维的(　　)

A. 间接性　B. 概括性　C. 整体性　D. 理解性

21. 个体在解决问题的过程中表现为搜集或综合信息与知识,运用逻辑规律缩小解答范围,直至找到唯一正确的解答的认知方式是(　　)

A. 场独立型　B. 沉思型　C. 辐合型　D. 发散型

22. 班级规模会影响课堂管理,以下说法中错误的是(　　)

A. 班级越大,情感纽带的力量越强

B. 班级越大,成员间相互交往的频率越低

C. 班级越大,越容易形成各种非正式小群体

D. 班级越大,成员间个别差异越大

23. 班级平行管理的理论源于(　　)的"平行影响"教育思想。

A. 马卡连柯　　B. 乌申斯基

C. 苏霍姆林斯基　　D. 加里宁

24. 某小学为培养学生的"工匠精神"和动手能力,与企业合作开发"手工陶瓷工艺品制作"课程。从空间上讲,这种课程资源属于(　　)

A. 校内课程资源　　B. 素材性课程资源

C. 校外课程资源　　D. 条件性课程资源

25. 基础教育课程改革的核心理念是(　　)

A. 为了改革教育评价制度　　B. 为了提高教师的教学质量

C. 为了提高学生的学习成绩　　D. 为了每位学生的发展

26. "矮子里挑高个"是一种(　　)

A. 相对性评价　　B. 绝对性评价　　C. 正式评价　　D. 非正式评价

27. 在课程结束时,教师通过分组竞赛的方式进行结课。这属于(　　)

A. 比较结课　　B. 活动结课　　C. 悬念结课　　D. 拓展延伸结课

28. 马克思说过:"再生产科学所必要的劳动时间,同最初生产科学所需要的劳动时间是无法相比的,例如学生在一小时内就能学会二项式定理。"这表明教学活动具有(　　)

A. 简捷性　　B. 间接性　　C. 交往性　　D. 实践性

29. 下列选项中的心理学家与后面的学习理论相匹配的是(　　)

A. 桑代克—顿悟说　　B. 斯金纳—发现学习理论

C. 苛勒—试误说　　D. 奥苏贝尔—有意义言语学习理论

30. 尽管小石同学觉得数学非常没有意思,但是为了能当上数学课代表,他也克服困难,认真学习。根据兴趣的目的性,这种兴趣属于(　　)

A. 间接兴趣　　B. 直接兴趣　　C. 暂时的兴趣　　D. 稳定的兴趣

**二、多项选择题(在下列每题列出的选项中至少有两项是符合题意的,将其选出并把它的标号写在括号内。多选、错选或少选均不得分。本大题共 10 小题,每小题 2 分,共 20 分)**

1. 下列说法中正确的是(　　)

A. 脑是心理的器官　　B. 心理是脑的机能

C. 心理具有主观能动性　　D. 心理反映总是正确的

E. 心理是社会意识的反映



2. 关于瞬时记忆的说法正确的是(　　)

A. 具有鲜明的形象性

B. 信息保持时间极短

C. 记忆容量较大,几乎进入感官的所有信息均可被登记

D. 可保持数天

E. 图像记忆是其主要编码形式

3. 下列教育家与教育思想的匹配中,正确的是(　　)

A. 裴斯泰洛齐——教育应该是自然的,顺应儿童的本性,运用自然的方法,培养自然人

B. 梅伊曼——教学可以按照明了、联合、系统、方法四步进行

C. 夸美纽斯——人人需要教育,一切男女儿童不分富贵贫贱都应该进学校学习

D. 杜威——教育即生活,教育即生长,教育即经验的改组或改造

E. 斯宾塞——科学知识最有价值

4. 下列因素属于学习环境的设置的有(　　)

A. 流通的空气　　B. 适宜的温度

C. 空间范围　　D. 室内布置

E. 明亮的光线

5. 小军是家里的独生女,父母长辈对她都非常溺爱、百依百顺。然而学校的同学并不会像家里的长辈那样迁就她,因此小军在学校里多次和同学发生冲突。班主任知道这一情况后,多次与小军进行单独谈话,并且鼓励小军多参加由学校组织的公益活动和集体活动,对于小军每次取得的进步,班主任都会给予肯定和鼓励。案例中班主任对小军进行德育时使用的方法包括(　　)

A. 说服教育法　　B. 情感陶冶法

C. 实际锻炼法　　D. 品德评价法

E. 榜样示范法

6. 素质教育的任务包括(　　)

A. 培养学生的学习能力　　B. 培养学生的身体素质

C. 培养学生的心理素质　　D. 培养学生的社会素质

E. 培养学生的审美能力

7. 以直观感知为主的教学方法包括(　　)

A. 练习法　　B. 演示法　　C. 参观法　　D. 实践活动法

E. 实习作业法

8. 教师是人类灵魂的工程师,承担着神圣使命,要加强师德师风建设,引导广大教师(　　)

A. 以德立身　　B. 以德立学

C. 以德立威　　D. 以德施教

E. 以德评教

9. 在教育目的的价值取向上持个人本位论的学者有(　　)

A. 卢梭　　B. 康德　　C. 福禄贝尔　　D. 裴斯泰洛齐

E. 孔德

10. 下列行为侵犯学生人格尊严权利的有(　　)

A. 讽刺学生　　B. 谩骂学生

C. 批评教育学生　　D. 不给学生解释的机会

E. 威胁学生

**三、判断题(判断下列各题的正误,并在题后括号内打"√"或"×"。本大题共 10 小题,每小题 1 分,共 10 分)**

1. 赫尔巴特等人将儿童的发展看作是一种自然过程,主张教师不要过多干预儿童的发展。(　　)
2. 个体身心发展具有阶段性,因此教育要抓住关键期。(　　)
3. 刺激泛化和刺激分化是互补的过程。(　　)
4. 在观察记录方法中,比日记描述法在内容上更全面,在时间上更长久,在记录上更详细的记录方法是轶事记录法。(　　)
5. 分科课程的主导价值在于使学生获得关于现实世界的直接经验和真切体验。(　　)
6. 发展性功能是德育个体性功能的最高境界。(　　)
7. 小学阶段,随着年龄的增长,儿童的意义识记能力逐渐发展,机械识记能力逐渐减弱。(　　)
8. 赵老师为了调动学生的学习兴趣,让每次单元测验成绩最高的学生轮流当课代表。这种做法激发的是学生的内部学习动机。(　　)
9. 班主任做好个别教育工作是指要做好先进生的教育工作和后进生的教育工作。(　　)
10. 布卢姆发起了课程改革运动,自此,美国教育心理学逐渐重视探讨教育过程和学生心理,重视教材、教法和教学手段的改进。(　　)

**四、辨析题(判断正误并简要说明理由。本大题共 5 小题,每小题 4 分,共20 分)**

1. 教师取得资格证书意味着教师已经达到了专业化水平。

2. 教育对受教育者和社会的发展产生的都是正向功能。



3. 德育过程就是学生思想品德形成过程。

4. 教育测验中有信度就一定有效度。

5. 习得性无力感与人们对失败的归因无关。

**五、简答题(本大题共 4 小题,每小题 5 分,共 20 分)**

1. 班主任如何建设培养班集体?

2. 简述陶行知"生活教育"观点的主要内容。

3. 简述布鲁纳的认知—发现学习理论。

4. 简述情绪情感与认识过程的关系。

六、论述题(本大题共 2 小题,每小题 10 分,共 20 分)

1. 有人说要蹲下身子做教育,只有"蹲下"才能与学生的视线保持同一水平,以同一视野去看世界。请你说说"蹲下教育"的含义,并结合相关专业知识与实际情况,说说你认为在教学工作中如何贯彻这一理念。

2. 试述性格与气质的关系。



七、案例分析题(本大题共 15 分)

刘老师发现小月同学有些自卑,便决定召开一次主题班会活动,帮助同学们克服自卑心理。在班会上,刘老师让每个人在自己的背后贴一张纸,由其他同学在纸上写出他的优点。小月看到自己的纸条上写着"帮助班级浇花""帮助同学答疑"……她才发现原来自己也是有很多优点的。后来小月的自卑心理渐渐改善了,学习的积极性也提高了。

请从学生观的角度评价刘老师的教学行为。

# 教师招聘考试教育理论基础押题试卷(十八)

**(满分 100 分　时间 120 分钟)**

本套试卷共 70 小题,包括单项选择题(40 小题),多项选择题(10 小题),案例分析题(20 小题)。

## 一、单项选择题(在下列每题四个选项中只有一个是符合题意的,将其选出并把它的标号写在括号内。错选、多选或未选均不得分。本大题共 40 小题,每小题 1 分,共 40 分)

1. 人们以词汇为中介,进行判断和推理的思维类型是(　　)

A. 直观动作思维　　B. 具体形象思维

C. 抽象逻辑思维　　D. 直觉思维

2. 下列不属于反射活动的是(　　)

A. 草履虫的趋利避害反应　　B. 人的手被火烫便立即移开

C. 望梅生津　　D. 学生听到铃声进教室上课

3. 闭卷考试时,学生在头脑中呈现问答题答案的心理活动属于(　　)

A. 识记　　B. 保持　　C. 再认　　D. 回忆

4. 学习困难综合征的表现不包括(　　)

A. 计算困难　　B. 突然喊叫

C. 诵读困难　　D. 缺少某种学习技能

5. “教学如果没有进行道德教育,只是一种没有目的的手段。”这句话体现了德育的(　　)

A. 社会性功能　　B. 个体性功能　　C. 教育性功能　　D. 文化功能

6. 青年自觉地按照一定的行动目标和社会准则来评价自己的心理品质和能力叫作(　　)

A. 心理自我　　B. 生理自我　　C. 社会自我　　D. 自我意识

7. 下列选项中属于情绪而不属于情感的是(　　)

A. 对艺术作品的欣赏　　B. 对祖国的热爱

C. 助人为乐的幸福感　　D. 高考被录取带来的喜悦

8. 班级成员在服从班集体的正确决定和承担责任的前提下参与班级全程管理,如采用班干部轮换制度、定期评议制度等。这种班级管理模式属于(　　)

A. 民主管理　　B. 平行管理　　C. 目标管理　　D. 常规管理

9. 课堂提问是指在课堂教学中,教师试图引出学生言语反应的任何信号。教师在课堂提问中应坚持的原则是(　　)

A. 提问次数越多越好　　B. 要直接深入问题实质

C. 学生回答错误要严厉批评　　D. 将大问题分解成为具体小问题



10. 人们希望得到较稳定的职位、愿意参加各种保险等,都表现了人们的(　　)

A. 生理需要　　B. 安全需要

C. 归属与爱的需要　　D. 自我实现的需要

11. 教师在板书时,用红色粉笔标注教学重点内容,以引起学生关注。这体现了知觉的(　　)

A. 理解性　　B. 恒常性　　C. 整体性　　D. 选择性

12. 教育是年青一代成长和社会延续与发展不可缺少的条件,为一切社会所必需,与人类社会共始终。从这个意义上来说,教育具有(　　)

A. 生产性　　B. 阶级性　　C. 历史性　　D. 永恒性

13. 当学生嘲笑张老师个子矮小时,张老师以一句“浓缩就是精华”化解了当时的尴尬。这种情绪调节的方法称为(　　)

A. 升华　　B. 补偿　　C. 幽默　　D. 宣泄

14. 认为人与环境是一个互动体,人既能对刺激做出反应,也能主动地解释并作用于情境的模式是(　　)

A. 体谅模式　　B. 价值澄清模式

C. 社会模仿模式　　D. 认知模式

15. 在对待师生关系方面,新课程中教师的教学行为强调(　　)

A. 合作　　B. 反思　　C. 帮助、引导　　D. 尊重、赞赏

16. 教师讲新知识之前都要先复习以前学过的知识,并通过找到旧知识与新知识的联系来帮助学生记忆新知识。这种记忆属于(　　)

A. 机械识记　　B. 无意识记　　C. 意义识记　　D. 被动识记

17. 某位教师在了解和研究学生时借助学生的成绩表、作业、日记等书面材料,该方法属于(　　)

A. 书面材料分析法　　B. 调查法

C. 观察法　　D. 谈话法

18. 电影《致青春》中小商店的店主丢失了商品,怀疑是刚刚买东西的学生小北偷走的,对其进行了搜身,店主的这种行为(　　)

A. 正确,维护了自身的财产权　　B. 错误,侵犯了小北的人格尊严权

C. 错误,侵犯了小北的人身自由权　　D. 错误,侵犯了小北的生命健康权

19. 王老师上音乐课讲到《义勇军进行曲》时,结合当时的创作背景,高度赞扬了创作者的爱国主义精神,使同学们受到了极大的感染,王老师的教学体现了(　　)教学原则。

A. 直观性　　B. 启发性

C. 科学性与思想性相统一　　D. 因材施教

20. 课外教育活动有利于发展学生智力,培养学生各种能力,它与课堂教学的共同之处在于它们都是(　　)

A. 师生共同参与的　　B. 学生自愿参加的

C. 有目的、有计划、有组织的　　D. 受教学计划、教学大纲规范的

21. 教师职业道德修养的基本原则不包括(　　)

A. 确立可行目标,坚持不懈努力　　B. 坚持知与行的统一

C. 坚持动机和效果的统一　　D. 坚持继承和创新相结合

22. 关于科学技术对教育的作用,以下表述不正确的是(　　)

A. 科学技术是制定教育战略和教育目标的思想基础

B. 科学技术能改变教育者的观念

C. 科学技术能够影响受教育者的数量和教育质量

D. 科学技术可以渗透到教育活动的所有环节,为教育技术的更新和发展提供思想基础和技术条件

23. 首次提出终身教育理论的现代教育家是(　　)

A. 瓦·根舍因　　B. 赞科夫　　C. 布鲁纳　　D. 保罗·朗格朗

24. 根据评价所依据的不同标准与解释方法,可以将教学评价分为(　　)

A. 正式评价与非正式评价

B. 内部评价与外部评价

C. 常模参照性评价与标准参照评价

D. 形成性评价与诊断性评价

25. 由学生自己来提出问题、设计方案、实施并得出结论的课程,属于(　　)

A. 实践型课程　　B. 研究型课程

C. 拓展型课程　　D. 知识型课程

26. 废除班级授课制,把各科教学内容制成分学期、分月、分周的作业大纲,规定每学期、每月、每周应完成的各项作业及其进度,由学生根据各科作业大纲自行学习,自行记载成绩表,教师在作业室担任指导者的教学组织方式是(　　)

A. 设计教学法　　B. 道尔顿制　　C. 特朗普制　　D. 文纳特卡制

27. 建立民主、平等、和谐的师生关系,关键在(　　)

A. 家长　　B. 校长　　C. 学生　　D. 教师

28. 马克思主义教育学在教育起源问题上坚持(　　)

A. 劳动起源说　　B. 生物起源说

C. 心理起源说　　D. 生物进化说

29. 在人类教育史上首次提出"教育遵循自然"学说的教育思想家是古希腊的(　　)

A. 亚里士多德　　B. 柏拉图　　C. 苏格拉底　　D. 孟德斯鸠

30. "己欲立而立人,己欲达而达人。"这句话告诉教师,对待同事和学生要做到(　　)

A. 相互尊重与体谅　　B. 相互交流与沟通

C. 相互竞争与合作　　D. 相互团结与合作

31. 各类研究中唯一能确定因果关系的研究方法是(　　)

A. 观察研究法　　B. 行动研究法

C. 实验研究法　　D. 个案研究法



32. 杜威的教育理论提出,(　　)在它自身以外没有目的,它就是它自己的目的。

A. 教育过程　　B. 教育目标　　C. 教育设计　　D. 教育设想

33. 某位刚参加工作的年轻女教师比较时尚,喜欢穿吊带衫,佩戴夸张的耳环、项链等饰物,还染指甲和头发。校长找她沟通,提醒她违反了(　　)的职业道德规范,并希望她今后在学校要衣着得体。

A. 爱岗敬业　　B. 关爱学生　　C. 教书育人　　D. 为人师表

34. 教师的教育学、心理学知识属于(　　)

A. 条件性知识　　B. 本体性知识

C. 一般文化知识　　D. 实践性知识

35. 按课程资源的功能特点,可以将课程资源分为(　　)

A. 素材性课程资源和条件性课程资源

B. 校内课程资源和校外课程资源

C. 物质形态的课程资源和精神形态的课程资源

D. 可预设的课程资源和不可预设的课程资源

36. (　　)第一次明确规定以学龄儿童和青少年身心发展规律作为划分学校教育阶段的依据。

A. 壬戌学制　　B. 癸卯学制　　C. 壬寅学制　　D. 壬子癸丑学制

37. 在当前班级管理实践中,除了"教学中心"的领导方式外,(　　)的领导方式班主任运用得也比较多。

A. "集体中心"　　B. "学生中心"　　C. "德育中心"　　D. "教师中心"

38. 最常见的、几乎适用于所有学科的板书形式是(　　)

A. 语词式板书　　B. 表格式板书　　C. 纲要式板书　　D. 线索式板书

39. 对一切教育活动都有指导意义的是(　　)

A. 教育制度　　B. 教育内容　　C. 教育方法　　D. 教育目的

40. 学生主观能动性最基本的表现是(　　)

A. 独立性　　B. 自发性　　C. 创造性　　D. 自觉性

**二、多项选择题(在下列每题列出的选项中至少有两项是符合题意的,将其选出并把它的标号写在括号内。多选、错选或少选均不得分。本大题共10小题,每小题2分,共20分)**

1. 下列关于学生的表述,正确的有(　　)

A. 学生具有独特性　　B. 学生具有可塑性

C. 学生是以学习为主要任务的人　　D. 学生对教育所施加的影响是无条件接受的

2. 教学评价的基本内容主要包括(　　)

A. 学生学业评价　　B. 课堂教学评价

C. 教师评价　　D. 总结性评价

3. 在复述过程中经常使用到的学习策略有(　　)

A. 及时复习　　B. 集中复习和分散复习相结合

C. 多种形式的复习相结合　　D. 多种感官协同记忆

4. 下列选项中,属于幻想的有(　　)

A. 有个小学生将来想成为科学家

B. 庄周梦蝶

C. 夜晚注视天空中的星星久了,觉得星星在动

D. 守株待兔

5. 于老师经常体罚学生,动不动就罚学生去操场跑10圈,经校领导多次教育后仍不改正,虽尚未对学生的身体造成严重伤害,但引起了很多学生及家长的不满,并且对学校声誉也造成了不良影响。根据《中华人民共和国教师法》的规定,于老师所任职的学校有权(　　)

A. 追究于老师的刑事责任　　B. 对于老师作出行政处分

C. 解聘于老师　　D. 对于老师处以高额罚款

6. 我国学校课程文本的具体表现形式有(　　)

A. 教学进度计划　　B. 课程标准　　C. 教材　　D. 课程计划

7. 在西方封建社会,教会学校的目的是培养教士和僧侣,课程内容是简单的"七艺"。随着社会生产力的发展,资本主义教育目的在于巩固和维护资产阶级的统治及利益,课程内容注入了科学知识,增加了很多新的学科。这表明生产力水平(　　)

A. 影响教育目的的确定　　B. 制约课程设置和教学内容的选择

C. 决定教育的规模和速度　　D. 制约学校结构

8. 教师职业角色的多样化是教师职业的一个最大特点。一般来说,教师所扮演的职业角色包括(　　)

A. 授业、解惑者角色　　B. 朋友角色

C. 研究者角色　　D. 示范者角色

9. 组成人的"智力"的成分有(　　)

A. 注意力　　B. 观察力　　C. 记忆力　　D. 思维力

10. 教师心理健康的标准包括(　　)

A. 能积极地悦纳自我　　B. 有良好的教育认知水平

C. 热爱教师职业,积极地爱学生　　D. 具有稳定而积极的教育心境

**三、案例分析题(在下列每题列出的选项中至少有一个选项是正确的,错选、多选、少选均不得分。本大题共20小题,每小题2分,共40分)**

根据下面资料,作答1~5题。

随着社会的飞速发展和二胎时代的到来,家长"望女成凤""望子成龙"的希望没有丝毫的减退。家长们都不希望自己的子女输在起跑线上,在幼儿园阶段就已经纷纷攀比起来,尤其是部分家长的"神童"情结泛滥。他们给孩子报了大量的补习班,导致这些孩子在掌握了大量的知识的同时也出现了一些问题,比如自理能力差、贪玩、人际交往能力欠缺,甚至出现自杀等悲剧。这一现象引起了家长、教师以及学校的反思。

1. 家长不顾孩子成长的规律,盲目追求所谓的"神童",违背了人的身心发展的(　　)

A. 顺序性　　B. 互补性　　C. 阶段性　　D. 个别差异性

2. 家长们追求"神童"模式的培养,只注重知识的学习而忽略了学生情感、社会性等多方面的发展。这种做法违背的理论是(　　)

A. 行为主义学习理论　　B. 认知主义学习理论

C. 人本主义学习理论　　D. 建构主义学习理论

3. 在"神童"模式的培养下曾发生过一个13岁的学生自杀的悲剧。13岁正值青少年发展的黄金时期,这一时期会出现各种各样的危机,这个时期又被称为(　　)

A. 危险期　　B. 关键期　　C. 心理断乳期　　D. 依恋期

4. 案例中"家长们给孩子报大量的补习班"的做法,忽视了孩子的(　　)

A. 智力差异　　B. 人格差异　　C. 性别差异　　D. 兴趣差异

5. 根据上述案例,教师在实际教学中应该(　　)

A. 把握教育的"度",既要给予学生无限的关怀又要严格要求

B. 密切关注学生的心理健康状态,对有心理问题的学生及时疏导

C. 对于叛逆学生的不良行为应严厉批评教育

D. 家校合作,帮助家长树立正确的成才观

根据下面资料,作答6~8题。

有一位社会学家认为:"教育就是一种使年轻一代系统地社会化的过程。我们可以说,在我们每个人身上都存在着两种不可分割的(除了科学抽象的需要之外)但又是不同的特性。一种是那些只适合于我们自身以及我们个人生活中的事件的所有精神状态,这可以被称作个体特性。另一种是由各种观念、情操和习俗构成的一套体系,由于它们存在于我们之中,存在于由我们组成的某个团体或各种不同的团体之中,因而并不是我们的个性。它们是各种宗教信条、道德信条和习俗、民族传统和职业传统以及集体的观念。它们的总和就构成了某种社会特性。教育目的就是在我们每个人身上造就这种社会特性。"

6. 该社会学家的教育目的的价值取向是(　　)

A. 社会本位论　　B. 个人本位论

C. 无目的论　　D. 生活本位论

7. 持这种教育目的的价值取向的代表人物有(　　)

A. 卢梭　　B. 福禄贝尔　　C. 涂尔干　　D. 裴斯泰洛齐

8. 这种教育目的的价值取向的主要观点有(　　)

A. 个人的一切发展都依赖于社会　　B. 个人价值高于社会价值

C. 社会价值高于个人价值　　D. 教育目的是根据个人发展需要制定的

根据下面资料,作答9~12题。

田老师走进教室后,发现地上有一些碎纸片。

"是哪个同学撕的废纸?"

老师一问,同学们的目光不约而同地集中在于成的身上。

"老师,是于成撕的。"

“不是我!”

教室里一下子热闹起来,你一言,我一语,吵得不可开交。田老师看在眼里,什么都明白了。这时田老师完全可以通过几个同学的证明把于成拉出来,当着全班同学的面狠狠地批评一顿,说他不能自觉保护环境,为班级丢分,使我们这个“优秀班级”荣誉受损。但田老师平静地把目光投向全班同学,说:“谁扔的纸片并不重要,重要的是大家都要自觉地保持班级的环境卫生,哪一个同学愿意把纸片捡干净?”田老师话音刚落,几乎全班同学都把手举了起来。田老师又说:“大家这么爱集体,关心班级,老师很感动,你们愿意做好事的精神真值得老师学习。这么多同学举手,该让谁来做呢?”这时于成连忙站起来大声说:“老师,让我去捡吧!”田老师笑着对他点点头说:“好!”。他马上把地上的纸片捡得干干净净。田老师用赞许的目光看着于成,说:“于成为了班级的环境卫生,不怕脏,一个人把纸片捡干净,为班级做了好事,给大家作出了榜样。我们每个人都要养成自觉保持卫生的好习惯。”

课后,于成来到田老师身边,低着头说:“老师,纸片是我扔的,以后我再也不随地乱扔东西了。”田老师轻轻地抚摸着他的头,脸上露出了欣慰的笑容。

9. 案例中,田老师的行为蕴含的德育包括(　　)

A. 政治教育　　B. 爱国教育　　C. 理想教育　　D. 劳动教育

10. 田老师的教育方法是(　　)

A. 品德评价法　　B. 榜样示范法

C. 实验法　　D. 品德修养指导法

11. 案例中,田老师的教育方法体现的教育原则有(　　)

A. 促进自我教育的积极性　　B. 尊重信任学生

C. 严格要求学生　　D. 循序渐进

12. 使包括差生在内的全部学生都得到一般发展的教学原则的提出者是(　　)

A. 赫尔巴特　　B. 布卢姆　　C. 赞科夫　　D. 凯洛夫

根据下面资料,作答13~16题。

学生李明的最大特点就是上课不认真听讲,并且讨厌学习。其实在刚入学的时候,李明的学习成绩还不错,在年级中的排名也比较靠前。但在升入高年级后的第一次期中考试中,他的成绩变成了班里的第30名,从此,李明便丧失了自信心,上课不认真听讲,作业也完成得马马虎虎,学习效率低下,学习成绩也一落千丈。此后,每次考试他都抱有侥幸心理,希望能够靠运气过关。在某次期末考试中他考得不理想,便认为这是因为自己的运气太差了。

13. 案例中李明的归因是(　　)

A. 外部、不可控的　　B. 外部、可控的

C. 内部、不可控的　　D. 内部、可控的

14. 案例中,李明的学习动机水平(　　)

A. 较低　　B. 中等　　C. 较高　　D. 非常高

15. 学生的学习效率与动机水平之间的关系为(　　)

A. 线性关系　　B. U型关系　　C. 倒U型关系　　D. 平行关系



16. 假设为了让李明提高学习成绩,李明父母答应如果李明下次考试能考好,就给他买苹果手机,于是李明开始认真上课,刻苦学习,终于在接下来的考试中取得了较大的进步。从学习动机的角度来看,李明的这种学习动机属于(　　)

A. 直接的近景性动机　　B. 直接的远景性动机

C. 间接的远景性动机　　D. 间接的近景性动机

根据下面资料,作答17~20题。

张老师和赵老师是某小学四年级二班的英语老师和数学老师,星期二上午第一节课是英语课,内容是分析试卷。讲课前,张老师强调:“现在分数还没登记(老师的策略,使扣分成为可能,对学生具有压力),不许有声,谁有声音就在原来的分数上扣10分。”张老师在讲解填空题的过程中,突然问正在东张西望的吴小生:“吴小生,你多少分?”答:“69分。”张老师问:“谁有红笔?我用一下!”同学们踊跃贡献红笔。张老师拿过一支红笔走到吴小生身边,把吴小生的分数改成59分,并说:“你不及格了!”

第二节是数学课。在上课过程中,赵老师坐在前边批改作业,让学生独自做练习题,但学生总是乱哄哄的,安静不下来。赵老师不停地讲“静一下,静一下”,但学生们的声音依然如故,对老师的警告不予理睬,赵老师又批改了一会儿作业,抬起头说:“我现在数10个数,看谁还出声音。”赵老师数到“2”时,教室里已经基本没有声音了,数到“10”时,教室里早已安静了。

17. 上述案例中,面对调皮的学生,张老师和赵老师采取的相似做法是(　　)

A. 采取变相惩罚的措施　　B. 用有效手段纠正学生行为

C. 针对学生特点约束行为　　D. 利用教师权威约束学生行为

18. 你是否赞同两位老师的做法,原因是什么(　　)

A. 赞同,因为他们都有效控制了课堂局面

B. 不赞同,因为他们都忽视良好师生关系的重要作用

C. 赞同,因为他们都解决了学生在课堂上的问题

D. 不赞同,因为他们的做法不利于学生健康成长

19. 假如你是四年级二班的班主任,学生吴小生向你抱怨张老师的做法,你会对他说(　　)

A. 你违反课堂纪律,应该接受更严厉的惩罚

B. 张老师做得好,我也会这样做

C. 张老师的做法有些激进,我会适时与他协调

D. 你违反纪律在先,应反思自己的做法

20. 综合上述案例,你认为营造良好课堂教学气氛的关键是(　　)

A. 具体明确的教学目标　　B. 教师主导的师生关系

C. 明确合理的班级制度　　D. 丰富多样的教育方法

# 教师招聘考试教育理论基础押题试卷(十九)

**(满分100分　时间120分钟)**

本套试卷共41小题,包括单项选择题(20小题),多项选择题(10小题),辨析题(5小题),简答题(4小题),论述题(1小题),案例分析题(1小题)。

**一、单项选择题(在下列每题四个选项中只有一个是符合题意的,将其选出并把它的标号写在括号内。错选、多选或未选均不得分。本大题共20小题,每小题1分,共20分)**

1. 关于教学与智育的关系,说法不正确的是(　　)

A. 教学是实施智育的一条主要途径　　B. 智育是教学活动所要达到的目的之一

C. 教学包含了所有的智育活动　　D. 教学和智育既有所联系,也有所区别

2. 个体的发展总是从无意注意到有意注意,从机械记忆到意义记忆。这体现了个体身心发展的(　　)

A. 阶段性　　B. 顺序性　　C. 不平衡性　　D. 个别差异性

3. 教师职业的最大特点在于职业角色的(　　)

A. 多样化　　B. 专业化　　C. 单一化　　D. 崇高化

4. 据《论语》记载,樊迟请学稼。子曰:“吾不如老农。”请学为圃。曰:“吾不如老圃。”樊迟出。子曰:“小人哉,樊须也!上好礼,则民莫敢不敬;上好义,则民莫敢不服;上好信,则民莫敢不用情。夫如是,则四方之民襁负其子而至矣,焉用稼?”这体现了古代社会教育(　　)的特征。

A. 与生产劳动相脱离　　B. 阶级性

C. 生产性　　D. 独立性

5. 在学校,通过课程展示学校的办学宗旨和特色的课程是(　　)

A. 国家课程　　B. 地方课程　　C. 校本课程　　D. 综合课程

6. 欧洲奴隶社会中,斯巴达教育特别重视(　　)

A. 文化知识教育　　B. 艺术教育

C. 读、写、算教育　　D. 军事体育训练

7. 黄老师在教授学生认识卵生动物时,首先让学生认识鸵鸟、乌龟等常见的卵生动物,让学生总结这些动物繁殖的共同特点后,再认识卵生动物。这种学习属于(　　)

A. 并列结合学习　　B. 比较学习

C. 下位学习　　D. 上位学习

8. 有些残疾人通过惊人的努力而变成世界著名的运动员;有些口吃者可成功地变成一位说话流利的演说家。这属于(　　)防御机制。

A. 抵消　　B. 移置　　C. 反向形成　　D. 过度代偿

9. 在实际工作中,新手教师即使完全模仿专家教师的教学策略,也很难达到同样理想的效果,这说明教学策略具有(　　)

A. 整体综合性　　B. 操作性　　C. 灵活性　　D. 层次性

10. 初中阶段的学生最容易发生冲突的对象是(　　)

A. 家长　　B. 老师　　C. 同学　　D. 兄弟姐妹

11. 一张红纸,一半有阳光直射,一半没有,颜色的明度、饱和度大不相同,但我们仍知觉为一张红纸。这是由于知觉具有(　　)

A. 整体性　　B. 选择性　　C. 恒常性　　D. 理解性

12. 教师根据教学任务的要求,组织学生到工厂、农村、展览馆、大自然和其他社会场地参观。这种通过对实际事物和现象的观察和研究而获得知识的方法属于(　　)

A. 以实际训练为主的教学方法　　B. 以引导探究为主的教学方法

C. 以直观感知为主的教学方法　　D. 以语言传递为主的教学方法

13. 艾利斯的ABC理论中的“C”指的是(　　)

A. 个体遇到的主要事实、行为、事件　　B. 获得正向的情绪结果

C. 事件造成的情绪结果　　D. 个体对A的信念、观点

14. 教育心理学的发展历程大致经历了四个时期,每个时期都有一些心理学家提出了一些主张。下列关于这些主张的表述不正确的是(　　)

A. 裴斯泰洛齐第一次提出“教育教学的心理学化”思想

B. 最早正式以“教育心理学”命名的著作是乌申斯基所写的《教育心理学》一书

C. 我国第一本教育心理学著作是房东岳翻译自日本小原又一著的《教育实用心理学》

D. 罗杰斯提出了“以学生为中心”的教育主张

15. 人格的(　　)是心理健康的重要指标。

A. 独特性　　B. 整合性　　C. 稳定性　　D. 功能性

16. 老师上课时会说“做人要诚实,不能撒谎”,而家长们有时会说“善意的谎言也是可以的”。这种现象违背了德育的(　　)

A. 长善救失原则　　B. 教育影响的一致性和连贯性原则

C. 导向性原则　　D. 正面教育与纪律约束相结合的原则

17. 一个好的研究课题所具有的特点不包括(　　)

A. 有价值　　B. 新颖　　C. 有可行性　　D. 宽泛

18. 通过外部因素对学习行为予以强化属于(　　),如奖励与惩罚便是学习中常用的两种强化形式。

A. 直接强化　　B. 替代强化　　C. 自我强化　　D. 他人强化

19. 在西方历史上,最早论述心理现象的专著是(　　)

A. 柏拉图的《理想国》　　B. 亚里士多德的《论灵魂》

C. 冯特的《生理心理学原理》　　D. 弗洛伊德的《精神分析引论》

20. 家庭教育是学校教育的(　　),有不可替代的教育作用。

A. 延伸和扩展　　B. 基础和补充

C. 延续和补充　　D. 基础和延续

**二、多项选择题(在下列每题列出的选项中至少有两项是符合题意的,将其选出并把它的标号写在括号内。多选、错选或少选均不得分。本大题共 10 小题,每小题 2 分,共 20 分)**

1. 教师职业道德的特点有(　　)

A. 适用的针对性　B. 要求的双重性　C. 内容的全面性　D. 行为的典范性

2. 教学过程中要求教师遵循的基本规律包括(　　)

A. 直接经验与间接经验相统一的规律

B. 掌握知识与发展智力相统一的规律

C. 教师的主导作用与学生的主体作用相统一的规律

D. 传授知识与思想教育相统一的规律

3. 校本课程开发的理念有(　　)

A. 以专家为主体　B. 决策分享　C. 学生为本　D. 全员参与

4. 以下不属于德育过程的主要矛盾的是(　　)

A. 教育者与德育内容、方法的矛盾

B. 无产阶级思想和非无产阶级思想的矛盾

C. 学生知的深与知的浅的矛盾

D. 教育者提出的德育要求与学生已有品德水平的矛盾

5. 某班级按学校要求开展以"社区存在的问题"为主题的实践活动。调研之前,学生自由组成调查小组,设计调查问卷。进入社区之后,学生很难发现社区存在的问题,教师知道后,提议学生上网查阅资料。之后,每个学生依据自己的兴趣爱好,制定调查方案,再次深入社区,找到了社区存在的问题并撰写了调查报告。从综合实践活动的角度分析,该材料说明了(　　)

A. 综合实践活动以发展学生实践能力、增强社会责任感为主旨

B. 综合实践活动是一门分科课程

C. 综合实践活动尊重每个学生的特殊要求

D. 综合实践活动注重学生经验的获得

6. 知识的保持是知识学习的重要环节,下列做法有利于头脑更好地保持知识的是(　　)

A. 间隔一段时间重复识记知识　　B. 运用记忆术帮助识记

C. 适当过度学习　　D. 对记忆材料进行深加工



7. 根据《中华人民共和国教育法》的规定,教育对外交流与合作应坚持的原则是(　　)

A. 相互尊重　B. 求同存异　C. 独立自主　D. 平等互利

8. 以下属于多元智力理论观点的是(　　)

A. 只要给予良好的环境和机会,学生都能把某一项学习发展到满意水平

B. 学生学习的差异性是由于智力的不同组合决定的

C. 具有数学智力可能体现在直觉速算上,也可能体现在逻辑思维上

D. 测智商可以确定一个人的智力水平

9. 教学反思的方法包括(　　)

A. 交流讨论　B. 详细描述　C. 行动研究　D. 反思日记

10. 掌握学习策略对学生的发展与成长至关重要,学习策略的特点有(　　)

A. 主动性　B. 有效性　C. 过程性　D. 可控性

**三、辨析题(判断正误并简要说明理由。本大题共 5 小题,每小题 4 分,共20 分)**

1. 课程即学校开设的全部学科的总和。

2. 环境对个体发展的影响总是积极的。

3. 小明上课随意说话,班主任让他到教室外罚站。小明找到校长,说班主任侵犯了其受教育权。

4. 班级就是班集体,二者是相同的。

5. 负强化作为一种温和的惩罚形式，是教师给予学生的负性关注，其作用是使负性行为得以增加。

四、简答题(本大题共4小题，每小题5分，共20分)

1. 如何提高小学生的情绪调节能力？

2. 简述教学工作的意义。

3. 简述最近发展区的概念及其在教学中的意义。



4. 简述教师在德育中贯彻疏导原则的基本要求。

五、论述题(本大题共10分)

全面发展教育是对含有各方面的素质培养功能的整体教育的一种概括，是对为使受教育者多方面得到发展而实施的多种素质培养的教育活动的总称。试论述我国全面发展教育的内容。

六、案例分析题(本大题共10分)

小李以优异的成绩应聘为某中学特岗教师，她一到岗就认真备课、讲课，勤奋学习，刻苦钻研，不断提高自己的教学技能，因此教学效果好，她的课很受学生欢迎。但是，小李不能容忍学生不认真听讲，对个别不认真听课的学生，她经常采取罚站、不许进教室听课等方式惩罚他们。

请从教育法规和教师职业道德角度对李老师的做法进行分析评价。

# 教师招聘考试教育理论基础押题试卷(二十)

**(满分 100 分　时间 120 分钟)**

本套试卷共 38 小题,包括单项选择题(20 小题),多项选择题(10 小题),简答题(4 小题),论述题(2 小题),案例分析题(2 小题)。

**一、单项选择题(在下列每题四个选项中只有一个是符合题意的,将其选出并把它的标号写在括号内。错选、多选或未选均不得分。本大题共 20 小题,每小题 1 分,共 20 分)**

1. 每一个民族都有自己的教育传统,不随时代变迁而消失。这说明教育具有(　　)

A. 继承性　　B. 历史性　　C. 长期性　　D. 永恒性

2. 下列不属于"骑士七技"的是(　　)

A. 骑马　　B. 投枪　　C. 音乐　　D. 吟诗

3. 班主任以教育目的为指导思想,以"学生守则"为基本依据,对学生一个学期内的学习、劳动、生活、品行等方面进行小结与评价。班主任的这项工作是(　　)

A. 建立学生档案　　B. 班主任工作总结

C. 班主任工作计划　　D. 操行评定

4. 贯穿教育研究整个过程的是(　　)

A. 文献检索　　B. 收集资料　　C. 分析资料　　D. 选定课题

5. 学校课外活动的主体部分是(　　)

A. 社会活动　　B. 科技活动

C. 文学艺术活动　　D. 学科活动

6. 教师专业发展的不竭动力是(　　)

A. 爱岗敬业　　B. 教书育人　　C. 关爱学生　　D. 终身学习

7. "教师中心论"的代表人物是(　　)

A. 赫尔巴特　　B. 杜威　　C. 卢梭　　D. 罗杰斯

8. "授人以鱼仅供一饭之需,授人以渔则终身受用无穷。"这句话说明教学中应重视(　　)

A. 知识的传授　　B. 发展学生的能力

C. 培养学生积极的心理品质　　D. 培养学生良好的思想品德

9. 从教育系统运行的空间特性来看,可以将教育形态划分为(　　)

A. 古代教育、近代教育和现代教育

B. 农业社会的教育、工业社会的教育与信息社会的教育

C. 非制度化教育和制度化教育

D. 家庭教育、学校教育和社会教育

10. 把大班上课、小班讨论和个人自学三种教学形式结合起来的教学组织形式是(　　)

A. 特朗普制　　B. 复式教学

C. 贝尔—兰喀斯特制　　D. 道尔顿制

11. 科学心理学的正式诞生,一般公认为始于(　　)

A. 华生的实验工作　　B. 冯特的实验工作

C. 罗杰斯的实验工作　　D. 弗洛伊德的实验工作

12. 学生努力攻克难题后产生自豪感。这种体验是(　　)

A. 应激　　B. 美感　　C. 道德感　　D. 理智感

13. 某学生怕猫,先和他谈论猫,给他看猫的图片,再让他远看关着或者拴着的猫,最后让他接近猫,摸猫甚至抱起猫。这一影响学生行为改变的方法称为(　　)

A. 系统脱敏法　　B. 自我控制法

C. 肯定性训练　　D. 示范法

14. 在儿童心理发展中,后一阶段的发展总是在前一阶段的基础上发生的,而且又萌发着下一阶段的新特征,这表现出心理发展具有(　　)

A. 不平衡性　　B. 个体差异性

C. 连续性　　D. 方向性

15. 张老师编制了一份算数试卷对小学生进行考查,由于卷中出现了一些生字而影响了学生的数学考试成绩。这说明这份试卷的(　　)

A. 实用性差　　B. 可信度低

C. 有效性差　　D. 区分度低

16. 学过电子琴的人,再学习弹钢琴就会比较容易。这种迁移类型是(　　)

A. 水平迁移　　B. 垂直迁移　　C. 逆向迁移　　D. 负迁移

17. 课堂中从众现象的发生,一般认为是(　　)的结果。

A. 群体凝聚力　　B. 群体规范

C. 课堂气氛　　D. 课堂里的人际交往与人际关系

18. 张老师这段时间对工作失去了热情,觉得工作没意思,同时总是感觉很疲劳,工作效率不高。他目前的状态属于职业倦怠中(　　)方面的表现。

A. 去人性化　　B. 个人成就感低

C. 情绪耗竭　　D. 缺乏工作动机

19. 下列关于气质类型的说法,错误的是(　　)

A. 一个人的气质类型在一生中是比较稳定的

B. 气质类型不能决定一个人成就的高低

C. 胆汁质的人容易形成善于克制自己情绪的性格特征

D. 多血质的人难以形成耐心细致的性格特征

20. 我国《教师法》将教师身份界定为(　　)

A. 准公务员　　B. 专业人员　　C. 知识分子　　D. 国家干部

## 二、多项选择题(在下列每题列出的选项中至少有两项是符合题意的,将其选出并把它的标号写在括号内。多选、错选或少选均不得分。本大题共 10 小题,每小题 2 分,共 20 分)

1. 个体身心发展的差异性是指由于人的发展的主客观条件不一样,即遗传、环境、教育和自身主观能动性的不同,在身心发展上存在着个别差异。下列选项中属于利用个体身心发展的差异性特点的有效措施有(　　)

A. 因材施教　　B. 弹性教学制度

C. 启发性教学　　D. 组织兴趣小组

2. 教师需要掌握的学科专业知识包括(　　)

A. 所教学科的基础知识和基本技能

B. 该学科的基本理论和学科体系

C. 该学科的发展脉络

D. 该学科领域的思维方式和方法论

3. 人的教育活动与动物"教育"活动的本质区别是(　　)

A. 社会性　　B. 生产性　　C. 实践性　　D. 意识性

4. 校风是学校中(　　)的统一体,一旦形成往往代代相传,良好的校风对学生个性和品德的形成和发展具有导向作用。

A. 行为文化　　B. 物质文化

C. 制度文化　　D. 精神文化

5. 批判教育学的代表人物是(　　)

A. 鲍尔斯　　B. 布厄迪尔

C. 金蒂斯　　D. 斯普兰格

6. 下列属于学习现象的有(　　)

A. 新生儿的抓握反射　　B. 儿童模仿崇拜的偶像

C. 小狗算算术　　D. 因交通事故对车的恐惧

7. 布卢姆认为教学的要素有(　　)

A. 学生参与学习活动的程度　　B. 反馈—矫正系统

C. 给予强化以吸引学生学习　　D. 向学生提供线索或指导

8. 学生道德评价能力发展趋势的特点包括(　　)

A. 从他律到自律　　B. 从效果到动机

C. 从律他到律己　　D. 从片面到全面



9. 关于陈述性知识与程序性知识的区别,下列说法正确的有(　　)

A. 陈述性知识是一种静态的知识

B. 程序性知识是一种动态的知识

C. 程序性知识激活的速度比较慢

D. 陈述性知识激活的速度快

10. 下列属于元认知计划策略的是(　　)

A. 设置思考题　　B. 阅读时对注意加以跟踪

C. 浏览阅读材料　　D. 设置学习目标

## 三、简答题(本大题共 4 小题,每小题 5 分,共 20 分)

1. 简述一堂好课的基本要求。

2. 简述运用榜样示范法的基本要求。

3. 简述斯腾伯格的三元智力理论。

4. 简述桑代克的试误说对教学的启示。

## 四、论述题（本大题共2小题，每小题10分，共20分）

1. 实施素质教育是迎接21世纪的挑战、提高国民素质、培养跨世纪人才的措施。试述学校应采取哪些具体措施来确保实施素质教育的实效。

2. 试论述韦纳的成败归因理论及其在教育上的意义（联系实际）。



## 五、案例分析题（本大题共2小题，每小题10分，共20分）

1. 小叶是一名初一学生，性格活泼好动。某次小叶将自己用纸折的青蛙放在课桌上玩了起来，嘴里发出呱呱的叫声，干扰老师上课，老师非常生气，当着全班同学的面严厉地批评了他，结果第二天小叶带来了一只小狗。接着出现了麻雀、老鼠、兔子等，有一次小叶竟然将一条蚯蚓放在讲台上。班主任也拿他没辙，只能一次又一次地批评和惩罚他。他在大家眼中成了不可救药的调皮大王。初二时来了一位新班主任，新班主任了解小叶的情况后，没有着急批评他，而是仔细观察他了解到他喜欢上生物课，于是找他谈话，还告诉他班上要成立一个动物兴趣小组，准备让他当小组长。小叶听后非常开心，向班主任表示一定改正自己的缺点。在小组活动中，他懂得了学好各门功课的重要性，对学习产生了浓厚的兴趣，成绩也有了很大的进步。后来他不仅完成了科学小论文，还带领小组在比赛中获得奖项。

根据以上案例，回答相关问题。

（1）教师应如何发现学生的闪光点？（6分）

（2）教师在运用长善救失教育原则时应注意哪些问题？（4分）

2. 某校因为师资紧张，就聘用了大学应届毕业生小李，小李到岗后担任四年级某班班主任，班上的小明因为个头矮、口吃，被同学排挤、歧视。同学经常不让他吃早餐，把他的书藏在别处，给他取侮辱性的绰号，小李得知之后却漠不关心，并未进行干预。一次，小明的雨伞被同学抢走，他冒雨回家导致感冒发烧引发严重肺炎，其父愤怒地冲到学校，和小李产生了激烈的肢体冲突，辱骂并威胁小李。在校长调解的过程中，小明父亲质疑小李老师的业务水平，此时大家才发现小李并未取得教师资格证。

根据《中华人民共和国教师法》分析上述案例中的违法行为。

# 目　录

## 真题试卷参考答案及解析



## 押题试卷参考答案及解析

# 真题试卷

## 2021 年河北省石家庄市事业单位教师招聘考试教育理论基础真题试卷(一)

一、单项选择题

1. D 【解析】本题考查教育的基本要素。教育的基本要素包括教育者、受教育者(学习者)和教育影响。其中,教育影响即教育活动中教育者作用于学习者的全部信息,既包括信息的内容,也包括信息选择、传递和反馈的形式,是形式与内容的统一。正是这种教育内容与教育形式的统一所构成的教育影响,使得教育活动成为一种区别于其他社会活动的相对独立的社会实践活动。故选 D 项。

2. C 【解析】本题考查教育功能的分类。从教育作用的对象看,教育功能可分为个体功能和社会功能;从教育功能的层次来看,教育功能可分为本体功能(基本功能)和派生功能;从功能的表面属性和外部特征来看,教育功能可分为显性功能和隐性功能;从性质上看,教育功能可分为保守功能和超越功能。故选 C 项。

3. B 【解析】本题考查教育方针的内容。教育方针是一个国家在一定时期内关于教育工作的总要求,它反映了一个国家教育的根本性质、总的指导思想和教育工作的总方向等要素。教育方针包含"为谁培养人""培养什么样的人"的问题,也包含"怎样培养人"的问题和教育事业发展的基本原则。故选 B 项。

**易错提示**:考生应注意区分教育方针与教育目的所包含的内容。

| | |
|---|---|
| **教育方针** | "为谁培养人"、"培养什么样的人"、"怎样培养人"、教育事业发展的基本原 |
| **教育目的** | 只包含"为谁培养人""培养什么样的人" |

4. C 【解析】本题考查教育目的的价值取向。从历史的发展来看,近代以前的教育基本上是以人文素质培养作为主要的价值取向;而近代以来的教育,科技素质在教育目的价值取向上日益突出。故选 C 项。

5. B 【解析】本题考查教育制度的特点。教育制度具有客观性、规范性、历史性和强制性。其中,教育制度的规范性主要表现为入学条件(即受教育权的限定)和各级各类学校培养目标的日益标准化。故选 B 项。

6. A 【解析】本题考查单轨制。单轨制最早产生于美国,数十年之所以没有重大变化,被世界许多国家先后采纳,是因为它有利于教育的逐级普及。故选 A 项。

7. D 【解析】本题考查现代学校教育制度的变革。在当代,很多国家都已把幼儿教育列入学制系统。这是现代学制的一个重要特点,也是现代学制向终身教育制度发展的重要标志之一。

8. A 【解析】本题考查我国现行学校教育制度的改革。我国现行学校教育制度改革的内容包括:(1)基本普及学前教育;(2)均衡发展义务教育;(3)努力普及高中阶段教育;(4)大力发展高等教育。其中,促进义务教育均衡发展已经成为我国现阶段教育改革和发展的重大任务。故选 A 项。

9. C 【解析】本题考查现代意义上的"教师"与古代意义上的"教师"的区别。现代意义上的"教师"与古代意义上的"教师"有着本质区别:一是多功能性;二是专门性,作为教师,必须经过培养和培训,取得合格证书;三是高素质性,现代教师的内涵更丰富,是"经师"与"人师"的统一;四是发展性,现代教师必须终身学习,不断更新自己的专业知识结构、能力结构,使自己成为会学习的人。故选 C 项。

10. A 【解析】本题考查教师享有的权利。教师享有的社会权利,除一般公民权利(如生存权、选举权,享受各种待遇和荣誉等)外,还包括职业本身特点所赋予的专业方面的自主权:教育的权利、专业发展权、参与管理权。教师所享有的权利,尤其是专业权利的多少,不仅反映国家和社会对教师职业的重视与保护程度,而且直接影响到教师在社会民众及学生心目中的威望与地位。

11. B 【解析】本题考查实践—反思取向主张的教师专业发展途径。教师专业发展有三种取向:理智取向、实践—反思取向、文化生态取向。其中,实践—反思取向主张教师通过实践反思,发现教育教学意义,获得实践智慧,其主要方法有写日志、传记、构想、文献分析、教育叙事、教师访谈、参与性观察等。选项 B 符合题意,故选 B 项。A 项属于理智取向的教师专业发展途径;CD 两项属于文化生态取向的教师专业发展途径。

12. B 【解析】本题考查教师的知识结构。教师合理的知识结构主要包括本体性知识、条件性知识、实践性知识和一般文化知识。其中,条件性知识,即认识教育对象、开展教育活动和研究所需的教育科学知识和技能,如教育原理、心理学、教学论、学习论、班级管理、现代教育技术等。故选 B 项。

13. A 【解析】本题考查学生的主体性。学生的主体性就是指学生在教学中的主观能动性,具体包括独立性、选择性、调控性、创造性和自我意识性。其中,学生的独立性是指每个学生都是一个自组织系统,一个独立的物质实体。承认学生的独立性是发挥学生主体性的前提条件,承认学生的独立性也就承认了学生发展过程的多途径、发展方式的多样性和发展结果的差异性。故选 A 项。

14. D 【解析】本题考查学生的情感发展特征。在童年期,情感特征是不稳定且形于外。在少年期,对情感的体验开始向深与细的方向发展,但很脆弱。在青年初期,情感较丰富细腻、深刻稳定,同时道德感、理智感等在情感生活中占主要地位。青年期包括青年初期、青年中期和青年晚期,故选 D 项。

15. B 【解析】本题考查班级组织的个性化功能。班级组织的个性化功能包括:(1)促进发展功能。班级组织应该为每一个成员提供多元的、不同层次的发展机会。(2)满足需求功能。良好的班级组织应当能够满足学生的正当需求。(3)诊断功能。学生置身于班级组织中时,其人格及能力上的特点、差异以及不足就会显现出来。在班级开展的各项活动中,每一个成员都会通过自己和他人的表现以及在所获得的评价中,判断其表现的优势与不足。(4)矫正功能。班级组织在发挥诊断功能的基础上,还可以通过各种活动或集体舆论,有针对性地让学生扮演一定的角色、承担一定的责任,以形成学生的能力、责任感、自信心及合作意识。故选 B 项。

16. A 【解析】本题考查师生关系的调节方式。从调节的主体和方式来划分,师生关系的调节方式主要有三种:(1)社会调节。作为一种社会的调节方式,主要有法律调节、道德调节。凡是对学生权益产生重大影响的基本关系,都由法律来调节;凡是对学生的发展产生重大影响但又未触犯法律的基本关系,主要由道德,特别是教师职业道德来调节。(2)学校调节。学校对师生关系有基本的规范,这些规范是在遵守国家法律的前提下,根据学校具体情况确定的,如不准男教师与女学生单独谈话。(3)教师调节。教育教学中的师生关系本质上是教育工作关系,由教师的认知调节、组织和沟通行为调节、态度调节、情感调节、意志调节。故选 A 项。

17. C 【解析】本题考查古德莱德关于课程的定义。美国学者古德莱德归纳出五种不同的课程:(1)理想的课程,即由一些研究机构、学术团体和课程专家提出应该开设的课程;(2)正式的课程,即由教育行政部门规定的课程计划和教材等;(3)领悟的课程,即指任课教师所领会、理解的课程;(4)实行的课程,即在课堂中实际展开的课程;(5)经验的课程,即学生实际体验到的东西,称作"生定课程"。故选 C 项。

18. D 【解析】本题考查存在主义课程论。存在主义课程论的主要代表人物之一美国学者奈勒认为,不能把教材看作为学生谋求职业做好准备的手段,也不能把它们看作进行心智训练的材料,而应当把它们看作用来作为自我发展和自我实现的手段;不能使学生受教材的支配,而应该使学生成为教材的主宰。故选 D 项。

19. D 【解析】本题考查后现代主义课程论。后现代主义课程论的代表人物多尔在分析和批判泰勒模式的基础上,把他设想的后现代课程标准概括为"4R",即丰富性、循环性、关联性和严密性。其中,严密性是"4R"中最重要的。故选 D 项。

20. B 【解析】本题考查学科课程的优点。学科课程,又称为"分科课程",它以有组织的学科内容作为课程组织的基础。学科课程的优点在于,它比较强调每一学科的逻辑组织。故选 B 项。

21. C 【解析】本题考查隐性课程的主要表现形式。隐性课程的主要表现形式包括:(1)观念性隐性课程,包括隐藏于显性课程之中的意识形态,学校的校风、学风,有关领导与教师的教育理念、价值观、知识观、教学风格、教学指导思想等;(2)物质性隐性课程，包括学校建筑、教室的布置、校园环境等；(3)制度性隐性课程，包括学校管理体制、学校组织机构、班级管理方式、班级运行方式；(4)心理性隐性课程，主要包括学校人际关系状况、师生特有的心态、行为方式等。故选 C 项。

22. A 【解析】本题考查文化模式对课程变革的影响。文化模式通常是指民族各部分文化内容之间彼此交错联系而形成的一种系统的文化结构。民族文化的基本模式要求学校课程变革时，依据不同民族的文化特质，设置与不同民族文化相适应的课程，在内容、难度、编排、实施、评价等方面考虑和体现民族特色，否则，就难以达到良好的教育效果。长期以来，我国在中小学课程建设上忽视了文化模式对课程的影响。近年来，课程变革逐步认识到这一点，并在新的课程计划中推行一纲多本，实施双语教学，强调乡土教材的重要性，取得了一定成效。故选 A 项。

23. C 【解析】本题考查布鲁纳的教学原则。布鲁纳提出了四条教学原则：(1)动机原则。学习取决于学生对学习的准备状态和心理倾向。学生对学习都具有天然的好奇心和学习的愿望，问题在于教师如何利用学生的这种自然倾向，激发学生参与探究活动，从而促进学生智慧的发展。(2)结构原则。即要选择适当的知识结构，并选择适合于学生认知结构的方式，才能促进学习。这意味着教师应该认识到教学内容与学生已有知识之间的关系，知识结构应与学生的认知结构相匹配。(3)序列原则。即要按最佳顺序呈现教学内容。由于学生的发展水平、动机状态、知识背景都可能会影响教学序列的作用，因此，如果发现教学效果不理想，教师就需要随时准备修正或改变教学序列。(4)强化原则。即要让学生适时地知道自己学习的结果。但需要注意的是，教师不应提供太多的强化，以免学生过于依赖教师的指点。根据题干表述，许老师的做法符合序列原则，故选 C 项。

24. D 【解析】本题考查当代主要教学理论流派的基本观点。建构主义者强调用情节真实、复杂的故事呈现问题、营造解决问题的环境，以帮助学生在解决问题的过程中活化知识，变事实性知识为解决问题的工具；主张用产生于真实背景中的问题启发学生思维，并以此支撑和鼓励学生解决问题的学习、基于案例和项目的学习，进而以此方式参与课程的设计与编制；主张课程既要基于学科，又要超越学科，面向真实世界，从而使教学始于课堂，走出课堂，融于社会。题干的描述符合建构主义教学理论的观点，故选 D 项。

25. A 【解析】本题考查教学设计的基本内容。教学设计的基本内容包括：教学目标设计、教学内容设计、教学时间设计、教学措施设计和教学评价设计。其中，教学内容设计是教师认真分析教材、合理选择和组织教学内容以及合理安排教学内容的表达或呈现的过程。它是教学设计最关键的环节，是教学设计的主体部分，其质量高低直接影响教学活动的成败。故选 A 项。

26. B 【解析】本题考查学生的专注学习时间。根据测量研究，学生不产生疲劳的适当学习时间是：6 ~ 8 岁为 30 ~ 40 分钟，9 ~ 12 岁为 40 ~ 50 分钟，13 ~ 15 岁为 50 ~ 60 分钟。故选 B 项。

27. B 【解析】本题考查教学策略的特征。操作性指任何教学策略都是针对教学目标的每一具体要求而制定的，具有与之相对应的方法、技术和实施程序，它要转化为教师与学生的具体行动。故选 B 项。指向性指教学策略的产生就是为了解决现实的教学问题，掌握特定的教学内容，达到预定的教学目标，收到预期的教学效果。排除 A 项。综合性指教学策略包括教学活动的元认知过程、教学活动的调控过程和教学方法的执行过程。这三个过程是相互关联的一个整体，彼此之间相互作用，每一个过程依据其他两个过程而作相应的规定和变化。排除 C 项。灵活性指教学策略不是“万金油”式的“教学处方”，不存在一个能包揽一切的大而全的教学策略。同一策略可以解决不同的问题，不同的策略也可以解决相同的问题。排除 D 项。

28. D 【解析】本题考查学生常见的心理障碍。在学生中常见的心理障碍主要有以下四种：(1)攻击。例如，有些学生在学校受到挫折，回到家里向家人出气，以发泄自己的情绪。符合题意，故选 D 项。(2)退缩。例如，一些学生受到挫折后，会表现出一种与自己的年龄、身份很不相称的幼稚行为。(3)焦虑。焦虑是一种特殊的恐惧或忧虑，是一种不愉快的情绪状态。在学生中，考试焦虑、人际关系紧张的焦虑是最常见的表现形式。(4)恐怖。研究表明，一些学生如果在学校生活中受到了强烈的负面刺激或长期不当的影响,就可能形成学校恐惧症,极度讨厌学校生活,坚决拒绝上学,形成怕课堂、怕教师、怕校园的心理障碍。

29. A 【解析】本题考查学生失范行为的理论解释。心理缺陷说将越轨、犯罪解释为心理缺陷的结果,认为正常人知道限制他们的越轨冲动,心理缺陷者不知道限制他们的越轨冲动,而心理缺陷主要是因童年的社会化失调造成的。符合题干描述,故选 A 项。差异交往说认为越轨行为是与越轨群体交往后学习的结果,排除 B 项。控制缺乏说强调社会环境中的社会控制对个人的效用,认为越轨和犯罪是由于社会内外部的控制削弱和受到破坏而引起的,排除 C 项。挫折—侵犯说认为越轨行为是一种由挫折产生的针对他人和社会的侵犯形式,侵犯的强度与挫折的强度有关,排除 D 项。

30. C 【解析】本题考查家庭教育对学生的影响。家庭生活所表现出来的基础性、持久性给学生的影响是独特和重要的。家庭教育的优势和家长的教育力量常常是其他任何教育形式都难以具备的。在家庭教育的诸因素中,亲子关系的质量往往决定着孩子的发展水平。故选 C 项。

31. D 【解析】本题考查班主任的责任。班主任对学生的全面发展负有以下责任:(1)教育的责任,即教育学生学会做人,学会做事;(2)培养的责任,即利用和创造条件,使学生的整体素质得到提高,健康和谐地发展;(3)发现的责任,即发现学生的个性特点、兴趣爱好、特殊才能、发展的内驱力等;(4)激活的责任,即启动学生的积极意识和进取心,给予他们成功的体验,引发他们产生健康积极的欲望和需求,使他们形成自我教育的要求和能力;(5)夯实的责任,即为学生的发展打下坚实的基础,使学生在德、智、体、美各个方面具有可持续发展的能力。故选 D 项。A 项属于教育的责任,B 项属于培养的责任,C 项属于发现的责任。

32. B 【解析】本题考查初等教育的地位。初等教育是国民教育的基础,其发展直接关系到国民素质的提高,同时也已成为衡量一个国家全民教育发展水平的重要尺度。

33. C 【解析】本题考查知识的分类。自下而上的知识就是学习者在自己的日常生活、交往和游戏等活动中形成的大量个体经验,故选 C 项。自上而下的知识是在人类的社会实践活动中形成的公共文化知识,以语言符号的形式在个体的学习中出现。排除 D 项。结构良好领域的知识有固定的答案,可以直接套用计算法则或公式。排除 A 项。结构不良领域的知识不能简单套用原来的解决方法,需要面对新问题并在原有经验的基础上重新分析。排除 B 项。

34. C 【解析】本题考查罗杰斯的主张。20 世纪 60 年代,罗杰斯提出了"以学生为中心"的主张,认为教师只是一个"使学习变得更方便的人"。故选 C 项。

35. D 【解析】本题考查学生自我意识的发展。自我概念最简单的解释就是个人主体自我对客体自我的看法。它是个人心目中对自己的印象,包括对自己存在的认识以及对个体身体能力、性格、态度等方面的认识。题干中学生的说法就是该生对自己的认识,故选 D 项。自我发展是连续的分化和整合的过程,意味着成长、改变和生活,意味着个体的主动发展,排除 A 项。自我实现即追求自我理想的实现,是充分发挥个人潜能、才能的心理需要,不符合题意,排除 B 项。自我监督是一个人以其良心或内在的行为准则对自己的言行实行监督的过程,排除 C 项。

36. A 【解析】本题考查学习风格的理论。科尔勃从两个维度来考虑认知风格,即具体体验—抽象概括维度和反省性观察—主动实验维度,然后,他由这两个维度构成了一个坐标系,确定出四种学习风格:顺应者方式、发散者方式、聚合者方式和同化者方式。科尔勃还发展了一套学习风格测验量表,整个测评活动包括以下四个阶段,在每一阶段上都有一种学习风格与其相对应。(1)第一阶段对应发散者学习风格。该种方式的学习者关注发散的思想,富有想象力。针对这种学习风格,可以采用自由发言和小组讨论这两种教学策略,以激发学生的创造性思维。(2)第二阶段对应同化者学习风格。该种方式的学习者喜欢处理抽象的观点和概念,具有理性或逻辑性。在众多的教学方法中,讲座较为适宜这种学习风格。(3)第三阶段对应聚合者学习风格。该种方式的学习者擅长把理论应用于实践,即对理论在实际中的应用更感兴趣。学生在这个阶段将接受一系列学习风格测验,他们自己作答、计分和解释结果,教师启发他们把测验结果和自己的经验进行对比。(4)第四阶段对应顺应者学习风格。该种方式的学习者强调主动探索和具体体验。比较适合的教学策略是实验室工作和现场调查研究。根据题干表述,高老师的做法符合第一阶段,故选 A 项。

37. A 【解析】本题考查社会知觉偏差。晕轮效应指当我们认为某人具有某种特征时,就会对他的其他特征做相似判断,即“一好百好”“一坏百坏”。题干中张老师对小明和小磊的印象符合晕轮效应,故选 A 项。社会刻板印象更强调群体特征推及个人,排除 C 项。B 项强调最初获得的信息,D 项强调最近获得的信息,与题干不符,排除。

38. D 【解析】本题考查行为主义理论的主要规律。刺激的泛化是指机体对与条件刺激相似的刺激做出条件反应。题干中,李玲由于数学老师的批评不喜欢上数学课,产生了条件反应,条件刺激是数学课。之后对与数学课堂相似的其他刺激,如其他课堂和学校,产生了讨厌和害怕的条件反应,符合泛化的定义,故选 D 项。消退现象指条件反射形成以后,如果得不到强化,条件反应会逐渐减弱;直至消失,排除 C 项。强化是采用适当的强化物而使机体反应频率、强度和速度增加的过程,题干中没有行为增加的过程,排除 AB 两项。

39. A 【解析】本题考查奥苏贝尔对学习动机的分类。附属内驱力是指个体为了获得长者们(如家长、教师)的赞许或认可而表现出把工作、学习做好的一种需要,题干表述符合附属内驱力的定义,故选 A 项。附属内驱力是一种间接的学习需要,属于外部动机,但本题是单项选择题,选择最优选项,故排除 D 项。认知内驱力是指要求了解、理解和掌握知识以及解决问题的需要,排除 B 项。自我提高内驱力是指个体由自己的学业成就而获得相应的地位和威望的需要,排除 C 项。

40. C 【解析】本题考查马斯洛的需要层次理论。归属与爱的需要,也称社交需要,是指每个人都有被他人或群体接纳、爱护、关注、鼓励及支持的需要。题干中赵新“不知道如何与宿舍同学相处”“不被老师关注”是缺乏归属与爱的需要的体现,故选 C 项。

41. D 【解析】本题考查维果斯基的最近发展区理论。维果斯基认为,儿童的现有水平和可能达到的发展水平之间的差异,就是最近发展区。教学的可能性由学生的最近发展区决定,“教学应该走在发展的前面”。教师可进行支架式教学,即在学生试图解决超出当前知识水平的问题时给予支持和指导,帮助其顺利通过最近发展区。题干的表述符合最近发展区及其应用,故选 D 项。

42. C 【解析】本题考查自我价值理论。科文顿根据学生追求成功和避免失败的倾向,将学生分为四类:高驱低避者、低趋高避者、高驱高避者和低趋低避者。高驱高避型的人是教师非常喜欢的孩子,他们学习努力、聪明能干。对于大部分没有挑战性的作业和功课,他们会自己提出更高的要求和目标,以赢得老师额外的奖励。表面来看,他们很好,但事实上他们深受紧张、冲突的精神困扰。符合题意,故选 C 项。

43. D 【解析】本题考查苏霍姆林斯基的教育思想。苏联教育家苏霍姆林斯基说:让学生变聪明的方法不是补课,不是增加作业,而是阅读。

44. A 【解析】本题考查高原现象。高原现象是指学生在学习过程中出现一段时间的学习成绩和学习效率停滞不前,甚至学过的知识感觉模糊的现象。题干中,小蒙在调整舞蹈动作时期,练习成绩出现停顿或下降的现象就是高原现象。故选 A 项。

45. B 【解析】本题考查影响问题解决的主要因素。人们把某种功能赋予某物体的倾向称为功能固着。在功能固着的影响下,人们不易摆脱事物用途的固有观念,从而直接影响问题解决的灵活性。题干中小轩将布与做衣服和被褥的功能绑定,禁锢了思维,符合功能固着的定义,故选 B 项。

46. D 【解析】本题考查学生问题解决能力的培养措施。学生问题解决能力的培养措施包括:(1)培养学生主动质疑和解决问题的内在动机;(2)问题的难度要适当;(3)帮助学生正确表征问题;(4)帮助学生养成分析问题和对问题归类的习惯;(5)提高学生知识储备的数量和质量,指导学生善于从记忆中提取信息;(6)训练学生陈述自己的假设及其步骤,鼓励自我评价和反思;(7)教授与训练解决问题的方法和策略;(8)提供多种练习机会;(9)训练逻辑思维能力,提高思维水平。D 项,学生只配合不多思考,不利于学生问题解决能力的培养。本题为选非题,故选D项。

47. A 【解析】本题考查短时记忆的特点。短时记忆有以下特点:(1)时间不超过1分钟;(2)容量有限;(3)意识清晰;(4)操作性强;(5)易受干扰。题干中小刚在完成作业的过程中多次停顿,干扰到了短时记忆的保存,故选A项。

48. C 【解析】本题考查提高注意力的措施。科诺发现,注意与学习者的自我管理能力有关,注意力差的学生很难计划和控制自己的学习。应该教给学生抑制分心的策略,以帮助他们进行自我管理和调节,如注意此刻正在做什么,避免接触分散注意力的事物等。故选C项。

49. C 【解析】本题考查弗洛伊德的人格"三我"结构。人格由本我、自我和超我三部分构成。其中,超我位于人格结构的最高层,是道德化了的自我,由社会规范、伦理道德、价值观念内化而来,其形成是社会化的结果。超我遵循道德原则,它具有三个作用:(1)抑制本我的冲动;(2)对自我进行监控;(3)追求完善的境界。题干中小楠没有受批评还是感到内疚,正是超我在道德层面对自我进行监控的结果,故选C项。

50. B 【解析】本题考查人本主义学习理论的观点。人本主义学习理论的主张反映在学生中心模式及与其相关的人本主义课程、开放教育、自由学校、合作学习和道德教育等之中。价值教育作为道德教育的代表,其主要目的在于增强学生的六种能力:沟通、移情、问题解决、批判、决策和个人一致。故选B项。

51. A 【解析】本题考查移情。移情指设想自己处在他人位置,了解他人想法,体验他人情绪情感的一种心理反应。在道德培养的过程中,移情是最具有动力特征的因素。移情是亲社会行为的动机基础,能激发与促进亲社会行为的发展。故选A项。

52. C 【解析】本题考查科尔伯格的道德发展阶段论。处于习俗水平的儿童认同父母,并遵从父母的道德判断标准。儿童主要满足社会期望,这时社会规范已开始内化。故选C项,排除BD两项。题干所述儿童的道德判断受他自身以外的价值标准的支配,是他律道德,排除A项。

53. A 【解析】本题考查对社会规范的认同。对社会规范的认同,是指学习者在认识、情感和行为上与规范趋于一致,自愿对规范遵从的现象。认同分偶像认同和价值认同。偶像认同是指因对某人或某团体的崇拜、仰慕等趋同心理而产生的遵从现象。题干中公众人物需要严格自律,正是因为存在偶像认同,故选A项。

54. B 【解析】本题考查社会规范形成的影响因素。规范认同是个体接受规范的一种自觉形式,是个体出于认知或情感上对规范的一致性反应而产生的趋同心理。儿童已有的社会经验会影响到对规范的接受态度,所以要实现规范认同,必须首先消除个体原有经验中的认知障碍与情感障碍。比如,对于"助人为乐"这一规范,不同个体的体验是不同的。如果一个人从未得到过别人的帮助,或者从未体验过需要帮助,就可能会产生助人行为的情感障碍。题干的表述符合情感障碍,故选B项。由于儿童的道德认知能力还不高,看问题往往以偏概全,就容易产生认知障碍,从而影响其对规范的认同,排除A项。

55. D 【解析】本题考查训练学习策略的教学模式。交互式教学模式是教师与学生轮流承担教的角色的课堂教学组织形式,旨在教学生总结、提问、澄清和预测四种策略,故选D项。直接教学是以学习成绩为中心,在教师指导下使用结构化的有序材料的课堂教学策略,排除A项。脚本式合作是指在学习活动中,两个学生一组,彼此轮流向对方总结材料,以纠正错误和遗漏。然后两个学生互换角色,直到学完所学材料为止,排除B项。实践教学指在学校的引导下,学生以获得直接经验或将间接经验转化为直接经验为主要目的,参与理论教学之外的具体社会生活的教学活动,排除C项。

56. C 【解析】本题考查效度的分类。内容效度指测验题目对有关内容或行为范围取样的适当性,也就是测验所选的项目是否符合所要测量的东西,其代表性是否适当。题干中王老师编制试卷时没有随机取样,试题内容缺乏代表性,内容效度不高,故选C项。信度是指一个测验量表的可靠程度,以反复测验时能否提供相同的结果来说明,题干中没有涉及反复测验,排除A项。实证效度指测验对处于特定的情境中的个体行为进行预测的有效程度,题干没有涉及预测行为,排除B项。构想效度指测验对某种理论的符合程度,题干中没有涉及某一理论,排除D项。

57. D 【解析】本题考查基于问题学习。基于问题学习是一种让学生通过解决不一定具有正确答案的真实性问题来获取知识的教学,是由理解和解决问题的活动构成的一种新的学习方式。针对基于问题学习的效果,研究发现,基于问题学习虽然在短期里不能让学生学到更多的知识,但是却能让学生在短时间里获得解决问题、高层次思维等能力,对学习过程保持更高的满意感。符合题干描述,故选 D 项。

58. B 【解析】本题考查课堂管理的阶段特点。不同年龄阶段的学生需要不同的课堂管理方式,伊伏特孙等人划分了课堂管理的四个阶段。(1)幼儿园和小学阶段的管理。这个阶段的儿童正在学习如何上学,他们将要被社会化成一个新的角色。在这一阶段要直接教授课堂规则和程序。排除 A 项。(2)小学中年级阶段的管理。儿童已经熟悉了学生这一角色,掌握了很多学校和课堂管理规则。教师要花较多的时间监控和维持管理系统,不是直接教授规则和程序。但是,某个特别活动中具体的、新的规则和程序还必须直接教授。排除 C 项。(3)小学高年级和初中阶段管理。这一阶段,友谊以及在伙伴团体中的地位对学生来说更重要。管理的关键是如何建设性地处理学生否定教师权威导致的混乱,如何激励那些不再关心教师观点的学生以及对社会生活更感兴趣的学生。符合题意,选择 B 项。(4)高中阶段的课堂管理。这一阶段的主要任务是管理课程、使学业材料适合学生的兴趣和能力、帮助学生主动管理自己的学习。每一学期开始的几节课都要教给学生一些特别的事项和程序,如材料和设备、记录、作业等。排除 D 项。

59. A 【解析】本题考查实用行为分析程序。实用行为分析程序包括:以家庭为背景的强化、个人日志卡、整班代币强化和集体绩效系统。集体绩效系统是根据集体成员的行为对整个集体进行奖励的一种强化体系。老师说“如果明天测验全班平均分在 90 分以上,下周的家庭作业就免了”,是对整个班级的行为进行奖励。符合定义,故选 A 项。以家庭为背景的强化是指把学生在学校的行为报告给家长,家长提供奖励。个人日志卡是要求父母参与并且强化所期望的结果的一种行为管理系统。BD 两项都需要家长参与,题干不涉及家长,排除。整班代币强化是指学生能把因学习和积极的课堂行为而获得的代币,如小红星、分数等,变换成他们想要的奖品的一种强化系统。题干不涉及代币,排除 C 项。

60. C 【解析】本题考查学习评定的模式。课程本位评定是以课程内容为依据,使用标准参照测验进行的评定。它把教学提到最显著的位置,注重课程目标,降低了测验与考试的作用。与传统评定相比,评定的内容一般经过了良好的界定,提供的信息也比较详细,有助于描述学生对课程的掌握情况。它根据特定学校或班级的课程要求对学生的学习进行评价,有助于加强评定与教学的联系。而且,课程本位评定还能降低竞争带来的一些负面影响,如同学关系的淡漠、对学习和考试的消极情绪等。符合题干描述,故选 C 项。

61. A 【解析】本题考查学习评定的分类。布卢姆根据学习评定在教学工作中的作用将学习评定分为三类:诊断性评定、形成性评定和总结性评定。学习评定方法中的形成性评定,即在教学中多次进行,目的是要了解教学效果,探索教学中存在的问题,并且其测验分数不计入成绩册,也不评定学生的等级或名次。故选 A 项。诊断性评定是教师在确定教学目标后进行的,目的是分析学生的起点行为,排除 B 项。总结性评定是在某一阶段的教学活动结束后进行的,目的是判断学生在这一阶段的学习是否达到教学目标的要求,排除 C 项。常模参照评定以学生团体测验的平均成绩,即常模,为参照点,比较分析某一学生的学业成绩在团体中的相对位置,排除 D 项。

62. B 【解析】本题考查认知发展各阶段的特点。皮亚杰将个体的认知发展分为四个阶段:感知运动阶段、前运算阶段、具体运算阶段、形式运算阶段。前运算阶段儿童的思维具有泛灵论和自我中心性的特点,故选 B 项。

63. D 【解析】本题考查教师职业道德情感。教师职业道德情感包括:(1)职业正义感;(2)职业责任感;(3)职业义务感;(4)职业良心感;(5)职业荣誉感;(6)职业幸福感。其中,职业幸福感是教师从事职业活动最强大的精神动力和根本目的。

64. A 【解析】本题考查教师职业道德修养的途径和方法。教师职业道德修养的途径和方法概括起来就是勤学、慎独、内省、兼听、自律。作为一名人民教师,要加强职业道德修养,第一要勤学,不但要学政治文化,而且要学教育学、心理学、法律。要不断用学习来充实自己,以适应新形势教育的需要。第二要慎独,不计较个人得失,以坦荡、无私的心境干好自己的教育教学工作;第三要内省,通过自己不断的反省,回顾和总结工作中的得失;第四要兼听,就是要正确处理好个人与领导、教师、家长的关系,要广泛听取各方面的意见、建议和批评,要克服"文人相轻"、互不服气的不良风气;第五要自律,用人民教师的道德规范来衡量自己、约束自己,真正做到处处以身作则、事事为人师表,以自己较完善的人格和高尚的行为去影响学生,促进学生良好人格和行为的形成。故选 A 项。

65. B 【解析】本题考查教师职业道德修养的内容。是否具备坚强的职业道德意志是衡量教师职业道德素质高低的重要标志。

66. A 【解析】本题考查师德的灵魂。关爱学生是师德的灵魂。

67. D 【解析】本题考查教师职业道德修养的基本原则。教师职业道德修养要坚持自律和他律相结合。自律是指自我控制,是教师依靠发自内心的信念对自己教育行为的选择和调节。他律是指外部凭借奖惩以及各种制度规范等手段对行为进行的调节和控制。自律和他律的关系,实质上就是内因和外因的关系。教师职业道德的养成既要用外在因素进行自我约束,又必须发挥主观能动性,以自律为主,做到自律和他律的结合。

68. A 【解析】本题考查教师职业道德的作用。教师职业道德具有调节作用、教育作用、导向作用、促进作用。其中,对教育过程的调节作用是教师职业道德最基本、最重要的作用。

69. C 【解析】本题考查教师职业道德的概念。教师职业道德是教师在从事教育劳动时所应遵循的行为规范和必备的品德的总和,是调节教师与他人、与社会等关系时所必须遵守的基本道德规范和行为准则,以及在此基础上所表现出来的道德观念、情操和品质。故选 C 项。

70. B 【解析】本题考查教师劳动的特点。教师劳动的复杂性的表现之一是劳动性质的复杂性,教师的劳动属于专业行为,是一种高度复杂的心智劳动。"张老师认真研读教材,依据课程标准制定教学目标,运用新教育理念设计教学过程和教学方法,制作了精美的教学课件"说明教师的劳动属于专业行为,是一种高度复杂的心智劳动,体现了教师劳动的复杂性。教师劳动的创造性的表现之一是教师需要"教育机智",面对评委的提问,张老师迅速做出恰当、合理的回答,这说明张老师具备教育机智,体现了教师劳动的创造性。故选 B 项。

71. D 【解析】本题考查《中华人民共和国义务教育法》的内容。根据《中华人民共和国义务教育法》第七条规定,义务教育实行国务院领导,省、自治区、直辖市人民政府统筹规划实施,县级人民政府为主管理的体制。故选 D 项。

72. A 【解析】本题考查《中华人民共和国教育法》的内容。根据《中华人民共和国教育法》第三十一条规定,学校的教学及其他行政管理,由校长负责。故选 A 项。

73. C 【解析】本题考查校园暴力侵犯的权利。人格尊严权具体表现为名誉权、肖像权、姓名权、隐私权、荣誉权。根据我国相关法律规定,中华人民共和国公民的人格尊严不受侵犯。禁止用任何方法对公民进行侮辱、诽谤和诬告陷害。辱骂、强迫脱衣的行为侵犯了学生的人格尊严权。殴打他人受伤,侵犯了对方的健康权;殴打他人致死,侵犯了对方的生命权。题干描述的行为确定侵犯学生的人格尊严权,选择最佳选项 C 项。

74. D 【解析】本题考查《中华人民共和国义务教育法》的内容。根据《中华人民共和国义务教育法》第五十一条规定,未履行对义务教育经费保障职责的,由国务院或者上级地方人民政府责令限期改正;情节严重的,对直接负责的主管人员和其他直接责任人员依法给予行政处分。故选 D 项。

75. B 【解析】本题考查《幼儿园工作规程》的内容。根据《幼儿园工作规程》第十一条规定,幼儿园规模应当有利于幼儿身心健康,便于管理,一般不超过 360 人。故选 B 项。

76. A 【解析】本题考查义务教育的性质和特征。义务教育具有强制性(义务性)、普及性(普遍性、统一性)、免费性(公益性)、公共性(国民性)和基础性的特征,其中义务教育的普及性是义务教育的基本性质,故选 A 项。

77. D 【解析】本题考查《中华人民共和国义务教育法》的内容。根据《中华人民共和国义务教育法》第二十二条规定,县级以上人民政府及其教育行政部门应当促进学校均衡发展,缩小学校之间办学条件的差距，不得将学校分为重点学校和非重点学校。故选D项。

78. C 【解析】本题考查《中华人民共和国教育法》的内容。根据《中华人民共和国教育法（2015年）》第五条规定，教育必须为社会主义现代化建设服务、为人民服务，必须与生产劳动和社会实践相结合，培养德、智、体、美等方面全面发展的社会主义建设者和接班人。故选C项。

79. B 【解析】本题考查《中小学班主任工作规定》的内容。根据《中小学班主任工作规定》第五条规定，班主任由学校从班级任课教师中选聘。聘期由学校确定，担任一个班级的班主任时间一般应连续1学年以上。故选B项。

80. D 【解析】本题考查《中华人民共和国教师法》的内容。根据《中华人民共和国教师法》第二十七条规定，地方各级人民政府对教师以及具有中专以上学历的毕业生到少数民族地区和边远贫困地区从事教育教学工作的，应当予以补贴。故选D项。

二、多项选择题

81. BCD 【解析】本题考查教育目的社会价值取向的确立应注意的问题。教育目的社会价值取向的确立应注意的问题包括：(1)以可持续发展的理念为指导；(2)适应与超越问题；(3)功利价值和人文价值的问题；(4)民族性与世界性问题。A项属于教育目的人的价值取向的确立应注意的问题。故选BCD三项。

82. ABCD 【解析】本题考查教师职业的社会作用。教师职业的社会作用主要表现在：(1)教师是人类文化的传递者，在人类社会发展中起着承上启下的作用；(2)教师是社会物质财富和精神财富的创造者，通过理论建构、知识创新、品德示范、宣传咨询等直接参与社会物质文明和精神文明建设，起着“先导”的作用；(3)教师是人才生产的主要承担者，担负着培养一代新人的重任，在学生发展中起着引导作用。故选ABCD四项。

83. CD 【解析】本题考查中小学教师专业标准的基本内容。“尊重学生个体差异”“善于自我调节情绪”属于“专业理念与师德”中提出的基本要求，故AB两项排除；“有效调控教学过程”“妥善应对突发事件”属于“专业能力”中提出的基本要求，故选CD两项。

84. AB 【解析】本题考查教师的职业形象。教师的职业形象是通过其内在精神和外在事物显现出来的，其内在精神包括职业的精神风貌、工作态度、敬业精神、创新精神等；外在事物表现为教师节日、教师组织、教师着装等。教师个人的形象包括对学生的态度、工作态度、道德水平、教学水平、人际关系等。故选AB两项。C项属于教师的个人形象，D项属于教师职业形象的外在事物。

85. ABC 【解析】本题考查影响师生关系的因素。影响师生关系的因素主要有三个方面：(1)教师方面，包括教师对学生的态度、教师的领导方式、教师的智慧、教师的人格因素；(2)学生方面，主要是学生对教师的认识；(3)环境方面，主要指学校的认识关系环境和课堂的组织环境，其中课堂的组织环境主要包括教室的布置、座位的排列、学生的人数等。故选ABC三项。

86. ABCD 【解析】本题考查综合课程。综合课程克服了学科课程分科过细的缺点，比较容易贴近社会现实和实际生活，通过把多种学科的相关内容融合在一起，构成新的课程。如人口教育课、环境教育课、法制教育课、社交技能课、闲暇与生活方式课等，这些课程不可避免地要涉及历史、地理、化学、生物、物理、卫生等各门学科。

87. ABD 【解析】本题考查昆体良的教育思想。昆体良从自己的实践经验出发，对古希腊以来的教育思想作了系统总结，在他的《论演说家的教育》一书中主张对儿童进行早期训练，教学要根据儿童的年龄特点因材施教和量力而行，要劳逸结合和给学生以奖励、反对体罚。

88. BCD 【解析】本题考查过度学习的主要表现。过度学习指的是要求学生对教学内容过多地进行反复学习，主要表现为重复学习、超量学习、过难学习，故选BCD三项。

89. AB 【解析】本题考查班级文化。班级文化的创建要做到：(1)营造文化性物质环境；(2)营造社会化环境；(3)营造良好的人际环境；(4)营造正确的舆论和良好的班风；(5)营造健康的心理环境。其中，文化性物质环境主要是指微观物质环境，如班级中的标语、图画、图书资料、教学设施、学习园地、作品角、光荣榜等，从而实现“让每一面墙壁都说话”。这类物质环境能对学生的心理发展产生经常性的影响，起到“润物细无声”的渗透作用。故选AB两项。

90. ACD 【解析】本题考查埃里克森的心理社会发展阶段论。自主对羞怯和怀疑是埃里克森提出的第二个心理社会发展阶段,发生在孩子 1.5～3 岁之间。这个阶段中的儿童开始表现出自我控制的需要与倾向,渴望自主并试图自己做一些事情,如吃饭、穿衣、大小便。儿童这种对权利和独立性的渴望常常与父母的要求相冲突。这时,父母要允许儿童自由地探索,给予适当的关怀和保护,帮助儿童形成自信心。如果父母对儿童一味地严厉要求和限制,会使得儿童对自己的能力产生怀疑。过多的怀疑和羞怯可能会导致个体一生对自己的能力缺乏信心。故选 ACD 三项。

91. ABC 【解析】本题考查有意义的自由学习的主要表现。罗杰斯提出的"有意义的自由学习"冲击了传统教育理论,推动了教育改革运动的发展,主要表现在:(1)突出情感在教学活动中的地位和作用,形成了一种以知情协调活动为主线、以情感作为教学活动的基本动力的新教学模式;(2)以学生的"自我"完善为核心,强调人际关系在教学过程中的重要性,认为课程内容、教学方法、教学手段等都维系于课堂人际关系的形成和发展;(3)把教学活动的重心从教师引向学生,把学生的思想、情感、体验和行为看作教学的主体,从而促进了个别化教学运动的发展。故选 ABC 三项。D 项是马斯洛的观点,排除。

92. ABCD 【解析】本题考查韦纳的归因理论。韦纳把人经历过的事情的成败归结为六种原因,即能力、努力程度、工作难度、运气、身心状况、外界环境。任务难度即工作难度,故选 ABCD 四项。

93. ABCD 【解析】本题考查认知评价理论。认知评价理论主要探讨了内在动机的影响因素尤其是社会环境因素对内在动机的影响。首先,该理论认为报酬、反馈、交流、免受贬低性评价等社会事件通过个体的能力知觉影响内在动机。这些社会事件能让个体产生成就感,满足个体的能力需要,增强行为的内在动机。其次,满足人们自主需要的环境也能促进行为的内在动机。研究表明,个体体验到成就感或效能感的同时,还必须感觉到行为是由自我决定的,这样才能真正促进内在动机。因此,与控制型教师相比,自主支持型教师更能促进学生产生强烈的内在动机、好奇心和挑战欲。接受控制型教育方式的学生容易丧失学习主动性,而且,进行概括性和创造性学习时,学习效果比预期差得多。第三,归属需要也与内在动机有关。研究表明处于有安全感和归属感的环境中,个体表现出更多的内在动机行为。故选 ABCD 四项。

94. ABD 【解析】本题考查错误概念的转变。教学中想要转变错误概念应该做到:(1)创设开放的、相互接纳的课堂气氛;(2)倾听、洞察学生的经验世界;(3)引发认知冲突;(4)鼓励学生交流讨论。课堂气氛应是开放的,不是教师主导的,排除 C 项,故选 ABD 三项。

95. ABCD 【解析】本题考查建构主义学习理论的基本观点。建构主义学习理论的基本观点包括知识观、学习观、学生观、教学观和教师观。故选 ABCD 四项。

96. AB 【解析】本题考查布卢姆的教学目标分类。布卢姆将教学目标分为认知、情感和动作技能三个领域。其中,情感领域的教学目标分为接受、反应、形成价值观念、组织价值观念系统、价值体系个性化五级,故选 AB 两项。认知领域的教学目标分为知识、领会、运用、分析、综合、评价六级,CD 是认知领域的内容,排除。

97. ABCD 【解析】本题考查基于问题学习的特征。基于问题学习(PBL)的主要特征包括:(1)问题是课程的关键;(2)以学生为中心;(3)教师是学习的辅导者或引导者;(4)学生通过小组合作共同提出解决问题的多种方法,共同学习;(5)问题是解决问题技能发展的载体;(6)通过自主学习获得新信息。故选 ABCD 四项。

98. ABCD 【解析】本题考查教师个体专业发展的内容。教师个体专业发展的具体内容包括:(1)专业理想的建立;(2)专业知识的拓展;(3)专业能力的发展;(4)专业自我的形成。故选 ABCD 四项。

99. ACD 【解析】本题考查《中华人民共和国未成年人保护法》的内容。根据《中华人民共和国未成年人保护法》(2020 年修订)第三条规定,国家保障未成年人的生存权、发展权、受保护权、参与权等权利。故选 ACD 三项。未成年人指未满十八周岁的公民,年满十八周岁的公民才有选举权,排除 B 项。

100. AC 【解析】本题考查《中华人民共和国教育法》的内容。根据《中华人民共和国教育法》第五十一条规定,图书馆、博物馆、科技馆、文化馆、美术馆、体育馆（场）等社会公共文化体育设施，以及历史文化古迹和革命纪念馆（地），应当对教师、学生实行优待，为受教育者接受教育提供便利，故选 AC 两项。

## 三、判断题

101. A 【解析】本题考查我国教育的基本使命。为经济建设和社会的全面发展进步培养各级各类人才，这是我国教育的基本使命。一个国家经济建设和社会的全面发展进步，需要各级各类人才与之相适应。

102. B 【解析】本题考查旧中国的学制。癸卯学制的突出特点是教育年限长，共 26 年。如果 6 岁入学，中学毕业为 20 岁，读完通儒院则是 32 岁。壬戌学制在学校系统上，将全部学校教育分为 3 段 5 级：初等教育段为 6 年，中等教育段为 6 年，高等教育段为 4 ~ 6 年。

103. B 【解析】本题考查我国学制改革和发展的基本方向。近几十年来，我国学制改革和发展的基本方向就是重建和完善分支型学制，即通过发展基础教育后的职业教育走向分支型学制，再通过高中综合化走向单轨学制。故题干说法错误。

104. A 【解析】本题考查教师的文化形象。教师的文化形象是教师形象的核心。传统的教师文化形象是传统文化的传递者、维护者，所谓“才高八斗”“学富五车”皆是教师的典型文化特征。

105. B 【解析】本题考查班级组织的改造。最早提出对班级教学进行改造的教学组织形式是道尔顿制。道尔顿制主张改善传统教授法几乎不顾及每个儿童本身特点的弊端，使学习者能按照自定的步调学习；针对传统方法中各科的课程时刻表不分优劣生一律平等的弊端，依据每个儿童学习各学科的难易度，适当分配课程时间。

106. A 【解析】本题考查师生关系的作用。师生关系是一种重要的课程资源和校园文化。师生关系是教育教学实践中及时形成的一种课程资源，具有重要的德育功能、心理功能和认知价值。同时，师生关系作为学校中最基本、最重要的人际关系，是一所学校的精神风貌、校风、教风、学风的整体反映和最直观反映。师生关系作为校园文化的组成部分，对学校精神文化的建设、对学生在校的发展和今后的成长都起着重要的作用。

107. B 【解析】本题考查科学—实证主义课程评价观与人文—自然主义课程评价观。科学—实证主义课程评价观又称“传统评价观”，它以泰勒的行为—目标模式为代表。其核心思想是，目标是课程评价的依据和出发点，通过测量目标的达到程度判断教学效果。人文—自然主义课程评价观又称“新潮课程评价观”，其倡导者非常注重环境对课程的影响以及课程运行的整个过程。故题干说法错误。

108. B 【解析】本题考查学生身心发展的一般规律。学生身心发展具有个别差异性，主要是指学生的个性心理特征和个性倾向表现出不同的差异，包括兴趣、需要、动机、理想、气质、性格、能力等方面。比如，有的学生喜欢自然科学的科目、有的学生喜欢社会科学的科目、有的学生则爱好音体科目等。

109. A 【解析】本题考查对教学概念的理解。中外学者在对教学概念的理解上，虽然存在认识上的差异，但也有共同之处。(1)都强调教师教与学生学的结合或统一，即教师教和学生学是同一活动的两个方面，是辩证统一的。首先，教不同于学，在课堂教学情境中，教主要是教师的行为，学主要是学生的行为。教师与学生之间存在着差异，教与学之间也存在着差异。教主要是一种外化过程，而学主要是一种内化过程。其次，“教”和“学”相互依存，相辅相成。(2)都明确了教师教的主导作用和学生学的主体地位。(3)都指出了教学对学生全面发展的促进功能。

110. A 【解析】本题考查梁启超的教育思想。清末著名改良主义教育家梁启超提出趣味教学思想，主张学生“乐知”；强调联系实际，使学生有所“发明”；推行自动、自主、自治、自立教学法。

111. A 【解析】本题考查青少年的阶段特征。14 ~ 16 岁是青少年越轨犯罪的多发年龄段，也是青少年个性最为突出、心理最为脆弱的时期，故本题正确。

112. B 【解析】本题考查性别差异对学校态度的影响。男女生对学校不满情绪的表现各不相同。男生常常把不满归咎于学校，女生则更多的是自责，她们在学校中的行为一般与那些满意学校的女生的行为相差不大。这种情况往往使教师比较容易识别对学校不满的男生，而较难分清对学校同样不满的女生。故本题错误。

113. B 【解析】本题考查教师认知风格对教学的影响。场独立性的教师往往倾向于高估那些与自己场定向不相匹配的学生,而场依存性的教师则倾向于低估与自己场定向不相匹配的学生,故本题错误。

114. A 【解析】本题考查教师的教学思想。奥斯特曼等把教师的教学思想分为两类:(1)所倡导的理论。这种知识教师容易意识到,容易报告出来,它更容易受到外界新信息的影响而产生变化,但它并不能对教学行为产生直接的影响。(2)所采用的理论,这类知识直接对教学行为产生重要影响,但却不容易被意识到,而且不容易受新信息的影响而产生变化,而是更多地受文化和习惯的影响。这两类教学思想并非截然分开,所倡导的理论可以转化为所采用的理论而对教学活动产生影响。比如,一个教师接受了建构主义学习理论的培训,知道了让学生对一定的真实性问题情境进行探索的重要性,这种理论便基本成为所倡导的理论,但他在教学中却可能完全是另一种做法,仍旧沿袭满堂灌的模式,他所采用的理论并没有多大改变。故本题正确。

115. B 【解析】本题考查效果律。桑代克认为,学习要遵循三条重要的原则:准备律、练习律、效果律;效果律是指刺激和反应之间的联结可因导致满意的结果而加强,也可因导致烦恼的结果而减弱,奖励是影响学习的主要因素。效果律是由桑代克提出的,不是斯金纳,故本题错误。

116. B 【解析】本题考查建构主义的观点。个人建构主义强调学习是一个意义建构的过程,强调学习者在认知活动中主动建构意义;社会建构主义强调学习是一个文化参与过程,学习者通过借助一定的文化互动及共同体实践活动来内化知识。题干描述的是个人建构主义的观点,故本题错误。

117. B 【解析】本题考查奖励和动机的关系。莱泊尔所做的实验证明,过度的奖励有可能降低其内部动机。故本题错误。

118. A 【解析】本题考查无条件积极关注的含义。无条件的积极关注指学习的促进者尊重学习者的情感和意见,关心学习者的方方面面,接纳个体学习者的价值观念和情感表现,故本题正确。

119. B 【解析】本题考查社会规范认同的特点。社会规范认同阶段的行为具有一定的自觉性、主动性和稳定性等特点。服从性不是其特点,故本题错误。

120. A 【解析】本题考查抛锚式教学。抛锚式教学的主要目的是使学生在一个完整、真实的问题背景中产生学习的需要,并通过镶嵌式教学以及学习共同体中成员间的互动、交流,即合作学习,凭借自己的主动学习、生成学习,亲身体验从识别目标到提出和达到目标的全过程,故本题正确。

121. B 【解析】本题考查课堂管理的内容。课堂管理包括课堂人际关系管理、课堂环境管理、课堂纪律管理等方面。课堂纪律管理指的是课堂行为规范、准则的制订与实施,应对学生的问题行为等活动。题干说法错误。

122. A 【解析】本题考查维持团体的注意焦点。维持团体注意焦点的两个基本成分是问责制和团体警觉。问责制是指在提问和回答期间,教师让学生对他们完成任务的情况进行说明和反映;团体警觉是指在讲演和讨论期间,老师用来鼓励学生保持注意力的提问方法。题干中,老师要求同学们注意听张强的发言,然后进行说明,是问责制的做法,故本题正确。

123. A 【解析】本题考查习得性无助。一个总是失败并把失败归于内部的、稳定的和不可控的因素(即能力低)的学生会形成一种习得性无助的自我感觉,故本题正确。

124. A 【解析】本题考查教师职业道德的特点。教师要以身作则、为人师表,这是教师职业道德区别于其他职业道德的显著标志。

125. B 【解析】本题考查《国家中长期教育改革和发展规划纲要(2010-2020年)》的内容。《国家中长期教育改革和发展规划纲要(2010-2020年)》提出,大力开展"阳光体育"运动,保证学生每天锻炼一小时,不断提高学生体质健康水平。故本题错误。

126. A 【解析】本题考查《中华人民共和国未成年人保护法》的内容。根据《中华人民共和国未成年人保护法》(2020年修订)第五十八条规定,游艺娱乐场所设置的电子游戏设备,除国家法定节假日外,不得向未成年人提供。故本题正确。

127. A 【解析】本题考查《中华人民共和国未成年人保护法》的内容。根据《中华人民共和国未成年人保护法》(2020 年修订)第七十五条规定,网络游戏服务提供者不得在每日二十二时至次日八时向未成年人提供网络游戏服务。故本题正确。

128. B 【解析】本题考查教育法规的体系结构。《中华人民共和国教育法》是我国的教育基本法律,教育基本法律由全国人民代表大会制定,故本题错误。由全国人民代表大会常务委员会制定的是教育单行法律,如《中华人民共和国教师法》。

129. A 【解析】本题考查《关于进一步加强中小学生睡眠管理工作的通知》的内容。《关于进一步加强中小学生睡眠管理工作的通知》中提出,小学生每天睡眠时间应达到 10 小时,初中生应达到 9 小时,高中生应达到 8 小时。故本题正确。

130. A 【解析】本题考查《中华人民共和国未成年人保护法》的内容。根据《中华人民共和国未成年人保护法》(2020 年修订)第四十条规定,学校、幼儿园、托儿所和公共场所发生突发事件时,应当优先救护未成年人,故本题正确。

四、材料分析题

131. A 【解析】本题考查马克思主义关于人的全面发展的内涵。马克思关于人的全面发展的内涵极为丰富,突出表现为三个方面:一是人生产物质生活本身的劳动能力的全面发展;二是人才能的全面发展;三是人的自由发展。故选 A 项。

132. ABCD 【解析】本题考查广义的德育。德育有广义和狭义之分。狭义的德育仅指道德教育;广义的德育,除道德教育外,还包括涉及人成长生活的其他品德内容,如思想教育、政治教育、法制教育、生命教育、人格教育、心理品质教育等。

133. BC 【解析】本题考查"五育"。《2020 中国基础教育年度报告》中提出,体美教育是提高青少年身心健康水平、促进其全面发展的重要途径和手段,最终指向人格的塑造。

134. A 【解析】本题考查《关于全面加强新时代大中小学劳动教育的意见》的内容解读。中共中央、国务院印发的《关于全面加强新时代大中小学劳动教育的意见》,对新时代劳动教育做了全面部署,明确指出"劳动教育是国民教育体系的重要内容,是学生成长的必要途径,具有树德、增智、强体、育美的综合育人价值",不仅充分强调了劳动教育在整个学校教育体系中处于重要地位,而且将"树德"摆在综合育人价值的首位,对立德树人具有重要支撑作用。故选 A 项。

135. B 【解析】本题考查《中小学教师职业道德规范(2008 年修订)》。《中小学教师职业道德规范(2008 年修订)》中关于"爱岗敬业"方面所规定的具体职业行为要求有:对工作高度负责;认真备课上课;认真批改作业;认真辅导学生;不得敷衍塞责。材料中张老师脚伤还没有痊愈,就回到了学校,为了方便与学生进行课堂交流与互动,坚持"跪着"上课等都表明张老师对工作高度负责、不敷衍塞责,这符合"爱岗敬业"的教师职业道德规范。

136. BD 【解析】本题考查材料分析能力。由题干中"坐着上课,无法看到所有学生,不方便与学生进行课堂交流和互动"可知,张老师"跪着"上课主要是为了增强课堂效果、保证教学质量,关注全班同学、重视师生互动。故选 BD 两项。

137. ABC 【解析】本题考查理想师生关系的基本特征。理想的师生关系是师生主体间关系的优化,从其发生、发展的过程及其结果来看,具有三个基本特征:(1)尊师爱生,相互配合;(2)民主平等,和谐亲密;(3)共享共创,教学相长。故选 ABC 三项。

138. C 【解析】本题考查时政知识。2021 年 2 月 17 日,张桂梅获得"感动中国 2020 年度人物"荣誉;2021 年 2 月 25 日,中共中央总书记、国家主席、中央军委主席习近平在北京市人民大会堂授予张桂梅"全国脱贫攻坚楷模"荣誉称号。故选 C 项。A 项,邓家军被评为"2018 年度最美教师";B 项,叶嘉莹被评为"感动中国 2020 年度人物";D 项,支月英被评为"感动中国 2016 年度人物"。

139. C 【解析】本题考查材料分析能力。杭州市该区的作业改革从源头上减轻了学生作业的数量,在保障教育质量的同时减轻了中小学生过重的学业负担,故选 C 项。该区试行的"一本作业本"等举措是该区课程改革的一个切入点,通过作业的改革,可以带动区域内教学方式的变革和课程实施的推进。故 B 项不选。AD 两项材料中未体现，故不选。

140. ABCD 【解析】本题考查材料分析能力。“一本作业本”等作业改革措施从源头上减轻了学生作业的数量，同时也倒逼老师去精选、精批作业，倒逼课堂转型。故选 AC 两项。通过减轻书包重量、作业数量以及规定作业时间，有利于学生身心健康发展，故选 B 项。有关作业改革的指导意见的出台及举措的推出，为学校和教师在作业布置上提供了相应的指导，有利于促进学校规范管理制度，故选 D 项。

141. ABCD 【解析】本题考查布置作业的要求。布置作业的要求有：(1)作业内容符合课程标准的要求；(2)考虑不同学生的能力需求；(3)分量适宜、难易适度；(4)作业形式多样，具有多选性；(5)要求明确，规定作业完成时间；(6)作业反馈清晰、及时；(7)作业要具有典型意义和举一反三的作用；(8)应有助于启发学生的思维，含有鼓励学生独立探索并进行创造性思维的因素；(9)尽量同现代生产和社会生活中的实际问题结合起来，力求理论联系实际。故选 ABCD 四项。

142. B 【解析】本题考查《关于加强义务教育学校作业管理的通知》。《关于加强义务教育学校作业管理的通知》强调，要严格控制书面作业总量，提高作业设计质量。要求小学一二年级不布置书面家庭作业，小学其他年级每天书面作业完成时间平均不超过 60 分钟；初中每天书面作业完成时间平均不超过 90 分钟。故选 B 项。

143. D 【解析】本题考查《学生伤害事故处理办法》的内容。根据《学生伤害事故处理办法》第九条规定，学生有特异体质或者特定疾病，不宜参加某种教育教学活动，学校知道或者应当知道，但未予以必要的注意而造成的学生伤害事故，学校应当依法承担相应的责任，因此材料中的情形学校需要依法承担相应责任，故选 D 项。学校予以赔偿后可向龚老师追偿，但归责时，由学校承担事故责任，排除 C 项。

144. AD 【解析】本题考查《学生伤害事故处理办法》的内容。根据《学生伤害事故处理办法》第一条规定，为积极预防、妥善处理在校学生伤害事故，保护学生、学校的合法权益，根据《中华人民共和国教育法》、《中华人民共和国未成年人保护法》和其他相关法律、行政法规及有关规定，制定本办法。

145. ACD 【解析】本题考查学生常见的特定疾病。《学校特异体质、特定疾病和心理异常学生管理办法》中提出，特定疾病包括先天心脏病、癫痫、肺结核、高血压、胃溃疡、哮喘、肺炎、肾炎、精神病、脑血管疾病、轻微脑中风、血液系统疾病等。故选 ACD 三项。

146. ABC 【解析】本题考查针对有特定疾病的学生，学校可采取的有效措施。《学校特异体质、特定疾病和心理异常学生管理办法》中提出的管理措施有：(1)加强学校设施建设；(2)建立学生健康档案；(3)加强日常管理和保护；(4)出现病情及时救治；(5)注重心理健康教育；(6)加强信息保密管理。故选 ABC 三项。

147. BCD 【解析】本题考查人脑对表象加工改造的基本方式。人脑对表象的加工、改造有五种基本方式：拼合、联合、夸张、典型化和猜想，故选 BCD 三项。

148. AC 【解析】本题考查教学中引导学生猜想的作用。“结合前面学习的运算律，你有怎样的猜想？”表明刘老师在教学过程中引导学生在复习巩固旧知识的基础上，培养学生的创新意识。AC 两项符合题意，BD 两项材料中未体现。

149. BC 【解析】本题考查推理的分类。类比推理是根据两个对象在某些属性上相同或相似，通过比较而推断出它们在其他属性上也相同的推理过程，是一种特殊到特殊的推理。材料中是由其他运算律推论至分配律的，是由特殊到特殊的推理，选择 C 项。归纳推理是由具体事物归纳出一般规律的推理过程，即从特殊到一般的推理过程，题干中学生判断出结合律交换律都是乘法运算律，是归纳推理，选择 B 项。演绎推理是从一般到特殊或具体的推理过程，排除 A 项。综合推理是从多个信息条件出发，经过辨识不同类型信息，提炼和分析复杂数据，在评估相关数据基础上推出结论的过程。综合推理属于演绎推理，其结论是必然成立的。排除 D 项。

150. ACD 【解析】本题考查课堂教学。刘老师利用推理的方法能够帮助学生学习。材料中未体现教师的主导作用以及课堂管理的内容，排除 B 项。

# 2021年河南省濮阳市清丰县事业单位公开招聘教师真题试卷(二)

一、单项选择题

1. A 【解析】本题考查“教育”的词源。在中国的古典文献中,最早出现“教育”一词连用的是在《孟子·尽心上》,上面记载:“父母俱存,兄弟无故,一乐也;仰不愧于天,俯不怍于人,二乐也;得天下英才而教育之,三乐也。”故选A项。

**易错提示**:“教育”一词的最早出处与最早对“教育”一词进行解释的出处是易混淆的知识点。考生应注意:最早提出“教育”一词的教育家为孟子,见于《孟子·尽心上》;最早对“教育”一词进行解释的教育家为许慎,见于《说文解字》。

2. C 【解析】本题考查陶行知的教育思想。陶行知提出了生活教育理论,认为“生活即教育”,“社会即学校”,“教学做合一”;陶行知还提出了“千教万教教人求真,千学万学学做真人”。故ABD三项均属于陶行知的教育思想。C项属于陈鹤琴的教育思想。故选C项。

3. D 【解析】本题考查个体身心发展的动因。题干引文的意思是:(丝)染了青颜料就变成青色,染了黄颜料就变成黄色。染料不同,丝的颜色也跟着变化。经过五次之后,就变为五种颜色了。所以染这件事是不可不谨慎的。”这句话强调环境对人的影响。故选D项。

4. A 【解析】本题考查教学目标的概念。一般认为,教育目的由四个层次构成:(1)国家或社会所规定的教育总目的;(2)各级各类学校的培养目标;(3)课程目标;(4)教学目标。其中,教学目标是指教师在实施课程计划过程中,在完成某一阶段(如一节课、一个单元或一个学期)的教学工作时所期望达到的要求或结果。故选A项。

5. B 【解析】本题考查素质教育的核心和灵魂。创新教育是素质教育的核心和灵魂,故选B项。

**易错提示**:关于素质教育的核心和灵魂,目前主要有几种说法:创新教育(创新能力、创新精神等)、德育、思想政治素质等,我们一般采用“创新教育”这一观点。

6. B 【解析】本题考查旧中国的学制。“癸卯学制”主要承袭了日本的学制,是中国近代教育史上第一部由国家颁布的并在全国实行的学制系统,成为中国近代教育走向制度化、法制化阶段的标志。该学制明文规定教育目的是“忠君、尊孔、尚公、尚武、尚实”,明显反映了“中学为体,西学为用”的思想。另外,“癸卯学制”还规定不许男女同校,轻视女子教育。故题干所述的学制系统为癸卯学制。

7. A 【解析】本题考查教师的职业角色。题干引文译为:道理存在的地方,就是老师存在的地方。教师负有传递社会道德传统、价值观念的使命,题干所述体现了教师职业角色中的“传道者”角色。故选A项。

8. A 【解析】本题考查教师劳动的特点。教师劳动的复杂性主要表现在劳动性质、对象、任务、过程、手段等的复杂性;教师劳动的创造性主要表现在因材施教、教学方法上的不断更新、教师需要“教育机智”上。“教学有法”是指我们的教育教学活动是有规律可遵循、有法则可遵守、有模式可遵照的,是有可以掌握的基本方法、基本规律的;“教无定法”是指教学的模式、方法、技能等不是机械的、教条的,而是灵活多变、富有个性、充满灵性的。因此,教师在教学中应注意教学方法的灵活运用、不断更新,针对学生的特点因材施教。故题干体现了教师劳动的复杂性和创造性特点。

9. A 【解析】本题考查教学原则的含义。维果斯基认为,儿童有两种发展水平:一是儿童的现有水平,即由一定的已经完成的发展系统所形成的儿童心理机能的发展水平;二是可能达到的发展水平。这两种水平之间的差异,就是最近发展区。A项,量力性原则也称可接受性原则,是指教学的内容、方法、分量和进度要适合学生的身心发展,使他们能够接受,但又要有一定的难度,需要他们经过努力才能掌握,以促进学生的身心发展。因此,量力性原则最符合“最近发展区”理念。

10. B 【解析】本题考查学校德育的基本途径。我国学校的德育途径包括:(1)思想品德课(思想政治课)与其他学科教学;(2)社会实践活动;(3)课外、校外活动;(4)共青团、少先队组织的活动;(5)校会、班会、周会、晨会、时事政策的学习;(6)班主任工作。其中,思想品德课(思想政治课)与其他学科教学是学校有目的、有计划、系统地对学生进行德育的基本途径。故选B项。

11. D 【解析】本题考查班主任工作的首要任务。组织建立良好的班集体是班主任工作的首要任务。班集体不仅是学校进行教育教学活动的基本单位,而且是学生成长的摇篮、活动的基地、自我教育的课堂。因此,每个班主任在接手一个班级后,都把组织建立班集体作为自己工作的首要任务。

12. D 【解析】本题考查上好课的基本要求。上好课的基本要求:(1)教学目标明确;(2)教学内容准确;(3)教学结构合理;(4)教学方法适当;(5)讲究教学艺术;(6)板书有序;(7)充分发挥学生的主体性。其中,充分发挥学生的主体性是上好课的最根本要求,离开了这一点,其他所有要求就失去了意义。故选D项。

13. C 【解析】本题考查教学评价的基本类型。个体内差异性评价是对被评价者的过去和现在进行比较,或将评价对象的不同方面进行比较。个体内差异性评价的优点是可以根据个体特点找出强弱环节,并且由于评价在个体内进行,可以避免过度的精神压力,鼓励进步,弥补不足,便于自我调控。由题干中“和自己比”“今天比昨天进步一点就是进步”可知,题干所述为个体内差异性评价,故选C项。

**易错提示**:绝对性评价、相对性评价和个体内差异性评价是容易混淆的知识点。考生在理解这三个概念时,可把绝对性评价理解为“看标准”,相对性评价理解为“看位置”,个体内差异性评价理解为“看自己”。

14. B 【解析】本题考查条件反射的分类。第一信号系统是用具体事物作为条件刺激而建立的条件反射系统,是人和动物共有的;第二信号系统是用语词作为条件刺激而建立的条件反射系统,这是人类特有的。A项,“一朝被蛇咬,十年怕井绳”是对井绳这个具体事物进行反应,故属于第一信号系统。A项排除。B项,“谈虎色变”比喻一提到可怕的事情,情绪就非常紧张。这是借助语词作为条件刺激,故属于第二信号系统。B项符合题意。C项,“望梅止渴”是指看到梅子流口水止住口渴。这是以具体事物梅子作为条件刺激,故属于第一信号系统。C项排除。D项,“马做算术题”马作为动物并不理解数字的意思,反应的只是数字的外部特征,故属于第一信号系统。D项排除。

15. B 【解析】本题考查感觉的规律。感觉对比是同一感受器接受不同的刺激,而使感受性发生变化的现象。根据题干描述可知,用红笔圈出的重要句子或概念与其它句子形成对比差异,体现了感觉对比现象,故B项正确。感觉适应是指刺激对感受器的持续作用而使感受性发生变化的现象。题干未体现,故排除A项。感觉阈限是指刚刚能引起感觉或差别感觉的刺激量。题干未体现,故排除C项。感觉补偿是指某种感觉系统的机能丧失后,由其他感觉系统的机能来弥补。题干未体现,故排除D项。

16. A 【解析】本题考查常见的社会知觉偏差。晕轮效应是指当我们认为某人具有某种特征时,就会对他的其他特征做相似判断。根据题干描述可知,当我们喜欢温客行时就认为其扮演者龚俊也是哪儿都好,即爱屋及乌,故体现了晕轮效应,答案选A项。

**易错提示**:考生应能辨析几个常见的社会知觉偏差。晕轮效应:强调“一好百好”“一坏百坏”“爱屋及乌”。首因效应:强调第一印象。刻板印象:强调把群体特征推及个体。近因效应:强调最近印象。

17. A 【解析】本题考查过度学习的应用。过度学习是指学习达到恰能背诵之后再继续学习。过度学习达到50%,即学习的熟练程度达到150%时,学习的效果最好。题干中小红达到恰能背诵的时间是10分钟,那么再学习5分钟(过度学习50%)时,效果最佳。故A项正确。

18. C 【解析】本题考查思维的特征。思维的特点包括概括性和间接性。思维的概括性,包含两层意思:(1)把同一类事物的共同特征和本质特征抽取出来加以概括;(2)将多次感知到的事物之间的联系和关系加以概括,得出有关事物之间的内在联系的结论。例如,每次看到“月晕”就要“刮风”,础石“潮湿”就要“下雨”,就能得出“月晕而风,础润而雨”的结论。思维的间接性是指思维能对感官所不能直接把握的或不在眼前的事物,借助于某些媒介物与头脑加工来进行反映。根据题干描述可知,C项符合题意。B项和D项为干扰项,故排除。

19. C 【解析】本题考查常用的教学方法。以语言传递为主的教学方法主要包括讲授法、谈话法、讨论法、读书指导法四种。其中,讲授法是教师运用口头语言系统连贯地向学生传授知识、技能,发展学生智力的教学方法。它可分为讲述、讲解、讲读和讲演四种形式。讲述是指教师运用生动形象的语言,叙述、描绘所要讲的知识内容的一种讲授方式,其目的在于帮助学生形成鲜明的表象,并从情绪上受到感染。故题干中老师运用的教学方法为讲授法,选 C 项。

20. A 【解析】本题考查动机斗争的分类。A 项,趋避冲突是指对同一目的兼具好恶的矛盾心理。题干中的小李因用人单位的工资高想去,但又因公司要求经常出差而不想去,故体现了趋避冲突。A 项符合题意。B 项,双趋冲突是指从自己同时都很喜爱的两个事物中仅择其一的心理状态。题干未体现,故排除。C 项,双避冲突是指从希望回避的两种事物中必取其一的心理状态。题干未体现,故排除。D 项,多重趋避冲突是指对含有吸引与排斥两种力量的多种目标予以选择时所发生的冲突。题干未体现,故排除。

21. C 【解析】本题考查积极适应挫折的方法和技术。C 项,补偿是指个人所追求的目标、理想受到挫折,或由于本身的某种缺陷而达不到既定目标时,用另一种目标来代替或通过另一种活动来弥补,从而减轻心理上的不适感。"失之东隅,收之桑榆"原指在某处先有所失,在另一处终有所得。比喻开始在这一方面失败了,最后在另一方面取得胜利。故符合补偿的内涵,答案选 C 项。A 项,升华泛指心理欲望从社会不可接受的方向转向社会可接受的方向的过程。题干未体现,故排除。B 项,幽默是指个体遇到挫折、处境困难或尴尬时,用一种机智、双关、讽喻、诙谐、自嘲等语言、动作的良性刺激来化解困难,以摆脱内心的失衡状态。题干未体现,故排除。D 项,合理宣泄是指通过创设一种情境,使受挫者能自由抒发受压抑的情绪。题干未体现,故排除。

22. B 【解析】本题考查马斯洛的需要层次理论。A 项,生理需要是人对食物、水分、空气、睡眠、性等的需要。不符合题意,排除。B 项,安全需要是指希求受到保护与免遭威胁从而获得安全感的需要。题干中强调小红找稳定的工作、买了多种保险等,都体现了其对安全需要的追求,故答案选 B 项。C 项,归属与爱的需要也称社交需要,是指每个人都有被他人或群体接纳、爱护、关注、鼓励及支持的需要。不符合题意,排除。D 项,自我实现的需要是追求自我理想的实现,是充分发挥个人潜能、才能的心理需要,也是一种创造和自我价值得到体现的需要。不符合题意,排除。

23. A 【解析】本题考查性格的结构。性格的结构分为态度特征、意志特征、理智特征、情绪特征。其中,性格的态度特征是指个体对自己、他人、集体、社会以及对工作、劳动、学习的态度特征。例如,诚实或虚伪、谦虚或骄傲、勤劳或懒惰等。性格的意志特征是指个体自觉地确定目标,调节支配行为,从而达到目标的性格特征。例如,勇敢或怯懦、果断或优柔寡断等。故 A 项符合题意。

24. B 【解析】本题考查教师发展三阶段理论。处于关注生存阶段的一般是新教师,他们非常关注自己的生存适应性,最担心的问题是"学生喜欢我吗""同事们如何看我""领导是否觉得我干得不错"等。题干中的新教师关注领导、同事、学生对自己的评价,处于关注生存阶段。处于关注情境阶段的教师关心的是如何教好每一堂课,以及班级大小、时间压力和备课材料是否充分等与教学情境有关的问题;处于关注学生阶段的教师关注学生的个别差异,根据学生的差异采取适当的教学,促进学生发展。故 A、C 两项不符合题意,排除。D 项为干扰选项,无该阶段,故排除。

25. C 【解析】本题考查气质的类型。黏液质的人安静稳重,考虑问题全面;善于克制自己,善于忍耐,喜欢沉思;情绪不易外露,但内心的情绪体验深刻;外部动作少而缓慢,容易给人"冷"的感觉;受外界环境的影响较大,习惯安静的环境,对新环境的适应能力较差。题干中描述的关于学生安然的特征,体现了其气质类型为黏液质。胆汁质的人精力旺盛、粗枝大叶、表里如一、刚强、易感情用事;多血质的人反应迅速、有朝气、活泼好动、动作敏捷、情绪不稳定;抑郁质的人敏锐、稳重、体验深刻、外表温柔、怯懦、孤独、行动缓慢。与题干描述不符,排除。

26. D 【解析】本题考查《中华人民共和国教师法》。我国于 1993 年颁布了《中华人民共和国教师法》,首次以法律形式规定国家实行教师资格制度。A 项,《教师资格条例》是 1995 年 12 月 12 日颁布的。B 项,《教师资格认定的过渡办法》是原国家教育委员会根据《中华人民共和国教师法》和《教师资格条例》制定并于 1995 年 12 月 28 日颁布的。C 项,《 <教师资格条例>实施办法》是 2000 年 9 月 23 日发布的。故本题选 D 项。

27. B 【解析】本题考查对《中华人民共和国义务教育法》的解读。题干中的条文强调缩小学校间的差距、班级间的差距,这是促进教育公平的体现,因此最终有利于我国实现教育公平。故答案选B项;A、C、D三项的描述均不符合题意,可排除。

28. B 【解析】本题考查2008年修订的《中小学教师职业道德规范》。2008年修订的《中小学教师职业道德规范》中的"教书育人"方面要求教师不以分数作为评价学生的唯一标准。故题干所述班主任的做法违背了教书育人的师德规范,选B项。

29. C 【解析】本题考查综合实践活动的特点。综合实践活动的特点包括:(1)整体性(综合性);(2)实践性;(3)开放性;(4)生成性;(5)自主性。其中,自主性是指综合实践活动充分尊重学生的兴趣、爱好,为学生自主性的充分发挥开辟了广阔的空间。学生自己选择学习的目标、内容、方式及指导教师,自己决定活动结果呈现的形式,指导教师只对其进行必要的指导,不包揽学生的工作。根据题干所述,学生在综合实践活动过程中自己选择指导老师,自己查阅资料、确定活动方案,自觉呈现活动结果,这体现了综合实践活动的自主性特点。故选C项。

30. B 【解析】本题考查新课程改革倡导的课程评价。新课程改革倡导建立与素质教育理念相一致的评价与考试制度。改变课程评价过分强调甄别与选拔的功能,发挥评价促进学生发展、教师提高和改进教学实践的功能。新课程倡导"立足过程,促进发展"的课程评价,这不仅仅是评价体系的变革,更重要的是评价理念、评价方法与手段以及评价实施过程的转变。故选B项。

二、多项选择题

31. ABCD 【解析】本题考查备课的要求。备好课是上好课的前提。教师备课要做好三方面的工作,即钻研教材、了解学生、设计教法,也即备教材、备学生、备教法;教师备课还要写好三种计划,即学年(或学期)教学计划、课题(或单元)计划、课时计划(教案)。故选ABCD四项。

32. ABCD 【解析】本题考查记忆的品质。记忆的品质包括敏捷性、持久性、准确性、准备性。故A、B、C、D四项全选。

33. ACD 【解析】本题考查有效组织复习的方法。有效组织复习的方法有:(1)复习时机要得当。①及时复习;②合理分配复习时间;③间隔复习;④循环复习。(2)复习方法要合理。①分散复习和集中复习相结合;②复习方法多样化;③运用多种感官参与复习;④尝试回忆与反复识记相结合。(3)复习次数要适宜。(4)重视对记忆品质的培养。(5)注意用脑卫生。因此,答案选A、C、D三项。

34. ABCD 【解析】本题考查考生的阅读理解能力。根据题干中杨震拒绝收礼的故事可知,教师应提高自身的职业道德修养,严格要求自己,提高自律能力,努力做到慎独。

35. ABCD 【解析】本题考查教育法律法规。A项,根据《中华人民共和国义务教育法》第二十七条规定,对违反学校管理制度的学生,学校应当予以批评教育,不得开除。B项,根据《中华人民共和国教育法》第九条规定,中华人民共和国公民有受教育的权利和义务。公民不分民族、种族、性别、职业、财产状况、宗教信仰等,依法享有平等的受教育机会。C项,根据《中华人民共和国未成年人保护法》(2020年修订)第二十八条规定,学校应当保障未成年学生受教育的权利,不得违反国家规定开除、变相开除未成年学生。D项,根据我国《预防未成年人犯罪法》的规定,只有学生行为达到刑事处罚、收容教养或者劳动教养的条件,学校才可以取消其学籍。根据我国《预防未成年人犯罪法》第四十三条规定,对有严重不良行为的未成年人,未成年人的父母或者其他监护人、所在学校无力管教或者管教无效的,可以向教育行政部门提出申请,经专门教育指导委员会评估同意后,由教育行政部门决定送入专门学校接受专门教育。据此规定,未成年学生具有严重不良行为,已经或者可能会对学校秩序产生不良影响,但是其行为还未达到刑事处罚、收容教养或者劳动教养的条件,学校就不应开除,而应按规定的条件和程序送专门学校继续接受教育。

36. AC 【解析】本题考查与意志品质相反的品质。意志的自制性是指一个人善于控制和支配自己的情绪,约束自己言行的品质。与自制性相反的意志品质为任性和怯懦。故答案选A、C两项。B项,优柔寡断是缺乏果断性的意志品质,故排除;D项,动摇性是缺乏坚持性的意志品质,故排除。

37. ACD 【解析】本题考查新课程倡导的学习方式。新课程倡导的学习方式包括自主学习、探究学习、合作学习。故选 ACD 三项。

38. ABD 【解析】本题考查学习迁移理论。早期的学习迁移理论包括:形式训练说、相同要素说(共同要素说)、概括化理论(经验类化说)、关系理论(关系转换说)。故答案选 A、B、D 三项。C 项是干扰项,多元智力理论是美国心理学家加德纳提出的,属于智力结构理论,故不选。

39. BCD 【解析】本题考查《学生伤害事故处理办法》。为了防止题干中的学生伤害事故再次发生,需要学生、家长以及学校的共同努力。A 项的说法过于绝对,故不选。根据《学生伤害事故处理办法》第十条规定,学生或者其监护人知道学生有特异体质,或者患有特定疾病,但未告知学校造成的学生伤害事故,学生或者未成年学生监护人应当依法承担相应的责任。因此,小蕊家长要求学校承担全部责任是不合理的,不能将责任全部推给学校。故 B、C 两项说法正确。学校对未成年学生没有监护职责,但是学校有法定的教育保护职责。学校应对学生进行安全教育,学生父母应该予以配合。故 D 项说法正确。

40. ABD 【解析】本题考查创造性的培养措施。学生创造性个性的塑造措施包括:(1)保护好奇心;(2)解除个体对答错问题的恐惧心理;(3)鼓励独立性和创新精神;(4)重视非逻辑思维能力;(5)给学生提供具有创造性的榜样。故选 ABD 三项。C 项说法有误,故不选。

三、判断题

41. × 【解析】本题考查教育的本质属性。教育的本质属性是育人,即教育是一种有目的地培养人的社会活动。老鹰教小鹰属于动物的本能活动,不属于教育现象。

**易错提示**:(1)教育是人类社会特有的活动,动物界不存在教育。故“老鹰教小鹰”不属于教育现象。(2)教育是传递社会经验的活动,如师傅教徒弟。

42. × 【解析】本题考查对教学方法的评价。对教学方法的评价主要看教法是否得法,是否符合认知规律,是否灵活且有实效;是否面向全体学生,是否激发学生兴趣,是否启迪学生思维;是否注重学法指导及培养学生学会学习的能力;是否正确、有效地使用现代电化教学手段。故题干说法不正确。

43. √ 【解析】本题考查埃里克森的心理社会发展阶段论。小学阶段的年龄范围是 6 ~ 12 岁,根据埃里克森的心理社会发展阶段论可知,这一阶段的冲突为勤奋感对自卑感,主要发展任务为培养勤奋感、克服自卑感。故题干说法正确。

44. √ 【解析】本题考查对全面发展的理解。要培养全面发展的人,就必须建构全面发展的教育。一般认为,我国现在中小学的全面发展教育主要包括德育、智育、体育、美育、劳动技术教育。人的全面发展不是人的各方面平均发展。把全面发展看成是平均发展,这种认识是非常机械的。实质上,全面发展是指人的各方面素质的和谐发展。故题干说法正确。

45. × 【解析】本题考查关键期的内涵。关键期就是指人的某种身心潜能在某一年龄段有一个最好的发展时期。它既包括有机体需要刺激的时期,也包括有机体对某种刺激最敏感的时期。因此,也叫敏感期、最佳期。关键期也并非是绝对的,错过关键期之后,经过补偿性学习仍有可能得到发展,只是难度要大些。故题干说法是错误的。

46. √ 【解析】本题考查学习风格的影响。学习风格同认知风格一样主要影响学生的学习方式,并不影响个人的智力水平。

47. × 【解析】本题考查教师的知识素养。教师需具备的知识素养主要包括:(1)政治理论修养。(2)精深的学科专业知识(本体性知识),如语文知识、数学知识。这是教师知识结构的核心。(3)广博的科学文化知识。(4)必备的教育科学知识(条件性知识),如教育学、心理学和教法等相关的教育心理方面的知识。(5)丰富的实践知识。故题干说法不正确。

48. × 【解析】本题考查活动课程与课外活动的关系。活动课属于课程范畴,它与其他课程共同构成学校的课程体系。而课外活动是一种学生在课堂之外的活动,它不属于课程体系,而是学校教育活动在课外的一种延伸。故题干说法不正确。(湖南教育出版社,陈梦稀、易小文、陈章顺等主编的《教育学》)

49. × 【解析】本题考查课程标准的制定者。课程标准是国家课程的基本纲领性文件,是国家对基础教育课程的基本规范和质量要求。学校没有制定课程标准的权力。故题干说法不正确。

50. √ 【解析】本题考查加德纳的多元智力理论。多元智力理论是由美国心理学家加德纳提出来的。加德纳认为,人的智力结构中存在着七种相对独立的智力,这七种智力在每个人身上的组合方式是多种多样的,每个人在不同领域的智力发展水平是不同步的。有人可能在某一两个方面是天才,而在其余方面却是蠢材;有人可能每种智力都很一般,但如果他所拥有的各种智力被巧妙地结合在一起,则可能在解决某些问题时会显得很出色。这正体现了题干中"人生天地间,各自有禀赋"的说法,故题干说法正确。

**四、简答题(参考答案)**

51. 新型师生关系的基本特征有哪些?

(1)人际关系:尊师爱生;(2)社会关系:民主平等;(3)教育关系:教学相长;(4)心理关系:心理相容。

52. 如果你是新生班主任,如何组织和培养班集体?

(1)确定班集体的发展目标;(2)建立得力的班集体核心;(3)建立班集体的正常秩序;(4)组织形式多样的教育活动;(5)培养正确的舆论和良好的班风。

53. 简述中学生情绪发展的主要特点。

(1)初中生情绪的发展主要表现在以下三个方面:①强烈、狂暴性与温和、细腻性共存;②可变性和固执性共存;③内向性和表现性共存。

(2)高中生情绪的发展呈现如下特点:①情绪体验的时限延长(延续性);②情绪体验的内容较为丰富(丰富性);③情绪体验存在个人独特的差异(特异性);④情绪体验更加深刻(深刻性);⑤情绪体验更加细腻(细腻性)。

**五、论述题(参考答案)**

54. 有网友说:"小时候上学是自己扫地,当家长了,还要去学校代孩子扫地。"这揭示出现代社会的一个奇怪现象:劳动教育趋于边缘化,一些孩子不爱劳动、不会劳动,劳动意识淡薄。

请根据劳动技术教育对全面发展的意义谈谈你的看法。

重视劳动技术教育可满足学生全面发展的需要。教育与生产劳动相结合是马克思主义教育思想的基本原理,劳动技术教育是马克思主义教育与生产劳动相结合原理的重要内容。马克思主义认为,教育与生产劳动相结合"不仅是提高社会生产的一种方法,而且是造就全面发展的人的唯一方法"。教育与生产劳动相结合是培养理论与实践相结合,脑力劳动与体力劳动相结合,德、智、体、美全面发展的一代新人的根本措施。实施劳动技术教育就是为了实现教育与生产劳动相结合,促进人的全面发展。

实施劳动技术教育,可以提高学生对劳动的认识,端正劳动态度,增进对劳动人民的感情,克服轻视体力劳动和体力劳动者的思想,促进良好品德形成;可以扩大学生的知识面,促进学生把所学知识应用于实践,提高学生解决问题的能力,发展学生智力;可以增强学生机体器官的功能,提高抵抗疾病的能力,促进学生身体健康发展;可以使学生在生产劳动中广泛接触美、感受美和体验美,激发创造美的热望。

总之,劳动技术教育能使学生在体力、智力、情感和道德诸方面和谐发展。

**六、材料分析题(参考答案)**

55. (1)陶行知运用了德育的疏导原则。这一原则是指进行德育时要循循善诱、以理服人,从提高学生认识入手,调动学生的主动性,使他们积极向上。运用这一原则时,教师需做到:①讲明道理,疏通思想;②因势利导,循循善诱;③以表扬、激励为主,坚持正面教育。案例中陶行知通过奖励王友糖果的方式,因势利导,循循善诱,使王友认识到用泥块砸同学的行为是错误的,提高了王友的认识,故体现了该原则。

(2)陶行知运用了德育的长善救失原则(依靠积极因素,克服消极因素的原则)。这一原则是指在德育工作中,教育者要善于依靠、发扬学生自身的积极因素,调动学生自我教育的积极性,克服消极因素,以达到长善救失的目的。运用这一原则时,教师需做到:①用一分为二的观点,全面分析,客观地评价学生的优点和不足;②有意识地创造条件,将学生思想中的消极因素转化为积极因素;③提高学生自我认识、自我评价的能力,启发他们自觉思考,克服缺点,发扬优点。案例中陶行知每奖励王友一颗糖都会对王友进行客观的评价,帮助王友看到自己的优点,提高王友自我认识、自我评价的能力,从而启发王友认识到自己的缺点并加以改正,故体现了该原则。

56. (1)①小赵的气质类型是多血质。多血质的人反应迅速、有朝气、活泼好动、动作敏捷、情绪不稳定,容易见异思迁。材料中,小赵积极承认错误,答应老师一定改,可是后来还是犯同样的错,这说明其容易见异思迁,故属于多血质。

②小钱的气质类型是胆汁质。胆汁质的人精力旺盛、粗枝大叶、表里如一、刚强、易感情用事,整个心理活动笼罩着迅速而突发的色彩。材料中,小钱没等老师说话就气急败坏,愤怒暴躁,这说明其情绪迅速而突发,故属于胆汁质。

③小孙的气质类型是黏液质。黏液质的人稳重,但灵活性不足;踏实,但有些死板;沉着冷静,但缺乏生气。材料中,小孙去了办公室后一句话也不说,然后听完老师的讲话就默默地走了,这说明其内敛、安静,故属于黏液质。

④小李的气质类型是抑郁质。抑郁质的人敏锐、稳重、体验深刻、外表温柔、怯懦、孤独、行动缓慢。材料中,小李去了办公室,满脸忧郁,感觉天都要塌了,这说明其敏锐、怯懦,故属于抑郁质。

(2)针对小李的气质类型,应采取委婉暗示的方式,对其多关心、爱护,不宜在公开场合下指责,不宜过于严厉地批评,培养他亲切、友好、善于交往、富有自信的精神,培养其敏感、机智、认真、细致、高自尊的优点。

## 2021 年辽宁省沈阳市皇姑区教师招聘考试教育理论基础真题试卷(三)

### 一、单项选择题

1. C 【解析】本题考查《学记》的地位。《学记》是中国也是世界教育史上的第一部教育专著,成文大约在战国末期。《论语》是儒家的经典著作之一,主要记录孔子及其弟子的言行。《大学》也是儒家重要著作之一,是一篇论述儒家修身治国平天下思想的散文。《孟子》是儒家经典著作之一,记载了孟子及其弟子去各国游说,推行其政治思想的活动。

2. A 【解析】本题考查"教育先行"概念的提出。1972 年,联合国教科文组织公布的报告《学会生存》首次提出"教育先行"的概念。《教育——财富蕴藏其中》是国际 21 世纪教育委员会在 1996 年向联合国教科文组织提交的报告,其中最核心的思想是教育应使受教育者学会学习。"可持续发展教育"不是一个特定的项目或计划名称,而是作为已经存在的若干教育形式的总括而出现的,该概念首先在 1992 年里约热内卢地球峰会上由联合国教科文组织提出。2015 年,联合国教科文组织发表了"反思教育:走向全球共同利益"一文,论述在 21 世纪应以何种价值观来引导教学的发展。

3. B 【解析】本题考查赫尔巴特在世界教育史上的地位。赫尔巴特是康德哲学教席的继承者,近代德国著名的心理学家和教育学家,在世界教育史上被认为是"现代教育学之父"或"科学教育学的奠基人"。

4. B 【解析】本题考查教育最早的独立形态。从教育系统所赖以运行的空间特性来看,可以将教育形态划分为家庭教育、学校教育与社会教育三种类型。教育的最早独立形态是社会教育,家庭教育出现在一夫一妻制的家庭生产之后,学校教育形态出现最晚。

5. A 【解析】本题考查教育功能的特征。教育功能的特征有:客观性、社会性、多样性、整体性和条件性。

(1)客观性。教育功能不是主观臆想的,它是由教育的本质和教育系统的结构所决定的。教育本质和教育结构在人类发展历史过程中有着相对的稳定性,这就决定了教育功能的客观性。

(2)社会性。教育功能随社会历史条件的变化而变化。

(3)多样性。教育对社会方方面面的作用,决定了教育功能的多样性。

(4)整体性。教育功能的整体性不仅表现在教育系统内部的协调一致,还表现在教育与社会系统的整体联动。

(5)条件性。教育功能的实现是需要条件的:一是要符合教育自身的规定和规律,二是需要现实提供适合功能发挥的条件。

由上述内容可知,题干所述决定了教育功能的客观性,答案选 A 项。

6. C 【解析】本题考查影响人的发展的因素。孟子的母亲为选择良好的环境教育孩子,多次迁居,体现的是环境对人的发展的影响。

7. A 【解析】本题考查结构主义课程理论的观点。布鲁纳在《教育过程》一书中提出了一系列关于课程改革的主张,学术界称他的这些主张为"结构主义课程论"。他的主张归纳起来有以下几点:(1)强调使学生掌握学科的基本结构;(2)认为任何学科都能够以某种方式教给任何年龄的任何儿童;(3)主张通过"内在奖励"的形式激励学生学习;(4)重视发展学生的直觉思维;(5)提倡"发现法"。故选A项。永恒主义课程理论强调"永恒学科"是课程的核心。要素主义课程理论认为课程的内容应该是人类文化的"共同要素"。后现代主义课程理论把课程当作一个不断展开的动态过程,重视个体在课程实践中的体验,强调学习者通过理解和对话寻求意义、文化和社会问题。

8. B 【解析】本题考查品德的心理结构。品德的心理结构包括四种相辅相成的基本心理成分:道德认知(道德认识)、道德情感、道德意志和道德行为,简称知、情、意、行,故答案选B项。

9. D 【解析】本题考查美育过程的相关内容。培养学生审美感知能力是美育过程的起点;培养学生审美判断能力是美育过程的进一步发展;发展学生的创造才能,把感受美、鉴赏美的能力用于实践是美育过程的最终目的。故选D项。

10. A 【解析】本题考查素质教育的特征。全体性是素质教育最本质的规定、最根本的要求。所谓教育对象的"全体性",从广义上说,是指素质教育必须面向全体国民,要求每个社会成员都必须通过正规的或非正规的渠道接受一定时限、一定程度的教育,以达到提高全体国民素质的目的;从狭义上说,是指全体适龄儿童都必须接受正规的义务教育。

11. C 【解析】本题考查教育目的的意义。教育目的是整个教育工作的核心,是教育活动的依据和评判标准、出发点和归宿,在教育活动中居于主导地位。同时它也是全部教育活动的主题和灵魂,是教育的最高理想。

12. C 【解析】本题考查教师的教学监控能力。教师的教学监控能力是其教学能力中最重要的成分,是教学能力的核心。在整个教学能力结构中,教学认知能力是基础,教学操作能力是教学能力的集中体现,而教学监控能力是关键。

13. A 【解析】本题考查教师劳动的价值。教师劳动的价值具有模糊性、滞后性、隐蔽性。

(1)模糊性。一个学生的成长与进步,是由遗传、家庭、社会、教师以及学生个人努力等多种因素作用的结果,人们很难准确地指出学生的变化是由哪方面的因素引起的。正是这种模糊性,很难使教师的劳动得到明确的评价。

(2)滞后性。教师的劳动价值,要在学生进入社会,并为社会做出贡献之后才能最终得到体现。而一旦体现出来,教师及其劳动已成为过去,常常被人淡忘。

(3)隐蔽性。教师劳动所创造的价值,是作为一种潜在的价值因素寓于学生身上的,只有借助于学生行为表现的外显,或对社会做出的贡献才能得到证明,缺乏自明性。所以,教师劳动的价值往往很难为人们所充分了解、正确评价,并给予恰当报酬。

综上所述,题干所述体现了教师劳动的价值具有模糊性。答案选A项。D项为无关选项,可以排除。

14. B 【解析】本题考查教师的职业道德素养。热爱学生是教师职业道德的核心,是教师高尚道德品质的表现。

15. C 【解析】本题考查师生关系的结构。师生关系能集中反映社会伦理文化,表现为一种鲜明的道德关系。从教育和教学的特点来看,教育和教学活动自身就是一种道德活动,即"教学具有教育性"。在师生关系建立过程中,师生一刻都不能离开对道德规范的遵守,也离不开道德规范的调节。(具体内容参见李娟华、刘彦文、都丽萍主编的《现代教育学教程》)

16. D 【解析】本题考查马斯洛的需要层次理论。马斯洛根据需要出现的先后及强弱顺序,把需要分成了七个层次,即生理需要、安全需要、归属与爱的需要、尊重需要、求知需要、审美需要和自我实现的需要。马斯洛对以上七种需要进行了进一步的区分:前四种需要被称为缺失需要,后三种需要是成长需要。故答案选D项。

17. C 【解析】本题考查课程标准的意义。课程标准规定了学科的教学目标、任务,知识的范围、深度和结构,教学进度以及有关教学方法的基本要求,是编写教科书和教师进行教学的直接依据,也是衡量各科教学质量的重要标准。教师应将课程标准作为检查自己教学质量的依据。

18. A 【解析】本题考查德育。德育是培养学生正确的人生观、世界观、价值观,使学生具有良好的道德品质和正确的政治观念,形成正确的思想方法的教育。B、C、D项均属于学校德育的范畴,A项属于知识教育,是智育的内容。

19. A 【解析】本题考查教师专业发展的核心因素。

自我反思被认为是教师专业发展和自我成长的核心因素,是开展校本研究的基础和前提。

20. C 【解析】本题考查教学组织形式。现场教学是指教师把学生带到事物发生、发展的现场进行教学活动的形式。题干中的"田间地头、工厂、博物馆、社区"就是事物发生、发展的现场,这种教学属于现场教学。

21. B 【解析】本题考查教学组织形式。复式教学是把两个或两个以上不同年级的学生编在一个教室里,由一位教师分别用不同的教材,在一节课里对不同年级的学生进行教学的一种特殊组织形式。它适用于学生少、教师少、校舍和教学设备较差的农村以及偏远地区。题干描述的就是复式教学组织形式。分组教学是指在按年龄编班或取消按年龄编班的基础上,根据学生能力、成绩分组进行编班的教学组织形式。道尔顿制是由美国教育家柏克赫斯特创建的一种教学组织形式,废除教师面向全体学生的课堂讲授,废除课程表和年级制,代之以教师辅导学生按"公约"个别自学。特朗普制是把大班上课、小班讨论和个人独立研究结合在一起,并采用灵活的时间单位代替固定的上课时间的教学组织形式。

22. A 【解析】本题考查人格的特征。"人心不同,各如其面"这句俗语为人格的独特性作了最好的诠释。一个人的人格是在遗传、成熟、环境、教育等先后天因素的交互作用下形成的。不同的遗传、生存及教育环境,形成了各自独特的心理特点。

23. C 【解析】本题考查教师的职业角色。"道之所存,师之所存也"即道理存在的地方,就是老师存在的地方。教师负有传递社会道德传统、价值观念的使命,题干这句话体现出教师的传道者角色。

24. A 【解析】本题考查教育制度的发展历史。教育制度的发展经历了从前制度化教育到制度化教育、再到非制度化教育的过程。前制度化教育是人类教育史上一个重要的发展阶段。一般认为,在奴隶社会初期出现的定型的教育组织形式即实体化教育——学校是其重要的标志。制度化的教育指向形成系统的各级各类学校。学校教育系统的形成,即意味着制度化教育的形成。非制度化教育是相对于制度化教育而言的。它指出了制度化教育的弊端,但又不是对制度化教育的全盘否定。非制度化教育所推崇的理想是:"教育不应再限于学校的围墙之内"。故选A项。

25. D 【解析】本题考查意志的品质。意志的品质特点如下:

| 品质 | 与之相反的品质 | 相反的品质的表现 |
|---|---|---|
| 自觉性 | 受暗示性(盲从) | 极易受到别人的怂恿 |
| | 独断性 | 一概拒绝他人的意见或建议 |
| 果断性 | 优柔寡断 | 犹豫不决,该断不断 |
| | 草率武断 | 行动鲁莽,轻举妄动 |
| 自制性 | 任性 | 不能约束自己的行动 |
| | 怯懦 | 在行动中畏缩不前 |
| 坚韧性 | 动摇性 | 对实现目的缺乏信心和决心;缺乏坚定的行动目的 |
| | 执拗性 | 固执己见,一意孤行 |

因此,对于缺乏信心和决心的学生,教师应注重培养其意志品质的坚韧性。

26. A 【解析】本题考查心理现象的结构。心理现象包括心理过程和个性心理两个方面,具体表现在:

| | | |
|---|---|---|
| 心理过程 | 认知过程 | 感觉、知觉、记忆、想象、思维等 |
| | 情绪情感过程 | 情绪、情感 |
| | 意志过程 | 意志行动的心理过程 |
| 个性心理 | 个性心理倾向性 | 需要、动机、兴趣、爱好、信念、理想、世界观等 |
| | 个性心理特征 | 能力、气质和性格等 |

因此,答案选A项。

27. B 【解析】本题考查引起注意的因素。题干中强调教师通过加大嗓门使课堂中的学生安静下来,这是运用提高刺激物的强度来引起学生注意的一种方法。

28. C 【解析】本题考查培养学生良好品德的方法。培养学生良好品德常用的方法有言语说服、榜样示范、群体约定、价值辨析、奖惩等。其中,利用群体约定是指教师可以利用集体讨论后做出的集体约定,来改变学生的态度。根据题干描述可知,刘老师与学生形成了共识,这是利用群体约定的表现。

29. D 【解析】本题考查教学原则。思想性(教育性）和科学性相统一的原则是指教学要以马克思主义为指导，授予学生科学知识，并结合知识教学对学生进行社会主义品德和正确人生观、科学世界观教育。这一原则的实质是要求在教学活动中把教书和育人有机地结合起来。张老师在教“圆周率”的知识时，向学生介绍祖冲之的成长过程以及其与圆周率的故事，就是将知识教学与育人有机地结合了起来，符合思想性（教育性）和科学性相统一的教学原则的要求。

30. B 【解析】本题考查教育的文化功能。教育能够传播、交流和融合文化。教育通过传播文化，使不同国家和民族的文化相互交流、交融，促进文化的优化和发展。外国民众通过“孔子学院”学习汉语，了解中国，喜欢中国，这说明教育可以传播交流文化。

31. D 【解析】本题考查课程的类型。隐性课程亦称潜在课程、自发课程，是学校情境中以间接的、内隐的方式呈现的课程。在历史上，最早涉及隐性课程研究的学者，可能要推到杜威及其学生克伯屈。早在20世纪初，杜威就曾指出：“有一种意见认为，一个人所学习的仅是他当时正在学习的特定的东西，这也许是所有教育学中最大的错误了”。由此，杜威将与具体知识内容的学习相伴随的，对所学内容及学习本身养成的某种情感、态度的学习称为“附带学习（连带学习）”。杜威强调，附带学习可能比正式学习来得更为根本、更为重要。

32. B 【解析】本题考查教学原则。启发性原则是指在教学活动中，教师要调动学生的主动性和积极性，引导他们通过独立思考、积极探索，生动活泼地学习，自觉地掌握科学知识，提高分析问题和解决问题的能力。它是在吸取中外教育遗产的基础上提出的，是教师主导作用与学生主体作用相统一的规律在教学中的反映。

33. A 【解析】本题考查常用的德育方法。“苦其心志，劳其筋骨，饿其体肤，空乏其身”的意思是：使他心意苦恼，筋骨劳累，使他忍饥挨饿，身体空虚乏力。这说明人才的成长必须经过艰苦的磨炼，体现的教育方法是锻炼法。

34. B 【解析】本题考查学习策略的种类。元认知策略是指个体为实现最佳的认知效果而对自己的认知活动所进行的调节和控制。它大致可分为以下三种：计划策略、监控策略和调节策略。其中，计划策略是指根据认知活动的特定目标，在认知活动开始之前计划完成任务所涉及的各种活动、预计结果、选择策略，设想解决问题的方法，并预估其有效性等。调节策略是指在学习过程中根据对认知活动监视的结果，找出认知偏差，及时调整策略或修正目标；在学习活动结束时，评价认知结果，采取相应的补救措施，修正错误，总结经验教训等。题干中的王军同学能够分析考试成败的原因，总结经验教训，这属于调节策略；做出下一步计划和安排，属于计划策略。因此，答案选B项。

35. B 【解析】本题考查感知规律。A项强度律，强调直观对象必须达到一定强度。B项差异律，强调对象和背景的差异。C项活动律，强调对象的活动和变化。D项组合律，强调对象的结构。根据题干描述可知，教师利用色彩对比突出直观对象的特点，这体现了加强对象和背景的差异，故答案选B项。

36. D 【解析】本题考查教师良心。教师良心是教师个人在自己的教育实践中，对社会向教师提出的一系列道德要求的自觉意识，是教师个人对学生、教师集体和社会自觉履行其职责的道德责任感以及对自己教育行为进行道德控制和道德评价的能力，是多种教师职业道德心理因素在教师个人意识中的有机统一。从教师个体职业良心形成的角度看，教师的职业良心首先会受到社会生活和群体的影响。

37. D 【解析】本题考查《中华人民共和国教育法》。根据《中华人民共和国教育法》第七十三条规定，明知校舍或者教育教学设施有危险，而不采取措施，造成人员伤亡或者重大财产损失的，对直接负责的主管人员和其他直接责任人员，依法追究刑事责任。

38. C 【解析】本题考查《中华人民共和国义务教育法》。根据《中华人民共和国义务教育法》第二十二条规定，县级以上人民政府及其教育行政部门应当促进学校均衡发展，缩小学校之间办学条件的差距，不得将学校分为重点学校和非重点学校。学校不得分设重点班和非重点班。

39. D 【解析】本题考查学生的权利。隐私权是指公民生活中不愿为他人公开或知悉的个人秘密的不可侵犯的人身权利。根据题干中“不得随意宣扬学生的个人信息”可知，本题考查学生享有的隐私权。

40. D 【解析】本题考查课程的意义。课程是学校教育的核心，是学校培养未来人才的蓝图，它涉及教学过程中教师“教什么”和学生“学什么”的问题，它规定以什么样的教育内容来培养新一代，是学校教育的基础。

41. C 【解析】本题考查班杜拉对强化的分类。班杜拉将强化分为直接强化、替代强化和自我强化三种。(1)直接强化是指观察者因表现出观察行为而受到强化。(2)替代强化是指观察者因看到榜样的行为被强化而受到强化。(3)自我强化是指对自己表现出的符合或超出标准的行为进行自我奖励。题干中强调小宇用自己的零花钱奖励自己，故属于自我强化。

42. D 【解析】本题考查网络教学的特点。随着网络技术、通信技术的快速发展，互联网络在我国日益普及，人们在尝试网络通信的同时，也想到把互联网技术应用于教育实践，出现了网络教学模式。这种教学模式的特点主要有：开放性、协作性、交互性、共享性、实时性、个别化。D 项不属于网络教学的特点。(具体内容参见杨九民主编的《现代教育技术》)

43. A 【解析】本题考查认知过程的内涵。认知过程是人们获得知识或应用知识的过程，或对信息进行加工的过程，是人的最基本的心理过程。(具体内容参见林国君主编的《医学心理学》)

44. B 【解析】本题考查感觉的规律。在刺激作用停止后暂时保留的感觉现象称为感觉后效，即感觉后像。我们在日常生活中看到电影的画面，正是视觉后像的作用。故答案选 B 项。A 项联觉是指一种感觉兼有另一种感觉的心理现象；C 项感觉对比是同一感受器接受不同的刺激，而使感受性发生变化的现象；D 项感觉适应是由于刺激对感受器的持续作用而使感受性发生变化的现象。这三项均不符合题意，故不选。

45. A 【解析】本题考查知觉的特性。知觉的选择性是指当面对众多的客体时，知觉系统会自动地将刺激分为对象和背景，并把知觉对象优先地从背景中区分出来。学生在阅读时划重点线，这是为了优先选择重点内容，故利用了知觉的选择性。B 项理解性强调知识经验的作用；C 项整体性强调将事物的多种属性整合为统一整体；D 项恒常性强调知觉映像相对不变。这三项均不符合题意，故不选。

46. C 【解析】本题考查学习策略的种类。调节策略是指在学习过程中根据对认知活动监视的结果，找出认知偏差，及时调整策略或修正目标。例如：当学习者意识到他不理解课文的某一部分时，他就会退回去重读困难的段落；在阅读困难或不熟的材料时放慢速度；复习自己不懂的课程材料；测验时跳过某个难题先做简单的题目等。故答案选 C 项。

47. B 【解析】本题考查情感的种类。理智感是人认识事物和探求真理的需要是否得到满足而产生的主观体验。例如，人们在探求未知的事物时所表现的求知欲、认识兴趣和好奇心、发现问题的惊奇感、问题解决的喜悦感、为真理献身的自豪感、问题不解的苦闷感等。因此，题干中解决难题的兴奋感属于理智感。

48. B 【解析】本题考查不同认知风格的特点。场依存型的优势在于：善于把握整体，善于学习系统化、条理化的材料，喜欢与同伴在一起讨论或进行协作学习，注意环境的要求，很容易适应环境，受大家的欢迎，受外在动机的支配。故答案选 B 项。

49. C 【解析】本题考查不同学习理论的观点。A 项，行为主义学习理论的核心观点认为，学习过程是有机体在一定条件下形成刺激与反应的联系，从而获得新经验的过程。故排除。

B 项，认知主义学习理论认为，有机体获得经验的过程是通过积极主动的内部信息加工活动形成新的认知结构的过程。故排除。

C 项，建构主义学习理论的教学模式强调以学生为中心，认为学生是知识意义的主动建构者。故答案选 C 项。

D 项，情境学习理论认为，学习是通过社会活动来实现的，知识意义形成的关键在于整个学习活动本身，不能单纯只以个体认知的角度来解释学习行为的发生。故排除。

50. D 【解析】本题考查菲茨和波斯纳的操作技能三阶段模型。菲茨和波斯纳将操作技能学习的过程分为认知、联系形成和自动化三个阶段。其中，在自动化阶段，各个动作相互协调似乎是自动流出来的，无需特殊的注意和纠正。这时，练习者的多余动作和紧张状态已经消失，能根据情况变化灵活、迅速而准确地完成动作，并且这种动作已经达到自动化程度，几乎不需要有意识的控制。题干中的杂技演员一边骑车，一边做出优美复杂的动作，这说明他的动作技能处于自动化阶段。

51. A 【解析】本题考查《中华人民共和国教师法》。根据《中华人民共和国教师法》第三十七条规定，教师有下列情形之一的，由所在学校、其他教育机构或者教育行政部门给予行政处分或者解聘：(1)故意不完成教育教学任务给教育教学工作造成损失的；(2)体罚学生，经教育不改的；(3)品行不良、侮辱学生，影响恶劣的。因此，王某所在学校或者教育行政部门应当给予其行政处分或者解聘。

52. C 【解析】本题考查义务教育的特征。义务教育作为一项教育制度和法律制度，就其性质而言，义务教育最基本的三个特征是强制性、免费性、普及性。

53. A 【解析】本题考查情绪的种类。依据情绪发生的强度、持续性和紧张度的不同，可以把情绪状态划分为激情、心境、应激三种。其中，激情是一种爆发式的、猛烈而时间短暂的情绪状态。例如，狂喜、暴怒、恐惧、绝望、剧烈的悲痛等，都是激情的表现。

54. C 【解析】本题考查自我意识的发展阶段。生理自我在3岁左右基本成熟；社会自我到少年期基本成熟；心理自我是在青春期开始发展和形成的。故答案选C项。

55. D 【解析】本题考查技能的种类。心智技能也称为智力技能、认知技能，是通过学习而形成的合乎法则的心智活动方式。阅读技能、写作技能、运算技能、解题技能等都是常见的心智技能。

56. D 【解析】本题考查个体身心发展的规律。人的身心发展是不平衡的，发展速度在整个发展进程中也不是匀速前进的，而是呈现出加速与平缓交替发展的状态，体现出发展过程中量变与质变的辩证统一。(具体内容参见袁振国主编的《当代教育学》)

57. B 【解析】本题考查学生的权利。人身自由是公民的一项基本权利，包括身体行动的自由和表达的自由。因此，教师不得以任何理由对学生关禁闭，不得侵犯学生的人身自由权。

58. B 【解析】本题考查常用的教学方法。“独学而无友，则孤陋而寡闻”的意思是：自己一个人冥思苦想，不与友人讨论，就会学识浅薄，见闻不广。这句话表明在教学中要相互学习，讨论切磋，取长补短，共同进步。这反映在教学方法上，就是强调讨论法的重要性。

59. A 【解析】本题考查复式教学组织形式。复式教学是把两个或两个以上不同年级的学生编在一个教室里，由一位教师分别用不同的教材，在一节课里对不同年级的学生进行教学的一种特殊组织形式。其主要特点是：直接教学和学生自学或做作业同时进行，学科头绪多，讲课时间少，组织教学繁杂，教学任务重。A项正确。复式教学适用于学生少、教师少的情况，B项错误。复式教学在不同年级内进行，C项错误。复式教学组织得好，学生的基本训练和自学能力往往更强，D项错误。

60. D 【解析】本题考查情绪的功能。情绪的动机功能是指情绪能够激励人的活动，提高人的活动效率。适度的情绪兴奋，可以使身心处于活动的最佳状态，推动人们有效地完成任务。研究表明，适度的紧张和焦虑能促使人积极地思考和解决问题。同时，情绪对于生理内驱力也具有放大信号的作用，成为驱使人们行为的强大动力。

61. B 【解析】本题考查皮亚杰的认知发展阶段理论。根据皮亚杰的认知发展阶段理论可知，认知发展处于前运算阶段的儿童具有以下特征：(1)早期的信号功能。(2)自我中心性(中心化)。(3)不可逆运算。(4)不能够推断事实。(5)泛灵论。(6)不合逻辑的推理。(7)不能理顺整体和部分的关系。(8)认知活动具有具体性，还不能进行抽象的思维运算。因此，答案选B项。

62. D 【解析】本题考查动机斗争的种类。动机斗争的种类包括：

| 分类 | 定义 | 典例 |
| --- | --- | --- |
| 双趋冲突 | 从自己同时都很喜爱的两个事物中仅择其一的心理状态 | 鱼和熊掌不可兼得 |
| 双避冲突 | 从希望回避的两种事物中必取其一的心理状态 | 进退维谷 |
| 趋避冲突 | 对同一目的兼具好恶的矛盾心理 | 既想当班干部又怕影响学习 |
| 多重趋避冲突 | 对含有吸引与排斥两种力量的多种目标予以选择时所发生的冲突 | 大学毕业生就业中的选择困难 |

“鱼与熊掌不可兼得”的表面意思是鱼和熊掌都

想要,但只能选择一样。因此,属于双趋冲突。

63. D 【解析】本题考查学生的权利。人格尊严权,就是公民的自我认识和评价不容他人轻视和否定以及公民作为人应受到他人起码的尊重的权利。因此,教师不能以任何原因、在任何场合随意对学生进行精神伤害,不能侵犯学生的人格尊严权。

64. B 【解析】本题考查教师的领导方式。在专制型领导方式下,教师对学生要求严格,学生学习被动。一旦教师离开教室,学生的学习就明显松弛。因此,题干所述是在专制型领导方式下的学生反应。

65. B 【解析】本题考查教育文献。教育年鉴是以全面、系统、准确地记述一年内教育发展状况为主要内容的重要教育发展情况档案,便于了解教育现状和研究发展趋势。年鉴有较大的总结、统计意义和比较系统的连续参考作用。教育辞书主要是提供教育科学名词术语的资料,规范、精确、准确,以条目形式出现。专著(包括论文集)是就教育领域某一学科、某一专门问题进行系统、全面、深入的论述,内容专业且深奥,大多是作者多年研究成果的结晶。张老师想了解近年来我国中小学教育的发展状况,最可靠的信息来源是教育年鉴。

66. B 【解析】本题考查《中华人民共和国教育法》。根据《中华人民共和国教育法》第二章可知,我国的教育基本制度有:学校教育制度、义务教育制度、职业教育制度和继续教育制度、国家教育考试制度、学业证书制度、学位制度、教育督导制度和教育评估制度等。因此,答案选B项。

二、多项选择题

67. ABD 【解析】本题考查我国古代的学校。我国古代的学校分为官学、私学和书院。

68. AB 【解析】本题考查奥苏贝尔的学习分类。奥苏贝尔从两个维度对学习做了区分:从学生学习的方式上,将学习分为接受学习与发现学习;从学习内容与学习者认知结构的关系上,将学习分为有意义学习和机械学习。因此,答案选A、B两项。

69. BC 【解析】本题考查实用主义教育学的基本观点。实用主义教育学的基本观点有:(1)教育即生活,教育的过程与生活的过程是合一的,而不是为将来的某种生活做准备的;(2)教育即学生个体经验持续不断的增长,除此之外教育不应该有其他目的;(3)学校是一个雏形的社会,学生在其中要学习现实社会中所要求的基本态度、技能和知识;(4)课程组织以学生的经验为中心,而不是以学科知识体系为中心;(5)师生关系以儿童为中心,而非以教师为中心,教师只是学生成长的帮助者,而非领导者;(6)教学过程应重视学生自己的独立发现、表现和体验,尊重学生发展的差异性。B、C项属于实用主义教育学的基本观点。A项是文化教育学的观点,D项是实验教育学的观点。

70. ABC 【解析】本题考查教育的具体而实在的规定性。教育的具体而实在的规定性体现在:(1)教育是人类所特有的一种有意识的社会活动;(2)教育是人类有意识地传递社会经验的活动;(3)教育是以人的培养为直接目标的社会实践活动。D项排除。

71. ABC 【解析】本题考查教育的基本要素。教育者、受教育者(学习者)和教育影响(教育媒介)是构成教育活动的基本要素。

72. ABCD 【解析】本题考查教学过程的基本要素。一般认为,教师、学生、教学内容和教学手段是构成教学过程的基本要素。

73. ABCD 【解析】本题考查社会政治经济制度对教育的影响和制约。社会政治经济制度决定教育的领导权、受教育权、教育目的、教育内容的取舍、教育体制。此外,政治经济制度还决定教育制度,一个国家有什么样的政治制度,便有什么样的教育制度。

74. ABCD 【解析】本题考查教师劳动的特点。关于教师劳动的特点的说法有很多,王道俊、郭文安主编的《教育学》认为,教师劳动的特点有:复杂性、示范性、创造性、专业性。

75. ACD 【解析】本题考查"三生教育"。新时期学校德育的"三生教育"是指生存教育、生活教育、生命教育。

76. AC 【解析】本题考查教师的课堂教学策略。小强总是抢着回答问题,说明其学习积极性很强,但基本上每次回答都是错误的,说明其知识掌握不牢固或并未对问题进行深入思考,因此,王老师应该启发小强认真思考后再回答问题,鼓励他多动脑筋,A、C项正确。给小强安排更多的作业无益于启发小强思考,B项错误。对小强置之不理会打击小强学习的积极性,D项错误。

77. ABC 【解析】本题考查学校教育(教育)对人身心发展的促进作用。学校教育(教育)对人身心发展的促进作用表现在促进个体个性化与个体社会化两方面。(1)教育在促进个体社会化中的功能主要表现为:①学校教育有助于促进个体思想意识的社会化;②学校教育有助于促进个体行为的社会化;③学校教育有助于培养个体的职业意识和角色。(2)教育的个体个性化功能主要体现在:①学校教育有助于促进人的主体意识的形成和主体能力的发展;②学校教育有助于促进个体差异的充分发展,形成人的独特性;③学校教育有助于开发人的创造性,促进个体价值的实现。因此,A、B、C 项正确,D 项错误。

78. ABD 【解析】本题考查因材施教原则的贯彻要求。贯彻因材施教原则,应注意:(1)要坚持课程计划和学科课程标准的统一要求;(2)教师要了解学生,从实际出发进行教学;(3)教师要善于发现每个学生的兴趣、爱好,并创造条件,尽可能使每个学生的不同特长都得以发挥。C 项不属于因材施教原则的贯彻要求。

79. ABCD 【解析】本题考查选择榜样的原则。选择榜样应该坚持的原则有:可接受原则、真实性原则、时代性原则、德智并重原则。

80. ABD 【解析】本题考查心理过程的相关知识。鹤立鸡群,原意是指野鹤站在普通的鸡中,显得十分高大。由此可知鹤与鸡的体型差异较大,二者之间具有显著的视觉对比,因此容易引起个体的无意注意。同时,这一现象也容易引起注意的优先选择,即反映了注意的选择性。故答案选 A、B、D 三项。兴趣是人对事物的一种认识倾向,伴随着积极的情绪体验,对个体活动,特别是对个体的认知活动有巨大的推动作用。题干中描述的“鹤立鸡群”,并没有体现出兴趣,故不选。

81. ABCD 【解析】本题考查培养学生创造性思维能力的方式。培养学生创造性思维能力的方式有:(1)激发学生的兴趣;(2)发展学生的直觉思维;(3)鼓励学生的求异思维;(4)培养学生的独创性思维;(5)培养思维的流畅性、灵活性和独创性。

82. AC 【解析】本题考查迁移的种类。正迁移也叫“助长性迁移”,是指一种学习对另一种学习的促进作用;负迁移也叫“抑制性迁移”,是指一种学习对另一种学习产生阻碍作用。顺向迁移是指先前学习对后继学习产生的影响;逆向迁移是指后继学习对先前学习产生的影响。掌握了汉语拼音,会对学习英语字母“a”“b”的书写产生促进作用,这是由于二者的书写方式一致,故有利于尽快掌握;但会对掌握英语字母“a”“b”的读音产生阻碍作用,这是由于二者字形一致,但读音不同,容易产生混淆。根据题干描述可知,掌握汉语拼音在先,学习英语字母“a”“b”的书写在后,故属于顺向迁移。因此,答案选 A、C 两项。

83. ABC 【解析】本题考查学校教育在人的身心发展中起主导作用的原因。学校教育在人身心发展中起主导作用的原因有:(1)学校教育是有目的、有计划、有组织地培养人的活动;(2)学校有专门负责教育工作的教师,相对而言效果较好;(3)学校教育能有效地控制和协调影响学生发展的各种因素。D 项排除。

84. ABCD 【解析】本题考查新课程倡导的学生观。新课程提倡的学生观的主要观点有:(1)学生是发展中的人,要用发展的观点认识学生。①学生的身心发展是有规律的;②学生具有巨大的发展潜能;③学生是处于发展过程中的人;④学生的发展是全面的发展。(2)学生是独特的人。①学生是完整的人;②每个学生都有自身的独特性;③学生与成人之间存在着巨大的差异。(3)学生是具有独立意义的人。①每个学生都是独立于教师的头脑之外,不以教师的意志为转移的客观存在;②学生是学习的主体;③学生是责权主体。所以,A、B、C、D 四项均属于新课程倡导的学生观的主要观点。

85. AB 【解析】本题考查素质教育的重点。素质教育是以培养创新精神和实践能力为重点的教育。故素质教育的重点是培养学生的创新精神和实践能力。

86. AB 【解析】本题考查错觉现象。感觉对比是同一感受器接受不同的刺激,而使感受性发生变化的现象。感觉对比分为:(1)同时对比,是指几个刺激物同时作用于同一感受器而产生的现象。例如,月明星稀。(2)继时对比,是指刺激物先后作用于同一感受器而产生的现象。例如,手放进热水之后,再放到温水中,会觉得温水很凉。因此,C 项属于继时对比现象,D 项属于同时对比现象。故 C、D 两项排除。错觉是指在特定条件下对客观事物必然会产生的某种固有倾向的歪曲知觉。A、B两项中的现象都是在特定条件下产生的错觉现象。

87. ABCD 【解析】本题考查影响问题解决的因素。影响问题解决的因素包括:(1)问题情境;(2)定势与功能固着;(3)原型启发;(4)已有知识经验;(5)情绪与动机。此外,个体的认知结构、个性特征以及问题的特点等也会影响问题解决。因此,A、B、C、D四项全选。

88. ABCD 【解析】本题考查引导与帮助学生进行合作的措施。在引导与帮助学生进行合作方面,教师有必要特别注意以下几点:(1)激发学生的合作动机。(2)指导学生学会合作技巧,养成社会交往的能力。(3)保证小组每个成员都积极参与集体学习。

89. ABCD 【解析】本题考查制约课程的因素。总的来说,社会(社会需求)、知识(学科知识水平)、儿童(学习者身心发展的需求)是制约学校课程的三大因素。此外,课程理论也是制约课程的因素。

90. ABD 【解析】本题考查提高学生意义记忆能力的措施。提高学生意义记忆能力的措施有:(1)帮助学生很好地理解教材。(2)教会学生一些基本的良好的记忆方法。(3)适当训练机械记忆能力。学生学习基本上是要求意义记忆的,但也需要一定程度的机械记忆作为辅助。

91. ABCD 【解析】本题考查影响学习迁移的因素。影响学习迁移的因素包括:(1)学习材料的特点。共同因素是学习迁移产生的客观必要条件,但不是唯一的条件。(2)原有的认知结构。(3)对学习情境的理解。(4)学习的心理准备状态。(5)学习策略的水平。(6)智力与能力。(7)教师的指导。

92. ABCD 【解析】本题考查《中华人民共和国教育法》。根据《中华人民共和国教育法》第四十三条规定可知,受教育者享有下列权利:(1)参加教育教学计划安排的各种活动,使用教育教学设施、设备、图书资料;(2)按照国家有关规定获得奖学金、贷学金、助学金;(3)在学业成绩和品行上获得公正评价,完成规定的学业后获得相应的学业证书、学位证书;(4)对学校给予的处分不服向有关部门提出申诉,对学校、教师侵犯其人身权、财产权等合法权益,提出申诉或者依法提起诉讼;(5)法律、法规规定的其他权利。因此,A、B、C、D四项全选。

93. ABC 【解析】本题考查《中华人民共和国未成年人保护法》(2020年修订)。根据《中华人民共和国未成年人保护法》(2020年修订)可知,我国对未成年人的保护分为家庭保护、学校保护、社会保护、网络保护、政府保护和司法保护。因此,答案选A、B、C三项。

94. BCD 【解析】本题考查新课程结构的主要特点。均衡性、综合性和选择性是新课程结构区别于现行课程结构的三个基本特征。

95. ACD 【解析】本题考查《中华人民共和国义务教育法》。根据《中华人民共和国义务教育法》第三十四条规定,教育教学工作应当符合教育规律和学生身心发展特点,面向全体学生,教书育人,将德育、智育、体育、美育等有机统一在教育教学活动中,注重培养学生独立思考能力、创新能力和实践能力,促进学生全面发展。

96. ABCD 【解析】本题考查《中华人民共和国教育法》。根据《中华人民共和国教育法》第四十四条规定,受教育者应当履行下列义务:(1)遵守法律、法规;(2)遵守学生行为规范,尊敬师长,养成良好的思想品德和行为习惯;(3)努力学习,完成规定的学习任务;(4)遵守所在学校或者其他教育机构的管理制度。

## 2021年广东省汕尾市教师招聘考试通用能力测试(教育类)真题试卷(四)

### 一、单项选择题

1. D 【解析】本题考查教学组织形式。个别教学是教师分别对个别学生进行传授与指导的教学组织形式。古代教学基本采用这种形式。中国春秋时期的私学,汉代以后的书院和私塾,都是对学生逐个进行教学。近代实施班级授课以来,在一部分教学中有时还继续采用个别教学形式,如在中医、音乐、美术、研究生等教学中。

2. C 【解析】本题考查教育的起源学说。教育心理起源说认为,教育起源于日常生活中儿童对成人无意识的模仿。该学说批判了"教育生物起源说"不区分人类教育与动物本能的庸俗教育观点,认为教育只存在于人类社会,而动物界不存在人类的教育。

3. B 【解析】本题考查个体身心发展的动因。孟子是我国古代内发论的代表。他认为人的本性是善的,“万物皆备于我”,人的本性中就有恻隐、羞恶、辞让、是非四端,这是仁、义、礼、智四种基本品性的根源,人只要善于修身养性,向内寻求,这些品性就能得到发展。

4. A 【解析】本题考查教育的社会制约性。社会经济政治制度对教育的制约表现为:(1)社会经济政治制度制约教育的性质与领导权;(2)社会经济政治制度制约教育的目的和内容;(3)社会经济政治制度制约受教育权。此外,社会经济政治制度还制约教育管理体制的特性。故选 A 项。生产力对教育的制约表现为:(1)生产力的发展制约教育事业发展的规模和速度;(2)生产力的发展水平制约人才的培养规格和教育结构;(3)生产力的发展制约教学内容、教学方法和教学组织形式的发展和改革。(具体内容参见王道俊、郭文安主编的《教育学》)

5. C 【解析】本题考查《普通教育学》的历史地位。赫尔巴特的《普通教育学》是教育理论发展史上的伟大里程碑,是近代教育理论走向科学的开山祖和奠基石。

6. C 【解析】本题考查教学方法。演示法是指教师通过展示实物、教具和示范性的实验来说明、印证某一事物和现象,使学生掌握新知识的一种教学方法。演示所使用的工具可分为四大类:实物、标本、模型、图片的演示;图表、示意图、地图的演示;实验演示;幻灯片、电影、录像的演示。题干中倪老师借助西瓜模型开展教学采用的是演示法。

7. D 【解析】本题考查三维目标中的情感态度与价值观目标。情感态度与价值观目标强调教学过程中激发学生的情感共鸣,引起积极的态度体验,形成正确的价值观。由 D 项中的“自豪”“激发为家乡做贡献的愿望”可知,D 项属于情感态度与价值观目标。

8. B 【解析】本题考查课程内容的组织形式。课程内容的组织形式有直线式与螺旋式、纵向组织与横向组织、逻辑顺序与心理顺序等。其中,螺旋式是指在不同单元乃至阶段或不同课程门类中,使课程内容重复出现,逐渐扩大知识面,加深知识难度,即同一课程内容前后重复出现,前面呈现的内容是后面内容的基础,后面内容是对前面内容的不断扩展和加深,层层递进。题干中对于“三角形内角和为180°”这一知识点的学习,小学重测量、画图,中学重证明符合螺旋式的组织方式,即同一课程内容前后重复出现,难度加深。

9. C 【解析】本题考查教学过程的基本规律。教育性规律即传授知识与思想品德教育相统一的规律。题干中的班主任在向学生讲解“共和国勋章”时,借用钟南山的事迹对学生进行了思想品德教育,故体现了教学过程中传授知识与思想品德教育相统一的规律。

10. D 【解析】本题考查提问的类型。根据布卢姆认知领域的教学目标分类,提问可被分为对应的六种类型:识记型、理解型、应用型、分析型、综合型、评价型。简单来说,识记型(记忆型)要求学生能够回忆信息;理解型要求学生能够转述或重新组织读过或讲过的知识;应用型要求学生能够将所学知识运用于新的环境之中;分析型要求学生能够将一个问题分成几部分,并能在各个部分之间建立联系;综合型要求学生能够将各个部分的知识加以整合,构建出对一个问题的独特新颖的回答;评价型要求学生能够按照一定的标准对不同方法、思想、人物或产品的价值做出判断。题干中,根据自己所选择的证据,对哪类国家的生活水平更高做出判断,属于评价型提问。

11. A 【解析】本题考查教学目标陈述的要素。行为目标是指用可观察和可测量的行为陈述的教学目标。行为目标的陈述具备三个要素:(1)具体目标,即用行为动词描述学生通过教学形成的可观察、可测量的具体行为,如“写出”“列出”“解答”等,旨在说明“做什么”。(2)产生条件,即规定学生行为产生的条件,如“根据参考书”“按课文内容”“不用笔算”等,旨在说明“在什么条件下做”。(3)行为标准,即提出符合行为要求的行为标准,如“没有语法或拼写错误”“90%正确”“30 分钟内完成”,旨在说明“有多好”。

12. D 【解析】本题考查课堂导入的类型。释题导入是教师从分析课题入手导入新课的方式。直接导入是指教师上课伊始直接阐明本节课的学习内容、目标和要求的导入方法。设疑导入是根据课堂要讲授的内容,设计有关的问题向学生提出,以引起学生的好奇心和求知欲。复习导入是在复习旧知识的基础上,引入新课。依据题干描述,语文老师采用的导课方式是复习导入。

13. B 【解析】本题考查教学水平的类型。记忆水平的教学,目的在于识别或记住事实材料,使之再认或再现,不求理解,机械模仿,教学中以教师得出结论为主,反复训练学生的记忆功能。解释性理解水平的教学指的是教师变换各种角度对知识和技能进行讲授和解释,设计各种例题和变式,使学生对知识加以领会,并将学到的知识、技能在一定范围内的新的情境中加以应用。探究性理解水平的教学指的是有目的地引起新问题情境的认知冲突,促使学生积极介入。教师与学生共同参与提出问题和解决问题、共同进行研究和评价。学生在教师的引导下充分发挥自主学习的主动性,获得对知识、技能的探究性理解,增强科学观点和有效的思考。因此,伍老师的教学水平处在解释性理解水平。

14. A 【解析】本题考查合作学习的要素。约翰逊兄弟认为,有五个要素是合作学习不可缺少的:积极的相互依赖、面对面的促进性相互作用、个人责任、社会技能、小组自加工(小组自评),其中,社会技能是小组合作是否有效的关键所在。

15. C 【解析】本题考查计算机辅助教学的基本模式。计算机辅助教学的基本模式包括:操作与练习、对话、模拟、游戏、问题求解等。其中,操作与练习的教学目的不是向学生传授新知识,而是让学生通过做大量的习题以达到巩固所学知识和形成熟练技能的目的。

16. B 【解析】本题考查教学评价的类型。形成性评价是对学生日常学习过程中的表现、所取得的成绩以及所反映出的情感、态度、策略等方面的发展做出的评价,是基于对学生学习全过程的持续观察、记录、反思而做出的发展性评价。其目的是激励学生学习,帮助学生有效调控自己的学习过程,使学生获得成就感,增强自信心,培养合作精神。故选 B 项。

17. C 【解析】本题考查教学监控能力。林崇德、申继亮、辛涛在认知建构理论和元认知理论的基础上,提出了教学监控能力的理论。教学监控能力是指教师为了保证教学的成功,达到预期的教学目标,在教学的全过程中将教学活动本身作为意识的对象,不断地对其进行积极主动的计划、检查、评价、反馈、控制和调节的能力,它是教师的反省思维和思维的批判性在教学活动中的具体体现,是教师教学能力的元成分。教师的教学监控力包括以下几方面:(1)计划与准备能力;(2)课堂的组织与管理能力;(3)教材的呈现,包括对教学进程、教学方法、师生互动等的认识和反馈调节能力;(4)言语与非言语沟通能力;(5)对学生学习的评估;(6)反省与评价能力。

18. B 【解析】本题考查教育目的的价值取向。社会本位论认为,教育的目的是为社会培养合格的成员和公民,使受教育者社会化,社会价值高于个人价值,教育质量和效果可以用社会发展的各种指标来评价。凯兴斯泰纳认为教育就是要造就公民,体现的教育目的价值取向为社会本位论。

19. A 【解析】本题考查现代学制的类型。现代学制主要有三种类型:一是双轨学制,二是单轨学制,三是分支型学制。其中,单轨制的特征是所有学生在同样的学校系统学习,可以由小学升入中学、大学,各级各类学校互相衔接。

20. B 【解析】本题考查观察学习的效应。班杜拉分析了观察学习的五种效应:习得效应(观察学习效应)、抑制与去抑制效应、反应促进效应、刺激指向效应(环境加强效应)、情绪唤醒效应。其中,抑制效应指观察者看到他人的不良(或良好)行为受到社会遣责,观察者会暂时抑制受到遣责的不良(或良好)行为。去抑制效应指观察者看到他人的不良行为未受到应有的惩处,其原本受到抑制的不良行为重新发作。例如,一名有不良行为习惯的学生进入一个班风很好、纪律严明的班集体,在周围同学良好表现的耳濡目染之下,该生的不良行为方式很可能暂时受到抑制。但由于他的恶习一时难以完全消除,当他离开班集体,进入他自己原先的小圈子后,不良习气又会重新发作。习得效应,是指通过观察习得新的技能和行为模式。反应促进效应,是指通过观察促进新的学习或加强原先习得的行为。刺激指向效应,指通过观察榜样行为,观察者将自己的注意指向特定的刺激。情绪唤醒效应,指看到榜样表达的情感,在观察者身上容易唤起类似的情感。

21. 缺失

22. A 【解析】本题考查课堂管理。布罗菲和伊伏特逊划分了课堂管理的四个阶段。(1)幼儿园和小学低年级阶段。在这一阶段要直接教课堂规则和程序,只有儿童掌握了基本的规则和程序之后,才可能进行学习活动。(2)小学中年级阶段。

在这一阶段,教师要花较多的时间监控和维持管理系统。(3)小学高年级和初中阶段。在这一阶段,友谊以及在伙伴团体中的地位对学生来说更重要,他们不再取悦老师而是取悦伙伴,有些学生甚至开始检验和否定权威。这一阶段管理的关键是如何建设性地处理这些混乱,如何激励那些不再关心教师观点的学生以及对社会生活更感兴趣的学生。(4)高中阶段。这一阶段的主要任务是管理课程、使学业材料适应学生的兴趣和能力、帮助学生较多地管理自己的学习。

23. C 【解析】本题考查学生产生课堂不良行为的原因。课堂不良行为最常见的强化物一般有两种:一是获得老师或同伴的注意,二是逃避不愉快的状态或活动。因此,家长的言语刺激不属于学生产生课堂不良行为的主要原因。

24. C 【解析】本题考查行为矫正的原则。行为矫正的原则包括:(1)识别目标行为和强化。(2)设立基点行为。(3)选择强化物和强化的标准。(4)必要的惩罚及其标准。当使用强化程序也无法解决某一个严重的行为问题时,就需要使用惩罚了。作为惩罚的任何不愉快的刺激,个体都试图避开它。学校里常见的惩罚有申斥、逐出教室、停止上课等。奥·勒利等人提出七条有效而人道地使用惩罚的原则:①偶尔使用惩罚;②使儿童明白为什么他要受惩罚;③给儿童提供一个可选的方法以获得某种积极的强化;④强化儿童与问题行为相反的行为;⑤避免使用体罚;⑥避免在教师非常愤怒或情绪不好时使用惩罚;⑦在某个行为开始而不是结束时使用惩罚。(5)观察行为并与基点做比较。(6)减少强化的频率。因此,C项错误,应该避免使用体罚。

25. D 【解析】本题考查教育研究方法。A项,基础研究是指研究者希望自己的发现能合乎自己或专门研究领域学者的兴趣而进行的理论研究,其目的在于揭示普遍规律而促进理论的建树与发展;B项,实验研究是根据研究目的,运用一定的人为手段,主动干预或控制研究对象的发生、发展过程,通过观察、测量、比较等方式探索、验证所研究现象因果关系的研究方法;C项,行动研究是一种由实际工作者在现实情境中自主进行的反思性探索,并以解决工作情境中特定的实际问题为主要目的,强调研究与活动的一体化,使实际工作者从工作过程中学习、思考、尝试和解决问题。D项,开发研究(或称"应用研究")是指研究者利用已有的研究成果,为实际问题的解决提供可行的方案和实践方法。故选D项。

26. C 【解析】本题考查科尔伯格的品德发展阶段理论。科尔伯格将道德判断分为三个水平(前习俗水平、习俗水平、后习俗水平),每一水平包含两个阶段。其中,习俗水平包括好孩子的道德定向阶段(人际协调定向)和维护权威或秩序的道德定向阶段(遵守法规取向阶段或秩序和法规定向)。处于人际协调定向阶段的儿童以人际关系的和谐为导向,顺从传统的要求,符合大众的意见,谋求大家的称赞。在进行道德评价时,总是考虑到社会对一个"好孩子"的期望和要求,并总是按照这种要求去展开思维。他们认为好的行为就是帮助别人、使别人愉快、受他人赞许的行为。

27. D 【解析】本题考查中国学生发展核心素养的内容。中国学生发展核心素养分为文化基础、自主发展、社会参与三个方面。其中社会参与综合表现为责任担当、实践创新两大素养。责任担当主要是学生在处理与社会、国家、国际等关系方面所形成的情感态度、价值取向和行为方式。题干中张老师注重培养学生的"责任担当"这一素养,有利于发展学生的社会参与能力。

28. D 【解析】本题考查态度与品德的形成阶段。态度与品德的形成大致经历三个阶段:依从、认同、内化。其中,认同即在思想、情感、态度和行为上主动接受规范,从而试图与之保持一致。认同实质上就是对榜样的模仿,其出发点就是试图与榜样一致。"狐假虎威"是在思想、情感、态度和行为上主动接受规范,"东施效颦"是试图与榜样保持一致,对榜样进行模仿。因此,题干所述属于态度与品德的形成过程中的认同。

29. B 【解析】本题考查德育模式相关知识。认知模式是当代德育理论中流行最为广泛、占据主导地位的德育学说,它是由瑞士学者皮亚杰提出,而后由美国学者科尔伯格进一步深化的。该模式假定人的道德判断力按照一定的阶段和顺序从低到高不断发展,道德教育的目的就在于促进儿童道德判断力的发展及其行为的发生。故选B项。A项是体谅模式的主张,C项是社会模仿模式的主张,D项是价值澄清模式的主张。

30. A 【解析】本题考查学习的分类。根据学习的意识水平可以将学习分成内隐学习和外显学习。内隐学习是指有机体在与环境接触的过程中不知不觉地获得了一些经验,并因之改变其事后某些行为的学习。外显学习类似于有意识的问题解决,是有意识的、做出努力的和清晰的、需要付出心理努力并需按照规则作出反应的学习。题干中小盒因长时间看同学下五子棋,便掌握了下五子棋的方法,这是在不知不觉中获得经验的过程,因此属于内隐学习。

31. B 【解析】本题考查学习动机的分类。按学习动机产生的诱因来源,可分为内部学习动机和外部学习动机。因此,排除C、D两项。根据学习动机所起作用的范围不同,可分为一般学习动机和具体学习动机。一般学习动机是在许多学习活动中都表现出来的,较稳定、持久地努力掌握知识经验的动机。具体学习动机是在某一具体学科或学习活动中表现出来的动机。因此,题干中只形成对某一门学科的学习动机属于具体学习动机。

32. A 【解析】本题考查学习任务的价值。一般来讲,学习任务对学生有三种价值:(1)成就价值,它表明学生在任务中表现良好的重要性。成就价值与个体的需要及取得成功的意义相关,比如,一个人想使自己表现得很聪明,并且相信测验中的高分能表明其聪明,那么测验对其有很高的成就价值。(2)内在价值或兴趣价值,它是指个体从活动本身获得乐趣,如有人喜欢学习的体验,也有人喜欢从事繁重的体力活动或解决具有挑战性的难题。(3)效用价值,即帮助个体达到一个短期或长期目标的价值,如学习外语可以为自己进入外资企业工作提供更大的可能性。题干中学生学习音乐是出于对艺术的热爱,这属于内在价值或兴趣价值。

33. D 【解析】本题考查外部动机的四种类型。依据外在标准的内化与整合程度,外部动机可分为四种类型:(1)外部调节。这是外部动机自主性最低的形式,其典型形式是从事某种活动是为了获得报偿,避免惩罚。(2)内摄调节。这是正在开始内化的外部调节,但外部标准还没有内化成为整合的自我的一部分。内摄调节是初步内化了的调节,具有一定的控制性。内摄调节的行为往往是为了避免内疚与羞怯,获得自我提高和自我价值感。换句话说,这种调节形式是基于与自尊关联的调节,或者说自我卷入是内摄调节的一种形式。内摄调节行为是低自主性的行为,也属于低自我决定行为。(3)认同调节。这是一种更进一步的自我决定的外部动机,个体认同了行为目标的价值,接受了行为对个人的重要意义。(4)整合调节。它提供了外部动机行为最高自主性形式的基础,它来源于认同的进一步发展,当认同的行动价值与自我的价值、目标和需要相一致时,便成为一种整合调节的形式。题干所述外部动机是为了避免内疚感和获得自尊与自我价值感,因此属于内摄调节。

34. A 【解析】本题考查自我价值感理论。自我价值感理论将学生划分为四种类型:高驱低避型、低驱高避型、高驱高避型、低驱低避型。其中,高驱低避型的学生拥有无穷的好奇心,对学习有极高的自我卷入水平。他们通过不断的刻苦努力发展自我。他们几乎在所有时间里都处于孜孜不倦的学习中。他们的学习超越了对能力状况和失败状况的考虑,他们学习仅仅因为学习是他们快乐的手段,是他们生命的存在方式。学习本身而非外界刺激带给他们一种源于内心的快感。低驱高避型学生又被称为"逃避失败者",这类学生更看重逃避失败而非期望成功。高驱高避型的人同时受到成功的诱惑和失败的恐惧,对任务又爱又恨,既追求又排斥让他们常常处于一种冲突状态。低驱低避型的人不奢望成功,对失败也不感到丝毫恐惧或者羞愧。题干所述的意思是,孔子说:"颜回的品质是多么高尚啊!一箪饭,一瓢水,住在简陋的小屋里,别人都忍受不了这种穷困清苦,颜回却没有改变他好学的乐趣。"这说明颜回以学习为乐,因此属于高趋低避型学生。

35. B 【解析】本题考查正例与反例。正例又称肯定例证,指包含着概念或规则的本质特征和内在联系的例证;反例又称否定例证,指不包含或只包含了一小部分概念或规则的主要属性和关键特征的例证。题干中,中国、澳大利亚不属于岛屿,因此属于反例;美国夏威夷州、中国台湾属于岛屿,因此属于正例。

36. C 【解析】本题考查迁移的分类。根据迁移的性质和结果,可分为正迁移、负迁移和零迁移。根据迁移发生的方向,可分为顺向迁移和逆向迁移。因此,排除A、B两项。顺向迁移是指先前学习对后继学习产生的影响。逆向迁移是指后继学习对先前学习产生的影响。题干中,先学习的物理中的“平衡”的概念对后学习的化学平衡、生态平衡、经济平衡、心理平衡产生的影响属于顺向迁移。

37. A 【解析】本题考查操作技能的形成阶段。菲茨和波斯纳将操作技能的形成分为三个阶段:认知阶段、联结阶段和自动化阶段。其中,认知阶段指学生尝试理解操作技能的任务及这一任务提出的要求,了解需要做哪些动作、各动作的顺序怎样、从何处可以得到反馈等。此时,学生要选出原来已经掌握的部分技能,并按规定的程序将它们组合起来。这一阶段主要是理解学习任务,并形成目标意象和目标期望。题干中,谢老师参照说明书进行尝试,并在头脑中形成画面,这说明他处于动作技能形成的认知阶段。

38. B 【解析】本题考查问题的分类。根据内容特性,可将问题分为概念性问题、经验性问题和价值问题。概念性问题内容涉及学术性概念,如长方体的表面积与体积之间存在什么关系。经验性问题涉及生活经验,如在冰面上行走时如何防滑。价值问题涉及伦理道德、是非判断,如初中生该不该早恋。根据概括水平,可将问题分为概括性问题和特殊性问题。其中,特殊性问题指向特殊的个体或现象,不具有广泛的概括性,如小学生张某的学习积极性如何。因此,本题选B项。

39. B 【解析】本题考查类比的方法。戈登提出了四种类比的方法:狂想类比、直接类比、拟人类比、符号类比。狂想类比是让学生考虑解决问题的途径,尽可能地以不寻常的思路去思考或尽可能地牵强附会。直接类比是将两种不同的事物,彼此加以隐喻或类比,借以触类旁通,举一反三。拟人类比即将事物“拟人化”或“人性化”。例如,要求学生写一篇作文,想象一棵树生病了会怎么样?学生把自己想象成一棵生病了的小树,将自己平时生病时的症状和感受都赋予了这棵小树,因此写得生动感人。符号类比是指运用符号象征化的类比。例如,诗词的表达,利用一些字词,可以引申或解析某一较高层次的意境或观念。题干所述属于拟人类比。

40. D 【解析】本题考查学习策略。精细加工策略是指把新信息与头脑中的旧信息联系起来从而增加新信息意义的深层加工策略,包括记忆术、做笔记、生成性学习等。学生通过“大鱼取两边,小鱼取中间”的口诀进行记忆的方法属于记忆术中的缩减和编歌诀。因此,这种学习策略属于精细加工策略。

41. B 【解析】本题考查教师职业倦怠。玛勒斯等人认为职业倦怠主要表现为三个方面:(1)情绪耗竭(情绪衰竭),指个体情绪情感处于极度的疲劳状态,工作热情完全丧失;(2)去人性化(去人格化),即刻意在自身和工作对象间保持距离,对工作对象和环境采取冷漠和忽视的态度;(3)个人成就感低(低成就感),表现为消极地评价自己,贬低工作的意义和价值。题干中周老师怀疑自己的能力差,并感到自卑与自责,这符合低成就感的内涵。

42. B 【解析】本题考查皮亚杰的认知发展理论。顺应是指当有机体不能利用原有图式接受和解释新刺激时,其认知结构发生改变来适应刺激的影响。题干中小军通过改变自己的认知结构来适应新的刺激,他的认知过程属于顺应。

43. A 【解析】本题考查思维的特点。思维的间接性是指思维能对感官所不能直接把握的或不在眼前的事物,借助于某些媒介物与头脑加工来进行反映。“一声短笛斜阳外,知有渔舟泊柳阴”是指通过短笛声音就可判断有渔舟在柳阴处,这反映了人的思维具有间接性。

44. C 【解析】本题考查感觉的相互作用的规律。感觉对比是同一感受器接受不同的刺激,而使感受性发生变化的现象。感觉对比分为两种:同时对比和继时对比。几个刺激物同时作用于同一感受器会产生同时对比现象。刺激物先后作用于同一感受器会产生继时对比现象。例如:吃过糖之后吃橘子,会觉得橘子特别酸。题干所述属于典型的继时对比现象。A项感觉适应指由于刺激对感受器的持续作用而使感受性发生变化的现象。B项感觉后像指刺激物对感受器的作用停止后,感觉现象并没有立即消失,它能保留一个短暂的时间。

45. B 【解析】本题考查记忆的基本过程。记忆是一个复杂的心理过程,它是由识记、保持、再现(再认或回忆)三个相互联系的基本环节组成的。其中,保持是对识记内容的一种强化的过程,使它更好地成为人们的经验,是对知识经验的储存和巩固。

46. A 【解析】本题考查识记的分类。根据识记有无目的性,可分为无意识记和有意识记。根据识记时对材料是否理解,可以把识记分为机械识记和意义识记。因此,排除 C、D 两项。机械识记是指在材料本身无内在联系或不理解其意义的情况下,按照材料的顺序,通过机械重复方式而进行的识记。如对无意义音节、地名、人名、历史年代等的识记。意义识记是在对材料内容理解的基础上,通过材料的内在联系而进行的识记。因此,本题选 A 项。

47. D 【解析】本题考查注意的功能。注意的功能包括:(1)选择功能,即选择有意义的、符合需要的和与当前活动相一致的刺激,避开与之无关的、干扰当前活动的各种刺激并抑制对它们的反应。(2)保持功能,即使注意对象的映像或内容保持在意识中,得到清晰、准确的反映。(3)调节和监督功能,即控制心理活动向着一定的方向或目标进行。因此题干所述体现了注意的调节功能。

48. D 【解析】本题考查人们认识世界的主观意识过程。人们认识世界的主观意识过程,通常可以分为三个阶段:一是认知阶段。目的在于解决"是什么"或"什么事实"的问题。二是评价阶段。目的在于解决"有何用"或"有什么价值"的问题。三是意志(决策)阶段。目的在于解决"怎么办"或"实施什么行为"的问题。

49. C 【解析】本题考查意志的品质。意志的坚韧性又称坚持性,是一个人在行动中坚持决定,百折不挠地克服重重困难去达到行动目的的品质。题干中的学生在制定了学习目标后,总是一遇到困难就放弃目标,这说明其缺乏意志的坚持性。

50. B 【解析】本题考查情绪的分类。依据情绪发生的强度、持续性和紧张度的不同,可以把情绪状态划分为激情、心境、应激三种。其中,心境是一种微弱的、持续时间较长的、带有弥漫性的情绪状态。心境一经产生就不只表现在某一特定对象上,而是在相当长的一段时间内,使人的整个心理活动都染上某种情绪色彩,影响人的整个行为表现,成为情绪生活的背景。题干中莉莉在最近一段时间闷闷不乐,是一种心境。

51. C 【解析】本题考查埃里克森的心理社会发展论。根据埃里克森的心理社会发展论,学龄期(6~12 岁)的发展危机是勤奋对自卑的冲突。这一阶段的儿童都应在学校接受教育。学校是训练儿童适应社会、掌握今后生活所必需的知识和技能的地方。如果他们能顺利地完成学习课程,他们就会获得勤奋感,这使他们在今后的独立生活和承担工作任务中充满信心。反之,就会产生自卑。当儿童的勤奋感大于自卑感时,他们就会获得"能力"的品质。

52. C 【解析】本题考查中小学心理健康教育的主要任务。《中小学心理健康教育指导纲要(2012 年修订)》中指出,心理健康教育的主要任务是:全面推进素质教育,增强学校德育工作的针对性、实效性和吸引力,开发学生的心理潜能,提高学生的心理健康水平,促进学生形成健康的心理素质,减少和避免各种不利因素对学生心理健康的影响,培养身心健康、具有社会责任感、创新精神和实践能力的德智体美全面发展的社会主义建设者和接班人。

53. D 【解析】本题考查心理防御机制。合理化又称文饰作用,指通过无意识地用一种似乎有理的解释或实际上站不住脚的理由来为其难以接受的情感、行为或动机辩护以使其可以接受。合理化有两种表现:(1)酸葡萄心理,即把得不到的东西说成是不好的;(2)甜柠檬心理,即当得不到葡萄而只有柠檬时,就说柠檬是甜的。题干中学生因考不上高中,就说考上职高更好,属于合理化中的甜柠檬心理。

54. A 【解析】本题考查学校心理咨询的分类。根据咨询内容的不同,学校心理咨询可分为心理发展咨询、心理适应咨询和心理障碍咨询三类。其中,心理发展咨询的目的是为了更好地认识自己,充分发挥潜能,提高学习与生活的质量。

55. A 【解析】本题考查气质类型。气质类型可分为多血质、黏液质、胆汁质和抑郁质。其中,多血质的特点有外向,活泼好动,善于交际;思维敏捷;容易接受新鲜事物;情绪情感容易产生也容易变化和消失,容易外露;体验不深刻等。题干中描述的学生属于多血质的气质类型。

56. D 【解析】本题考查教师期望效应。教师期望效应也叫罗森塔尔效应或皮格马利翁效应,指人们基于对某种情境的知觉而形成的期望或预言,会使该情境产生适应这一期望或预言的效应。该效应有四个理论基础:一是罗杰斯人本主义理论。二是马斯洛需要层次理论。三是巴甫洛夫的阳性强化法，该理论认为，人们会因奖励而加强为他人所赞赏的行为；因惩罚而减少不为人们所认同的行为。当“阳性强化法”被用于教学中，期待效应就会显现。四是班杜拉的社会学习理论。因此，题干所述体现了教师期望效应。

57. B 【解析】本题考查班杜拉对榜样的分类。班杜拉认为榜样有三种形式：(1)活的榜样，指具体的活生生的人；(2)符号榜样，指通过语言或影视图像而呈现的榜样；(3)诫例性榜样，即以语言描绘或形象化方式表现某个带有典型特点的榜样，以告诫儿童学习或借鉴某个榜样的行为方式。

58. B 【解析】本题考查班杜拉对观察学习的分类。班杜拉根据观察者观察学习的不同水平，把观察学习划分为三种类型：(1)直接的观察学习，即学习者对示范行为简单的模仿；(2)抽象性的观察学习，学习者从示范者的行为中获得一定的行为规则或原理；(3)创造性观察学习，学习者从不同示范行为中抽取出不同的行为特点，并形成了一种新的行为方式。小丽从小明的行为中获得了行为规则，属于抽象性的观察学习。

59. C 【解析】本题考查科尔勃的两维坐标理论。科尔勃根据具体体验(CE)—抽象概括(AC)维度和反省性观察(RO)—主动实验(AE)维度确定出四种学习风格：顺应者方式、发散者方式、聚合者方式和同化者方式。其中，聚合者方式寻求观念和理论的实际应用，宁愿处理技术任务和问题，而不愿处理社会和人际事务。顺应者方式喜爱执行计划和参与新的挑战性任务或实际经验，依靠人得到信息而不是靠个人的技术分析。发散者方式从许多不同角度看待具体情境，喜爱能产生各种观念的情境，富于想象力，敏于感受。同化者方式理解大量信息并将之置于简明而合乎逻辑的形式中，较少注意人而是更多地对抽象观念和概念感兴趣。

60. B 【解析】本题考查加涅对学习的分类。根据学习情境由简单到复杂、学习水平由低到高的顺序，加涅把学习分为信号学习、刺激—反应学习、连锁学习、言语联结学习、辨别学习、概念学习、规则或原理学习和解决问题学习八类。其中规则或原理学习是指学习两个或两个以上概念之间的关系，例如各种规律、定理的学习。故B项属于规则学习。A项属于概念学习，C项属于辨别学习，D项属于解决问题学习。

61. C 【解析】本题考查普雷马克原理。在选择强化物时，可以遵循普雷马克原理，即用高频活动作为低频活动的有效强化物。在应用普雷马克原理时应注意：用学生喜欢的行为去强化不喜欢行为的发生；行为和强化的关系不能颠倒，必须先有行为，再有强化；要让学生明确感觉到这种行为和强化的依随关系；不能过度使用强化物，否则，可能使强化物失去原有的效力。所以让学生完成阅读之后去做喜爱的模型，体现了普雷马克原理。

62. C 【解析】本题考查《中华人民共和国义务教育法》。根据《中华人民共和国义务教育法》第二十七条规定，对违反学校管理制度的学生，学校应当予以批评教育，不得开除。

63. A 【解析】本题考查《学生伤害事故处理办法》。根据《学生伤害事故处理办法》第二十一条规定，对经调解达成的协议，一方当事人不履行或者反悔的，双方可以依法提起诉讼。

64. A 【解析】本题考查《教师资格条例》。根据《教师资格条例》第十九条规定，有下列情形之一的，由县级以上人民政府教育行政部门撤销其教师资格：(1)弄虚作假、骗取教师资格的；(2)品行不良、侮辱学生，影响恶劣的。故本题选A项。

65. B 【解析】本题考查《中华人民共和国教师法》。根据《中华人民共和国教师法》第二十五条规定，教师的平均工资水平应当不低于或者高于国家公务员的平均工资水平，并逐步提高。建立正常晋级增薪制度，具体办法由国务院规定。

66. C 【解析】本题考查《中华人民共和国未成年人保护法》。《中华人民共和国未成年人保护法》在社会保护中规定，任何组织或者个人不得刊登、播放、张贴或者散发含有危害未成年人身心健康内容的广告；不得在学校、幼儿园播放、张贴或者散发商业广告；不得利用校服、教材等发布或者变相发布商业广告。故题中所述为社会保护。

67. D 【解析】本题考查《中华人民共和国预防未成年人犯罪法》。根据《中华人民共和国预防未成年人犯罪法》第四十三条规定，对有严重不良行为的未成年人，未成年人的父母或者其他监护人、所在学校无力管教或者管教无效的，可以向教育行政部门提出申请，经专门教育指导委员会评估同意后，由教育行政部门决定送入专门学校接受专门教育。

68. B 【解析】本题考查教师职业道德的基本原则。教师职业道德基本原则包括:(1)集体主义原则;(2)教育人道主义原则;(3)教书育人原则;(4)乐教勤业原则;(5)教育民主原则;(6)教育公正原则;(7)人格示范原则;(8)依法执教原则。其中,教育民主原则是指在教育教学过程中教师要以平等友善的态度对待学生、尊重学生、引导学生,激励学生发展。坚持教育民主原则的具体要求包括:(1)教师要尊重每个学生的兴趣、爱好、个性和人格;(2)教师要以平等、宽容、博爱、友善和引导的心态对待学生;(3)教师要营造一种使学生能平等交流、主动参与、自由探索、大胆创新的民主氛围。张老师以平等和宽容的心态对待学生,尊重学生的兴趣与需求、观点与看法,这是遵循了教育民主原则的要求。

69. D 【解析】本题考查《新时代中小学教师职业行为十项准则》。《新时代中小学教师职业行为十项准则》中"规范从教行为"要求教师勤勉敬业,乐于奉献,自觉抵制不良风气;不得组织、参与有偿补课,或为校外培训机构和他人介绍生源、提供相关信息。何老师组织、参与有偿补课的行为违背了规范从教行为的要求。

70. D 【解析】本题考查教师职业道德内化的层次。教师职业道德内化的层次包括:(1)接受和遵守师德规范——师德内化的初级层次。(2)将师德升华为自身的道德信念——师德内化的中级层次。(3)具备自主的道德信仰并充当师德的推行者、捍卫者——师德内化的高级层次。这种师德内化是建立在对道德原则的本质理解和坚信不疑基础上的,是近乎完美的师德内化。

二、多项选择题

71. AD 【解析】本题考查癸卯学制相关知识。癸卯学制的最大特点是修业年限长,从小学堂至大学堂要 21 年,至通儒院要 26 年,A 项说法正确。癸卯学制主要承袭了日本的学制,B 项说法错误。癸卯学制规定不许男女同校,第一次规定了男女同校的是壬子癸丑学制,C 项说法错误。在课程设置上,癸卯学制特别注重读经,具有浓厚的封建性,D 项说法正确。

72. CD 【解析】本题考查杜威的"新三中心论"。杜威的理论是现代教育理论的代表,区别于传统教育"课堂中心""教材中心""教师中心"的"旧三中心论",他提出了"儿童中心(学生中心)""活动中心""经验中心"的"新三中心论"。

73. ABC 【解析】本题考查课堂的特征。课堂是一种特别的环境,多勒描述了课堂的六大特征:多维性、同时性、快速性(即时性)、不可预测性、公开性、历史性。

74. AB 【解析】本题考查影响知识理解的因素。影响知识理解的客观方面的因素有:(1)学习材料的内容;(2)学习材料的形式;(3)教师言语的提示和指导。主观方面的因素有:(1)原有的知识经验背景;(2)学生的能力水平;(3)主动理解的意识与方法。故选 A、B 两项。

75. ABD 【解析】本题考查马斯洛的需要层次理论。马斯洛根据需要出现的先后及强弱顺序,把需要分成了生理需要、安全需要、归属与爱的需要、尊重需要、求知需要、审美需要和自我实现的需要七个层次。位于需要层次底部的四种需要被称为缺失需要,后三种需要是成长需要。故选 A、B、D 三项。

76. ABC 【解析】本题考查自我教育能力的构成。学生的自我教育能力是学生品德赖以形成的内部因素,也是学生品德发展程度的一个主要标志。自我教育能力主要由自我期望能力、自我评价能力和自我调控能力构成(也有说法认为,自我教育能力主要由自我评价、自我激励和自我调控能力构成)。

77. ABC 【解析】本题考查流体智力。美国心理学家卡特尔根据因素分析的结果,按心智能力功能上的差异,将人的智力分为流体智力和晶体智力两种不同的形态。其中,流体智力是一种以生理为基础的认知能力,包括理解复杂关系和解决问题的能力,如在处理数字系列、空间视觉感和图形矩阵项目时所需的能力以及推理能力等。流体智力具有以下特点:(1)受先天遗传因素的影响较大,主要表现为对新奇事物的快速辨认、记忆、理解等,如记忆广度。(2)对不熟悉的事物,能以迅速准确的反应来判断其彼此间的关系。(3)流体智力的发展与年龄有密切的关系。一般人在 20 岁以后,流体智力的发展达到顶峰,30 岁以后随着年龄的增长而降低。(4)流体智力属于人类的基本能力,受教育文化的影响较少。故选 A、B、C 三项。

78. ABCD 【解析】本题考查基础教育课程改革的具

体目标。基础教育课程改革的具体目标包括：(1)实现课程功能的转变。改变课程过于注重知识传授的倾向，强调形成积极主动的学习态度，使获得基础知识与基本技能的过程同时成为学生学会学习和形成正确价值观的过程。(2)体现课程结构的均衡性、综合性和选择性。(3)密切课程内容与生活和时代的联系。改变课程内容“繁、难、偏、旧”和过于注重书本知识的现状，加强课程内容与学生生活以及现代社会和科技发展的联系，关注学生的学习兴趣和经验，精选终身学习必备的基础知识和技能。(4)改善学生的学习方式。(5)建立与素质教育理念相一致的评价与考试制度。改变课程评价过分强调甄别与选拔的功能，发挥评价促进学生发展、教师提高和改进教学实践的功能。(6)实行三级课程管理制度。改变课程管理过于集中的状况，实行国家、地方、学校三级课程管理，增强课程对地方、学校及学生的适应性。

79. ABC 【解析】本题考查2008年修订的《中小学教师职业道德规范》中关于“关爱学生”方面所规定的具体职业行为要求。2008年修订的《中小学教师职业道德规范》中关于“关爱学生”方面所规定的具体职业行为要求有：(1)关心爱护全体学生，尊重学生人格，平等公正对待学生；(2)对学生严慈相济，做学生的良师益友；(3)保护学生安全，关心学生健康，维护学生权益；(4)不讽刺、挖苦、歧视学生，不体罚或变相体罚学生。D项是“爱岗敬业”的要求。

80. ABCD 【解析】本题考查教育惩戒的相关内容。根据《中小学教育惩戒规则(试行)》第九条规定，学生违反校规校纪，情节较重或者经当场教育惩戒拒不改正的，学校可以实施以下教育惩戒，并应当及时告知家长：(1)由学校德育工作负责人予以训导；(2)承担校内公益服务任务；(3)安排接受专门的校规校纪、行为规则教育；(4)暂停或者限制学生参加游览、校外集体活动以及其他外出集体活动；(5)学校校规校纪规定的其他适当措施。故选A、B、C、D四项。

## 三、判断题

81. × 【解析】本题考查教师在职业活动中要处理的核心关系。教师在其职业活动中要处理好方方面面的、各种各样的关系。在教育活动过程中，教师与其他方方面面的人结成了多层次的关系，如教师与学生之间的关系、教师与教师之间的关系、教师与学生家长之间的关系、教师与教育管理人员之间的关系、教师与教辅人员之间的关系、教师与社会各方面人士之间的关系等。其中，最核心的关系是师生关系。

82. √ 【解析】本题考查课堂规则和程序的设计。课堂规则和程序的设计一般由三步构成：确定所期望的学生行为；把期望转化成规则和程序；确定后果。其中，确定后果的关键就是对适当行为建立一个有效的强化系统。

83. × 【解析】本题考查人的发展的规律性。人的发展的阶段性要求教育要从学生的实际出发，尊重不同年龄阶段学生的特点，并根据这些特点提出不同的发展任务，采用不同的教育内容和方法，进行有针对性的教育。人的发展的不平衡性要求教育要掌握和利用人的发展的成熟机制，抓住发展的关键期，不失时机地采取有效措施，促进学生健康地发展。

84. × 【解析】道家认为人类在社会和自然之中，一切活动最终都必须取法于“道”。教育也不能例外，也要遵循自然规律，按自然规律施教，“唯道是从”。因此，以自然教育为价值取向的是道家。此外，道家的理想人格(也即教育培养目标)是“圣人”，追求精神的绝对自由。

85. √ 【解析】本题考查德育相关知识。德育是全面发展教育的重要组成部分，是教育的社会性质的根本标志。

86. × 【解析】本题考查教育目的的意义。教育目的反映了一定社会对受教育者的要求，是教育工作的出发点和最终目标，也是确定教育内容、选择教育方法、检查和评价教育效果的根据。

87. × 【解析】本题考查自我中心言语的相关知识。皮亚杰认为自我中心言语与“社会化言语”相对，不具有交际功能，是只满足个体自我中心意识的言语。他认为这是一种非社会性的言语，是2~7岁儿童特有的自我中心意识的表现，随着个体年龄的增长，将向社会化言语过渡。维果茨基等则认为，自我中心言语也是一种社会性言语，其实质是外部言语向内部言语、言语的交际功能向言语的自我调节功能转化的中介。

88. × 【解析】本题考查耶克斯—多德森定律。耶克斯—多德森定律表明，动机不足或过分强烈都会影响学习效果。第一，动机的最佳水平随着任务性质的不同而不同。在比较容易的任务中,行为效果(工作效率)随着动机的提高而上升;随着任务难度的增加,动机的最佳水平有逐渐下降的趋势。第二,一般来讲,最佳水平为中等强度的动机。第三,动机水平与行为效果呈倒U型曲线。因此,在难度较小的任务中,较高的动机水平有利于学习任务的完成。

89. √ 【解析】本题考查韦纳的成败归因理论。根据归因理论,学生将成败归因于努力比归因于能力会产生更强烈的情绪体验。努力而成功,体验到愉快;不努力而失败,体验到羞愧;努力而失败,也应受到鼓励。

90. √ 【解析】本题考查内容效度的含义。内容效度,指的是测验题目对有关内容或行为取样的适用性,从而确定测验是否是所欲测量的行为领域的代表性取样。由于这种测验的效度主要与测验内容有关,所以称内容效度。

91. √ 【解析】本题考查经验课程的相关知识。活动课程,也叫做生活课程、经验课程、儿童中心课程,是指以儿童的主体性活动的经验为中心组织的课程。活动课程主张以儿童从事某种活动的兴趣和动机为中心,并通过儿童的亲身体验来获得直接经验。

92. × 【解析】本题考查遗忘的相关理论。干扰说认为,遗忘是因为在学习和回忆之间受到其他刺激的干扰所致。同化说又称认知结构说,认为遗忘是知识的组织和认知结构简化的过程。

93. × 【解析】本题考查注意的品质。注意的品质包括注意的稳定性、广度、分配和转移。其中,注意的分配是指人在进行两种或多种活动时能把注意指向不同对象的现象。注意的广度也称注意的范围,是指在同一时间内,人们能够清楚地知觉出的对象的数目。

94. √ 【解析】本题考查理想的含义。幻想是有意想象的一种特殊形式,可分为科学幻想、理想、空想三种形式。其中,理想是指符合事物发展规律、有实现可能的积极幻想。

95. √ 【解析】本题考查情绪和情感的含义。情绪和情感是人对客观事物的态度体验及相应的行为反应。认知是情绪和情感产生的基础,需要是引发情绪和情感的中介。那些满足人们需要的事物和对象,能引起各种肯定的态度,使人产生满意、愉快的情绪体验。不同的态度体验反映着客观事物与人的需要之间的不同关系。

96. √ 【解析】本题考查理智感的含义。理智感是在智力活动中,在认识和评价事物时所产生的情感。例如,人们在探求未知的事物时所表现出的求知欲、认识兴趣和好奇心、问题解决后的喜悦感、为真理献身的自豪感、问题不解的苦闷感等。

97. × 【解析】本题考查教师的专业情意。教师的专业情意包括专业理想、专业情操、专业性向以及专业自我。其中,教师的专业情操是教师对教育教学工作带有理智性价值评价的情感体验,是构成教师价值观的基础,是构成优秀教师个性的重要因素,也是教师专业情意发展成熟的标志。

98. × 【解析】本题考查教师职业道德的功能(作用)。教师职业道德具有调节作用、教育作用、导向作用、促进作用。其中,对教育过程的调节作用是教师职业道德最基本、最重要的作用。

99. √ 【解析】本题考查《中华人民共和国教育法》。根据《中华人民共和国教育法》第八条规定,教育活动必须符合国家和社会公共利益。国家实行教育与宗教相分离。任何组织和个人不得利用宗教进行妨碍国家教育制度的活动。

100. √ 【解析】本题考查《中小学教育惩戒规则(试行)》。根据《中小学教育惩戒规则(试行)》第十一条规定,学生扰乱课堂或者教育教学秩序,影响他人或者可能对自己及他人造成伤害的,教师可以采取必要措施,将学生带离教室或者教学现场,并予以教育管理。

## 2021年江苏省徐州市教师招聘考试真题试卷(五)

### 一、单项选择题

1. A 【解析】本题考查时事政治。2021年2月25日,习近平总书记在全国脱贫攻坚总结表彰大会上发表重要讲话强调,我国脱贫攻坚战取得了全面胜利,现行标准下9899万农村贫困人口全部脱贫,832个贫困县全部摘帽,12.8万个贫困村全部出列,区域性整体贫困得到解决,完成了消除绝对贫困的艰巨任务。故本题选A项。

2. C 【解析】本题考查时事热点。2020年11月10日,我国自主研发的"奋斗者号"全海深载人潜水器在太平洋马里亚纳海沟成功坐底,深度达到10909米,创造了中国载人深潜的新纪录。

3. B 【解析】本题考查时事政治。2021 年 3 月 11 日，第十三届全国人民代表大会第四次会议审查了国务院提出的《中华人民共和国国民经济和社会发展第十四个五年规划和 2035 年远景目标纲要(草案)》，会议同意全国人民代表大会财政经济委员会的审查结果报告，决定批准这个规划纲要。故本题选 B 项。

4. D 【解析】本题考查教学原则。科学性和思想性相统一的原则是指教学要以马克思主义为指导，授予学生科学知识，并结合知识教学对学生进行社会主义品德和正确人生观、科学世界观教育。这一原则的实质是要求在教学活动中把教书和育人有机地结合起来。题干中的李老师在讲授“圆周率”的同时，还讲述了祖冲之努力探索圆周率的故事，即在传授学生科学知识的同时对学生进行了人生观教育。故李老师的教学体现了科学性和思想性相统一的教学原则。

5. B 【解析】本题考查讨论法。讨论法是指在教师指导下，学生以全班或小组为单位，围绕某一中心问题发表看法，从中获取知识或巩固知识的教学方法。采用讨论法时，教师应设置有吸引力的问题，注重对讨论过程的启发引导，并做好讨论小结。故选 B 项。

6. A 【解析】本题考查教师职业道德的特点。行为的典范性是指教师的品德和行为对学生的思想品德的形成与行为具有榜样作用。教师职业道德的典范性是由教师劳动的示范性决定的。教师要以身作则、为人师表，这是教师职业道德区别于其他职业道德的显著标志。故题干所述体现了教师职业道德行为的典范性。

7. D 【解析】本题考查学习策略的种类。A 项，复述策略是指在工作记忆中为了保持信息，运用内部语言在大脑中重现学习材料或刺激，以便将注意力维持在学习材料上的方法。B 项，组织策略是指将经过精加工提炼出来的知识点加以构造，形成更高水平的知识结构的信息加工策略。C 项，计划策略是指根据认知活动的特定目标，在认知活动开始之前计划完成任务所涉及的各种活动、预计结果、选择策略，设想解决问题的方法，并预估其有效性等。D 项，精加工策略是指把新信息与头脑中的旧信息联系起来从而增加新信息意义的深层加工策略。记忆术是精加工策略的一种，即通过把那些枯燥无味但又必须记住的信息“牵强附会”地赋予意义，使记忆过程变得生动有趣，从而提高学习记忆效果的方法。题干中强调对材料赋予特别的意义，故属于精加工策略。

8. C 【解析】本题考查思维的抽象性。思维的抽象性即逻辑性强、善于归纳概括、能深挖事物的本质。题干中强调学生善于归纳，能深知事物的本质，这反映了该学生思维的抽象性较好。

9. B 【解析】本题考查调节不良情绪的方法。自我暗示是运用内部语言或书面语言进行自我调节情绪的方法。故本题选 B 项。A 项，转换认知法是指主动调整认知，换一个角度去重新看待发生的事情，纠正认识上的偏差，可以减弱或消除不良情绪。C 项，注意转移法是采取迂回的办法把自己的注意力、情感和精力转移到其他活动上去，使消极的情绪在蔓延之前就被一些因素干扰，不再恶化，朝着良性方面发展。D 项，适当宣泄法是指采用一定的方法和方式，把人的情绪体验充分表现出来。注意宣泄方式必须合理、适当，否则会导致消极后果。

10. D 【解析】本题考查先行组织者的应用。先行组织者，即先于某个学习任务本身呈现的引导性学习材料。目的在于把新知识纳入已有的知识结构中，找到支撑点，有助于新知识的理解。题干强调教师给学生提供观念上的支撑点，故运用了先行组织者策略。

## 二、判断题

1. √ 【解析】本题考查教学过程的双边性规律。学生是学习活动的主人，教学过程中教师的教只有以学生的主动学习为基础，才能取得预期的效果。一般来说，学生的学习主动性、积极性愈大，求知欲、自信心、刻苦性、探索性和创造性愈大，学习效果也愈好。因此，教师要确立“学生学习要靠自己主动学习，他人不能包办代替”的观念。当然，学生主体性的形成和发展，离不开教师的正确引导。教学实质上就是引导学生学。

2. × 【解析】本题考查“隐性课程”概念的提出者。美国著名教育学家、课程论专家杰克逊于 1968 年出版了《班级生活》一书，他在这本书中首次提出“隐性课程”这一概念。

3. × 【解析】本题考查皮亚杰的道德发展阶段理论。皮亚杰认为，10 岁是儿童从他律道德向自律道德转化的分水岭，10 岁前儿童对道德行为的思维判断主要依据他人设定的外在标准，也就是他律道德;10岁以后儿童对道德行为的思维判断大多依据自己的内在标准,也就是自律道德。

4.√ 【解析】本题考查影响自我效能感的因素。个人自身行为的成败经验(即直接经验)对自我效能感的影响最大。一般来说,成功经验会提高效能期望,反复的失败会降低效能感。此外,成败经验对效能期待的影响还要取决于个体对成败的归因方式。故题干说法正确。

三、案例分析题(参考答案)

(1)根据案例描述可知,出现课堂失控,教师方面的主要原因有:①教师的教学技能有待提升;②教师的管理方式有待改进;③教师威信不高。

(2)创设良好的课堂气氛可从以下方面入手:

①发挥教师的主导作用。教师在营造良好的课堂氛围的过程中起着主导作用。如果教师能精心组织课堂教学,巧妙把握语言艺术,善于用良好的情绪情感感染学生,处理课堂问题,就更容易创造出良好的课堂氛围。

②尊重学生的主体地位。创造良好的课堂氛围,关键在于教师能否切实调动学生学习的主观能动性,使学生真正成为学习的主体。因此,教师必须调动学生参与的积极性和主动性,让学生保持最佳的学习心态。

③构建和谐的师生关系。课堂中的师生关系,直接影响课堂气氛。建立和谐的课堂人际关系,是创设积极课堂气氛的基础。可以采取以下措施来使师生关系更加和谐:第一,师生民主平等;第二,树立一定的教师威信;第三,教师要关心爱护学生。

四、作文题(参考范文)

教师当严谨治学

曾读过这样一则材料:一位地理老师讲到中国四大海产墨鱼、带鱼、大黄鱼、小黄鱼时,一学生问大小黄鱼的区别,这位教师虽教书多年,却从没有碰到过这类问题,只好回答"不知道"。"不知道"三个字使他如芒在背,查资料,问同事,终于在火车上巧遇一位做水产工作的旅伴,才解决了这个问题。读过这则材料,我感触最深的是这位老师严谨的治学态度。

一位地理老师,对于学生提出的超出地理学科范围的问题,本可以不予理睬,但他出于严谨的治学态度,并没有对这个问题等闲视之,而是"如芒在背",的确很令人称赞。作为一名教师,面对的是祖国的未来,教师的一个小小的行为,很可能对孩子产生巨大的影响。因此,教师应抱着严谨的态度治学。

放眼古今中外,能够获得成功的,大多都有着严谨的态度。明朝的李时珍,一生致力于研究中医药,他既不盲从古代文献的记载,也不跟随当时的迷信,凡事都亲自观察、询问、实践。一次,他为研究"仙物"榔梅,冒着从悬崖上摔下来和被官府重罚的危险采到一颗。研究后发现那"仙物"只是很普通的东西,推翻了当时对榔梅的错误看法。他凭着严谨的研究态度,写出了举世闻名的药典《本草纲目》,在世界医学史上留下了灿烂的一页。

有些人,却因缺乏严谨的态度而与成功擦肩而过。大家都知道伦琴发现"x"射线,是由于他抓住阴极射线实验中的异常现象不放,从而荣获了诺贝尔奖。而与他同时期的克各克斯和古德斯培德,在几年前曾分别发现过同样的异常现象,但他们并未继续研究下去,使眼看到手的成功化为乌有。此类事例不胜枚举,这些事例充分说明了严谨的态度在科研方面的重要性。

只有治学严谨的教师,才能教出处事严谨的学生。教师职业是神圣的,教师要为祖国培育人才,为社会的发展培养后备力量。因此,教师在教育过程中更应具备严谨的治学与处事态度。

## 2020年山东省临沂市教师招聘考试真题试卷(六)

一、单项选择题

1.B 【解析】本题考查个体身心发展的动因。外铄论认为人的发展主要依靠外在的力量,诸如环境的刺激和要求、他人的影响和学校的教育等。"教,上所施,下所效也"即教师、长者施行影响,作出榜样示范,让学生学习、效仿和觉悟;"育,养子使作善也"即培养学生的思想品德。许慎对于教育的理解体现了外铄论的观点。

2.A 【解析】本题考查教育的基本要素。教育者是主导性的因素,是教育活动的组织者和领导者。

3.C 【解析】本题考查泛化的概述。泛化现象,即由于某种特定刺激形成后,另外一些类似的刺激也会诱发同样的条件反应,新的刺激越接近原刺激,条件反应被诱发的可能性就越大。例如,某人曾被某种虫子咬伤,产生了对昆虫的恐惧,后来发展到害怕一切昆虫。这就是人们常说的"一朝被蛇咬,十年怕井绳”。再比如,小孩本来是害怕打针,但经过泛化,他会害怕某个医生,甚至害怕所有穿白衣服的人。所谓“风声鹤唳”、“草木皆兵”就是由于刺激情境的泛化引起的。

4. B 【解析】本题考查孔子的教育教学思想。孔子倡导启发诱导的教育教学思想,他曾说过:“不愤不启,不悱不发。举一隅不以三隅反,则不复也。”

5. D 【解析】本题考查个体身心发展的规律。题干所述现象表明口语学习存在着关键期,所谓关键期,就是指人的某种身心潜能在人的某一年龄段有一个最好的发展时期。在这一时期内,对个体某一方面进行训练可以获得最佳成效,并能充分发挥个体在这一方面的潜力。错过了关键期,训练的效果就会降低,甚至永远无法补偿。关键期是个体身心发展的不平衡性的表现。

6. B 【解析】本题考查皮亚杰的认知发展理论。自我中心性是前运算阶段的儿童所具有的一个特点。自我中心是指儿童往往只能考虑自己的观点,无法接受别人的观点,也不能将自己的观点与别人的观点协调。儿童还不能设想他人所处的情境,常以自己的经验为中心,从自己的角度出发来观察和理解世界。故选 B 项。

7. A 【解析】本题考查加德纳的多元智力理论。逻辑—数学智力是指人能有效地运用数字、计算、推理、假设和思考的能力。科学家、数学家、会计师、工程师、电脑软件设计师等都具有很强的逻辑数学智能。

8. D 【解析】本题考查影响个体身心发展的主要因素。个体主观能动性是指人的主观意识和活动对于客观世界的积极作用,包括能动地认识客观世界和改造客观世界,并统一于人们的社会实践活动中。个体的主观能动性是人的身心发展的内在动力,也是促进个体发展从潜在的可能状态转向现实状态的决定性因素。题干所述历史故事反映了人的主观能动性在个体发展中的作用。

9. A 【解析】本题考查教育目的确立的理论。个人本位论认为确立教育目的的根据是人的本性,教育的目的是培养健全发展的人,发展人的本性,挖掘人的潜能,增进受教育者的个人价值,个人价值高于社会价值,而不是为某个社会集团或阶级服务。简言之,教育的根本目的是人的本性和本能的高度发展。个人本位论的代表人物有孟子、卢梭、裴斯泰洛齐、福禄贝尔、马利坦、赫钦斯、奈勒、马斯洛、萨特等。题干中卢梭的观点属于个人本位论。

10. D 【解析】本题考查教师的职业角色。教师应积极地参与教学研究、教学实验与改革,不断地提高自身的教育理论水平和教育质量。教师的研究既包括对科学知识的研究,还包括对教育对象即学生的研究以及对教师和学生交往的研究等。题干所述体现了教师的研究者角色。

11. D 【解析】本题考查感觉适应。感觉适应是指由于刺激对感受器的持续作用而使感受性发生变化的现象。题干描述的是温度觉的适应。

12. B 【解析】本题考查知觉的选择性。知觉的选择性是指个体在面对众多客体时,知觉系统会自觉地将刺激分为对象和背景,并把知觉对象首先从背景中区分开来。题干中,教师声音提高、语速放缓,目的是使重点内容更为突出。这体现了知觉的选择性。

13. A 【解析】本题考查教师劳动的特点。教育机智是教师在教育教学过程中的一种特殊定向能力,是指教师能根据学生新的特别是意外的情况,迅速而正确地作出判断,随机应变地采取及时、恰当而有效的教育措施解决问题的能力。教育机智可以用四个词语概括:因势利导、随机应变、掌握分寸、对症下药。教育机智是教师劳动创造性的表现之一,题干所述即体现了教师劳动的创造性特点。

14. B 【解析】本题考查韦纳的成败归因理论。心理学家韦纳把人经历过事情的成败归结为六种原因,即能力、努力程度、工作难度、运气、身心状况、外界环境。又把上述六项因素按各自的性质,分别归入三个维度:内部归因和外部归因、稳定性归因和非稳定性归因、可控制归因和不可控制归因。运气是外部的、不可控和不稳定的因素。

15. C 【解析】本题考查耶克斯—多德森定律。根据“耶克斯—多德森定律”,教师在教学时,要根据学习任务的不同难度,恰当控制学生学习动机的激起程度。所谓“平时如战时,战时如平时”,就是要求在学习较容易、较简单的课题时,应尽量使学生集中注意力,使学生尽量紧张一点,动机激起水平达到中等偏高的最佳状态;而在学习较复杂、较困难的课题时,则应尽量创造轻松自由的课堂气氛,让动机激起水平处于中等稍低的最佳状态。

16. C 【解析】本题考查教师专业发展的途径。教师的自我教育就是专业化的自我建构,它是教师个体专业化发展的最直接、最普遍的途径。

17. C 【解析】本题考查观察研究法的类型。结构观察是研究者根据研究的目的,事先设计好观察内容和项目,印制好观察表格或卡片,在观察过程中严格按设计要求进行观察和记录。题干中张老师按照听课记录表进行观察记录属于结构观察。

18. D 【解析】本题考查抽样的方法。如果一个总体比较大,所抽样本容量比较小,并且这个总体的内部结构又比较复杂,则必须采用分层抽样才能保证样本对总体的代表性。题干中要初步了解该省不同县市艺术教育开展情况,采用分层随机抽样的方法比较合适。

19. A 【解析】本题考查学校文化的类型及课程类型。学校文化由观念文化、规范文化和物质文化构成。其中,观念文化又叫精神文化,包括办学指导思想、教育观、道德观、思维方式、校风、行为习惯等。隐性课程亦称潜在课程、自发课程,是学校情境中以间接的、内隐的方式呈现的课程。北京大学的校徽蕴含着丰富的精神文化,会给人以潜移默化的影响。

20. C 【解析】本题考查注意的分配。注意的分配是指人在进行两种或多种活动时能把注意指向不同对象的现象。题干中小红一边听音乐,一边打毛衣属于注意的分配。

21. B 【解析】本题考查首因效应的内涵。在总体印象形成上,最初获得的信息比后来获得的信息影响更大的现象,称为"首因效应",也叫"最初效应"。题干表述的是首因效应的现象。

22. D 【解析】本题考查定势的内涵。定势(即心向)是指重复先前的操作所引起的一种心理准备状态。在定势的影响下,人们会以某种习惯的方式对刺激情境做出反应。人们一般认为公安局局长都是男性,属于心理定势的现象。

23. B 【解析】本题考查课程目标取向的分类。行为取向的课程目标是期待的学生的学习结果,具有导向、控制、激励与评价功能。它指明了课程结束后学生自身所发生的行为变化。它的基本特点是:目标精确、具体和可操作。题干中侧重于学生需要掌握的基础知识和基本技能的课程目标取向是行为性目标取向。

24. A 【解析】本题考查课程设计的主要模式。泰勒提出了关于课程编制的"目标模式",即泰勒原理。泰勒原理可概括为:目标、内容、方法、评价,即:确定课程目标、根据目标选择课程内容(经验)、根据目标组织课程内容(经验)、根据目标评价课程。泰勒认为一个完整的课程编制过程应包括这四项活动。

25. D 【解析】本题考查教学原则。量力性原则,也称可接受性原则,是指教学的内容、方法、分量和进度要适合学生的身心发展,使他们能够接受,但又要有一定的难度,需要他们经过努力才能掌握,以促进学生的身心发展。经验证明,教学中传授的知识只有符合学生的接受能力才能被他们理解,顺利地转化为他们的精神财富。

26. A 【解析】本题考查合作学习分组的原则。合作学习分组的原则之一是组内异质,组间同质。组内异质的目的是力求小组成员在性别、成绩、能力、背景等方面具有一定的差异,使之具有一定的互补性,以使小组有更多的合作性思维、更多的信息输出和输入,产生更多的观点,提高学生理解问题的深度和推理的质量。组间同质的目的是为全班各小组之间的公平竞争创造条件。

27. B 【解析】本题考查元认知策略的相关知识。元认知策略是指个体为实现最佳的认知效果而对自己的认知活动所进行的调节和控制。元认知监控策略是指在认知过程中,根据认知目标及时检测认知过程,寻找两者之间的差异,并对学习过程及时进行调整,以期顺利实现有效学习的策略。题干中对作业的浏览、进度的安排以及完成情况的监控主要采用的是元认知策略。

28. B 【解析】本题考查认知风格。沉思型的学生在解决认知任务时,总是谨慎、全面地检查各种假设,在确认没有问题的情况下才会给出答案。这种类型的学生解答认知问题的速度虽然慢,但错误率很低,在解决高层次问题时占优势。

29. D 【解析】本题考查准备律的概述。准备律是桑代克提出的学习三定律之一,指当个体在有准备反应状态下进行反应时,则可产生满足感,这种满足感又会促使个体继续反应,进而使刺激—反应之间的联结得到加强。反之,当个体在无准备反应状态下进行反应时,则可产生反感,进而削弱刺激—反应之间的联结。老师提前告诉学生下一节课所要学习的内容,使学生有所准备,运用了准备律的学习原理。

30. D 【解析】本题考查教学原则。循序渐进原则是指教师要严格按照科学知识的内在逻辑和学生的认知发展规律进行教学,使学生掌握系统的科学文化知识,能力得到充分的发展。题干引文的意思是:(若要学到父亲高超的手艺)高明的冶金匠的儿子,一定要先去学缝皮袄;高明的工匠的儿子,一定要先去学编簸箕。故题干表述体现了对循序渐进原则的追求。

31. C 【解析】本题考查教学模式。示范—模仿式教学模式是教师有目的地把示范技能作为有效的刺激,以引起学生相应的行动,使他们通过模仿,有效地掌握必要的技能的一种教学模式。它是教学中最基本的教学模式之一,多用于以训练技能为目的的教学。

32. A 【解析】本题考查教学评价的基本类型。绝对性评价又称为目标参照性评价(标准参照评价),是运用目标参照性测验对学生的学习成绩进行的评价。它主要依据教学目标和教材编制试题来测量学生的学业成绩,判断学生是否达到了教学目标的要求,而不以评定学生之间的差异为目的。题干中注重学生是否达到教学目标要求的评价属于绝对性评价。

33. C 【解析】本题考查教学中的手势种类。教学中的手势按其构成方式和功能的不同分为以下几类:(1)指示性手势:是用以具体指明表述中论及的人或事物及其所在位置的手势。这种手势有实指和虚指之分。(2)描述性手势:用来模形状物的手势。这是以手运动的轨迹来勾勒人或事物的外形轮廓,从而给听众具体印象的手势。其表现在于神似,而不苛求形似,往往只具有示意性。(3)会意性手势:主要通过手势的动作趋向来示意说话人的思想、情感。虽然看起来比较抽象,但用得准确、恰当,就能引起听众心理上的联想,启发思维。(4)象征性手势:这是一种用于表示抽象意念的手势。题干中陈老师把食指竖起来放在嘴上,表示他想让大家安静下来。陈老师的动作反映了他的想法,故其手势属于会意性手势。

34. B 【解析】本题考查提问技能的类型。理解性提问是用来检查学生对已学的知识及技能的理解和掌握情况的提问方式,多用于某个概念、原理讲解之后,或一个完整的课程结束之后。学生要回答这类问题必须对已学过的知识进行回忆、解释、重新组合,对学习材料进行内化处理,组织语言然后表达出来。题干中的物理老师在讲解牛顿力学后,结合与力学相关的实例对学生进行提问属于理解性提问。

35. D 【解析】本题考查德育过程的基本规律。从学生思想品德发展的内部动力上看,德育过程是促进学生思想内部矛盾斗争的过程,是教育与自我教育相结合的过程。在德育过程中,对已有积极因素进行巩固和发扬,并在此基础上培养新的积极因素,这属于塑造性质的教育;对已有消极因素进行有针对性的矫正和补救,则属于改造性质的教育。塑造和改造教育是统一的,是德育过程中普遍存在的两个不可分割的有机成分。通过系统地塑造和改造教育,不断地发扬积极因素,克服消极因素,可以促进学生思想品德整体水平的持续提高。在德育过程中,塑造和改造教育虽然很重要,但它毕竟只是一种外部影响。教育者要真正把这些影响转化为学生的思想品德,还必须充分重视发挥学生的主观能动性,培养其自我教育能力。

36. A 【解析】本题考查德育原则。班级平行管理是指班主任既通过对集体的管理去间接影响个人,又通过对个人的直接管理去影响集体,从而把对集体和个人的管理结合起来的管理方式。班级平行管理的理论源于马卡连柯的"平行影响"的教育思想。"平行影响"的教育思想运用在德育上,就是集体教育和个别教育相结合原则,即"平行教育原则"。

37. B 【解析】本题考查德育方法。情感陶冶法是指教育者自觉创设良好的教育情境,潜移默化地使受教育者在道德和思想情操等方面受到感染、熏陶的方法。情感陶冶的方式主要包括人格感化、环境陶冶和艺术陶冶等。题干所述体现的是情感陶冶法。

38. C 【解析】本题考查《国家中长期教育改革和发展规划纲要(2010~2020年)》的工作方针。《国家中长期教育改革和发展规划纲要(2010~2020年)》的工作方针是优先发展、育人为本、改革创新、促进公平、提高质量。把教育摆在优先发展的战略地位;把育人为本作为教育工作的根本要求;把改革创新作为教育发展的强大动力;把促进公平作为国家基本教育政策;把提高质量作为教育改革发展的核心任务。

39. D 【解析】本题考查《中华人民共和国未成年人保护法》中关于未成年人概念的规定。根据《中华人民共和国未成年人保护法》第二条规定,未成年人是指未满十八周岁的公民。

40. C 【解析】本题考查《中华人民共和国教师法》中关于教师违反《教师法》的法律责任的规定。根据《中华人民共和国教师法》第三十七条规定,教师有下列情形之一的,由所在学校、其他教育机构或者教育行政部门给予行政处分或者解聘。(1)故意不完成教育教学任务给教育教学工作造成损失的;(2)体罚学生,经教育不改的;(3)品行不良、侮辱学生,影响恶劣的。教师有前款第(2)项、第(3)项所列情形之一,情节严重,构成犯罪的,依法追究刑事责任。

二、案例分析题

41. A 【解析】本题考查教学原则。直观性原则是指在教学活动中,教师应尽量利用学生的多种感官和已有的经验,通过各种形式的感知,使学生获得生动的表象,从而比较全面、深刻地掌握知识。直观手段一般分为三大类:实物直观、模像直观和言语直观。案例中的李老师采用短视频进行导课是借助了模像直观手段。

42. C 【解析】本题考查教学方法。演示法是指教师通过展示实物、教具和示范性的实验来说明、印证某一事物和现象,使学生掌握新知识的一种教学方法。李老师借助学生熟悉的短视频进行导课,运用了演示法。讲授法是教师运用口头语言系统连贯地向学生传授知识、技能,发展学生智力的教学方法。“给学生讲解了我国古代历史上朝代灭亡的一般规律”这个教学过程运用了讲授法。

43. D 【解析】本题考查奥苏贝尔的有意义接受学习理论。奥苏贝尔在其有意义接受学习理论中提出“先行组织者”的概念,即先于某个学习任务本身呈现的引导性学习材料。先行组织者的抽象、概括和综合水平高于学习任务,并与认知结构中的原有观念及新的学习任务相关联。在回答“隋朝快速灭亡的原因是什么?”之前,李老师先给学生讲解了我国古代历史上朝代灭亡的一般规律,然后再引导学生分析隋朝快速灭亡的原因。这属于运用先行组织者的组织学习策略。

44. B 【解析】本题考查先行组织者的相关知识。奥苏贝尔提出“先行组织者”的概念,即先于某个学习任务本身呈现的引导性学习材料。先行组织者的抽象、概括和综合水平高于学习任务,并与认知结构中的原有观念及新的学习任务相关联。在回答“隋朝快速灭亡的原因是什么?”之前,李老师先给学生讲解了我国古代历史上朝代灭亡的一般规律,然后再引导学生分析隋朝快速灭亡的原因。这属于运用先行组织者的组织学习策略。

## 2020 年内蒙古自治区赤峰市中小学校教师招聘考试教育综合知识真题试卷(七)

一、单项选择题

1. B 【解析】本题考查康德的教育思想。康德的教育思想主要反映在《康德论教育》一书中。在该书中,他明确指出,“人只有通过教育才能成为人”。

2. D 【解析】本题考查冯特对于心理学的贡献。1879 年,德国著名心理学家冯特在德国莱比锡大学创建了世界上第一个心理学实验室,开始对心理现象进行系统的实验研究。

3. B 【解析】本题考查考生对意志品质的辨析。意志的果断性是一种善于辨明是非、抓住时机、迅速而合理地采取决定并执行决定的意志品质。缺乏果断性的人会表现出优柔寡断、犹豫不决,面对问题时会举棋不定,疑虑重重。

4. A 【解析】本题考查我国《教师法》规定的教师考核内容。根据我国《教师法》第二十二条规定,学校或者其他教育机构应当对教师的政治思想、业务水平、工作态度和工作成绩进行考核。

5. D 【解析】本题考查班集体的形成与培养。在班集体的形成与培养过程中,教师应注意培养正确的舆论和良好的班风。班集体舆论是班集体生活与成员意愿的反映,良好的班风是班集体大多数成员精神状态的共同倾向与表现。使学生“明辨是非、美丑,发扬优点、抵制不良行为习惯,形成正确的人生观、价值观”说明班主任在培养班集体时注意培养正确的舆论与良好的班风。

6. A 【解析】本题考查教育学形成一门独立学科的标志。捷克教育家夸美纽斯在总结自己丰富的教育实践的基础上于 1632 年写出了《大教学

论》。一般认为,《大教学论》的出版,是教育学形成一门独立学科的标志。(参见钟祖荣主编的《教育学》)

7. D 【解析】本题考查教师队伍建设改革的目标。2018 年,中共中央、国务院印发《关于全面深化新时代教师队伍建设改革的意见》,提出教师队伍建设改革的目标:到 2035 年,教师综合素质、专业化水平和创新能力大幅提升,培养造就数以百万计的骨干教师、数以十万计的卓越教师、数以万计的教育家型教师。

8. C 【解析】本题考查注意的定义。注意是心理活动或意识对一定对象的指向和集中,是心理过程的动力特征之一。

9. B 【解析】本题考查感知规律的应用。强度律,指作为知识的物质载体的直观对象(实物、模像或言语)必须达到一定强度,才能为学习者清晰地感知。题干所述中教师通过加大嗓门,即提高声音的强度,来引起学生的注意。

10. B 【解析】本题考查思维的特征。思维具有概括性和间接性两个特征。

11. B 【解析】本题考查奴隶社会教育的特征。奴隶社会里,出现了专门从事教育工作的教师,产生了学校教育。这一时期世界各国教育表现出的共同有特征有:(1)学校教育成为奴隶主阶级手中的工具,具有鲜明的阶级性;(2)学校教育与生产劳动相脱离和相对立;(3)学校教育趋于分化和知识化;(4)学校教育制度尚不健全。故选 B 项。

12. A 【解析】本题考查学校工作的中心环节。教学是学校工作的中心环节,学习是学生在学校里的首要任务。

13. A 【解析】本题考查课程类型。选修课程是指依据不同学生的特点与发展方向,允许个人选择的课程,是为适应学生的个性差异而开发的课程。

14. C 【解析】本题考查考生对学习定义的理解。学习是个体在特定情境下由于练习或反复经验而产生的行为或行为潜能的相对持久的变化。生理成熟、疲劳、药物等因素引起的行为变化不属于学习。②属于生理成熟引起的变化,③属于生理现象,都不属于学习。

15. D 【解析】本题考查教师期望效应。教师期望效应也叫罗森塔尔效应或皮格马利翁效应,即教师的期望或明或暗地传送给学生,会使学生按照教师所期望的方向来塑造自己的行为。

16. C 【解析】本题考查感觉适应中的嗅觉适应。由于刺激对感受器的持续作用而使感受性发生变化的现象叫感觉适应。适应现象表现在所有感觉中,其中嗅觉适应是说人在较长时间闻了某种气味后,会降低对这种气味的嗅感。题干描述的就是嗅觉适应现象。

17. C 【解析】本题考查义务教育的内涵。根据我国《义务教育法》第二条规定,义务教育是国家统一实施的所有适龄儿童、少年必须接受的教育,是国家必须予以保障的公益性事业。

18. D 【解析】本题考查《中华人民共和国教师法》的法律条文。根据《中华人民共和国教师法》第四条规定,各级人民政府应当采取措施,加强教师的思想政治教育和业务培训,改善教师的工作条件和生活条件,保障教师的合法权益,提高教师的社会地位。

19. C 【解析】本题考查心理学的发展史。著名心理学家艾宾浩斯曾说:“心理学有着漫长的过去,但只有短暂的历史。”这句话表明自从人类存在,人类的心理就一直存在,人们对心理的探索从未停止。

20. D 【解析】本题考查陶行知的教育思想。陶行知提出了生活教育理论,主张“生活即教育”“社会即学校”“教学做合一”。陶行知与杜威的教育思想容易混淆,杜威主张“教育即生活”“学校即社会”“从做中学”。

21. B 【解析】本题考查《关于进一步加强学校体育工作的若干意见》中关于学生体育活动时间的规定。《关于进一步加强学校体育工作的若干意见》规定要实施好体育课程和课外体育活动。各地要规范办学行为,减轻学生课业负担,切实保证中小学生每天一小时校园体育活动,严禁挤占体育课和学生校园体育活动时间。

22. B 【解析】本题考查《教师资格条例》中关于考试作弊处罚的规定。根据《教师资格条例》第二十条规定,参加教师资格考试有作弊行为的,其考试成绩作废,3 年内不得再次参加教师资格考试。

23. D 【解析】本题考查《学记》的内容。《学记》(收入《礼记》)是中国也是世界教育史上的第一部教育专著,最早概括提出了“教学相长”的教学原则:“是故学然后知不足,教然后知困。知不足,然后能自反也;知困,然后能自强也。故曰:教学相长也。”

24. B 【解析】本题考查个体身心发展的互补性的教育要求。个体身心发展的互补性要求教育者:(1)树立信心,相信每一个学生,特别是暂时落后或在某些方面有缺陷的学生,通过其他方面的补偿性发展,都会达到与一般正常学生一样的发展水平;(2)掌握科学的教育方法,发现学生的优势,扬长避短、长善救失,激发学生自我发展的信心和自觉。故选B项。

25. B 【解析】本题考查班主任在班级管理中的影响力。班主任在班级管理中的影响力主要表现在两个方面:一是班主任的权威、权力和地位构成的职权影响力;二是班主任的个性特征与人格魅力构成的个性影响力。

26. A 【解析】本题考查学生伤害事故的责任归属。根据《学生伤害事故处理办法》第十三条规定,在放学后、节假日或者假期等学校工作时间以外,学生自行滞留学校或者自行到校发生的学生伤害事故,学校行为并无不当的,不承担事故责任。题干中的学生是在学校放假期间,擅自翻越学校围墙摔倒在地,造成伤害,学校行为并无不当,故不承担责任。

27. A 【解析】本题考查“三结合”教育。“三结合”的教育一般是指学校教育、家庭教育和社会教育三结合。

28. C 【解析】本题考查操作技能的定义。操作技能又叫运动技能、动作技能,是通过学习而形成的合乎法则的操作活动方式。日常生活中的写字、打字、绘画,音乐方面的吹、拉、弹、唱,体育方面的田径、球类、体操,生产劳动方面的车、刨、磨等活动方式,都属于操作技能的范畴。

29. D 【解析】本题考查教育的社会制约性。社会政治经济制度对教育的影响表现为:社会政治经济制度决定教育的领导权、受教育权、教育目的、教育内容的取舍、教育体制,而且制约着教育的改革与发展。

30. C 【解析】本题考查我国教学的基本组织形式。课堂教学是班级授课制的基本表现形式,也是现代学校教学的基本组织形式。

31. C 【解析】本题考查《中华人民共和国教育法》的内容。我国《教育法》第三十七条规定,受教育者在入学、升学、就业等方面依法享有平等权利。

32. C 【解析】本题考查《中华人民共和国教育法》的内容。我国《教育法》第十九条规定,国家实行九年制义务教育制度。各级人民政府采取各种措施保障适龄儿童、少年就学。适龄儿童、少年的父母或者其他监护人以及有关社会组织和个人有义务使适龄儿童、少年接受并完成规定年限的义务教育。

33. B 【解析】本题考查《中华人民共和国教师法》关于教师工资的规定。我国《教师法》第二十五条规定,教师的平均工资水平应当不低于或者高于国家公务员的平均工资水平,并逐步提高。

34. C 【解析】本题考查《中华人民共和国未成年人保护法》的内容。《中华人民共和国未成年人保护法》第三十条规定,爱国主义教育基地、图书馆、青少年宫、儿童活动中心应当对未成年人免费开放;博物馆、纪念馆、科技馆、展览馆、美术馆、文化馆以及影剧院、体育场馆、动物园、公园等场所,应当按照有关规定对未成年人免费或者优惠开放。

35. A 【解析】本题考查集体舆论的含义。集体舆论是在集体中占优势的为大多数人所赞同的言论和意见。集体舆论是集体生活和集体成员意愿的反映,以议论、褒贬等形式肯定或否定集体的动向和集体成员的言行。

36. B 【解析】本题考查教师劳动的特点。“教学有法”是指我们的教育教学活动是有规律可遵循,有法则可遵守,有模式可遵照,是有可以掌握的基本方法、基本规律的。“而无定法”指的是教学的模式、方法、技能等不是机械的、教条的,而是灵活多变、富有个性、充满灵性的。因此,教师在教学中应注意教学方法的灵活运用、不断更新,这体现了教师劳动的创造性特点。

37. C 【解析】本题考查学生年龄特征的概念。学生的年龄特征,是指在一定的社会和教育的条件下,不同年龄阶段的学生在生理和心理发展方面所表现出来的一般的、典型的和本质的特征。

38. B 【解析】本题考查《给教师的建议》的作者。《给教师的建议》是苏霍姆林斯基的教育著作,故选B项。克鲁普斯卡娅的教育代表作是《国民教育与民主主义教育》;布鲁纳的教育代表作是《教育过程》;马卡连柯的教育代表作是《教育诗》。

39. A 【解析】本题考查艾宾浩斯总结的遗忘规律。

艾宾浩斯遗忘曲线表明，遗忘是有规律的，即遗忘的进程是不均衡的，其趋势是先快后慢、先多后少，呈负加速，且到一定的程度就不再遗忘了。

40. D 【解析】本题考查马斯洛的需要层次理论。在马斯洛的需要层次理论中，自我实现的需要是最高层次的需要。

41. B 【解析】本题考查时政知识。习近平总书记指出，“两个一百年”奋斗目标的实现、中华民族伟大复兴中国梦的实现，归根到底靠人才、靠教育。

42. A 【解析】本题考查时政知识。习近平于2018年9月10日在全国教育大会上的讲话中提出了关于教育的“首要问题”和我国教育的“根本任务”的重要论断。他指出：培养什么人，是教育的首要问题。我国是中国共产党领导的社会主义国家，这就决定了我们的教育必须把培养社会主义建设者和接班人作为根本任务，培养一代又一代拥护中国共产党领导和我国社会主义制度、立志为中国特色社会主义奋斗的有用人才。这是教育工作的根本任务，也是教育现代化的方向目标。

43. A 【解析】本题考查2008年修订的《中小学教师职业道德规范》。2008年修订的《中小学教师职业道德规范》的内容有：(1)爱国守法——教师职业的基本要求；(2)爱岗敬业——教师职业的本质要求；(3)关爱学生——师德的灵魂；(4)教书育人——教师的天职；(5)为人师表——教师职业的内在要求；(6)终身学习——教师专业发展的不竭动力。

44. A 【解析】本题考查受教育权在学生权利中的地位。受教育权是学生最基本的权利。

45. A 【解析】本题考查师生关系的地位。在教育活动过程中，教师与其他方方面面的人结成了多层次的关系，如教师与学生之间的关系、教师与教师之间的关系、教师与学生家长之间的关系、教师与教育管理人员之间的关系、教师与教辅人员之间的关系、教师与社会各方面人士之间的关系等。其中，最核心的关系是师生关系。故选A项。

46. B 【解析】本题考查考生对学习迁移概念的理解。学习迁移也称训练迁移，是指一种学习对另一种学习的影响，或习得的经验对完成其他活动的影响。“举一反三”“触类旁通”是指从一个事物可以推及其他事物，即一种事物对其他事物的影响，属于学习迁移。

47. A 【解析】本题考查创造性思维的核心。发散思维是创造性思维的核心。

48. C 【解析】本题考查教育的社会属性。教育具有永恒性，教育是人类所特有的社会现象，它是一个永恒的范畴。只要人类社会存在，就存在着教育。教育与人类社会共始终。故选C项。

49. B 【解析】本题考查教师的根本任务。教师是学校教育工作的主要实施者，根本任务是教书育人。

50. B 【解析】本题考查教师的作用。教师是教育工作的组织者、领导者，在教育过程中起主导作用。

## 二、多项选择题

51. ABCD 【解析】本题考查教师的考核内容。我国《教师法》第二十二条规定，学校或者其他教育机构应当对教师的政治思想、业务水平、工作态度和工作成绩进行考核。

52. ABC 【解析】本题考查义务教育教师职务制度。根据我国《义务教育法》第三十条规定，国家建立统一的义务教育教师职务制度。教师职务分为初级职务、中级职务和高级职务。

53. ACD 【解析】本题考查考生对发散思维的理解。发散思维，也叫求异思维、分散思维、辐射思维，是指人们解决问题时，思路朝着各种可能的方向扩散，从而求得多种答案。“一物多用”“一事多写”“一题多解”都是需要思维向外扩散，符合发散思维的定义。

54. ABCD 【解析】本题考查心理健康的表现。世界卫生组织认为，心理健康是一种良好的、持续的心理状态与过程，表现为个体具有生命的活力，积极的内心体验，良好的社会适应能力，能够有效地发挥个人的身心潜力以及作为社会一员的积极的社会功能。

55. ACD 【解析】本题考查新手型教师的特点。在教学策略上，新手型教师非常重视课前准备，课堂控制能力有待提高；在工作动机方面，由于新手型教师更加注重周围人对自己的评价，所以新手型教师的工作动机在成就目标上是以成绩目标为主，更关心的是能否向他人证明自己的能力，解决生存问题是其关注的焦点；在人格特征方面，除了教师的个体差异以外，新手型教师具有的一般人格特征是:热情、外向、朝气蓬勃。

56. ABCD 【解析】本题考查《中华人民共和国教育法》的内容。我国《教育法》第三十五条规定,国家实行教师资格、职务、聘任制度,通过考核、奖励、培养和培训,提高教师素质,加强教师队伍建设。

57. ABCD 【解析】本题考查教师的权利。根据《中华人民共和国教师法》第七条规定,教师享有的权利包括:(一)进行教育教学活动,开展教育教学改革和实验;(二)从事科学研究、学术交流,参加专业的学术团体,在学术活动中充分发表意见;(三)指导学生的学习和发展,评定学生的品行和学业成绩;(四)按时获取工资报酬,享受国家规定的福利待遇以及寒暑假期的带薪休假;(五)对学校教育教学、管理工作和教育行政部门的工作提出意见和建议,通过教职工代表大会或者其他形式,参与学校的民主管理;(六)参加进修或者其他方式的培训。

58. ABD 【解析】本题考查教师的考核。根据《中华人民共和国教师法》第二十三条规定,考核应当客观、公正、准确,充分听取教师本人、其他教师以及学生的意见。

59. ABCD 【解析】本题考查时政知识。习近平提出:国家繁荣、民族振兴、教育发展,需要我们大力培养造就一支师德高尚、业务精湛、结构合理、充满活力的高素质专业化教师队伍,需要涌现一大批好老师。

60. ABC 【解析】本题考查记忆的过程。记忆过程包括识记、保持、再现(再认和回忆)三个环节。

61. ACD 【解析】本题考查教师职业道德修养的基本方法。教师职业道德修养的基本方法包括:(1)加强理论学习,注意内省、慎独;(2)勇于实践磨炼,增强情感体验;(3)虚心向他人学习,自觉与他人交流。B 项坚持自律和他律相结合属于教师职业道德修养的基本原则。

62. AB 【解析】本题考查教师为人师表的特征。教师为人师表的特征主要表现为:(1)鲜明的示范性;(2)突出的严谨性;(3)重要的激励性;(4)现实的可操作性。

63. ABCD 【解析】本题考查 1997 年修订的《中小学教师职业道德规范》。1997 年修订的《中小学教师职业道德规范》中关于“廉洁从教”的具体职业行为要求包括:坚守高尚情操,发扬奉献精神,自觉抵制社会不良风气影响,不利用职责之便谋取私利。

64. ABC 【解析】本题考查教育心理学的研究内容。学与教的相互作用过程是一个系统过程,由学习过程、教学过程和评价/反思过程这三种活动过程交织在一起组成。

65. ACD 【解析】本题考查我国学者对学习的分类。按学习内容,我国学者一般把学习分为知识的学习、技能的学习和行为规范的学习。

66. BCD 【解析】本题考查直观教学的形式。直观是主体通过对直接感知到的教学材料的表层意义、表面特征进行加工,从而形成对有关事物具体的、特殊的、感性的认识的加工过程。在实际的教学过程中,主要有三种直观方式,即实物直观、模像直观和言语直观。

67. ABD 【解析】本题考查品德的心理结构。品德的三因素构成说认为,品德的心理结构包括道德认识、道德情感和道德行为三个成分。

68. ABD 【解析】本题考查自我意识的结构。一般认为,自我意识包括三种成分:自我认识、自我体验、自我控制。

69. ABCD 【解析】本题考查气质的类型。气质类型可分为四种,分别是多血质、胆汁质、黏液质和抑郁质。

70. ABCD 【解析】本题考查教师的职业道德素养。教师应具备的职业道德素养包括:(1)对待事业:忠于人民的教育事业;(2)对待学生:热爱学生;(3)对待集体:团结协作;(4)对待自己:为人师表。

71. ABCD 【解析】本题考查知觉的特征。知觉的特征包括:知觉的选择性、知觉的整体性、知觉的理解性、知觉的恒常性。

72. ABC 【解析】本题考查思维的基本形式。思维的基本形式有:概念、判断、推理。

73. ABD 【解析】本题考查影响个体身心发展的因素。总体看来,影响个体身心发展的因素主要有遗传、环境、教育(学校教育)和个体主观能动性等。

74. ABCD 【解析】本题考查教学工作的基本环节。教学工作包括五个基本环节:备课、上课、作业的布置与反馈、课外辅导和学业成绩的检查与评定。

75. ABCD 【解析】本题考查德育过程的构成要素。德育过程通常由教育者、受教育者、德育内容和德育方法四个相互制约的要素构成。

# 2020年山西省太原市晋源区小学(幼儿园)教师招聘考试教育基础知识真题试卷(八)

一、单项选择题

1. D 【解析】本题考查教育的功能。隐性功能指伴随显性教育功能所出现的非预期性的功能。

2. B 【解析】本题考查教育学的相关概念。教育问题是推动教育学发展的内在动力。

3. D 【解析】本题考查形式化教育阶段的特征。形式化教育阶段的特征包括:(1)教育主体确定;(2)教育对象相对稳定;(3)形成系列的文化传播活动,所传播的文化逐渐规范化;(4)大抵有固定的活动场所和或多或少的设备;(5)由以上种种因素结合而形成独立的社会活动形态。而明确规定各种制度,如入学制度、教学制度等属于制度化教育阶段特征,所以D选项符合题意。

4. B 【解析】本题考查影响个体身心发展的主要因素。“白沙在涅,与之俱黑”的意思是说:白色的细沙混在黑土中,也会跟它一起变黑。这体现了社会环境对人的身心发展具有影响。

5. A 【解析】本题考查《学记》。“善歌者,使人继其声;善教者,使人继其志”的意思是:会唱歌的人,不仅声音悦耳,动人心弦,还要使人情不自禁地跟着唱。会教人的人,不仅给人以知识,还要诱导学生自觉地跟着他学。这句话出自《学记》。《学记》是我国最早的一篇专门论述教育和教学问题的专著。

6. D 【解析】本题考查个体身心发展的一般规律。人的身心发展具有个别差异性,具体表现在不同个体所具有的个性心理倾向不同,如同年龄的儿童具有不同的兴趣、爱好和性格等。题干所述体现了人身心发展的个别差异性。

7. D 【解析】本题考查中世纪西欧的教育。古希腊教育中的“七艺”,实际上是以人文科学为主体的。文法、修辞、辩证法、音乐,直至今日都是主要的人文学科。所以,“七艺”课程中侧重自然科学的是算术。

8. D 【解析】本题考查素质教育的基础。素质教育的基础包括:(1)正确界定和规范素质教育的内涵;(2)转变和更新思想观念;(3)加大课程改革力度;(4)大面积提高素质教育;(5)进行多种素质教育模式探索;(6)构建素质教育的评价体系;ABC选项与素质教育的基础没有关系,只有D选项能够夯实素质教育的基础。

9. A 【解析】本题考查教育万能论的观点。教育万能论主张人完全是教育的产物,题干所述体现的是教育万能论的教育理论。

10. A 【解析】本题考查旧中国的学制沿革。壬寅学制的办学宗旨为“激发忠爱,开通智慧,振兴实业”,它是中国近代教育史上最早由国家正式颁布的学制系统,虽然正式公布,但并未实行。

11. C 【解析】本题考查教育的社会制约性。生产力发展水平影响教育目的的制定,影响着教育事业发展的规模与速度,影响着教学内容的选择与专业设置,影响着教学方法、教学设备和教学组织形式的改革。(具体内容考生可参考柳海民主编的《教育学》第一版)

12. A 【解析】本题考查课程标准的组成部分。课程标准一般由说明(或前言)、课程目标、课程内容标准和课程实施建议等部分组成。说明部分,扼要阐释课程的性质与意义、课程的基本理念与价值诉求、课程的设计思路与总体框架(或结构),这是统率课程标准的指导思想。

13. C 【解析】本题考查教育的起源。生物起源说主张教育的产生完全来自于动物本能,是种族发展的本能需要。

14. C 【解析】本题考查教材的构成。教材一般由目录、课文、习题、实验、图表、注释、附录等部分构成。课文一般分类别、模块、纲目来编排与陈述,是教材的基本部分,也是教学的主要依据。

15. B 【解析】本题考查课程的类型。分科课程是根据学校教育目标、教学规律和一定年龄阶段的学生发展水平,分别从各门学科中选择部分内容,组成各种不同的学科,彼此分立地安排它们的教学顺序、教学时数和期限。题干中孔子所分成的诗、书、礼、乐四科属于分科课程。

16. C 【解析】本题考查赫尔巴特的教学过程思想。方法是指通过实际练习,运用系统的知识,使之变得更熟练、更牢固。题干所述体现了赫尔巴特教学过程思想中的方法。

17. A 【解析】本题考查常用的德育方法。榜样示范法是指用榜样人物的优秀品德来影响学生的思想、情感和行为的德育方法。题干中该班主任号召全班学生向学习委员学习的做法,体现了榜样示范法。

18. B 【解析】本题考查我国教育目的的基本构成。在全面发展教育中,德育对其他各育起保证方向和保持动力的作用。

19. D 【解析】本题考查课程组织。纵向组织,又称垂直组织、序列组织,是指按照知识的逻辑序列,由已知到未知、由简单到复杂等先后顺序组织编排课程内容。

20. C 【解析】本题考查教学原则。"读书无疑者,须教有疑;有疑者,却要无疑,到这里方是长进"的意思是读书不思考的人,要教他们去思考,而经过自己的怀疑、思考、辨析,最终得出了自己的结论,这样就是学有所获。这体现了教学的启发性原则。

21. D 【解析】本题考查新课改背景下的三维课程目标。情感态度与价值观目标强调在教学过程中激发学生的情感共鸣,引起积极的态度体验,形成正确的价值观。题干中该教师将学生"学会关爱生命"拟定为教学目标之一,这属于情感态度与价值观目标。

22. B 【解析】本题考查直观教学。模像直观指观察与教材相关的模型与图像(如图片、图表、幻灯片、电影、录像、电视等),形成感知表象。故幻灯片、录像带、影视片属于模像直观教具。

23. D 【解析】本题考查教学工作的基本环节。关于"上好课"的其中一种说法认为,要想上好一堂课,需要做到以下几点:(1)明确教学目的;(2)保证教学的科学性与思想性;(3)调动学生的学习积极性;(4)注重解惑纠错;(5)组织好教学活动;(6)布置好课外作业。其中上好一堂课的关键是注重解惑纠错。

24. C 【解析】本题考查教学评价的基本类型。形成性评价是在教学过程中为改进和完善教学活动而进行的对学生学习过程及结果的评价。它包括在一节课或一个课题的教学中对学生的口头提问和书面测试。题干中该教师在课堂上进行提问,想要了解学生对这首诗的理解情况属于教学过程中的形成性评价。

25. B 【解析】本题考查教案的形式。记叙式教案是主要用文字形式将备课的结果表达出来的教案,教学信息容量较大,表达细致,编制简单,是最基本、最常用的教案形式。

26. D 【解析】本题考查我国中小学主要的德育原则。长善救失原则是指在德育工作中,教育者要善于依靠、发扬学生自身的积极因素,调动学生自我教育的积极性,克服消极因素,实现品德发展内部矛盾的转化。

27. C 【解析】本题考查校本研究的基本要素。自我反思被认为是教师专业发展和自我成长的核心因素,是开展校本研究的基础和前提。

28. A 【解析】本题考查加涅的学习结果分类。言语信息学习指对有关事物的名称、时间、地点、定义以及特征等方面的事实性信息的学习。因此,题干中该同学对"北京是中国的首都"这一地点信息的学习,属于言语信息的学习。

29. D 【解析】本题考查家庭教养方式。鲍姆林德从要求和反应性两个维度,将父母的教养方式分为四类:权威型、专制型、溺爱型和忽视型。在多数情况下,权威型的教养方式对孩子的成长最为有利。采用权威型教养方式的父母对孩子提出合理的要求,对孩子的行为做出适当的限制,设立恰当的目标,并坚持要求孩子服从和达到这些目标。同时,他们表现出对孩子成长的关爱,会耐心地倾听孩子的观点。根据题干所述,多多受到的家庭教养方式属于权威型。

30. B 【解析】本题考查气质类型。多血质的人以反应迅速、有朝气、活泼好动、动作敏捷、情绪不稳定为特征。根据题干所述,该学生的气质类型属于多血质。

31. C 【解析】本题考查攻击行为的分类。工具性攻击行为指幼儿为了获得某个物品所做出的抢夺、推搡等动作,这类攻击本身指向于一个主要的目标或某一物品的获取。题干描述的行为属于工具性攻击。

32. B 【解析】本题考查亲社会行为。亲社会行为又称为积极的社会行为,指一个人帮助或打算帮助他人,做有益于他人的事的行为和倾向。幼儿的亲社会行为主要有:同情、关心、分享、合作、谦让、帮助、抚慰、援助、捐献等。

33. D 【解析】本题考查皮亚杰的认知发展阶段理论。处于形式运算阶段的儿童其思维具有灵活性,他们不再刻板地恪守规则,反而常常由于规则与事实的不符而违反规则。在本题中,该学生不刻板地恪守文明规则,当遇到孕妇和老人时,可以让他们“插队”,这表明其思维具有灵活性,故该学生处于形式运算阶段。

34. D 【解析】本题考查知觉的规律。知觉的整体性是指人根据自己的知识经验把直接作用于感官的客观事物的多种属性整合为统一整体的过程。知觉的整体性受知觉对象各组成部分之间的结构关系的影响。例如,把相同的音符置于不同的排列顺序、不同的节拍和旋律之中就构成不同的曲调;而如果曲调的各成分关系不变,只是个别刺激成分发生变化,或用不同的乐器演奏或不同人来演唱,就不会改变我们对歌曲整体性的知觉。

35. A 【解析】本题考查情绪的分类。应激是出乎意料的紧迫情况所引起的急速而高度紧张的情绪状态。当人们遇到突然出现的事件或意外发生危险时,为了应付瞬息万变的紧急情况,就得果断地采取决定,迅速地做出反应。应激正是在这种情境中产生的内心体验,故“情急生智”是一种应激现象。

36. C 【解析】本题考查意志的品质。意志的自觉性是指一个人清晰地意识到自己行动的目的和意义,并且能够主动地支配自己的行动,使之符合既定目的的意志品质。题干中的学生放学后能自己主动去做作业,即他能主动支配自己的行动以达到既定目的,说明其意志的自觉性较好。

37. C 【解析】本题考查动机冲突的类型。双避冲突是指从希望回避的两种事物中必取其一的心理状态。题干中的学生害怕寒冷不想起床,但又害怕上学迟到,这是既想逃避寒冷又想逃避上学迟到的心理,但他必须从中选择一个,故属于双避冲突。

38. B 【解析】本题考查注意的分类。无意注意也称不随意注意,是没有预定目的、无需意志努力、不由自主地对一定事物所发生的注意。题干中的学生对雷声的注意是没有预定目的、无需意志努力、不由自主的,故属于无意注意。

39. B 【解析】本题考查认知策略。做笔记策略是使用较为普遍的精细加工策略。

40. D 【解析】本题考查学习迁移的种类。一般迁移也称非特殊迁移、普遍迁移,是指一种学习中所习得的一般原理、原则和态度对另一种具体内容学习的影响,即原理、原则和态度的具体应用。例如,获得基本的运算技能、阅读技能后运用到各种具体的学科学习中。

41. A 【解析】本题考查下位学习、上位学习和并列结合学习的区别。上位学习又称总括学习,是在学生掌握一个比认知结构中原有概念的概括和包容程度更高的概念或命题时产生的。在本题中,后掌握的“角”的概念包括了先学习的“锐角”的概念,故属于上位学习。

42. C 【解析】本题考查班杜拉提出的强化分类。自我强化是指对自己表现出的符合或超出标准的行为进行自我奖励。题干中的学生对自己完成家庭作业的奖励就属于一种自我强化。

43. D 【解析】本题考查记忆的分类。形象记忆是以我们感知过的事物形象为内容的记忆。形象记忆的内容主要是事物的感知特征,它们可以是视觉的,也可以是听觉的、嗅觉的、触觉的或味觉的。例如,参观了北京故宫之后,对故宫的记忆就是形象记忆;尝过一道美食后,对食物味道的记忆也是形象记忆。

44. B 【解析】本题考查学习动机的分类。附属内驱力是指个体为了获得长者们(如家长、教师)的赞许或认可而表现出把工作、学习做好的一种需要。题干中的学生为了获得老师的夸奖而朗诵诗歌,他的这种学习动机就属于附属内驱力。

45. B 【解析】本题考查感觉的相互作用的规律。由于刺激对感受器的持续作用而使感受性发生变化的现象叫感觉适应。感觉适应可以引起感受性的提高,也可以引起感受性的降低。游泳时,刚刚跳进水中时会觉得水很冷,不久后这种感觉就会消失,这是由于冷水对皮肤的持续刺激,使个体的感受性降低了,故属于感觉适应现象。

46. D 【解析】本题考查注意的品质。注意的稳定性,是指注意保持在某一对象或某一活动上的时间长短特性。持续时间愈长,注意就愈稳定。题干中甲同学一节课内集中注意力的时间比乙同学长,故甲同学注意的稳定性比乙同学好。

47. B 【解析】本题考查情感的分类。理智感是人认识事物和探求真理的需要是否得到满足而产生的主观体验。问题解决时的喜悦感就是一种理智感。

48. C 【解析】本题考查操作性条件作用的基本规律。正强化也称积极强化,是通过呈现想要的愉快刺激来增强反应频率。题干所述为正强化的典型运用。

49. B 【解析】本题考查学习动机的培养方式。教育心理学研究表明，新的学习需要可以通过两条途径来形成：(1)直接发生途径，即因原有学习需要不断得到满足而直接产生新的更稳定更分化的学习需要；(2)间接转化途径，即新的学习需要由原来满足某种需要的手段或工具转化而来。因此，题干中教师培养学生学习动机的方式属于直接发生途径。

50. B 【解析】本题考查想象的种类。再造想象是依据词语或符号的描述、示意在头脑中形成与之相应的新形象的过程。人在阅读文艺作品时，头脑中出现的有关事物的形象，就属于再造想象。

51. C 【解析】本题考查思维的种类。发散思维，也叫求异思维、分散思维、辐射思维，是指人们解决问题时，思路朝着各种可能的方向扩散，从而求得多种答案。老师让学生列举报纸的用途，得到了多种不同的答案，这说明学生的思路朝着各种可能的方向扩散，从而求得多种答案，故体现的是发散思维。

52. B 【解析】本题考查智力的结构。智力也即智能，是使人能顺利完成某种活动所必需的各种认知能力的有机结合，它包括观察力、记忆力、注意力、想象力和思维力等成分，并以思维力为核心。

53. A 【解析】本题考查感知规律。适当的刺激强度，有利于引起清晰的感知。刺激过强或过弱都属于不适宜刺激，不能使学生获得清晰的感知，因此，教师在教学中应注意言语的运用，语调柔和亲切、声音适中，辅以一定的手势语言和表情，将更有利于学生的感知；写板书时字迹要清晰，字不要过大或过小，画图时线条粗细要适中，以保证全体学生都能看明白。

54. C 【解析】本题考查成就动机理论的基本观点。阿特金森把个体的成就动机分为两类：力求成功的动机和避免失败的动机。

55. D 【解析】本题考查倒摄抑制。后学习的材料对保持和回忆先学习的材料的干扰作用，称为倒摄抑制(后摄抑制)。在晚上学习不会受到后学习的材料的干扰，即没有倒摄抑制的作用，因此学习效果较好。

56. A 【解析】本题考查社会知觉常出现的几种偏差。投射效应指由于个体具有某种特性，因而推断他人也有与自己相同特性的心理现象。“以小人之心，度君子之腹”即为典型的投射效应。

57. C 【解析】本题考查桑代克的联结—试误学习理论。准备律是反应者的一种内部心理状态。一切反应是由个人的内部状况和外部情境共同决定的。因此，学习不是消极地接受知识，而是一种活动。学习者必须有某种需要，这体现为兴趣和欲望。学习者应有良好的心理准备，包括对该情境起反应所必不可少的素养和能力的准备。因此，李老师在上新课前预设问题激发兴趣，并让学生提前进行预习，就是要让学生在有准备的状态下进行学习活动。这种做法符合桑代克学习定律中的准备律。

58. D 【解析】本题考查教师职业道德情感。职业义务感是教师在履行自己职业责任的过程中产生的一种使命感。

59. A 【解析】本题考查 1997 年修订的《中小学教师职业道德规范》。依法执教是调整教师劳动与法律制度之间关系的教师职业道德规范，是教师完成本职工作的前提基础，是国家和社会对教师提出的道德要求。

60. B 【解析】本题考查教师职业道德修养的途径。职业实践是教师职业道德修养的根本途径。

61. C 【解析】本题考查教师职业道德修养。严谨治学是关系到能否教育好学生，培养好人才的大问题，是衡量教师职业道德水准高低的一个基本尺度。(具体参看程敬恭主编的《新编高等学校教师职业道德修养》)

62. C 【解析】本题考查教师与家长交往的态度。教师在与家长交往中应保持合作的态度，对家长要谦虚和蔼、尊重理解、一视同仁。颐指气使是对学生家长的不尊重，在与家长的交往过程中应该避免。

63. A 【解析】本题考查我国外交政策。《中国共产党党章》总纲规定，中国共产党坚持独立自主的和平外交政策，坚持和平发展道路，坚持互利共赢的开放战略。故选 A。

64. C 【解析】本题考查实践与认识的相互关系。“登高山”“临深渊”属于实践活动，题干强调了实践的重要性，实践是认识的来源，故选 C。

65. A 【解析】本题考查客观唯心主义的观点。客观唯心主义把客观精神(如上帝、鬼神、理念、绝对精神等)看作世界的主宰和本原，认为现实的世界只是这些客观精神的外化和表现。朱熹提出“理在事先”，即把“天理”说成是世界万物的本原,属于客观唯心主义的观点。C、D两项属于主观唯心主义的观点。B项,属于唯心主义的观点,但无法判断是主观唯心主义还是客观唯心主义。故选A。

66. D 【解析】本题考查政治常识。中国共产党的领导是中国特色社会主义制度的最大优势。

67. B 【解析】本题考查政治常识。要实现全体人民共同富裕的宏伟目标,最终要靠的是发展。

68. D 【解析】本题考查毛泽东思想的确立。中共七大通过党章确立毛泽东思想在全党的指导地位,会议上毛泽东作了《论联合政府》的政治报告。

69. D 【解析】本题考查"三个代表"重要思想。"三个代表"重要思想在党的建设方面作出了六项新的理论贡献:提出党的建设必须按照党的政治路线来进行;提出"两个转变"的思想;提出"两个先锋队"的思想;提出"两个纲领相统一"的思想;提出"两个基础"的思想;提出解决"两大历史性课题"的思想。本题为选非题,故选D。

70. C 【解析】本题考查否定之否定规律。否定之否定规律是指事物由肯定到否定,再到否定之否定的过程。A、B、D项都包含了辩证否定的过程,符合否定之否定规律。C项,三维空间不是天体运行学说,不符合否定之否定规律。本题为选非题,故选C。

71. A 【解析】本题考查认识论。"自古逢秋悲寂寥,我言秋日胜春朝"意思是:自古以来人们每逢秋天都会感到悲凉寂寥,我却认为秋天要胜过春天。题干说明不同的人对秋天的感觉和认识不同,体现了认识具有主体差异性。A项诗句意为:从正面看庐山山岭连绵起伏,侧面看则山峰耸立,从远处、近处、高处、低处看庐山,庐山都呈现不同的样子,同样说明认识具有主体差异性。故选A。

72. A 【解析】本题考查科学发展观。科学发展观,第一要务是发展,核心是以人为本,基本要求是全面协调可持续,根本方法是统筹兼顾。故选A。

73. C 【解析】本题考查党的建设。民主集中制是党的根本组织原则和领导制度。

74. D 【解析】本题考查辩证法。题干的意思是往往最善于游泳的人被溺死,最善于骑马的人被摔死。即越是最擅长的东西,越容易被忽视而出现祸事。这体现了辩证法中事物在一定条件下是可以相互转化的规律。

75. B 【解析】本题考查合同的违约责任。根据《合同法》第115条的规定,收受定金的一方不履行约定的债务的,应当双倍返还定金。可见,甲依法有权要求乙给付的赔偿为6万元。故选B。

76. C 【解析】本题考查自然人的刑事责任年龄。我国《刑法》第十七条规定,已满十六周岁的人犯罪,应当负刑事责任。已满十四周岁不满十六周岁的人,犯故意杀人、故意伤害致人重伤或者死亡、强奸、抢劫、贩卖毒品、放火、爆炸、投毒罪的,应当负刑事责任。已满十四周岁不满十八周岁的人犯罪,应当从轻或者减轻处罚。因不满十六周岁不予刑事处罚的,责令他的家长或者监护人加以管教;在必要的时候,也可以由政府收容教养。可见,我国《刑法》规定的完全刑事责任年龄为16周岁。

77. A 【解析】本题考查故意犯罪形态。共同犯罪是指二人以上共同故意犯罪。在实施同一个犯罪中,一人既遂,全部既遂。本题中,甲虽未击中丙,但乙击中了丙,则甲、乙共同构成故意杀人罪既遂。故选A。

78. D 【解析】本题考查刑法知识。A、B、C项均属于侵犯财产罪,D项属于妨害社会管理秩序罪。D项,我国《刑法》第二百九十三条列举了寻衅滋事罪的四种具体情况:随意殴打他人,情节恶劣的;追逐、拦截、辱骂他人,情节恶劣的;强拿硬要或者任意损毁、占用公私财物,情节严重的;在公共场所起哄闹事,造成公共场所秩序严重混乱的。因此,从侵犯的客体方面分析,寻衅滋事罪侵犯的客体主要是公共秩序,而非公私财物的所有权和公民的人身权利。从客观方面分析,寻衅滋事罪对强抢财物的数量要求较小,暴力程度较低。从主观方面分析,甲明显带有以强凌弱的动机。可见,甲在公共场所,以轻微暴力强抢小学生的财物,更符合寻衅滋事罪的犯罪特征。故选D。

79. A 【解析】本题考查合同的效力。根据我国《合同法》第五十二条的规定,恶意串通,损害国家、集体或者第三人利益的合同无效。

80. B 【解析】本题考查民事法律关系的构成要素。民事法律关系由主体、内容、客体三个要素组成。本题为选非题,故选B。

81. B 【解析】本题考查我国的国家机构。最高人民法院是最高审判机关。

82. D 【解析】本题考查刑罚的种类。刑罚的种类分为主刑和附加刑,主刑包括管制、拘役、有期徒刑、无期徒刑和死刑;附加刑包括罚金、剥夺政治权利和没收财产。附加刑可以单独使用,也可以附加适用。A、B、C 项均属于主刑,D 项是附加刑。故选 D。

83. A 【解析】本题考查《中华人民共和国未成年人保护法》。根据我国《未成年人保护法》第四章社会保护中第三十三条规定,国家采取措施,预防未成年人沉迷网络。

84. C 【解析】本题考查《中华人民共和国教育法》。根据《中华人民共和国教育法》第二十九条和第三十条规定可知,A、B、D 三项属于学校及其他教育机构可行使的权利,C 项属于学校及其他教育机构应当履行的义务。故答案选 C 项。

85. B 【解析】本题考查《中华人民共和国教育法》。根据我国《教育法》第七十二条规定,侵占学校及其他教育机构的校舍、场地及其他财产的,依法承担民事责任。

86. C 【解析】本题考查教师违法(侵权)行为。侵犯学生人格尊严权利的主要表现有:(1)讽刺、挖苦学生;(2)故意侮辱、随意谩骂学生;(3)不给学生以合理的解释权和辩护权;(4)以记档案威胁学生等。因此,题干中教师辱骂兵兵的行为侵犯了兵兵的人格尊严权。

87. D 【解析】本题考查《中华人民共和国义务教育法》。根据我国《义务教育法》第二十七条规定,对违反学校管理制度的学生,学校应当予以批评教育,不得开除。

二、多项选择题

88. ABC 【解析】本题考查德育过程的基本规律。有说法认为自我教育能力主要由自我期望的能力、自我评价与自我调控能力组成。

89. ABCD 【解析】本题考查现代教学的辅助形式。现代教学的辅助形式主要有作业、参观、讲座、辅导等。(具体内容参见王道俊、郭文安主编的《教育学》)

90. BD 【解析】本题考查中小学生心理发展的阶段特征。小学生心理发展的特点有:(1)小学生心理发展是迅速的,尤其是智力和思维能力。(2)小学生心理发展是协调的。尽管小学生心理发展很迅速,但又非常协调。(3)小学生心理发展是开放的。(4)小学生心理发展是可塑的。故 B、D 两项说法正确。

91. BCD 【解析】本题考查布鲁纳的认知—发现学习理论。布鲁纳认为学习包括三种几乎同时发生的过程,这三种过程是:新知识的获得、知识的转化、知识的评价。

92. ABD 【解析】本题考查教师的体态语。教师在运用体态语时,应尊重学生的人格,保护学生的自尊心,不能使用蔑视甚至敌视性的体态语。用手指戳学生的做法严重损伤学生的自尊心和自信心,不利于学生的身心健康发展,也影响教师在学生心目中的形象。所以,答案选 A、B、D。

93. BCD 【解析】本题考查教师职业道德修养的方法。坚持自律和他律相结合属于教师职业道德修养的基本原则。

94. ACD 【解析】本题考查处理我国民族关系的基本原则。民族平等、民族团结、各民族共同繁荣是处理我国民族关系的基本原则。

95. ABC 【解析】本题考查毛泽东思想。A 项,毛泽东在八七会议上提出了著名的"枪杆子里出政权"的论断。B 项,井冈山时期,毛泽东为了批判党内存在的悲观思想,在给林彪的信中,运用唯物辩证法科学地分析了国内政治形势和敌我力量对比,提出"星星之火,可以燎原"。C 项,1946 年,毛泽东在和美国记者的谈话中指出:"一切反动派都是纸老虎。看起来,反动派的样子是可怕的,但是实际上并没有什么了不起的力量。从长远的观点看问题,真正强大的力量不是属于反动派,而是属于人民。"D 项,"改革是中国发展生产力的必由之路"是邓小平在 1985 年发表的对改革的性质的判断。故选 ABC。

96. ABD 【解析】本题考查《中华人民共和国行政诉讼法》第十三条内容。《中华人民共和国行政诉讼法》第十三条规定,人民法院不受理公民、法人或者其他组织对下列事项提起的诉讼:(1)国防、外交等国家行为;(2)行政法规、规章或者行政机关制定、发布的具有普遍约束力的决定、命令;(3)行政机关对行政机关工作人员的奖惩、任免等决定;(4)法律规定由行政机关最终裁决的具体行政行为。A、B、D 三项分别对应(1)(2)(3)。故选 ABD。

97. AB 【解析】本题考查《中华人民共和国教师法》。根据我国《教师法》第二十二条规定，学校或者其他教育机构应当对教师的政治思想、业务水平、工作态度和工作成绩进行考核。

## 2019年黑龙江省齐齐哈尔市龙江县教师招聘考试真题试卷(九)

一、单项选择题

1. A 【解析】马克思主义认为，教育与生产劳动相结合是“造就全面发展的人的唯一方法”。

2. A 【解析】教师劳动的示范性指教师的言行举止，如人品、才能、治学态度等都会成为学生学习的对象。题干的意思是：老师是学生的模范和榜样，是学生学习的对象。即体现了教师劳动的示范性特点。

3. B 【解析】多元智能理论是由美国心理学家加德纳提出来的。

4. C 【解析】注意不稳定表现为注意的分散，也叫分心。注意的分散是指注意离开了当前应当完成的任务而被无关的事物所吸引。它使我们不能清晰地认识事物，所以我们必须和它做斗争。题干所述为注意分散的典例。

5. C 【解析】教学是学校教育的中心工作，学校教育工作必须坚持以教学为主。

6. A 【解析】消退是一种无强化过程，其作用在于降低某种反应在将来发生的概率，以达到消除某种行为的目的。题干所述为运用消退原理的典型事例。

7. C 【解析】形成性评价是在教学过程中为改进和完善教学活动而进行的对学生学习过程及结果的评价。形成性评价的主要功能：(1)改进学生的学习；(2)为学生的学习定步；(3)强化学生的学习；(4)给教师提供反馈。

8. C 【解析】一种感觉兼有另一种感觉的心理现象叫联觉。题干中小丹认为小刀刮竹子的声音给人以冷的感觉，属于联觉。

9. D 【解析】检验假设就是通过一定的方法来确定假设是否合乎实际、是否符合科学原理。题干中小岩通过实际行动验证自己的猜想，故属于问题解决过程中的检验假设阶段。

10. B 【解析】题干所述为个体身心发展的不平衡性(不均衡性)的表现之一，即身心发展的同一方面的发展速度，在不同的年龄阶段是不平衡的。例如，青少年的身高体重在其全部发展过程中会经历两个高峰：第一个高峰是在一岁左右，第二个高峰是在青春发育期。在这两个高峰期内，身高体重的发展较之其他阶段快得多。

11. C 【解析】性格是指人的较稳定的态度与习惯化了的行为方式相结合而形成的人格特征。性格是个性特征中最具核心意义的心理特征。

12. A 【解析】教学方法上的不断更新属于教师劳动的创造性的表现。“教学有法，而无定法”是对教师劳动创造性的最好注脚。

13. A 【解析】学科课程是指以文化知识(科学、道德、艺术)为基础，按照一定的价值标准，从不同的知识领域或学术领域选择一定的内容，根据知识的逻辑体系，将所选出的知识组织为学科的课程类型。我国古代的“六艺”和古希腊的“七艺”都是学科课程。

14. C 【解析】题干所述主要强调了教师的主导作用，因此，题干的意思是要充分发挥教师在教育活动中的主导地位。

15. B 【解析】注意的分配是指人在进行两种或多种活动时能把注意指向不同对象的现象。李老师能一边讲课一边兼顾全班同学的活动，即同一时间内注意指向不同的对象，表明其注意分配能力好。

16. C 【解析】再造想象是依据词语或符号的描述、示意在头脑中形成与之相应的新形象的过程。故题干所述心理活动属于再造想象。

17. D 【解析】家庭教育的针对性，是指教育工作能从实际出发，有的放矢，而不是想当然，不是一般化的说教。相对来说，家庭教育的针对性更强。人们常说：“知子莫如父，知女莫若母。”子女自幼随父母生活，长期相处，父母能够全面细致地了解、熟知子女。

18. B 【解析】一般迁移也称非特殊迁移、普遍迁移，是指一种学习中所习得的一般原理、原则和态度对另一种具体内容学习的影响，即原理、原则和态度的具体应用。例如，获得基本的运算技能、阅读技能后运用到各种具体的学科学习中。

19. B 【解析】班级授课制的优点之一是有利于经济有效地大面积培养人才，提高教学效率。

20. B 【解析】发现学习是指给学生提供有关的学习材料，让学生通过探索、操作和思考，自行发现知识、理解概念和原理的教学方法。

21. C 【解析】孔子是世界上最早提出启发式教学的教育家,比古希腊教育家苏格拉底提出的"产婆术"早几十年。

22. A 【解析】常用的复述策略有:有意识记和无意识记、排除相互干扰、运用多种感官协同记忆、整体识记与部分识记相结合、复习形式多样化、画线等。

23. D 【解析】循序渐进原则是指教师要严格按照科学知识的内在逻辑和学生的认知发展规律进行教学,使学生掌握系统的科学文化知识,能力得到充分的发展。《学记》中的"学不躐等""不陵节而施"都体现的是循序渐进原则。

24. A 【解析】个人本位论认为确立教育目的的根据是人的本性,教育的目的是培养健全发展的人,发展人的本性,挖掘人的潜能,增进受教育者的个人价值,个人价值高于社会价值,而不是为某个社会集团或阶级服务。简言之,教育的根本目的是人的本性和本能的高度发展。故选 A 项。

25. C 【解析】青少年对自身情绪的控制能力有了明显的进步,在情绪表现上逐渐失去了那种毫无掩饰的单纯和率真,能够根据场合的要求隐藏自己的情绪。故题干所述反映了青少年的情绪具有掩饰性。

26. D 【解析】场依存型的学生对客观事物的判断常以外部线索为依据,其态度和自我认知易受周围环境或背景(尤其是权威人士)的影响,往往不易独立地对事物做出判断,而是人云亦云,从他人处获得标准;行为常以社会为定向,社会敏感性强,爱好社交活动。题干所述赵毅的认知方式属于场依存型。

27. B 【解析】个体自我意识的发展经历了从生理自我到社会自我,再到心理自我的过程。

28. A 【解析】情景记忆即以亲身经历的、发生在一定时间和地点的事件(情景)为内容的记忆。

29. A 【解析】长时记忆是指信息在头脑中储存的时间在 1 分钟以上,甚至保持终生的记忆。

30. C 【解析】在马斯洛的需要层次理论中,自我实现的需要是最高层次的需要。

31. A 【解析】学习是个体在特定情境下由于练习或反复经验而产生的行为或行为潜能的相对持久的变化。并非所有的行为变化都是由学习产生的,如生理成熟、疲劳、药物等因素亦可引起行为的变化。B 项属于酒精引起的变化;C 项属于药物引起的变化;D 项属于感觉适应现象,这是一种生理变化。因此,这三项都不属于学习,答案选 A 项。

32. A 【解析】学习动机是指激发个体进行学习活动,维持已引起的学习活动,并使行为朝向一定学习目标的一种心理倾向或内部动力。学习动机是直接推动学生进行学习的内部动力。

33. C 【解析】创造性思维以发散思维为核心。

34. B 【解析】实验证明:过度学习达到 50%,即学习的熟练程度达到 150% 时,学习的效果最好。某学生读 6 遍材料正好能记住,要达到过度学习的最佳水平,需要再读 3 遍。

35. A 【解析】因材施教原则是指教育者在德育过程中,应根据学生的年龄特征、个性差异以及品德发展现状,采取不同的方法和措施,加强德育的针对性和实效性。孔子很早就提出了"视其所以,观其所由,察其所安"的了解学生的有效方法,并根据学生的特点进行有区别的教育。

36. B 【解析】榜样示范法是用榜样人物的优秀品德来影响学生的思想、情感和行为的德育方法。题干所述强调的是榜样示范法的重要性。

37. D 【解析】个体身心发展的顺序性规律要求教师在教育工作中要做到循序渐进。

38. A 【解析】陶冶教育法是教师利用环境和自身的教育因素,对学生进行潜移默化的熏陶和感染,使其在耳濡目染中受到感化的德育方法。陶冶教育法的方式主要有环境陶冶、情感陶冶、人格陶冶等。题干中"让学校的每一面墙壁都开口说话"运用的是环境陶冶的方式。所以 A 选项符合题意。

39. B 【解析】遗传素质是人的身心发展的物质前提,环境为个体的发展提供了多种可能,而教育作为特殊的环境对人的身心发展起主导作用,个体因素是人的身心发展的内因和动力。

40. C 【解析】教育目的要回答的一个根本问题是教育要培养什么样的人。

41. D 【解析】"举一反三""触类旁通"是典型的迁移形式,因此这告诉教育工作者,在教学中应重视知识传授的迁移。

42. C 【解析】班级民主管理是指班级成员在服从班集体的正确决定和承担责任的前提下,参与班级全程管理的一种管理方式。班级民主管理的实质是在班级管理的全过程中，调动学生自我教育的力量，使人人都积极主动地参与班级事务。题干中班主任让学生轮流当班长的干部轮换制度就属于实行班级民主管理的方式之一。

43. B 【解析】“以人为本”就是要关注人，关注每一个学生。故选B项。

44. B 【解析】新课程倡导交往与互动的教学观，认为教学不只是教师教学生学的过程，更是师生交往、积极互动、共同发展的过程。

45. A 【解析】《学记》（收入《礼记》）是中国古代最早的一篇专门论述教育、教学问题的论著，也是世界教育史上的第一部教育专著。

46. A 【解析】教育的永恒性是指教育是人类所特有的社会现象，与人类社会共始终。

47. D 【解析】以间接经验为主是教学活动的主要特点，学习间接经验是学生认识客观世界的基本途径。

48. C 【解析】课程标准规定了学科的教学目标、任务，知识的范围、深度和结构，教学进度以及有关教学方法的基本要求，是编写教科书和教师进行教学的直接依据，也是衡量各科教学质量的重要标准。

49. A 【解析】校本课程是学校在确保国家课程和地方课程有效实施的前提下，针对学生的兴趣和需要，结合学校的传统和优势以及办学理念，充分利用学校和社区的课程资源，自主开发或选用的课程。

50. B 【解析】疏导原则（循循善诱原则）是指进行德育时要循循善诱、以理服人，从提高学生认识入手，调动学生的主动性，使他们积极向上。我国古代教育家孔子很善于诱导他的学生，其弟子颜回这样称赞道：“夫子循循然善诱人，博我以文，约我以礼，欲罢不能。”

51. B 【解析】重视创新能力的培养是现代教育与传统教育的根本区别之所在。

52. D 【解析】2008 年修订的《中小学教师职业道德规范》中关于“终身学习”方面所规定的具体职业行为要求有：（1）崇尚科学精神，树立终身学习理念，拓宽知识视野，更新知识结构；（2）潜心钻研业务，勇于探索创新，不断提高专业素养和教育教学水平。

53. C 【解析】新课程强调以人为本，关注人是新课程的核心理念——“一切为了每一位学生的发展”在教学中的具体体现。它意味着：关注每一位学生，关注学生的情绪生活和情感体验，关注学生的道德生活和人格养成。

54. D 【解析】2008 年修订的《中小学教师职业道德规范》主要有六条，即爱国守法、爱岗敬业、关爱学生、教书育人、为人师表、终身学习。

55. A 【解析】教师的教育专业素养包括：（1）具有先进的教育理念；（2）具有良好的教育能力；（3）具有一定的研究能力。

56. B 【解析】新课程要求教师是课程的开发者和建设者。黄老师向民间艺人学习地方戏曲，并将这些内容引入到音乐课的教学中，这是黄老师具有课程开发意识的体现。

57. B 【解析】最近发展区是儿童在有指导的情况下，借助成人的帮助所能达到的解决问题的水平与独自解决问题所达到的水平之间的差异，实际上是两个邻近发展阶段间的过渡状态。

58. C 【解析】四有“好老师”标准是对教师专业素质的要求。

59. D 【解析】教育机智是教师在教育教学过程中的一种特殊定向能力，是指教师能根据学生新的特别是意外的情况，迅速而正确地做出判断，随机应变地采取及时、恰当而有效的教育措施解决问题的能力。

60. B 【解析】根据《中华人民共和国教师法》第七条规定，教师享有“进行教育教学活动，开展教育教学改革和实验”的权利。题干中的张老师是在行使他的教育教学权。

二、多项选择题

61. ABCD 【解析】正强化是通过刺激来增加行为可能性的强化，就是奖励那些在学习上需要的行为，从而加强这种行为。正强化的方法包括奖学金、对成绩的认可、表扬、改善学习条件和人际关系、给予学习和成长的机会等，以便使学生更加努力学习。

62. AD 【解析】《国家中长期教育改革和发展规划纲要（2010～2020 年）》提出的战略主题是坚持以人为本，全面实施素质教育。

63. ABC 【解析】中国学生发展核心素养，以科学性、时代性和民族性为基本原则，以培养“全面发展的人”为核心，分为文化基础、自主发展、社会参与三个方面。

64. ACD 【解析】目前有人以发散思维的特点来代

表创造性思维的特点。发散思维具有流畅性、灵活性(变通性)和独创性(独特性)等特点。

65. ACD 【解析】在活动中,一般能力和特殊能力共同起作用。要成功地完成一项活动,既需要一般能力,也必须依靠特殊能力。A 项正确。知识和能力既有联系又有区别,因此,教师不能简单地、直接地根据学生的知识水平来确定他的能力高低。B 项错误。不同的个体之间存在能力类型差异,不同类型的能力在不同人身上体现的强弱不同。C 项正确。模仿能力是指仿效他人的言行举止而引起的与之相类似的行为活动的能力,属于能力的一种。D 项正确。

66. BC 【解析】教育的本质属性是育人,即教育是一种有目的地培养人的社会活动,这是教育区别于其他事物现象的根本特征。教育的具体而实在的规定性体现在:(1)教育是人类所特有的一种有意识的社会活动;(2)教育是人类有意识地传递社会经验的活动;(3)教育是以人的培养为直接目标的社会实践活动。

67. ABC 【解析】教学过程作为一种特殊的认识过程,其特殊性表现在:(1)认识对象的间接性与概括性;(2)认识方式的简捷性与高效性;(3)教师的引导性、指导性与传授性(有领导的认识);(4)认识的交往性与实践性;(5)认识的教育性与发展性。

68. ABCD 【解析】学习迁移也称训练迁移,是指一种学习对另一种学习的影响,或习得的经验对完成其他活动的影响。故 A、B、C、D 四项均属于学习迁移现象。

69. ABCD 【解析】学习过程中存在高原现象,即学生在学习过程中出现一段时间的学习成绩和学习效率停滞不前,甚至会出现学过的知识感觉模糊的现象。所以成绩并不一定呈直线式稳定上升,故 A 项错误。根据"耶克斯—多德森定律"可知,动机水平与行为效果呈倒 U 型曲线关系,故 B 项错误。在睡觉前背诵英语单词效果好,这是因为只受到前摄抑制的影响,而没有受到倒摄抑制的影响,故 C 项错误。要想掌握骑自行车这一操作技能,是需要掌握相应技巧的,而不是通过单纯的反复操作和机械重复,故 D 项错误。

70. ABC 【解析】学习效果虽然是客观的,对它的评定要遵循一定的客观标准,但是,学生对它的感觉有主观性。因此,教师应掌握评分的艺术,使学生保持学习上的成功感。为此,在实际教学中要注意:(1)学生的成败感与他们的自我标准有关,教师应注意这种个别差异,使每个学生都体验到成功;(2)课题难度要适当,要让学生经过努力可以完成,否则,总不能正确完成,就会丧失信心,产生失败感;(3)课题应由易到难呈现,以使学生不断获得成功感;(4)在某一课题失败时,可先完成有关基础课题,使学生下次在原来失败的课题上获得成功感。

71. BCD 【解析】从完整的问题解决过程来看,发现问题是其首要环节。能否发现问题,与个体活动的积极性、求知欲、已有知识经验等有关。

72. ABD 【解析】一般认为,教育者、受教育者(学习者)和教育媒介(教育影响)是构成教育活动的基本要素。但也有学者认为,教育活动的构成要素有教育者、受教育者和教育内容。故选 A、B、D 三项。

73. ABC 【解析】义务教育具有强制性的特点,普及九年义务教育是学校教育系统的基础,是提高民族文化、心理素质的保证,是现代社会文明和进步的标志。故 A、B、C 三项说法正确。

74. ABCD 【解析】学生不是被动的加工对象,他具有主体性。所谓主体性,就是指学生在教学中的主观能动性。具体包括:(1)独立性;(2)选择性;(3)调控性;(4)创造性;(5)自我意识性。

75. ABCD 【解析】综合课程是由两门或两门以上的多学科知识交叉、渗透、融合而生成的课程,它强调学科之间的关联性、统一性及内在联系。综合课程是基于各门学科内在联系编制而成的课程,是针对学科课程而言的。

76. ABC 【解析】国家实施素质教育的要求包括坚持德育为先、坚持能力为重、坚持全面发展。

77. BC 【解析】广义的教育,指增进人的知识与技能、发展人的智力与体力、影响人的思想观念的活动。狭义的教育指学校教育,是教育者依据一定的社会要求,依据受教育者的身心发展规律,有目的、有计划、有组织地对受教育者施加影响。学校教育是制度化程度最高的教育形式,被称作正规教育。非正规教育则是指在正规教育制度之外所进行的、为成人和儿童有选择地提供学习形式的活动。题干中"生活中的磨难"是在学校教育范围之外进行的,属于广义的教育和非正规的教育。

78. ABC 【解析】思想性(教育性)和科学性相统一的教学原则是指教学要以马克思主义为指导,授予学生科学知识,并结合知识教学对学生进行社会主义品德和正确人生观、科学世界观教育。贯彻此原则的要求:(1)教师要保证教学的科学性;(2)教师要结合教学内容的特点进行思想品德教育;(3)教师要通过教学活动的各个环节对学生进行思想品德教育;(4)教师要不断提高自己的业务能力和思想水平。D项体现的是贯彻直观性原则的要求。

79. ABD 【解析】我国新型师生关系(理想师生关系)的特点表现为:尊师爱生、民主平等、教学相长、心理相容。

80. ABC 【解析】班集体的教育作用包括:(1)有利于形成学生的群体意识;(2)有利于培养学生的社会交往能力与适应能力;(3)有利于训练学生的自我教育能力。

## 2019年吉林省长春市净月高新技术产业开发区教师招聘考试真题试卷(十)

**单项选择题**

1. A 【解析】孔子主张"有教无类",倡导"因材施教"。

2. C 【解析】巴甫洛夫是最早提出经典性条件作用理论的人。

3. B 【解析】韩愈在《师说》中明确了教师的职责,"师者,所以传道授业解惑也",这句话的意思是:老师是传授道理、教授学业、解决疑难问题的人。

4. C 【解析】陶行知提出了生活教育理论,认为"生活即教育",主张以人类的生活作为教育内容,在生活实践中接受教育;"社会即学校",要"把学校里的一切延伸到大自然界中去";"教学做合一",强调学做结合。

5. B 【解析】"六艺"包括礼、乐、射、御、书、数。

6. D 【解析】启发性原则是在吸取中外教育遗产的基础上提出的,是教师主导作用与学生主体作用相统一的规律在教学中的反映。苏格拉底的"产婆术"、孔子提出的"不愤不启,不悱不发"的教学要求以及《学记》中"道而弗牵,强而弗抑,开而弗达"的教学思想,都是这一教学原则的体现。

7. A 【解析】"学而时习之,不亦说乎"出自《论语》。

8. A 【解析】苏联教育家苏霍姆林斯基在其著作《给教师的一百条建议》和《把整个心灵献给孩子》中阐述了他的和谐教育思想,他认为学校教育的理想是培养全面和谐发展的人。

9. D 【解析】实用主义教育学是19世纪末20世纪初兴起于美国的一种教育思潮,对20世纪整个世界的教育理论研究和教育实践发展产生了极大的影响。其代表人物是杜威和克伯屈。

10. B 【解析】讨论法是全班或小组成员在教师的指导下,围绕某一中心问题发表自己的看法和见解,从而进行相互学习的一种方法。"独学而无友,则孤陋而寡闻"的意思是:如果学习中缺乏学友之间的交流切磋,就必然会导致知识狭隘,见识短浅。"相观而善"的意思是互相观摩而学习他人的长处。故题干的表述体现了运用讨论法的重要性。

11. A 【解析】根据韦纳的归因理论,努力属于内部、不稳定、可控的因素。

12. A 【解析】遗传素质的成熟机制制约着人的身心发展的水平及阶段。遗传素质的成熟程度,为一定年龄阶段的身心发展提供了限制与可能,制约着年青一代身心发展的过程及其阶段。教育必须按照遗传素质发展的水平进行,超越或落后于遗传素质成熟水平都不利于人的发展。让六个月的婴儿学习走路、四岁的儿童学习高等数学就没有遵循遗传素质的成熟机制。

13. A 【解析】注意的广度也称注意的范围,是指在同一时间内,人们能够清楚地知觉出的对象的数目。"一目十行"指的就是注意的范围。

14. C 【解析】艾宾浩斯的遗忘曲线表明,遗忘的进程是不均衡的,其趋势是先快后慢、先多后少,呈负加速,且到一定的程度几乎就不再遗忘了。

15. B 【解析】进入少年期,学生个性结构的主要变化在于自我意识有了质的飞跃。这个时期突出的表现为一种强烈的独立倾向,他们极力想争得在社会生活中独立自主的地位。青少年男女身体的迅速发育与成熟所引起的自我感觉及社会对他们的评价,使他们感到自己是个大人了,与儿时的"我"不同了,产生了"成人感",并努力以"成人式"的义务感与责任心去学习知识技能,去与别人交往,因而出现了前所未有的独立性。

16. A 【解析】强化法用来培养新的适应行为。根据学习原理,一个行为发生后,如果紧跟着一个强化刺激,这个行为就会再一次发生。题干所述为强化法的典例。

17. A 【解析】后学习的材料对保持和回忆先学习的材料的干扰作用,称为倒摄抑制。题干所述表明后面的学习干扰了前面的学习,因此属于倒摄抑制。

18. D 【解析】常用的时间管理策略有:(1)统筹安排学习时间;(2)高效利用最佳时间;(3)灵活利用零碎时间。

19. B 【解析】"龙生龙,凤生凤"强调的是遗传因素对人的身心发展的重要作用。

20. C 【解析】外部学习动机是指诱因来自学习者外部的某种因素,即在学习活动以外由外部的诱因激发出来的学习动机。

21. B 【解析】个体身心发展在不同的年龄阶段表现出不同的总体特征及主要矛盾,面临着不同的发展任务,这就是身心发展的阶段性。教育工作必须从学生的实际出发,针对不同年龄阶段的学生,提出不同的具体任务,采取不同的教育内容和方法,既不能把小学生当中学生看待,也不能把初中生和高中生混为一谈。把对儿童和青少年的教育"成人化",就违反了个体身心发展的阶段性规律。故题干中卢梭的观点是看到了个体身心发展的阶段性规律。

22. C 【解析】题干所述内容过于强调学生的可塑性,但忽视了学生的主观能动性。

23. B 【解析】任务分析是指在教学活动开始之前,预先将教学目标逐级细分成彼此相联的各种子目标的过程。

24. D 【解析】教师的教育科学知识主要包括三个方面:(1)学生身心发展知识;(2)教与学的知识;(3)学生成绩评价的知识。了解学生的年龄特征属于学生身心发展方面的知识。

25. B 【解析】题干的描述强调的都是人与生俱来的特质,体现了遗传决定论的观点。

26. A 【解析】顺向迁移是指先前学习对后继学习产生的影响。逆向迁移是指后继学习对先前学习产生的影响。正迁移也叫"助长性迁移",是指一种学习对另一种学习的促进作用。负迁移也叫"抑制性迁移",是指一种学习对另一种学习产生阻碍作用。题干所述是前面打羽毛球的学习对后面打网球的学习产生的一种积极影响,故属于顺向正迁移。

27. C 【解析】教师期望效应也叫罗森塔尔效应或皮格马利翁效应,即教师的期望或明或暗地传递给学生,会使学生按照教师所期望的方向来塑造自己的行为。这一效应说明教师的期望能对学生产生巨大的影响。

28. B 【解析】生物起源说认为,教育是一种生物现象,而不是人类所特有的社会现象。刚出生的小鸭子会发生"印刻"现象,即模仿第一眼看到的动物并向其学习,就体现了生物起源说的观点。

29. A 【解析】多血质的人以反应迅速、有朝气、活泼好动、动作敏捷、情绪不稳定为特征。

30. C 【解析】系统化是指人脑把具有相同本质特征的事物归纳到一定类别系统中去的思维过程,如学生掌握了数的概念,在掌握整数、分数、小数等知识之后,可以概括归纳为有理数。

31. B 【解析】遗传素质是人的身心发展的前提,为人的发展提供了可能性,但不能决定人的发展。马克思的观点表明遗传素质只是为人的发展提供了可能性,而不起决定作用。

32. B 【解析】量力性原则,也称可接受性原则,是指教学的内容、方法、分量和进度要适合学生的身心发展,使他们能够接受,但又要有一定的难度,需要他们经过努力才能掌握,以促进学生的身心发展。"跳起来,摘桃子"就体现了教学难度要稍高于学生的实际水平,但又要在可控的范围之内,这符合量力性原则的要求。

33. A 【解析】标准化成就测验是指在心理与教育测量原理指导下,由专家或学者编制的适用于大规模范围内评定个体学业成就水平的测验。

34. D 【解析】自我同一性对角色混乱阶段的发展任务是培养自我同一性。自我同一性是指个体组织自己的动机、能力、信仰及活动经验而形成的有关自我的一致性形象。自我同一性的形成要求谨慎的选择和决策,尤其体现在职业定向、性别角色分化等方面。如果青少年不能整合这些方面和各种选择,或者根本无法在其中进行选择,就会导致角色混乱。角色混乱指个体不能正确选择适应社会环境的生活角色。这类青年无法"发现自己",不能回答"我是谁"的问题,也不知道自己究竟是什么样的人,想要成为什么样的人。

35. C 【解析】个体身心发展的个别差异性的表现之一是不同儿童不同方面的发展存在差异。题干所述体现了不同的学生有不同的才能，这说明人的身心发展具有个别差异性。

36. B 【解析】道德情感是人的道德需要是否得到实现及其所引起的一种内心体验，也就是人在心理上所产生的对某种道德义务的爱憎、喜恶等情感体验。

37. C 【解析】教学效能感一般指教师对自己影响学生行为和学习结果的能力的一种主观判断。这种判断会影响教师对学生的期待和指导，从而影响教师的工作效率。

38. B 【解析】榜样示范法是用榜样人物的优秀品德来影响学生的思想、情感和行为的德育方法。运用榜样示范法符合青少年学生爱好学习，善于模仿，崇拜英雄，追求上进的年龄特点，也符合人的认识由生动直观到抽象的发展规律。

39. A 【解析】个人本位论重视人的价值、个性的发展及其需要，把人的个性发展及需要的满足视为教育的价值所在。题干所述体现的是个人本位论的观点。

40. C 【解析】建立学制的依据：(1)生产力发展水平和科学技术发展状况；(2)社会政治经济制度；(3)青少年儿童身心发展规律；(4)人口发展状况；(5)文化传统；(6)本国学制的历史发展和国外学制的影响。入学年龄和中小学分段等方面具有较高的一致性，就体现了青少年儿童身心发展规律对学制的影响。

41. A 【解析】校长有对学校重大问题的决策权。但是，在决策过程中，要接受党组织的监督。

42. C 【解析】问题解决的过程一般可分为发现问题、理解问题、提出假设和检验假设(验证假设)四个阶段。

43. B 【解析】马克思阐述了关于人的全面发展学说，这一学说是我国确立教育目的的理论依据和基础。

44. D 【解析】隐性课程的主要表现形式之一是观念性隐性课程。包括隐藏于显性课程之中的意识形态，学校的校风、学风，有关领导与教师的教育理念、价值观、知识观、教学风格、教学指导思想等。故选D项。

45. C 【解析】美国教育心理学家布卢姆将教学目标分为认知、情感和动作技能三个领域。

46. D 【解析】演示法是指教师通过展示实物、教具和示范性的实验来说明、印证某一事物和现象，使学生掌握新知识的一种教学方法。演示所使用的工具可分为四大类：实物、标本、模型、图片的演示；图表、示意图、地图的演示；实验演示；幻灯片、电影、录像的演示。

47. B 【解析】课程标准规定了学科的教学目标、任务，知识的范围、深度和结构，教学进度以及有关教学方法的基本要求，是编写教科书和教师进行教学的直接依据，也是衡量各科教学质量的重要标准。

48. B 【解析】题干的说法体现了素质教育是面向全体学生的教育。

49. B 【解析】师生在社会道德上是互相促进的关系。

50. A 【解析】校园精神文化是校园文化的核心内容，也是校园文化的最高层次，主要包括校风、学风、教风、班风和学校人际关系等。

51. C 【解析】教师劳动的长期性指人才培养的周期比较长，教育的影响具有迟效性。教师劳动的成效并不是一时就可以检验出来的，而是需要教师付出长期的大量的劳动才能看到结果、得到验证，教师的某些影响对学生终身都会发生作用。因此，教师的劳动具有长期性。

52. C 【解析】教学是学校教育的中心工作，学校教育工作必须坚持以教学为主。

53. C 【解析】教师角色是指由教师的社会地位决定的，并为社会所期望的行为模式。也即教师角色代表教师个体在社会团体中的地位和身份，同时包含着许多社会期望教师个体应表现的行为模式。但现在部分教师不能按照教师应有的标准来要求自己，这是教师角色意识淡化的结果。

54. D 【解析】2008年修订的《中小学教师职业道德规范》中关于“终身学习”方面所规定的具体职业行为要求有以下几点：(1)崇尚科学精神，树立终身学习理念，拓宽知识视野，更新知识结构；(2)潜心钻研业务，勇于探索创新，不断提高专业素养和教育教学水平。

55. D 【解析】课程表是使课堂教学有条不紊进行的重要条件，它的编制首先应尽量将语文、数学和外语等核心课程安排在学生精力最充沛的上午第一、二、三节课，将音乐、美术、体育和习字等技能课安排在下午。其次，将文科与理科、形象性的学科与抽象性的学科交错安排，避免同类刺激长时间地作用于大脑皮层的同一部位而导致疲劳和厌倦。

56. D 【解析】"学为人师,行为世范"的意思是:所学要为世人之师,所行应为世人之范。也就是说教师在教育过程中要以身作则,为人师表,为学生做好榜样。这体现了教师劳动的主体性和示范性特点。

57. B 【解析】倡导人力资本理论的学者尤其重视教育投资的作用,认为教育不但是一种消费活动,也是一种投资活动。教育投资是人力资本的核心,是一种可以带来丰厚利润的生产性投资,包括学校教育、职业训练、卫生保健等。故题干的表述体现的是教育的经济功能。

58. B 【解析】地方课程的主导价值在于通过课程满足地方社会发展的现实需要。沿海城市结合本地的特色开设海洋教育知识课程,就属于地方课程。

59. C 【解析】新课程结构的内容之一是整体设置九年一贯的义务教育课程。所以,C 项符合题意。

60. C 【解析】学科课程是指以文化知识(科学、道德、艺术)为基础,按照一定的价值标准,从不同的知识领域或学术领域选择一定的内容,根据知识的逻辑体系,将所选出的知识组织为学科的课程类型。语、数、英等课程属于学科课程。

61. D 【解析】新课程改变课程评价过分强调甄别与选拔的功能,发挥评价促进学生发展、教师提高和改进教学实践的功能。

62. D 【解析】结构主义课程理论是当代西方出现的一个重要的课程理论,其代表人物是该课程理论的创始人布鲁纳。结构主义课程理论以学科结构为课程中心,认为人的学习是认知结构不断改进与完善的过程,因此,学科基本结构的学习对学习者的认知结构发展最有价值。

63. C 【解析】课堂管理的发展功能是指课堂管理本身可以教给学生一些行为准则,促进学生从他律走向自律,帮助学生获得自我管理能力,使学生逐步走向成熟。

64. A 【解析】人的身心发展的顺序性规律要求教育工作遵循量力性原则,循序渐进地施教。"拔苗助长""陵节而施"的做法都是违背该规律的。

65. B 【解析】情感陶冶法是指教育者自觉创设良好的教育情境,潜移默化地使受教育者在道德和思想情操等方面受到感染、熏陶的方法。主要包括人格感化、环境陶冶和艺术陶冶等。题干中的学校组织学生观看爱国主义影片,就属于艺术陶冶的一种。

66. B 【解析】螺旋式是指在不同单元乃至阶段或不同课程门类中,使课程内容重复出现,逐渐扩大知识面,加深知识难度,即同一课程内容前后重复出现,前面呈现的内容是后面内容的基础,后面内容是对前面内容的不断扩展和加深,层层递进。

67. B 【解析】在现代社会,人们意识到教学结果是重要的,但更重要的是教学过程中学生的切身体验,学生的认知体验、情感体验以及道德体验等,正是这种体验决定着教学的最终结果。题干所述体现了李老师关注教学的过程。

68. C 【解析】王老师按照考试成绩来调换座位,违背了教育公正的原则,即公平合理地对待每一个学生。

69. D 【解析】建构主义认为教学不是由教师到学生的简单的转移和传递,而是在师生的共同活动中,教师通过提供帮助和支持,引导学生从原有的知识经验中"生长"出新的知识经验,为学生的理解提供梯子,使学生对知识的理解能逐步深入。因此张老师主张的学习理论是建构主义学习理论。

70. A 【解析】学科活动是以学习和研讨某一学科的知识或培养某一方面的能力为主要目的的活动。这类活动是学校课外活动的主体部分,学校应高度重视,分科组织落实。语文小组定期举办的"汉字听写大赛"属于学科活动。

71. B 【解析】教学过程是整个教案的核心和主体,编写时要根据教学目标及教材的具体情况,做到内容充实、重点突出、详略得当。

72. D 【解析】诊断性评价是在学期开始或一个单元教学开始时,为了了解学生的学习准备状况及影响学习的因素而进行的评价。它包括各种通常所称的摸底考试。

73. C 【解析】行动研究的研究起点和对象是教学实际中出现的问题。题干中的教师在教学实际中发现问题,并进行研究,体现的就是行动研究。

74. A 【解析】根据《中华人民共和国义务教育法》第七条规定,义务教育实行国务院领导,省、自治区、直辖市人民政府统筹规划实施,县级人民政府为主管理的体制。县级以上人民政府教育行政部门具体负责义务教育实施工作;县级以上人民政府其他有关部门在各自的职责范围内负责义务教育实施工作。

75. C 【解析】人的发展的顺序性是客观的、不以人的意志为转移的,教育工作要遵循这种顺序性,循序渐进地促进人的发展。所以,C 选项正确。

76. B 【解析】领会知识是教学过程的中心环节。领会知识包括使学生感知和理解教材。感知教材主要是使学生获得关于所学内容的一个整体的表象,是所有教学活动的必经阶段。理解的目的在于形成概念、原理,真正认识事物的本质和规律。因此答案选 B 项。

77. C 【解析】在教育法规实施过程中,必须遵循平等性原则。这一原则具体体现为:(1)任何公民都平等地享有教育法律规定的权利;(2)任何公民都必须平等地履行教育法律规定的义务;(3)教育为公民提供平等的竞争机会,任何人不得有超越教育法规限定的教育特权;(4)公民关于教育方面的权益受到侵害时,一律平等地受到法律规范的保护;(5)对公民违反教育法规的行为,必须平等地追究法律责任,依法给予同等的制裁。

78. B 【解析】题干中学校拒绝小华入学的做法,侵犯了小华平等的接受义务教育的权利。

79. D 【解析】根据《学生伤害事故处理办法》第十三条规定,下列情形下发生的造成学生人身损害后果的事故,学校行为并无不当的,不承担事故责任;事故责任应当按有关法律法规或者其他有关规定认定:(1)在学生自行上学、放学、返校、离校途中发生的;(2)在学生自行外出或者擅自离校期间发生的;(3)在放学后、节假日或者假期等学校工作时间以外,学生自行滞留学校或者自行到校发生的;(4)其他在学校管理职责范围外发生的。小君是擅自离校期间发生的学生伤害事故,因此学校不负法律责任。

80. B 【解析】2008 年修订的《中小学教师职业道德规范》中关于"教书育人"方面所规定的具体职业行为要求有以下几点:(1)遵循教育规律,实施素质教育;(2)循循善诱,诲人不倦,因材施教;(3)培养学生良好品行,激发学生创新精神,促进学生全面发展;(4)不以分数作为评价学生的唯一标准。

81. A 【解析】根据《学生伤害事故处理办法》第二十八条规定,未成年学生对学生伤害事故负有责任的,由其监护人依法承担相应的赔偿责任。未成年学生吴军是这一伤害事故的致害人,因此应负主要责任,并由其监护人承担赔偿责任。故 B 项说法正确。第二十七条规定,因学校教师或者其他工作人员在履行职务中的故意或者重大过失造成的学生伤害事故,学校予以赔偿后,可以向有关责任人员追偿。体育老师在体育课上玩手机,即在履行职务时存在过失,因此学校应负次要责任,但学校在赔偿后,可以向体育老师追偿。故 C、D 项说法正确。

82. B 【解析】受教育权是学生的基本权利。常见的侵犯学生受教育权的表现形式主要包括侵犯学生受教育机会的平等权、侵犯学生的入学权、侵犯学生参加考试的权利、随意开除学生。题干中班主任的做法侵犯了小刚的受教育权这一合法权益。

83. A 【解析】教育合力是指学校、家庭、社会三种教育力量相互联系、相互协调、相互沟通,统一教育方向,形成以学校教育为主体,以家庭教育为基础,以社会教育为依托的共同育人的力量,使学校、家庭、社会教育一体化,以提高教育活动实效。

84. B 【解析】根据《中华人民共和国教育法》第七十三条规定,明知校舍或者教育教学设施有危险,而不采取措施,造成人员伤亡或者重大财产损失的,对直接负责的主管人员和其他直接责任人员,依法追究刑事责任。

85. D 【解析】个案调查又称为典型调查,是指从总体中选取具有代表性的若干人或典型单位进行调查。题干中只对一所学校或一个学生进行专门调查符合个案调查的定义,所以,答案选 D 项。

86. A 【解析】调查研究法是在教育理论指导下,通过运用观察、列表、问卷、访谈、个案研究及其测验等方式,搜集教育问题的资料,从而对教育的现状做出科学分析,并提出具体工作建议的一整套实践活动。在教育调查研究中,常用的调查方法有查阅资料、问卷法、开调查会、访谈法和调查表法,其中最基本、使用最广泛的方法是问卷调查。

87. B 【解析】古代的诗词一般词牌名在前,题目在后,也可以没有题目。所以,"永遇乐"是词牌名。

88. C 【解析】永和九年上巳节,王羲之与谢安,孙绰等41人举行禊礼,饮酒赋诗,事后将作品结为一集,由王羲之写了这篇《兰亭集序》总述其事。

89. C 【解析】题干的意思是:屈原已沉江自杀,楚人为他的不被容纳而悲哀。这句诗出自《五月五日》,是宋代梅尧臣创作的一首诗。五月初五是我国传统节日端午节。

90. A 【解析】题干的诗句出自曹操的《龟虽寿》。"挟天子以令诸侯"的故事说的是东汉末年,汉室日益衰弱,董卓废汉少帝刘辩立献帝刘协。曹操将献帝迎至许昌,并以皇帝的名义号令诸侯。官渡之战,是东汉末年"三大战役"之一,也是中国历史上著名的以弱胜强的战役之一。建安五年(公元200年),曹操军与袁绍军相持于官渡(今河南中牟东北),在此展开战略决战。曹操奇袭袁军在乌巢的粮仓(今河南封丘西),继而击溃袁军主力。

91. B 【解析】"岁寒三友"指松、竹、梅三种植物。

92. C 【解析】题干是一个不完整的三段论,要使其成立,还需要由"白领"和"职业装"构成的前提。由三段论推理规则可知,两个特称前提推不出结论,所以A、D项排除;中项"白领"在题干前提中不周延,根据中项至少周延一次的规则,在另一个前提中必须周延,排除B项;将C项代入题干,可以推出结论。故答案选C。

93. A 【解析】在PowerPoint中,运用母版功能可以实现为所有幻灯片设置统一的、特有的外观风格。

94. D 【解析】在Word中,选择"绘图"—"叠放次序"可以使下层的图片移至上层。

95. C 【解析】由题干可知每人只对了一半,是一道题干信息真假不确定的排列组合,考虑代入法,代入选项后符合每人的预测都只对了一半即为正确答案。代入选项能够得出C项符合题意。

96. B 【解析】每两个数一组,后项分别减去前项:5−3=2,10−6=4,17−11=6。所得的差为:2,4,6,(8),所以18+8=26。

97. B 【解析】观察图形可知,所列的图形均由两个图形拼成,且小图形在大图形内按照顺时针的方向分别做90度、180度、270度、360度的旋转,所以问号处的图形,应该是小图形在大图形的底部。

98. D 【解析】示例中的逻辑关系为,后者是前者的原料,故D项正确。

99. C 【解析】根据文段中"不过,也不能刻意强调仪式、神化仪式"可知第一空应与"不过"形成关联词搭配,故排除B、D;"虽然"只用于前后分句意思矛盾、转折意味重的句子,而"固然"既可用于前后分句意思矛盾、转折意味重的句子,也可用于前后分句意思不矛盾、转折意味轻的句子。文段并不是说不需要仪式,只是仪式没有那么重要,所以用"固然"更合适,故选C。

100. A 【解析】接语选择题,重点观察尾句。"标准是……生动实践"为大前提;"要携手共建……协同发展"提出要求,要求我们在网络空间里建立完善的规则体系。因此,作者接下来应该论述如何完善网络空间规则体系,故本题答案为A项。

# 押题试卷

## 教师招聘考试教育理论基础押题试卷(十一)

一、单项选择题

1. A 【解析】题干译文:玉不打磨雕刻,不会成为精美的器物;人若是不学习,就不懂得礼仪,不能成才。这句话强调的是教育对个体发展的影响和作用,属于教育的个体功能,故选A项。教育的社会功能是指教育对社会发展的影响和作用,教育的经济功能和政治功能都属于教育的社会功能。

2. C 【解析】现代教育具有终身性的特点,它把教育看成是人一生中连续不断的学习过程,是人们在一生中所受到的各种培养的总和,实现了从学前期到老年期的整个教育过程的统一。老年大学的存在正是现代教育终身性的体现。

3. B 【解析】1913年,美国心理学家华生发表了《在行为主义者看来的心理学》,宣告了行为主义的诞生。

4. D 【解析】教学评价是指以教学目标为依据,通过一定的标准和手段,对教学活动及其结果给予价值上的判断,即对教学活动及其结果进行测量、分析和评定的过程。其目的是对课程、教学方法以及学生培养方案做出决策。

5. D 【解析】题干的表述体现了不同的人不同方面的发展存在差异,即人的发展具有个别差异性。

**易错提示**:个体身心发展的个别差异性和不平衡性是易混点,考生可参考以下内容进行理解:不平衡性(不均衡性)主要是指同一个体,而个别差异性则主要指不同个体。此外,个别差异性也表现在群体间,如男女性别的差异。

6. C 【解析】课程标准规定了学科的教学目标、任务,知识的范围、深度和结构,教学进度以及有关教学方法的基本要求,是编写教科书和教师进行教学的直接依据,也是衡量教学质量的重要标准。教师应将课程标准作为检查自己教学质量的依据。

7. A 【解析】教育目的对教育工作具有导向作用,它不仅为受教育者指明方向、预定发展结果,也为教育工作者指明工作方向和奋斗目标。马克思主义关于人的全面发展学说为培养社会主义人才指明方向即体现了教育目的对教育工作的导向作用。

8. A 【解析】观察法,即在自然条件下,有目的、有计划地对学生的各种行为表现进行观察。这是班主任了解、研究学生的最基本方法。

9. C 【解析】师生关系的基本类型主要包括专制型、放任型和民主型。在民主型的师生关系中,教师的能力强、威信高,善于同学生交流,不断调整教学进程和方法。学生学习积极性高,兴趣广泛、独立思考,和教师配合默契。这是理想的师生关系类型。

10. A 【解析】实际锻炼法是有目的地组织学生参加各种实际活动,使其在活动中锻炼思想,增长才干,培养优良的思想和行为习惯的德育方法。锻炼的方式主要是学习活动、社会活动、生产劳动和课外文体科技活动。题干中王老师通过组织志愿活动来对学生进行德育,所运用的德育方法是实际锻炼法。

11. C 【解析】"亲其师,信其道"的意思是:学生只有和教师亲近了,才会信任教师,相信教师所说的,接受教师的教育。因此,教师要做到关爱学生,才能更好地教育学生。

12. C 【解析】过程与方法目标突出的是让学生"学会学习",使学生获得知识的过程同时成为获得学习方法和能力发展的过程,故C项中"锻炼猜想、分析和表达能力"的目标属于过程与方法目标。知识与技能目标强调基础知识和基本技能的获得,AB两项的目标主要是对学生需掌握的基础知识的要求,故属于知识与技能目标;情感态度与价值观目标强调教学过程中激发学生的情感共鸣,引起积极的态度体验,形成正确的价值观,故D项中"增进对设计实验的兴趣,体验科学的神奇"的目标属于情感态度与价值观目标。

13. B 【解析】示范—模仿教学模式是教师有目的地把示范技能作为有效的刺激,以引起学生相应的行动,使他们通过模仿,有效地掌握必要的技能的一种教学模式。其基本程序是:定向(明确所学目的)—示范—参与性练习—自主练习—迁移(熟练掌握)。故选B项。

14. C 【解析】道尔顿制是由美国教育家柏克赫斯特创建的一种新的教学组织形式。其创立的初衷是为了解决班级授课制形式下容易使学生处于被动地位、学生的性格差异被忽视等问题。

15. A 【解析】教师在人格修养上要采取"取法乎上"的策略,这是因为:(1)人格修养的规律性;(2)师范人格的特点(格位高);(3)中国古代的伦理智慧。

16. B 【解析】教育制度具有规范性,任何教育制度都是其制定者根据自己的需要制定的,是有其一定的规范性的。这种规范性,主要表现在入学条件即受教育权的限定和各级各类学校培养目标的确定上。

17. B 【解析】美国学者博比特提出了课程研究的"活动分析法",即通过对人类社会活动的分析,发现社会所需要的知识、技能、能力和态度等,以此作为课程的基础。

18. D 【解析】讲授法可以充分发挥教师的主导作用,使学生在短时间内获得大量系统的科学知识。故选D项。

19. A 【解析】智育的根本任务是培育或发展学生的智慧,尤其是智力。

20. B 【解析】学科中的研究性学习与研究性学习课程有内在联系:(1)二者都强调研究性学习这种学习方式;(2)二者的终极目的都指向学生的个性发展,尽管直接目的有别。故选B项。

21. C 【解析】社会自我是个体对自己在所处社会关系、人际关系中角色的认识,包括自己在群体中的角色、地位、责任、作用以及自己和他人相互关系的认识、评价和体验。所以学生对自己人际关系的意识是社会自我方面的自我意识。

22. D 【解析】教育心理学的具体研究范畴是围绕学与教相互作用的过程展开的。学与教的相互作用过程是一个系统过程,该系统包含学生、教师、教学内容、教学媒体和教学环境五种要素,由学习过程、教学过程和评价/反思过程这三种活动过程交织在一起组成。

23. C 【解析】人的感受性不是固定不变的。感受性的发展依赖于人们的生活条件与实践活动。由于社会实践活动的要求和熏陶,人们的某种感觉的感受性会变得特别灵敏,如茶博士的品茶功夫、熟练炼钢工的"火眼金睛"等。C 项所述符合题意。A 项体现的是暗适应,B 项体现的是感觉对比,D 项体现的是感觉适应。

24. B 【解析】经验思维是以日常经验为依据,判断生产、生活中的问题的思维。"太阳从东边升起,往西边落下"是人们通过自己的日常经验进行的判断,属于经验思维。

25. D 【解析】艾宾浩斯的遗忘曲线表明,遗忘是有规律的,即遗忘的进程是不均衡的,其趋势是先快后慢、先多后少,呈负加速,且到一定的程度就几乎不再遗忘了,对于新学习的材料,为了防止遗忘,必须"趁热打铁",及时进行复习。故 A、B、C 三项正确。对于大多数学习而言,分散复习的效果优于集中复习,因为分散复习可以降低疲劳感,可以减少前摄抑制和倒摄抑制的影响。故 D 项说法不正确。

26. A 【解析】实践活动影响个体能力的形成。油漆工人正是在与油漆打交道的实践中获得了辨别多种漆色的能力。

27. D 【解析】强度律是指作为知识的物质载体的直观对象(实物、模像或言语)必须达到一定强度,才能为学习者清晰地感知。题干所述就是对感知规律中强度律的运用。

**方法技巧**:在做感知规律的相关题目时,考生应注意以下例子:强度律强调达到一定强度,如教师讲课要声音洪亮;差异律强调存在对比差异,如教师讲到重点内容时声音突然变大;活动律强调在活动中传递知识,如利用现代科学技术使知识以活动的形象呈现在学生面前;组合律强调组织合理,如教师讲课应有间隔和停顿。

28. A 【解析】胆汁质气质类型的人精力旺盛,热情直率,意志坚强;脾气躁,不稳重,好挑衅;勇敢,乐于助人;思维敏捷,但准确性差。他们心理活动的明显特点是兴奋性高,不均衡,带有迅速而突发的色彩。因此,丽丽的气质类型最有可能属于胆汁质。

29. D 【解析】泛化是对事物的相似性的反应,分化则是对事物的差异性的反应。狗在受到训练后只对圆形做出反应体现的是刺激的分化。

**方法技巧**:区分泛化与分化只需读懂题干表述:表述意思是相同反应就选泛化;表述中有"分辨""区分"等强调不同反应,就选分化。

30. D 【解析】A 项和 C 项属于人本主义学习理论的观点,B 项属于认知派代表人物奥苏贝尔的学习理论观点,D 项属于建构主义学习理论的观点。

31. B 【解析】无意注意也称不随意注意,是没有预定目的、无需意志努力、不由自主地对一定事物所发生的注意。题干所述体现了无意注意。

32. A 【解析】美国心理学家卡特尔根据因素分析的结果,按心智功能上的差异,将人的智力分为流体智力和晶体智力两种不同的形态。其中,流体智力是一种以生理为基础的认知能力,它受先天遗传因素的影响较大,主要表现为对新奇事物的快速辨认、记忆、理解等。流体智力需要较少的专业知识,包括理解复杂关系和解决问题的能力,如在处理数字系列、空间视觉感和图形矩阵项目时所需的能力。

33. C 【解析】学习需要是指个体在学习活动中感到有某种欠缺而力求获得满足的心理状态,它包括学习的兴趣、爱好和学习的信念等。

34. B 【解析】理解(领会),即领悟所学材料的意义,但并不一定将其与其他事物相联系,代表最低水平的理解;可使用的描述动词有:解释、辨别、概括等。例如,通过阅读不同的诗歌,辨别现实主义与自然主义的特征。

35. B 【解析】儿童多动综合征(简称多动症)是小学生中最为常见的一种以注意力缺陷和活动过度为主要特征的行为障碍综合征。高峰发病年龄为 8 ~ 10 岁。

36. C 【解析】新手型教师在制订课时计划时往往依赖于课程目标,不会随着课堂情境的变化来修改课时计划,并且较注意课堂的细节。故选 C 项。A、B、D 三项属于专家型教师的教学特点。

37. D 【解析】上课期间教师将学生赶出教室,侵犯了学生的受教育权。让学生罚跑操场20圈致使其头部磕伤，对学生实施体罚，侵犯了学生的人身权。D项正确。刘某是因为被张老师罚跑操场20圈后体力不支导致其头部受伤，刘某不是致使其头部受伤的主要责任人，A项说法错误。B项，张老师不仅不应该对学生实行体罚，同时也不该将学生赶出教室，这些侵犯了学生的受教育权和人身权，B项说法错误。C项，行政处罚是特定的行政机关或法定的授权组织对违反特定的行政管理法规，但尚未构成犯罪的个人和组织的惩罚措施。行政处分是国家机关、企业事业单位按照行政隶属关系，给予犯有轻微违法违纪失职行为、尚不够刑事处分的所属人员的一种惩罚措施。国家教育行政机关对其工作人员给予的纪律处分，学校及其他教育机构对其工作人员给予的纪律处分，以及其他国家机关、企业事业组织对其工作人员违反教育法规行为给予的纪律处分都属于行政处分。因此，学校可依法给予张老师相应的行政处分而不是行政处罚，C项说法错误。故选D项。

38. B 【解析】根据有关规定，只要是自己独立完成的，体现了自己的思想、情感、构思和表达方式的，属于文学、艺术和科学领域内并能以某种有形形式复制的智力成果都是著作权法所称的作品。著作权人对其作品享有发表权，任何人不得未经许可发表其作品。中小学生的作文也是作品，是受我国《著作权法》保护的文字作品。题干所述老师的做法侵害了学生的著作权，故选B项。

39. B 【解析】行为塑造是指通过不断强化逐渐趋近目标的反应，来形成某种较复杂的行为。故题干所述体现了行为塑造法的内涵。

40. C 【解析】根据《中华人民共和国未成年人保护法》(2020年修订)第五十六条规定，公共场所发生突发事件时，应当优先救护未成年人。题干中提到事故发生时都有未成年人在场，因此，应该先救未成年人。故A、B、D三项所述行为不符合我国《未成年人保护法》的规定。

## 二、多项选择题

1. ABC 【解析】从类别结构上来看，我国现行学校教育可划分为基础教育、职业技术教育、高等教育、成人教育和特殊教育五个大类。

2. BCD 【解析】对于先进生的教育，班主任要注意：(1)严格要求，防止自满；(2)不断激励，弥补挫折；(3)消除嫉妒，公平竞争；(4)发挥优势，全班进步。

3. BCD 【解析】课外、校外教育的主要特点有：(1)自愿性；(2)自主性；(3)灵活性；(4)实践性；(5)广泛性；(6)开放性；(7)综合性。课外、校外教育活动不具有强制性，学生参加与否，决定权在自己。

4. ACD 【解析】晏阳初提出的"四大教育"具体指文艺教育、生计教育、卫生教育和公民教育。

5. ABD 【解析】教师掌握教材有一个深化的过程，一般要经过懂、透、化三个阶段。

6. ABD 【解析】学校物质文化是指学校物质环境所构成的一种文化，比如学校所处的物质环境，如校园面积、校园布局、学校建筑、教学设备、图书馆等，都会构成一种独特的文化内涵。C项规章制度属于学校制度文化。

7. ABD 【解析】综合课程是打破传统的分科课程的知识领域，组合两门以上学科领域而构成的一门学科。它打破学科界限，减少了课程的门类，具有较强的实践性。但是教科书的编写较为困难，只专不博的教师很难胜任综合课程的教学，教学具有一定的难度；而且难以向学生提供系统完整的专业理论知识，不利于高级专业化人才的培养。分科课程容易带来科目过多、分科过细的问题，C项是关于分科课程的表述。

8. ABCD 【解析】关于个体身心发展的动因理论有内发论、外铄论、多因素相互作用论和辐合论等。

9. ABD 【解析】把学生看成是具有独立意义的人，包含以下三个基本含义：(1)每个学生都是独立于教师的头脑之外，不以教师的意志为转移的客观存在；(2)学生是学习的主体；(3)学生是责权主体。C项每个学生都有自身的独特性是对"学生是独特的人"的理解。

10. BCD 【解析】教学过程作为一种特殊的认识过程，其特殊性表现在：(1)认识对象的间接性与概括性；(2)认识方式的简捷性与高效性；(3)教师的引导性、指导性与传授性(有领导的认识)；(4)认识的交往性与实践性；(5)认识的教育性与发展性。选项A说法错误，故选BCD三项。

11. CD 【解析】按教育目的的存在方式，可以将教育目的分为实然的教育目的和应然的教育目的；按教育目的体现的范围，可以将教育目的分为内在的教育目的和外在的教育目的。

12. BCD 【解析】情绪的性质包括:(1)情绪为刺激所引起;(2)情绪是主观意识经验;(3)情绪状态不容易控制;(4)情绪与动机关系密切。故A项说法错误,B、C、D三项说法正确。

13. CD 【解析】具体迁移也称特殊迁移,是指学习迁移发生时,学习者原有的经验组成要素及其结构没有变化,只是将一种学习中习得的经验要素重新组合并移用到另一种学习之中。故C、D两项正确。题干中A项属于垂直迁移,B项属于同化性迁移。

14. AC 【解析】精加工策略是指把新信息与头脑中的旧信息联系起来从而增加新信息意义的深层加工策略。它常被描述成一种理解记忆的策略,其要旨在于建立信息间的联系。精加工策略有说出大意、总结、建立类比、用自己的话做笔记、解释、提问以及回答问题等。A项,关键词法是精加工策略中记忆术的内容。B项,列提纲属于组织策略。D项,画线属于复述策略。本题答案为A、C两项。

15. ACD 【解析】元认知的训练可以提高儿童的智力发展水平,其训练的方法主要有以下三种:(1)自我提问法;(2)相互提问法;(3)知识传授法。

16. ABC 【解析】青年初期又称学龄晚期,相当于高中时期,是个体在生理上、心理上和社会性上向成人接近的时期。这一时期的青年,智力接近成熟,抽象逻辑思维由"经验型"向"理论型"转化,开始出现辩证思维,与人生观相联系的情感占主要地位,道德感、理智感和美感有了深刻的发展。他们不仅能比较客观地看待自我,而且能明确地表达自我,敏感地防卫自我并珍重自我,形成了理智的自我意识。心理活动的随意性显著增长是少年期学生心理发展的特征,故排除D项。

17. BCD 【解析】教师威信主要包括人格威信、学识威信和情感威信三个方面的内容。

18. ABC 【解析】学生的不良行为可分为过错行为与不良品德行为两种。学生的过错行为是指那些不符合道德要求的问题行为,如调皮捣蛋、恶作剧、起哄、无理取闹、考试作弊等。未经允许拿他人东西属于学生的不良品德行为,这种行为违反了道德准则并且损害他人利益,故排除D项。

19. ACD 【解析】班杜拉等人经研究指出,自我效能感具有下述功能:(1)决定人们对活动的选择及对该活动的坚持性;(2)影响人们在困难面前的态度;(3)影响新行为的获得和习得行为的表现;(4)影响活动时的情绪。故选ACD三项。

20. ACD 【解析】根据《中华人民共和国教师法》第八条规定,教师应当履行下列义务:(1)遵守宪法、法律和职业道德,为人师表;(2)贯彻国家的教育方针,遵守规章制度,执行学校的教学计划,履行教师聘约,完成教育教学工作任务;(3)对学生进行宪法所确定的基本原则的教育和爱国主义、民族团结的教育,法制教育以及思想品德、文化、科学技术教育,组织、带领学生开展有益的社会活动;(4)关心、爱护全体学生,尊重学生人格,促进学生在品德、智力、体质等方面全面发展;(5)制止有害于学生的行为或者其他侵犯学生合法权益的行为,批评和抵制有害于学生健康成长的现象;(6)不断提高思想政治觉悟和教育教学业务水平。故A、C、D三项属于教师应该履行的义务,而B项属于教师享有的权利。

三、判断题

1. × 【解析】教育的本质属性是育人,即教育是一种有目的地培养人的社会活动,这是教育区别于其他事物现象的根本特征。

2. × 【解析】作为一种实践活动,"教育"必然有其明确的目的,没有明确的目的、偶然发生的外界对个体发展的影响不能称为"教育"。所以题干所述不能称为"教育"。

**易错提示**:根据教育的定义可知,人类社会中的一些行为是不属于教育的。例如:

(1)没有明确目的的、偶然发生的行为,如孩子偶然把手指伸到火苗上,被灼伤,由此获得有关火的知识;

(2)片面强调个体社会化的行为(如机械的"灌输")或片面强调社会个性化的行为(如随心所欲的学习);

(3)日常家庭生活中的"抚养""养育"行为,如初生婴儿吸奶。

3. × 【解析】教育创新只有遵循了教育发展的社会规律,才能推动经济的发展。如果教育创新违背了社会规律,脱离了生产力的发展,盲目创新,就不能推动经济的发展。

4. × 【解析】家庭教育的优势和家长的教育力量常常是其他任何教育形式都难以具备的。学校生活必须和家庭生活紧密联系,发挥家庭生活的教育优势。

5. × 【解析】全面发展并不排斥个性发展,而且以个人合乎本性的自由发展为条件。全面发展的教育同"因材施教""发挥学生的个性特长"并不是对立的、矛盾的。在教育实践中,必须根据每一个学生的特殊性对学生因材施教,在充分发挥每一个人的长处的同时求得他的全面发展。

6. √ 【解析】教师的劳动成果是人才,而人才培养的周期比较长。把一个人培养成为能够独立生活、能够服务社会、能够为人类做出贡献的合格人才,不是一朝一夕之功。"十年树木,百年树人"就是对这个道理的最佳阐释。

7. √ 【解析】新课程将教材视为"跳板"而非"圣经"。新的课程计划和课程标准为教学活动预留了充分的空间,视教材为案例,开放教材,鼓励教师充实并超越教材。倡导教师"用教材教",而不是简单地"教教材",教师完全可以而且应该根据学生的情况来处理教材。

8. × 【解析】教育与智育是整体与部分的关系,智育只是教育的一个组成部分,教育还包括德育、美育、体育、劳动技术教育等。因此,不能把教育等同于智育。

9. √ 【解析】必修课程是根据人的发展和社会发展需要制定的,所有学生都必须学习的科目。它是个体社会化的基础,其主导价值在于培养和发展学生的共性。

10. × 【解析】班级民主管理是指班级成员在服从班集体的正确决定和承担责任的前提下参与班级全程管理的一种管理方式,并不是凡事都要与学生商量。

11. √ 【解析】课堂教学是面对全体学生进行的,而课外活动则具有自愿性、自主性、灵活性等特点,能够比较充分地照顾到每个学生的兴趣和爱好,因此课外活动更有利于因材施教原则的实施。题干说法正确。

12. × 【解析】人的心理不是消极被动地、录像式地对客观现实进行反映,而是能动地去反映客观世界。故题干的说法不正确。

13. √ 【解析】学生座位的分配要考虑两点:(1)课堂行为的有效控制,预防纪律问题的发生;(2)促进学生间的正常交往,形成和谐的师生关系,并有助于学生形成良好的人格特征。研究发现,分配学生座位时教师主要关心的是减少课堂混乱。其实,分配学生座位时,最值得教师关注的应该是对人际关系的影响。

14. × 【解析】意志的自觉性是指一个人清晰地意识到自己行动的目的和意义,并且能够主动地支配自己的行动,使之符合既定目的的意志品质。小学低年级学生意志的自觉性水平较低,所以需要教师和家长的监督。

15. × 【解析】幻想是一种与生活愿望相结合并指向于未来的想象。幻想可分为科学幻想、理想、空想三种形式,其中科学幻想和理想都属于积极的幻想,空想是与客观现实相违背的消极幻想,根本不可能实现。题干的说法过于绝对,是错误的。

16. × 【解析】依法执教是要求教师在教育教学活动中,按照教育法律、法规使自己的教育教学活动法制化和规范化。依法治教是依据法律来管理教育,规范教育行为。依法治教所强调的是依法办事。依法执教是依法治教的重要内容,是依法治教在教师工作中的具体体现,也是对教师的基本要求。

17. × 【解析】有意义学习的条件包括:(1)客观条件,是指受学习材料本身性质的影响。有意义学习的材料本身必须合乎这种非人为的和实质性的标准,即具有逻辑意义。(2)主观条件,是指受学习者自身因素的影响。主要表现在:①学习者必须具有有意义学习的心向;②学习者认知结构中必须具有适当的知识,以便与新知识进行联系;③学习者必须积极主动地使这种具有潜在意义的新知识与认知结构中有关的旧知识发生相互作用。所以,学习材料的逻辑意义并不能确保产生有意义学习。

18. × 【解析】练习是形成各种动作技能不可缺少的关键环节。但是在形成动作技能的过程中,并不是过度练习的次数越多越好,究竟过度练习的次数达到何种程度最佳,不同的研究所得到的结论并不一致,有人主张最保险的次数为基本练习次数的100%。

19. × 【解析】教育法律关系的客体是指教育法律关系主体的权利与义务所指向的对象。教育法律关系的主体是指在具体的教育法律关系中享有权利并承担义务的人和组织。故题干说法错误。

20. √ 【解析】心理不健康与有不健康的心理和行为不能等同。偶尔出现一些不健康的心理和行为并不等于心理不健康，更不等于已患心理疾病。

四、简答题(参考答案)

1. 教师教学工作包括哪几个基本程序？

(1)备课；(2)上课；(3)作业的布置与反馈；(4)课外辅导；(5)学业成绩的检查与评定。

2. 再造想象与创造想象有什么相同与不同？

相同点：再造想象与创造想象都属于有意想象。

不同点：(1)概念不同。再造想象是依据词语或符号的描述、示意在头脑中形成与之相应的新形象的过程。创造想象是按照一定目的、任务，使用自己以往积累的表象，在头脑中独立地创造出新形象的过程。它是一切创造性活动的重要组成部分。(2)产生条件不同。再造想象的产生条件：①必须具有丰富的表象储备；②为再造想象提供的词语及实物标志要准确、鲜明、生动；③正确理解词语与实物标志的意义。创造想象的产生条件：①强烈的创造愿望；②丰富的表象储备；③积累必要的知识经验；④原型启发；⑤积极的思维活动；⑥灵感的作用。(3)创造程度不同。

五、案例分析题(参考答案)

(1)记忆品质包括敏捷性、持久性、准确性和准备性。①记忆的敏捷性是指能够在较短的时间内记住较多的东西，是记忆速度和效率方面的特征。材料中有些同学记忆力非常好，仅读几遍，就能够顺利地背出来，记得很快，这是记忆敏捷性良好的体现。②记忆的持久性是指能够把知识经验长时间地保留在头脑中，甚至终身不忘，是记忆内容在记忆系统中保持时间长短方面的特征。材料中有些同学背得很流利、声情并茂，而且记忆深刻，是记忆保持性良好的体现。③记忆的准确性是指对于所识记的材料，在再认和回忆时，没有歪曲、遗漏、增补和臆测，是对记忆内容的识记、保持和提取是否精确的特征。材料中有些同学能够顺利、正确地背出古诗词，这体现的是记忆的准确性。④记忆的准备性是使人能及时、迅速、灵活地从记忆信息的储存库中提取所需要的知识经验，以解决当前的实际问题。材料中有的同学背得磕磕巴巴，在多次提醒后才能勉强背出来是记忆准备性不好的体现。

(2)记忆过程包括识记、保持、再现(再认或回忆)三个环节。从信息加工的角度来看，记忆过程是对输入信息的编码、储存和提取的过程。信息的输入编码是识记过程，信息的储存相当于保持过程，信息的提取是再认或回忆过程。①识记。识记是记忆过程的第一个基本环节，是个体获得知识经验的过程。它具有选择性的特点。②保持。保持是指已获得的知识经验在人脑中的巩固过程，是记忆过程的第二个环节。识记的材料在保持过程中总会发生不同程度的变化和遗忘。保持的量随着时间的延长而趋于减少。③再认或回忆。再认是指人们对感知过、思考过或体验过的事物，当它再度呈现时，仍能认识的心理过程。回忆是过去经历过的事物不在面前时，人们在头脑中把它重新呈现出来的过程。

(3)教师在教学过程中运用记忆规律包括两方面：第一，依据记忆规律合理安排和组织教学。①合理安排教学；②向学生提出具体的识记任务；③使学生处于良好的情绪和注意状态；④充分利用无意识记的规律组织教学；⑤使学生理解所学内容并把它系统化；⑥培养学生良好的记忆品质，提高其记忆能力。第二，依据记忆规律有效地组织复习。①复习时机要得当；②复习方法要合理；③复习次数要适宜；④重视对记忆品质的培养；⑤注意用脑卫生。

## 教师招聘考试教育理论基础押题试卷(十二)

一、单项选择题

1. A 【解析】克鲁普斯卡娅的《国民教育与民主主义教育》是最早以马克思主义为基础探讨教育学问题的著作；凯洛夫的《教育学》被公认为世界上第一部马克思主义的教育学著作；杨贤江的《新教育大纲》是我国第一部马克思主义的教育学著作；《教育过程》是布鲁纳的代表作。

2. A 【解析】原始社会的教育具有无阶级性，古代社会(奴隶社会和封建社会)以及近现代社会的教育都具有阶级性，都是为统治阶级服务的。故选A项。

3. D 【解析】从作用的方向看，教育功能可分为正向功能和负向功能。正向功能指教育有助于社会进步和个体发展的积极影响和作用。负向功能指教育阻碍社会进步和个体发展的消极影响和作用。“纪律教育可以让学生养成良好的服从习惯”体现了教育的正向功能；“纪律教育也可能规训了学生的心智以致其缺乏自主性”体现了教育的负向功能。故选D项。

4. B 【解析】课程实施的相互适应取向认为,设计好的课程计划是可以变动的,课程实施过程是课程计划与班级或学校实际情境在课程目标、内容、方法、组织模式诸方面相互调整、改变与适应的过程。

5. B 【解析】社会本位论主张教育以社会的稳定和发展为最高宗旨,故题干为社会本位论的观点。

**方法技巧**:做此类试题时重点抓住关键词,个人本位论追求的是个人的发展,题干中常带有"本性""潜能""个人需要""自由""个人价值"等关键词;社会本位论追求的是社会的发展,题干中常带有"社会稳定""社会需要""适应社会""社会化""公民""社会价值"等关键词。

6. C 【解析】教师热爱教育事业具体体现在热爱学生上。热爱学生是教师职业道德的核心,是教师高尚道德品质的表现。

7. B 【解析】陶行知的话说明教师不能歧视学生,要平等公正对待学生。这体现的是关爱学生的教师职业道德规范。

8. A 【解析】一般来说,构成课的基本组成部分有组织教学、检查复习、讲授新教材、巩固新教材、布置课外作业等。其中,组织教学并不只在上课开始时进行,而是贯穿在教学过程的各个环节中,直到下课。

9. C 【解析】制度化的教育指向形成系统的各级各类学校。学校教育系统的形成,即意味着制度化教育的形成,学校教育制度的建立是制度化教育的典型表征。

10. C 【解析】赫尔巴特为传统教育学派的代表人物,杜威为现代教育学派的代表人物。

11. A 【解析】直接导入是指教师上课伊始直接阐明本节课的学习内容、目标和要求的导入方法。这是最简单和最常用的一种导入方法。

12. B 【解析】个体身心发展在不同的年龄阶段表现出不同的总体特征及主要矛盾,面临着不同的发展任务,这就是个体身心发展的阶段性。让孩子同成年人一样听报告、搞活动、开批判会,把对儿童和青少年的教育"成人化",这就违反了个体身心发展的阶段性规律。题干中的孩子2岁半时,父母就给其报了4个培训班,致使该孩子斑秃,这说明教育应该适应个体身心发展的阶段性,针对不同年龄阶段的学生,提出不同的具体任务,采取不同的教育内容和方法。

13. B 【解析】拓展型课程注重拓展学生的知识和能力,开阔学生的知识视野,发展学生各种不同的特殊能力,并迁移到其他方面的学习。题干中的小学开展的各种兴趣课程属于拓展型课程。

14. A 【解析】过程与方法目标是关键性目标,是知识与技能和情感态度与价值观目标达成的途径。

15. D 【解析】职前师范教育阶段是师范生进行专业准备与学习,初步形成教师职业所需要的知识与能力的关键时期,是教师专业化发展的起始和奠基阶段。

16. A 【解析】由"教师的言行是学生学习和模仿的榜样"可知,教师在教育过程中扮演着示范者的角色。

17. D 【解析】教师劳动的连续性是指时间的连续性;教师劳动的广延性是指空间的广延性,即教师没有严格界定的劳动场所。题干中的"没有明显的时空界限"即体现了教师劳动的连续性和广延性。

18. B 【解析】"爱岗敬业"是教师职业的本质要求,故选B项。

**易错提示**:在《中小学教师职业道德规范(2008年修订)》中,以下内容容易混淆,考生需准确识记。爱国守法——教师职业的基本要求;爱岗敬业——教师职业的本质要求;关爱学生——师德的灵魂;教书育人——教师的天职;为人师表——教师职业的内在要求;终身学习——教师专业发展的不竭动力。

19. B 【解析】榜样示范法是用榜样人物的优秀品德来影响学生的思想、情感和行为的德育方法。学校以小张为榜样来教育学生,运用的是榜样示范法。

20. D 【解析】在传统教育中,相对于学生来讲,教师是"社会代表者",他们拥有至高无上的权威。而新课程给教师角色的定位是"平等中的首席",要求教师在与学生对话、互动中,首先是一个学习者。故D项不符合新课程对教师的定位。

21. A 【解析】在学校教育教学中,教师可以在实际观察中加强对学生的个别指导,指导学生充分利用多种感官参与学习,提高其观察的全面性和精确性,培养学生的观察力。BCD三项的做法都是不合理的。

22. A 【解析】公元前6世纪,孔子把学习过程概括为“学—思—行”(也有说法认为是“学—思—习—行”)的统一过程。故选 A 项。

23. B 【解析】讨论法是全班或小组成员在教师的指导下,围绕某一中心问题发表自己的看法和见解,从而进行相互学习的一种方法。题干中政治老师组织全班同学围绕“学法、知法、守法”的主题发表自己的见解,体现了对讨论法的运用。

24. D 【解析】由题干中“学生自身发展有很大的不稳定性和可塑性”“不是一蹴而就的”可知,对学生的德育需要长期、反复地进行,学生的思想品德修养水平是逐步提高的。故选 D 项。

25. C 【解析】李老师在化学课的教学中引导学生通过化学知识的学习树立环境保护意识,即在化学课堂中渗入德育,采用的德育途径是学科教学。

26. C 【解析】校本课程是学校在确保国家课程和地方课程有效实施的前提下,针对学生的兴趣和需要,结合学校的传统和优势以及办学理念,充分利用学校和社区的课程资源,自主开发或选用的课程。某小学根据当地太极拳具有悠久历史的现实而开设的太极拳课程是学校自主开发的课程,因而属于校本课程。

27. C 【解析】“没有规矩,不成方圆”意为:做任何事都要有一定的规矩、规则,否则就无法成功。班集体的正常秩序是维持和控制学生在校生活的基本条件,是教师开展工作的重要保证。建立健全必要的班级规则就是为班级“立规矩”,建立正常的班集体秩序,以保证教师顺利开展工作。

28. A 【解析】科技活动是以让学生学习和了解科技知识为目的的课外活动。题干中的“某学校成立‘气象观测小组’”就是为了让学生了解和学习关于气象方面的科学知识,这属于科技活动。

29. B 【解析】在教育研究过程中,进行文献检索可以吸取前人研究的经验教训,避免重复研究。

30. B 【解析】神经元一般分为细胞体(或称胞体)、树突和轴突三部分。树突多,短而密且有不少分支;轴突只有一个,形状像车轴,比较长。神经元通过树突接受外来的刺激(信息),经胞体整合后再通过轴突将信息传出去。故选 B 项。

31. C 【解析】“见者易,学者难”的意思是看着容易,学着就难了。这是要告诉我们不要眼高手低,要通过练习训练来掌握相关的知识与技能。因此,这句话强调的是练习对动作技能学习的重要性。

32. D 【解析】由于刺激对感受器的持续作用而使感受性发生变化的现象叫感觉适应。适应现象表现在所有感觉中。刚戴上近视眼镜的时候,总觉得鼻梁上多了一件东西不好受,时间长了就感觉不到了,这是触压觉的适应。

33. C 【解析】内化,是指在思想观点上与社会规范及其价值保持一致,将自己所认同的思想和自己原有的观点、信念融为一体,构成一个完整的价值体系。在内化阶段,个体的行为具有高度的自觉性和主动性,并具有坚定性,表现为“富贵不能淫,贫贱不能移,威武不能屈”。故选 C。

34. C 【解析】在时间管理上,应做到:(1)统筹安排学习时间;(2)高效利用最佳时间;(3)灵活利用零碎时间。故利用课余时间阅读文章或报纸杂志属于学习策略中的时间管理策略。

35. D 【解析】概念形成是指个体通过反复接触大量同一类事物或现象的共同特征或共同属性,并通过肯定(正例)或否定(反例)的例子加以证实的过程。题干所述体现的是概念形成。

36. C 【解析】思维的间接性是指思维能对感官所不能直接把握的或不在眼前的事物,借助于某些媒介物与头脑加工来进行反映。思维的间接性还表现在思维能在对现实事物认识的基础上做出某种预见。例如,气象学家根据已掌握了的气象变化规律,可以进行天气预报,推断未来的天气变化情况。故 A、B、D 项正确。而 C 项是思维概括性的表现,故本题选 C 项。

37. B 【解析】程序性记忆是指对如何做事情的记忆,包括对知觉技能、认知技能和运动技能的记忆。故题干所述属于程序性记忆。

38. D 【解析】贾德提出了概括化理论。其主要观点是,一个人只要对自己的经验进行了概括,就可以完成从一个情境到另一个情境的迁移。他认为先前的学习之所以能迁移到后来的学习中,是因为在先前学习中获得了一般原理,这种一般原理可以部分或全部地运用于后续的学习中。对原理了解、概括得越好,迁移效果也越好。贾德在 1908 年所做的“水下击靶”实验,是概括化理论的经典实验。

**方法技巧**:理解学习迁移理论可从以下方面着手:形式训练说强调心理官能的训练;相同要素说强调相同的要素;概括化理论强调对经验、原理的概括;关系转换说强调对关系的理解和顿悟。

39. C 【解析】想象的替代功能是指在现实生活中,当人们的某种需要不能得到满足时,可以借助想象从心理上得到一定的补偿和满足。

40. B 【解析】动机的指向功能是指在动机的作用下,人的行为将指向某一目标。题干中,不同的学生学习的目标指向不同,这体现了动机的指向功能。

41. C 【解析】性格的意志特征是指个体自觉地确定目标,调节支配行为,从而达到目标的性格特征。故题干所述体现了小江性格的意志特征。

42. D 【解析】产品分析法又称作品分析法,是指通过分析学生的活动产品,以了解学生的能力、倾向、技能、熟练程度、情感状态和知识范围。

43. A 【解析】教育心理学的研究原则有:客观性原则、教育性原则、发展性原则、理论联系实际原则、系统性原则。教育性原则是指在教育心理学的研究过程中,所采用的研究手段与方法应能促进被试心理的良性发展,这是所有关于人的心理学研究中都应遵从的一个基本伦理道德原则,故选 A 项。

44. C 【解析】首要特质是一个人最典型、最具有概括性的特质,它影响一个人的各方面的行为。小说中重要人物鲜明的特点就是该人物的首要特质。

45. A 【解析】奥地利动物习性学家劳伦兹在发现幼禽的印刻现象时提出了"关键期"的概念。关键期是指人或动物的某些行为与能力的发展有一定的时间,如果在此时给予适当的良性刺激,会促使其行为与能力得到更好的发展;反之,则会阻碍发展甚至会导致行为的缺失。

46. B 【解析】埃里克森的心理社会发展阶段论中的前五个阶段所对应的年龄和其发展任务如下表:

| 阶段 | 年龄 | 发展任务 |
|---|---|---|
| 基本的信任感对基本的不信任感 | 0~1.5 岁 | 培养信任感 |
| 自主感对羞耻感 | 2~3 岁 | 培养自主性 |
| 主动感对内疚感 | 4~5 岁 | 培养主动性 |
| 勤奋感对自卑感 | 6~11 岁 | 培养勤奋感 |
| 自我同一性对角色混乱 | 12~18 岁 | 培养自我同一性 |

47. C 【解析】消退是指条件刺激形成以后,如果得不到强化,条件反应就会逐渐减弱,直至消失的现象。题干所述即是消退规律的表现。

48. C 【解析】苛勒等人通过"接竿问题"实验和"叠箱问题"实验,对学习的实质及原因做出了解释,提出了完形—顿悟学习理论。

49. A 【解析】发现学习是指给学生提供有关的学习材料,让学生通过探索、操作和思考,自行发现知识、理解概念和原理的教学方法。赵老师所使用的教学策略是发现学习。

50. C 【解析】知识的理解主要指学生运用已有的经验、知识去认识事物的种种联系、关系,直至认识其本质、规律的一种逐步深入的思维活动。它是学生掌握知识过程的中心环节。

51. B 【解析】听觉编码是短时记忆主要的编码形式;语义编码是长时记忆最主要的编码形式;图像记忆是瞬时记忆的主要编码形式。

52. D 【解析】常模参照测验以学生团体测验的平均成绩即常模为参照点,比较分析某一学生的学业成绩在团体中的相对位置,主要用于选拔、编组等。

53. B 【解析】根据问题组织程度不同,可将问题分为结构良好问题和结构不良问题两类。结构良好问题是指已知条件和要达到的目标都非常明确,个体按一定的思维方式即可获得答案的问题。结构不良问题是指已知条件与要达到的目标都比较含糊,问题情境不明确,各种影响因素不确定,不易找出解答线索的问题。修电脑的已知条件和要达到的目标都不明确,不是结构良好的问题,故选 B 项。

54. B 【解析】肯定性训练也称自信训练、果敢训练,其目的是促进个人在人际关系中公开表达自己真实的情感和观点,维护自己的权益也尊重别人的权益,发展人的自我肯定行为。实际生活中,许多学生表现出的是不肯定的行为。例如:谈话时眼睛不敢看对方,不敢提出合理要求,不敢拒绝别人的无理要求,不敢表示自己的不满情绪;与同学发生矛盾时不敢正面解决问题,而是找老师等。对于这类学生,教师最好采用的方法是肯定性训练。

55. B 【解析】心智技能也称为智力技能、认知技能,是通过学习而形成的合乎法则的心智活动方式。提问是主要依靠心智技能完成的任务。

ACD 属于操作技能。

56. C 【解析】授权性规范指教育法律关系主体有权做出或不做出某种行为的法律规范。授权性规范在表述形式上通常采用“可以”“有权”“不受……干涉”“有……的自由”等术语。故题干所述属于授权性规范。

57. A 【解析】信号学习是指学习对某种信号做出某种反应,其过程为:刺激—强化—反应,如巴甫洛夫的经典性条件反射。学生听到上课铃响时,就停止其他课外活动而准备上课,属于信号学习。

58. A 【解析】根据《中华人民共和国教育法》第七十九条规定,考生在国家教育考试中,让他人代替自己参加考试的,由组织考试的教育考试机构工作人员在考试现场采取必要措施予以制止并终止其继续参加考试;组织考试的教育考试机构可以取消其相关考试资格或者考试成绩;情节严重的,由教育行政部门责令停止参加相关国家教育考试一年以上三年以下。根据《中华人民共和国教育法》第八十条规定,任何组织或者个人在国家教育考试中组织作弊的,有违法所得的,由公安机关没收违法所得,并处违法所得一倍以上五倍以下罚款;情节严重的,处五日以上十五日以下拘留;构成犯罪的,依法追究刑事责任;属于国家机关工作人员的,还应当依法给予处分。故选 A 项。

59. D 【解析】根据《中华人民共和国未成年人保护法》(2020 年修订)第五十八条规定,学校、幼儿园周边不得设置营业性娱乐场所、酒吧、互联网上网服务营业场所等不适宜未成年人活动的场所。故王某的做法违反了《中华人民共和国未成年人保护法》。

60. C 【解析】根据《中华人民共和国教育法》第三十一条规定,学校及其他教育机构的校长或者主要行政负责人必须由具有中华人民共和国国籍、在中国境内定居、并具备国家规定任职条件的公民担任,其任免按照国家有关规定办理。

## 二、多项选择题

1. ABCD 【解析】班主任了解和研究学生的具体方法有:(1)观察法;(2)谈话法;(3)调查法;(4)书面材料分析法。

2. BCD 【解析】A 项出自《学记》:“是故学然后知不足,教然后知困。知不足然后能自反也,知困然后能自强也。故曰:教学相长也。”

3. AD 【解析】根据研究目的的不同,教育研究可分为基础研究、应用研究和开发研究。根据方法论的不同,教育研究可分为定量研究与定性研究。

4. ABC 【解析】根据《中华人民共和国义务教育法》第三十六条规定,学校应当把德育放在首位,寓德育于教育教学之中,开展与学生年龄相适应的社会实践活动,形成学校、家庭、社会相互配合的思想道德教育体系,促进学生养成良好的思想品德和行为习惯。D 项说法不正确。

5. ABCD 【解析】狭义的教育制度指学校教育制度,简称学制,是一个国家各级各类学校的总体系,具体规定各级各类学校的性质、任务、要求、入学条件、修业年限及它们之间的相互关系。

6. CD 【解析】“研究每位学生的情况”“量身定制”体现出魏老师贯彻了因材施教原则;“查看前一阶段老师的评价”“不重复也不超前”体现出魏老师贯彻了教育影响的一致性与连贯性原则。

7. ABC 【解析】壬寅学制、癸卯学制、壬子癸丑学制都是以日本学制为蓝本制定的。壬戌学制采用美国式的六三三分段法,即小学六年、初中三年、高中三年,因此又称“新学制”或“六三三学制”。

8. ABCD 【解析】课程资源是指课程设计、实施和评价等整个课程教学过程中可以利用的一切人力、物力以及自然资源的总和,包括教材、教师、学生、家长以及学校、家庭和社区中所有有利于实现课程目标,促进教师专业成长和学生个性的全面发展的各种资源。此外,按照课程资源空间分布的不同,可以把课程资源分为校内课程资源和校外课程资源。凡是学校范围之内的课程资源就是校内课程资源,超出学校范围的课程资源就是校外课程资源。科技馆、博物馆、网络资源等都属于校外课程资源。

9. ACD 【解析】参观教学法可以分为准备性参观、并行性参观和总结性参观。

10. BCD 【解析】班级管理的内容包括:(1)班级组织建设;(2)班级制度管理;(3)班级教学管理;(4)班级活动管理。A 项属于班级管理的模式。

11. ABCD 【解析】教学设计的依据有:(1)理论依据:①现代教学理论、学习理论与传播理论;②系统的原理和方法。(2)现实依据:①教学的实际需要;②教师的教学经验;③学生的需要和特点等。

12. ABC 【解析】经典性条件反射是指将中性刺激(不诱发反应)与一个能诱发反应的刺激相匹配(一次或多次),致使中性刺激最终能诱发同类反应的过程。望梅止渴、画饼充饥、谈虎色变等都属于经典性条件反射。

13. ABD 【解析】与意志的自觉性相反的意志品质是受暗示性(盲从)和独断性。易受暗示的人容易人云亦云,独断的人容易一意孤行。与意志的果断性相反的意志品质是优柔寡断和草率武断。优柔寡断的人遇事犹豫不决,患得患失,顾虑重重。因此,A、B、D 三项都属于不良的意志品质。而审时度势属于良好的意志品质。

14. ABD 【解析】比纳—西蒙智力量表是世界上最早的智力测验量表。故 A 正确。斯坦福—比纳量表用智龄和实际年龄的比率代表智商,即智商(IQ) = 智龄(MA)/实龄(CA) ×100。故 B 项正确。韦克斯勒智力量表采用离差智商,即 $IQ = 100 + 15Z, Z = (X - \overline{X})/SD$。故 C 项错误。瑞文标准智力测验的优点在于适用的年龄范围宽,测验对象不受文化、种族与语言的限制,并且可用于一些生理缺陷者。故 D 项正确。

15. ABCD 【解析】自我意识的作用:(1)自我意识大大地提高了人的认识功能;(2)自我意识使人形成一个丰富的感情世界;(3)自我意识大大地促进人的意志的发展;(4)自我意识是道德的必要前提。

16. BC 【解析】细微型操作技能(精细技能)是依靠小肌肉群的运动来实现的,一般不需要激烈的大运动,而依靠比较狭窄的空间领域进行手、脚、眼的巧妙的协调动作,如打字、弹琴就是这类操作技能。连续的操作技能需要对外部情境进行不断的调节,而且完成的动作序列较长,如开汽车、舞蹈、打字、滑冰等。故用电脑打字属于连续的精细技能。

17. ABCD 【解析】学校心理健康教育的途径:(1)开设心理健康教育的有关课程和心理辅导的活动课;(2)在学科教学中渗透心理健康教育的内容;(3)结合班级、团队活动开展心理健康教育;(4)个别心理辅导或咨询;(5)小组辅导。

18. ABC 【解析】一般来说,课堂管理具有三个重要目标:(1)为学生争取更多的学习时间;(2)增加学生参与学习活动的机会;(3)帮助学生形成自我管理的能力。

19. ABC 【解析】情绪是原始的、低级的,与生理需要是否满足相联系;情感是后继的、高级的,与社会需要是否满足相联系。故 A 项说法正确。情绪带有冲动性,并伴随明显的外部表现;情感比较内隐,较为深沉。故 B 项说法正确。情绪具有情境性和易变性;情感具有稳定性和持久性。故 C 项说法正确。而 D 项“爱屋及乌”体现的是情感的感染功能,故 D 项说法错误。

20. ABD 【解析】教育法规的效力主要包括形式效力、时间效力、地域效力(空间效力)和对人的效力。

三、判断题

1. √ 【解析】法国社会学家利托尔诺和英国教育学家沛西·能是教育的生物起源说的代表人物。

2. × 【解析】在班集体发展的组建阶段,班集体对班主任有较大的依赖性,不能离开他的监督独立地执行他的要求。如果班主任不注意严格要求,班级就可能变得松弛、涣散。

3. × 【解析】一次文献是以作者本人的实践为依据而创作的原始文献,是直接记录事件经过、研究成果、新知识、新技术的文献。故专著、论文、调查报告、档案材料等属于一次文献。

**方法技巧**:一次文献、二次文献和三次文献容易混淆。考生在复习时,可抓住这三种文献的关键特征来识记。例如:一次文献强调作者原创,内容更具体;二次文献多具有检索功能;三次文献的综合性、浓缩性更高。

4. √ 【解析】教育受一定社会的政治经济等因素的制约,但作为一种培养人的社会活动,教育有其自身的规律,具有相对独立性。

5. × 【解析】教师与学生在心理上应协调一致,在教学实施过程中表现为师生关系密切、情感融洽、平等合作,但这并不是要求教师与学生建立亲密无间、“零距离”的关系。

6. √ 【解析】练习法是指学生在教师的指导下巩固知识,培养各种技能和技巧的基本教学方法。由“教师指导、学生操作”“形成技能、技巧”可知这种方法属于练习法。

7. × 【解析】劳动技术教育是引导学生掌握劳动技术知识和技能,形成劳动观点和习惯的教育。它包括劳动教育和技术教育两个方面。组织学生参加生产劳动是劳动技术教育的重要途径,但不能等同于劳动技术教育。

8. √ 【解析】在教学中,教师应重视教学方法运用的综合性、灵活性、创造性。其中,教学方法运用的综合性是指根据教学任务和教学内容的需要,综合运用多种教学方法,而不要长期只使用一种教学方法。故题干所述正确。

9. × 【解析】行动研究的基本过程大致分为循序渐进的四个环节,即计划、行动、考察和反思。

10. × 【解析】热爱学生是教育学生的感情基础,是教师职业道德高低的试金石。

11. √ 【解析】学生的思想品德由知、情、意、行四个心理因素构成。情即品德情感,是学生产生品德行为的内部动力,是实现转化的催化剂。故题干所述正确。

12. × 【解析】人本主义心理学派重视人自身的价值,提倡充分发挥人的潜能。行为主义心理学反对意识,主张以可观察与测量的行为为研究对象。故题干表述不正确。

13. × 【解析】思维的敏捷性是指思维活动迅速正确,能当机立断。思维的敏捷性与轻率迥然不同,它不仅要求思维速度快,而且要求思维的正确性高。故题干中忽视其正确性的说法是不正确的。

14. √ 【解析】归因是个体对自己的成功或失败所做出的因果解释。韦纳指出,学生一般把自己的学习成败归因于四类因素,即能力、努力、任务难度和运气。

15. √ 【解析】一般说来,学校里最重要的缺失需要是爱和自尊。如果学生感到没有被人爱,或认为自己无能,他们就不可能有强烈的动机去实现较高的目标。

16. √ 【解析】罗杰斯倡导的学习原则的核心是让学生自由学习。他认为,只要教师信任学生,信任学生的学习潜能,并愿意让学生自由学习,就会在与学生的交往中形成适应自己风格的、促进学习的最佳方法。

17. √ 【解析】态度是通过学习而形成的影响个人行为选择的内部准备状态或反应的倾向性。态度是一种内部准备状态,而不是实际反应本身。

18. √ 【解析】义务教育是国家统一实施的所有适龄儿童、少年必须接受的教育,适龄儿童、少年的父母或者其他法定监护人应当依法保证其按时入学接受并完成义务教育。适龄儿童、少年未按《中华人民共和国义务教育法》相关规定入学接受义务教育的,学校及教育部门要立即落实失学辍学学生劝返、登记和书面报告责任。对于因身体健康等原因确需缓学的,父母或其他法定监护人应向县级教育部门提出申请,获批准后方可缓学,不得擅自以在家学习替代国家统一实施的义务教育。

19. × 【解析】根据《中华人民共和国教师法》第十七条规定,学校和其他教育机构应当逐步实行教师聘任制。教师的聘任应当遵循双方地位平等的原则,由学校和教师签订聘任合同,明确规定双方的权利、义务和责任。

20. × 【解析】学校和教师必须尊重学生的人格尊严,严禁对学生实施体罚、变相体罚或其他侮辱人格尊严的行为。轻微体罚也属于侵犯学生的人身权。

## 教师招聘考试教育理论基础押题试卷(十三)

**一、单项选择题**

1. A 【解析】一般认为,在夏朝的时候,我国就出现了学校。而有文字记载,同时又有考古出土的实物证实的学校出现在商朝。故我国最早的学校出现在夏朝。

**方法技巧:** 关于我国最早的学校出现的时期,在选择题中,如果选项同时出现了夏朝和商朝,而题干中又没有严格的条件限制,一般认为我国最早的学校教育形态出现在夏朝。

2. D 【解析】蔡元培是我国近代著名的民主革命家和教育家,他为中华民族的进步和发展,为我国的教育事业,尤其是高等教育事业的改革和发展,做出了重大贡献。毛泽东评价他为"学界泰斗,人世楷模"。

3. B 【解析】题干描述的是根据不同阶段学生的特征采用不同的教学方式,体现了儿童身心发展的阶段性规律。

4. D 【解析】我国中小学课桌的摆放多呈"秧田式",教师讲台置于块状空间的正前方,这种格局阻隔了师生之间的交往及生生之间的交往。目前,许多国家都在探讨圆桌式、马蹄形、半圆形、蜂巢式等便于师生交往和交流的座位排列方式。故选 D 项。

5. C 【解析】题干中发达国家实行 12 年甚至更多年

限的义务教育,而发展中国家实行9年义务教育,说明学校教育制度受经济发展水平的影响。故选C项。

6. C 【解析】“征于色,发于声,而后喻”的意思是:一个人的想法,只有从脸色上显露出来,在声音中表现出来,然后才能为人们所了解。意在强调教师在教学过程中要注意表情、语言表达等,即教师要重视提高自己的教学技能。

7. B 【解析】广域课程指合并数门相邻学科的内容形成的综合课程,题干的课程类型属于广域课程。

**方法技巧**:理解综合课程的四种形式时需注意,相关课程、融合课程、广域课程、核心课程都是综合课程的形式,但是它们的综合程度不同。相关课程将两种或两种以上学科在一些主题或观点上相互联系起来,但又维持各学科原来的独立状态。融合课程即把有内在联系的学科的内容融合在一起而形成一门新的学科。广域课程即合并数门相邻学科的内容形成的综合课程,在范围上比融合课程要大。核心课程即以问题为核心,将几门学科结合起来的课程。考生在做题的时候应注意区分。

8. A 【解析】活动课程与学科课程的关系,实际上反映的是人的直接经验与间接经验、个人知识与公共知识、儿童当下的心理经验与凝结在学科中的逻辑经验之间的关系,也从一个侧面反映了成人学习方式与儿童学习方式的分歧与差异。故选A项。

9. A 【解析】“不积跬步,无以至千里;不积小流,无以成江海”出自荀子的《劝学》,意为不积累一步半步的行程,就没有办法达到千里之远;不积累细小的流水,就没有办法汇成江河大海。在教学中,即教师要遵循循序渐进的教学原则,严格按照科学知识的内在逻辑和学生的认知发展规律进行教学。

10. C 【解析】实际锻炼法是有目的地组织学生参加各种实际活动,使其在活动中锻炼思想、增长才干、培养优良的思想和行为习惯的德育方法。学校通过开展爱国主义教育主题月活动,结合历史课、语文课的相关内容及主题团队活动、艺术活动等形式,使学生的思想在实际活动中得到了锻炼,这是对实际锻炼法的运用。

11. D 【解析】基础型课程注重培养学生的基础学力,注重学生对科学文化基础知识和基本技能的掌握,同时获得智力的发展和能力的培养,即培养学生作为一个公民所必需的以“三基”(读、写、算)为中心的基础教养,是中小学课程的主要组成部分。故选D项。

12. B 【解析】班主任的领导方式一般分为权威型、放任型和民主型三种。故选B项。

13. C 【解析】群众性活动是一种面向多数或全体学生的带有普及性质的活动。从题干中的“全校性”可以得知此活动是全体学生都参加的活动,属于群众性活动。

14. A 【解析】实验研究法是根据研究目的,运用一定的人为手段,主动干预或控制研究对象的发生、发展过程,通过观察、测量、比较等方式探索、验证所研究现象因果关系的研究方法。题干中,孙老师通过人为控制两个平行班学生阅读名著的时间来研究阅读名著与学生写作水平之间的因果关系,运用的是实验研究法。

15. A 【解析】文艺复兴时期的著名教育家埃拉斯莫斯最先提出“班级”一词。

16. D 【解析】反射弧是实现反射活动的生理结构,它由感受器、传入神经、神经中枢、传出神经、效应器五个部分组成。

17. B 【解析】微格教学是指以少数的学生为对象,在较短的时间内(5~20分钟),尝试做小型的课堂教学,并把这种教学过程摄制成录像,课后再进行分析。

18. C 【解析】巴甫洛夫将动物的高级神经活动分为四种类型,这四种类型与气质类型对照如下表:

| 高级神经活动过程 | 气质类型 |
|---|---|
| 强、不平衡 | 胆汁质 |
| 强、平衡、灵活 | 多血质 |
| 强、平衡、不灵活 | 黏液质 |
| 弱 | 抑郁质 |

19. C 【解析】应激是出乎意料的紧迫情况所引起的急速而高度紧张的情绪状态。当人们遇到突然出现的事件或意外发生危险时,为了应付瞬息万变的紧急情况,就得果断地采取决定,迅速地做出反应。应激正是在这种情境中产生的内心体验。题干所述情绪状态属于应激。

20. D 【解析】知觉的理解性是指人以知识经验为基础对感知的事物加工处理,并用语词加以概括赋予说明的加工过程。题干所述体现了知觉的理解性。

21. C 【解析】思维的批判性是指既善于批判地评价他人的思想和成果,吸取别人的长处、优点和思想的精华,摒弃别人的短处、缺点和思想的糟粕,又善于严格而精细地思考问题,冷静而客观地评价和自觉地控制自己的思维活动,不易受自己的情绪和偏爱的影响。故题干所述体现的是对思维批判性的要求。

22. A 【解析】人格的发展是个体社会化的结果。影响人格形成与发展的社会因素包括:家庭教养方式、学校教育和同辈群体。

23. B 【解析】理解问题即明确问题,就是把握问题的性质和关键信息,摒弃无关因素,并在头脑中形成有关问题的初步印象,即形成问题的表征。题干中数学老师的做法是为了让学生更好地理解问题,也就是形成问题表征。

24. C 【解析】根据布卢姆的教学目标分类理论,认知领域的教学目标由低到高分为知识、领会、运用、分析、综合、评价六级。其中,应用(运用)是指将所学材料应用于新的情境之中,包括概念、规则、方法、规律和理论的"应用",以"知识"和"领会"为基础,代表较高水平的理解。

25. B 【解析】所谓变式,就是变换使用不同形式的直观材料或事例说明事物的属性,使本质属性保持不变而非本质属性或有或无,以便突出本质属性。B项中,"沙子"属于"固体",而不是"液体",属于运用反例的策略。

**易错提示**:考生易混淆正例、反例和变式的相关知识,在做题时应注意对三者的区分,下面以"鸟"为例来帮助考生进行理解。

| | 含义 | 举例 |
| --- | --- | --- |
| 正例 | 包含着概念或规则的本质特征和内在联系的例证 | 麻雀、燕子(属于鸟) |
| 反例 | 不包含或只包含了一小部分概念或规则的主要属性和关键特征的例证 | 蝙蝠(不属于鸟) |
| 变式 | 概念或规则的肯定例证在无关特征方面的变化 | 麻雀与鸡("会飞"为无关特征) |

26. A 【解析】根据科尔伯格的道德发展阶段理论可知,前习俗水平包括两个阶段:(1)服从与惩罚的道德定向阶段;(2)相对功利的道德定向阶段。其中,处于服从与惩罚的道德定向阶段的儿童的道德价值来自对外力的屈从或对惩罚的逃避。他们衡量是非的标准是由成年人来决定的,对成人或准则采取服从的态度,缺乏是非善恶的观念。题干中的学生认为不能随意违反规则,因为会受到交警的处罚,故其道德认知处于前习俗水平。

27. D 【解析】人本主义认为有意义学习是指一种涉及学习者是完整的人,使个体的行为、态度、个性以及在未来选择行动方针时发生重大变化的学习,是一种与学习者各种经验融合在一起的、使个体全身心地投入其中的学习。莉莉每天与小伙伴一起玩耍,几个月就学会了新语言,这是因为她是以一种对自己有意义的方式在学习,所以学习速度极快。

28. A 【解析】道德情感从表现形式上看,主要包括三种:(1)直觉的道德情感,即由于对某种具体的道德情境的直接感知而迅速发生的情感体验;(2)想象的道德情感,即通过对某种道德形象的想象而发生的情感体验;(3)伦理的道德情感,即以清楚地意识到道德概念、原理和原则为中介的情感体验。伦理的道德情感具有清晰的意识性和明确的自觉性,具有较大的概括性和较强的伦理性,具有稳定性和深刻性。爱国主义情感和集体主义情感属于伦理的道德情感。

29. B 【解析】学校及其他教育机构作为法人,会经常参与各种民事活动,如合作办学、委托培养、有偿服务、知识产权转让、劳动用工、教师聘任等,往往要与其他主体签订各种合同,发生各种民事性质的法律责任。在出现法律纠纷时,可以要求追究违反合同的民事责任,请求民事赔偿。合作办学、教师聘任等方面发生的法律责任属于民事法律责任。

30. C 【解析】根据《中华人民共和国义务教育法》第三十二条规定,县级人民政府教育行政部门应当均衡配置本行政区域内学校师资力量,组织校长、教师的培训和流动,加强对薄弱学校的建设。

**二、多项选择题**

1. ABCD 【解析】教师的能力素养主要包括语言表达能力、组织管理能力、组织教育和教学的能力、自我调控和自我反思能力。此外,教师还应该具备教育科研能力、学习能力、观察学生的能力、创新能力以及运用现代教育技术手段的能力。

2. ABCD 【解析】教育机智是教师在教育教学过程中的一种特殊定向能力,是指教师能根据学生新的特别是意外的情况,迅速而正确地做出判断,随机应变地采取及时、恰当而有效的教育措施解决问题的能力。教育机智可以用四个词语概括:因势利导、随机应变、掌握分寸、对症下药。

3. BCD 【解析】贯彻德育导向性原则的要求包括:(1)坚持正确的政治方向;(2)德育目标必须符合新时期的方针政策和总任务的要求;(3)要把德育的理想性和现实性结合起来。A 项“统一社会各方面的教育影响”属于贯彻教育影响的一致性和连贯性原则的要求。

4. ABCD 【解析】班主任处理偶发事件的原则有:(1)教育性原则;(2)客观性原则;(3)有效性原则;(4)可接受性原则;(5)冷处理原则。

5. ABCD 【解析】2008 年修订的《中小学教师职业道德规范》中关于“爱国守法”方面所规定的具体职业行为要求有:(1)全面贯彻国家教育方针;(2)自觉遵守教育法律法规,依法履行教师职责权利;(3)不得有违背党和国家方针政策的言行。

6. ABCD 【解析】青少年抽象逻辑思维占优势,并由经验型向理论型过渡;辩证逻辑思维迅速发展。所以,A 项说法正确。青少年时期是自我意识发展的第二个高峰,这个时期,他们更加关注自己的外貌,开始关注自己的内心,重视自己的能力和学习成绩,关心自己的成长,有强烈的自尊心。所以,B 项说法正确。根据科尔伯格的道德发展阶段理论,习俗水平是在小学中年级出现的,一直到青年、成年。所以,C 项说法正确。青少年的情绪表现有时是强烈而狂暴的,有人曾用“疾风暴雨”一词来形容这时期个体情绪强烈的特点。同样一个刺激,在他们那里所引起的情绪反应强度相对大得多,甚至达到震撼人心的程度。所以,D 项说法正确。

7. ABCD 【解析】程序教学的原则包括:(1)小步子原则;(2)积极反应原则;(3)自定步调原则;(4)及时反馈原则;(5)低错误率原则。

8. ABCD 【解析】能够分配注意的条件是:(1)所从事的活动中必须有一些活动是非常熟练的,甚至已经达到了自动化的程度;(2)一般来说,所从事的几种活动之间应该有内在的联系,但不能在同一感觉道、用同一种心理操作来完成。

9. ABD 【解析】多元智力理论对我国当前教学改革的启示如下:积极乐观的学生观;科学的智力观;因材施教的教学观;多样化人才观和成才观。加德纳的多元智力理论,指出学生智力的多样性、广泛性和差异性,把培养学生的多种能力放在同等重要的地位。因此智力不是以语言能力和逻辑—数理能力为核心的。故 C 项错误。

10. ABC 【解析】根据《中华人民共和国义务教育法》第五十七条规定,学校有下列情形之一的,由县级人民政府教育行政部门责令限期改正;情节严重的,对直接负责的主管人员和其他直接责任人员依法给予处分:(1)拒绝接收具有接受普通教育能力的残疾适龄儿童、少年随班就读的;(2)分设重点班和非重点班的;(3)违反本法规定开除学生的;(4)选用未经审定的教科书的。学校是可以处分学生的。

三、填空题

1. 苏格拉底
2. 复式教学
3. 分支型学制
4. 道德形象
5. 背景评价
6. 教学过程
7. 过分概括化
8. 个人成就感低
9. 社会惰化
10. 判断 推理

四、辨析题

1. 德育过程具有多端性,不一定要按照知、情、意、行的顺序来进行。

(1)这种说法是正确的。(2)德育过程一般以知为开端,以行为终结。但由于社会生活的复杂性,德育影响的多样性等因素,在德育具体实施过程中,又具有多种开端,可根据学生品德发展的具体情况,或从导之以行开始,或从动之以情开始,或从锻炼品德意志开始,最后达到使学生品德在知、情、意、行几方面和谐发展的目的。

2. 学生在校的学习以间接经验为基础,以直接经验为主。

(1)这种说法是不正确的。(2)学生在校的学习是以直接经验为基础,以间接经验为主的。以间接经验为主是教学活动的主要特点,学习间接经验是学生认识客观世界的基本途径。学生学习间接经验要以直接经验为基础。书本知识,一般表现为概念、定理、原理等,这对学生来说是间接经验。学生要把这些知识转化为自己的知识,必须以个人以往积累的或现时获得的感性经验为基础,教师要根据教学需要充分利用和丰富学生的直接经验。

3. 性格有好坏之分。

(1)这种说法是正确的。(2)性格是指人的较稳定的态度与习惯化了的行为方式相结合而形成的人格特征。性格是后天形成的,具有一定的稳定性,但在社会生活条件的影响下,可塑性比气质更强。性格有好坏、优劣之分,能最直接地反映出一个人的道德风貌。因此,题干中的说法是正确的。

4. 学习迁移是指一种学习对另一种学习的促进作用。

(1)这种说法是不正确的。(2)学习迁移也称训练迁移,是指一种学习对另一种学习的影响,或习得的经验对完成其他活动的影响。根据迁移的性质和结果,可将迁移分为正迁移、负迁移和零迁移。正迁移也叫"助长性迁移",是指一种学习对另一种学习的促进作用。负迁移也叫"抑制性迁移",是一种学习对另一种学习的阻碍作用。两种学习也可能不发生影响,这种状态称为零迁移,它是迁移的一种特殊形式。故题干的说法不正确。

## 五、简答题(参考答案)

1. 学生的学习有哪些特点?

学生学习的特点主要表现在:(1)学习形式:接受学习是学习的主要形式,具有目的性、计划性和组织性。(2)学习过程:学习过程是主动构建的过程,具有自主性、策略性和风格性,是师生互动的过程。(3)学习内容:以系统学习人类的间接知识经验为主,具有间接性。(4)学习目标:具有全面性、多重目的性。(5)学生的学习具有一定程度的被动性。

2. 简述加涅对学习结果的分类。

按学习结果,心理学家加涅将学习分为五种类型。

(1)智慧技能。智慧技能指运用符号或概念与环境交互作用的能力。

(2)认知策略。认知策略指调控自己的注意、学习、记忆和思维等内部心理过程的技能。

(3)言语信息。言语信息指有关事物的名称、时间、地点、定义以及特征等方面的事实性信息。

(4)动作技能。动作技能指通过身体动作的质量的不断改善而形成整体动作模式。

(5)态度。态度指影响个人对人、事、物采取行动的内部状态。

这五项内容分属于三个领域:前三项内容属于认知领域;第四项内容属于动作技能领域;第五项内容属于情感领域。加涅认为,上述五类学习不存在等级关系,其顺序是随意排列的,它们是范畴各不相同的学习。

## 六、论述题(参考答案)

中小学生心理健康的标准有哪些?请联系实际论述中小学校开展心理健康教育的意义与途径。

(1)中小学生心理健康的标准有:①自我意识正确。能正确评价、接纳自己。②人际关系协调。乐于交往,能和多数人建立良好的人际关系,具有处理矛盾的能力。③性别角色分化。能够获得相应的性别角色,行为方式和相应的性别角色规范一致。④社会适应良好。能够面对、接受、适应现实,能够妥善处理生活、学习和工作中的各种挑战。⑤情绪积极稳定。情绪乐观稳定,热爱生活,积极向上,对未来充满希望,有烦恼能自行解脱。⑥人格结构完整。具有较高的能力、完善的性格、良好的气质、正确的动机、广泛的兴趣和坚定的信念等。

(2)中小学校开展心理健康教育的意义体现在:①心理健康教育是预防精神疾病,保障学生心理健康的需要。②心理健康教育是提高学生心理素质,促进其人格健全发展的需要。③心理健康教育是学校日常教育教学工作的配合与补充。

(3)中小学校开展心理健康教育的途径有:①开设心理健康教育的有关课程和心理辅导的活动课;②在学科教学中渗透心理健康教育的内容;③结合班级、团队活动开展心理健康教育;④个别心理辅导或咨询;⑤小组辅导。

(考生可结合实际适当加以阐述,言之有理即可)

## 七、案例分析题(参考答案)

(1)案例中的梁老师的做法体现了依靠积极因素、克服消极因素相结合的德育原则,也即长善救失原则。在德育工作中,教育者要善于依靠、发扬学生自身的积极因素,调动学生自我教育的积极性,克服消极因素,以达到长善救失的目的。

(2)①案例中的梁老师看到李小刚在数学试卷中写下的一段看似"胡闹"的话,并没有马上斥责他,而是在他的这段话里加上标点,改正错字,使其成为美丽的诗句。这体现了梁老师能够全面分析、一分为二地看待李小刚的出格行为,同时也体现了梁老师能够有意识地创造条件,将学生思想中的消极因素转化为积极因素。②在梁老师的鼓励下,李小刚坚定信心,端正态度,这说明梁老师提高了李小刚自我认识、自我评价的能力,能够启发他自觉思考,克服缺点,发扬优点。最终李小刚顺利考上高中,这表明梁老师对该原则的运用取得了良好的效果。

# 教师招聘考试教育理论基础押题试卷(十四)

一、单项选择题

1. C 【解析】美感是人们根据一定的审美标准对自然或社会现象及其在艺术上的表现予以评价时所产生的情感体验。小雪欣赏绘画作品产生的情感属于美感。

2. D 【解析】动机是激发和维持有机体的行动,并使该行动朝向一定目标的心理倾向或内部驱力。动机还可以定义为在自我调节的作用下,个体使自身的内在需求与行为的外在诱因相协调,从而形成激发、维持行为的动力因素。

3. A 【解析】班级组织建构的原则包括有利于教育原则、目标一致原则和有利于身心发展的原则。有利于教育的原则是班级组织建构的一条首要原则,当其他原则与其发生冲突时,都必须无条件地服从这一原则。

4. B 【解析】数学老师从李岩现在数学学习上的表现推断其以后物理、化学也学不好,否定了学生的发展潜能,忽视了学生是发展中的人,没有用发展的观点认识学生。所以数学老师的说法忽视了学生的发展性。

5. C 【解析】“新生儿吮吸母乳”属于人类的本能行为,不属于教育。

6. B 【解析】学习准备,又可称为学习的“准备状态”或学习的“准备性”,指的是学习者在从事新的学习时,其身心发展水平对新的学习的适合性,即学生在学习新知识时,那些促进或妨碍学习的个人生理、心理发展的水平和特点。

7. B 【解析】直觉思维是未经逐步分析就迅速对问题答案做出合理的猜测、设想或突然领悟的思维。直觉思维具有敏捷性、直接性、简缩性、突然性(突发性)、猜测性的特点。“灵感”的出现是一瞬间的事情,建立在个体对事物非常迅速的把握上,因此,“灵感”现象是直觉思维的结果。

8. C 【解析】题干引文出自《学记》:“虽有嘉肴,弗食不知其旨也;虽有至道,弗学不知其善也。是故学然后知不足,教然后知困。知不足然后能自反也,知困然后能自强也。故曰:教学相长也。”意为:尽管有美味可口的菜肴,不吃是不会知道它的美味的;尽管有高深完善的道理,不学习也不会了解它的好处。所以,通过学习才能知道自己的不足,通过教人才能感到困惑。知道自己学业的不足,才能反过来严格要求自己;感到困惑然后才能不倦地钻研。所以说,教与学是互相促进的。故选C项。

9. C 【解析】个体身心发展的个别差异性要求教育必须因材施教,充分发挥每个学生的潜能和积极因素,有的放矢地选择适宜、有效的教育途径和方法手段,使每个学生都能得到最大的发展。

10. C 【解析】效果律是指刺激和反应之间的联结可因导致满意的结果而加强,也可因导致烦恼的结果而减弱。因此,题干中的老师应用了效果律。

11. B 【解析】德育过程通常由教育者、受教育者、德育内容和德育方法四个相互制约的要素构成。其中,教育者是德育过程的组织者、领导者,在德育过程中起主导作用。

12. B 【解析】终身性是终身教育最大的特征,它突破了正规学校的框架,把教育看成是人一生中连续不断的学习过程,是人们在一生中所受到的各种培养的总和,实现了从学前期到老年期的整个教育过程的统一。故A项说法正确。终身教育既包括正规教育,又包括非正规教育,包括了教育体系的各个阶段和各种形式。故B项说法不正确。终身教育没有固定的内容和方法,并且终身教育将动摇整个教学观念和教学方法的传统基石,使得课堂教学不再是教育的核心,其基本特点是具有连续性和整体性。故C项说法正确。终身教育的培养目标主要有两个方面:培养新人和实现教育民主化。故D项说法正确。

13. D 【解析】精神分析心理学派主张研究人的异常行为和无意识。人本主义心理学派着重于人格方面的研究,认为人的本质是善良的,人有自由意志,有自我实现的需要。格式塔心理学派反对把意识分析为元素,而强调心理作为一个整体、一个组织的意义。行为主义心理学派主张以可观察与测量的行为为研究对象。故选D项。

14. D 【解析】美国学者博比特在1918年出版的《课程》一书,标志着课程作为专门研究领域的诞生,这也是教育史上第一本课程理论专著。

15. B 【解析】额叶在组织有目的、有方向的活动中,有使活动服从于坚定意图和动机的作用;顶叶主要是调节机体的触、温、动感觉等;枕叶是视觉中枢;颞叶主要对听觉刺激进行加工。故选B项。

**方法技巧**：解决此类题目重点在牢记大脑四叶各自对应的功能。考生可根据口诀进行记忆，“上联：额顶枕颞；下联：动感视听”。

16. D 【解析】社会刻板效应是指对一群人的特征或动机加以概括，把概括得出的群体的特征归属于团体中的每一个人，认为他们每个人都具有这种特征，而无视团体成员中的个体差异。题干中的教师认为知识分子家庭的孩子比较聪明、勤奋，这是将概括得出的团体特征归属于每一个人的表现，故属于刻板效应。

17. B 【解析】1922 年，在北洋军阀统治下，留美派主持的全国教育会联合会以美国学制为蓝本，颁布了“壬戌学制”。由于采用美国式的六三三分段法，即小学六年、初中三年、高中三年，这个学制又称“新学制”或“六三三学制”。

18. B 【解析】赫尔巴特认为教育的目的可分为两种：“可能的目的”和“必要的目的”。“可能的目的”是指与儿童未来所从事的职业有关的目的；“必要的目的”具体而言就是指养成内心自由、完善、仁慈、正义和公平等五种道德观念。教育的最高目的是道德和性格的完善。

19. D 【解析】群体凝聚力是指群体对成员的吸引力和成员之间的相互吸引力。它可以通过群体成员对群体的忠诚、责任感、荣誉感、成员间的友谊和志趣等来表明。凝聚力常常成为衡量一个班集体成功与否的重要标志。

20. C 【解析】根据《中华人民共和国义务教育法》第三十五条规定，国务院教育行政部门根据适龄儿童、少年身心发展的状况和实际情况，确定教学制度、教育教学内容和课程设置，改革考试制度，并改进高级中等学校招生办法，推进实施素质教育。

21. C 【解析】美育是培养学生健康的审美观，发展他们感受美、鉴赏美、创造美的能力，培养他们高尚的情操与文明素养的教育。其中培养创造美的能力是美育的最高层次的任务。

22. C 【解析】抛锚式教学有时也被称为“实例式教学”或“基于问题的教学”或“情境性教学”，其理论基础是建构主义。建构主义认为，学习者要想完成对所学知识的意义建构，最好的办法是让学习者到现实世界的真实环境中去感受、去体验（即通过获取直接经验来学习）。故题干所述属于情境性教学。

23. C 【解析】课外、校外教育的组织形式主要包括群众性活动、小组活动和个别活动。其中，小组活动是课外、校外教育活动的主要组织形式。

24. D 【解析】教师职业道德修养的内容主要包括职业道德理想、知识、情感、意志、信念和行为习惯六个方面。学习和掌握教师职业道德知识是教师职业道德修养的首要环节和最初阶段。

25. B 【解析】关于课程结构的变革，《基础教育课程改革纲要（试行）》提出，整体设置九年一贯的义务教育课程，小学阶段以综合课程为主，初中阶段设置分科与综合相结合的课程；高中以分科课程为主；从小学至高中设置综合实践活动并作为必修课程；农村中学课程要为当地社会经济发展服务。故选 B 项。

26. B 【解析】有意后注意也叫随意后注意，是指有预定目的，但不需要意志努力的注意。熟练地打出所要求的字词是有预定目的的，但是不用看键盘，即不需要意志的努力，因此是随意后注意（有意后注意）。

27. B 【解析】在发展中处于具体运算阶段的儿童开始进行一些运用符号的逻辑思考活动，可以形成一系列的行动心理表象。比如，8 岁左右的儿童去过几次小朋友的家，就能够画出具体的路线图来，而 5、6 岁的儿童则无法做到。故小亮处于具体运算阶段。

28. B 【解析】成就动机理论的主要代表人物是阿特金森，他把个体的成就动机分为两类：力求成功的动机和避免失败的动机。

29. C 【解析】吉尔福特提出的智力维度中，内容主要是思维的对象，成果是指智力活动的产物，操作代表智力的高低。个人针对引起思考的情境，在行为上表现出思考结果之前，所经过的内在操作历程，即代表个人的智力。

30. D 【解析】系列位置效应就是指接近开头和末尾的记忆材料的记忆效果好于中间部分的记忆效果的趋势。开始部分只受倒摄抑制的影响，不受前摄抑制的影响；结尾部分只受前摄抑制的影响，不受倒摄抑制的影响；中间部分则受两种抑制的影响，因而最容易遗忘。题干所述表明遗忘受材料系列位置的影响。

## 二、多项选择题

1. ACDE 【解析】说服教育法的方式包括：（1）运用语言文字进行说服的方式，如讲解、报告、谈话、讨论、辩论、读书指导等；（2）运用事实进行说理教育的方式，主要包括参观、访问和调查。B 项“表扬”

属于品德评价法的具体方式。

2. CDE 【解析】我国教育心理学家提出的心智技能的形成阶段包括:原型定向、原型操作、原型内化。著名认知心理学家安德森认为,心智技能的形成需经过认知阶段、联结阶段和自动化阶段。

3. ABCD 【解析】根据主体与客体之间关系的不同,心理学家把人的基本情绪分为快乐、悲哀、愤怒、恐惧四种类型。E项不属于基本情绪。

4. ABC 【解析】一般认为,教育目的包括三个层次:国家的教育目的、各级各类学校的培养目标和教师的教学目标。

5. ABCDE 【解析】良好品德的培养方法有:(1)有效的说服;(2)树立良好的榜样;(3)利用群体约定;(4)价值辨析;(5)给予适当的奖励和惩罚。除上述所介绍的各种方法外,角色扮演、小组道德讨论等方法对于态度与品德的形成和改变也是非常有效的。

三、判断题

1. × 【解析】学生具有依赖性,但同样也具有主观能动性。学生在接受教育的过程中,具有一定的素质,可以进行自我教育。因此,学生是自我教育和发展的主体。

2. × 【解析】运用直观教具有助于小学生全面、深刻地掌握知识,但直观教具并不是运用得越多越好,应该适当运用。

3. × 【解析】学校德育实效性不高是由多方面因素造成的,既包括教育认知方面的问题,也包括德育方法选择的问题。

4. × 【解析】因材施教的根本目的是尽可能使每个学生的不同特长都得以发挥,使每个学生都能富有个性地发展。

5. √ 【解析】"师也者,教之以事而喻诸德者也"的意思是:教师的职责是既要教学生有关具体事物的知识,又要让学生知晓立身处世的品德。这体现了教师职业道德要求的双重性。

6. × 【解析】黏合是指把两种或两种以上客观事物的属性、元素、特征或部分结合在一起而形成新形象的过程;夸张是指改变客观事物的正常特点,对某些特点加以夸大和强调,使其增大、缩小、数量加多、色彩加浓等。题干中指出,"猪八戒"的形象是把客观事物中从未结合过的特征加以综合的过程,故体现了想象过程中的黏合形式。

7. × 【解析】教师在教"鸟"的概念时,既举例了会飞的鸟,如麻雀、鸽子,又举例了不会飞的鸟,如鸡、鸭,其目的是运用变式,促进学生对概念本质属性的掌握。故题干所述不正确。

8. × 【解析】通常研究者使用的问卷有两种形式:开放式问卷和封闭式问卷。开放式问卷只提出问题,要求参与者按照自己的实际情况或看法作答。封闭式问卷指根据研究需要,把所有问题及可供选择的答案全部印在问卷上,参与者不可随意回答,必须按照研究者的设计,在给定的答案中做出选择。故题干表述有误。

9. √ 【解析】食物是巴甫洛夫实验中的强化物,铃声与食物多次配对,引起狗的条件反射。

10. × 【解析】根据《学生伤害事故处理办法》第十八条规定,发生学生伤害事故,学校与受伤害学生或者学生家长可以通过协商方式解决;双方自愿,可以书面请求主管教育行政部门进行调解。成年学生或者未成年学生的监护人也可以依法直接提起诉讼。

四、名词解释

1. 智育

智育是传授给学生系统的科学文化知识、技能,发展他们的智力和与学习有关的非认知因素的教育。

2. 教师专业发展

教师专业发展,又称教师专业成长,是指教师在整个专业生涯中,依托专业组织、专门的培养制度和管理制度,通过持续的专业教育,习得教育教学专业技能,形成专业理想、专业道德和专业能力,从而实现专业自主的过程,它包括教师群体的专业发展和教师个体的专业发展。

3. 群体极化

所谓群体极化,是指群体成员中原已存在的倾向性,通过群体的作用而得到加强,使一种观点或态度从原来的群体平均水平加强到具有支配性水平的现象。

4. 发散思维

发散思维,也叫求异思维、分散思维、辐射思维,是指人们解决问题时,思路朝着各种可能的方向扩散,从而求得多种答案。

5. 习得性无助

习得性无助是指由于连续的失败体验而导致个体产生的对行为结果感到无力控制、无能为力的心理状态。

五、简答题(参考答案)

1. 简述有意义学习的条件。

(1)客观条件,是指受学习材料本身性质的影响。有意义学习的材料本身必须合乎这种非人为的和实质性的标准,即具有逻辑意义。

(2)主观条件,是指受学习者自身因素的影响。主要表现在:①学习者必须具有有意义学习的心向;②学习者认知结构中必须具有适当的知识,以便与新知识进行联系;③学习者必须积极主动地使这种具有潜在意义的新知识与认知结构中有关的旧知识发生相互作用。

2. 简述运用讲授法的基本要求。

(1)讲授内容要有科学性、系统性和思想性,要认真组织;(2)要讲究讲授的策略和方式,要系统完整,层次分明,重点突出,符合知识的系统性和启发性教学原则的要求;(3)教师要努力提高语言表达水平,讲究语言艺术;(4)要组织学生听讲;(5)要与其他教学方法配合使用。

六、论述题(参考答案)

奥苏贝尔说:“假如让我把全部教育心理学仅仅归结为一条原理的话,那么,我将一言以蔽之:影响学生学习新知的唯一最重要的因素,就是学习者已经知道了什么,要探明这一点,并应据此进行教学。”请谈谈你的理解和看法。

奥苏贝尔的话强调了教学应该符合学生的认知水平。因为学生的学习总是在原有的知识基础上进行的,总是将新的知识与认知结构中已有的有关知识建立起联系而进行的。这对我们的启示有:(1)注重对学习者的知识经验、能力起点的分析。通过了解学生的知识经验、能力起点可以准确地确定教学起点,这能提高学习效率,保证收到良好的教学效果,也有助于正确地选择教学方法和教学媒体。(2)充分发挥学生的主体地位。在教学时基于学生原有的知识经验,强调学生的自主性和能动性,引导学生在学习过程中能够主动发现、分析和解决问题。

七、材料写作题(参考范文)

为师之道

特级教师于永正曾经说道:“做一名好老师的秘诀是:做不太像老师的老师,上不太像课的课!”我们应该改变“先生讲,学生听”的局面,努力践行学生主体,教师主导的教学理念。在这方面,外国的同行做得确实好。下面的例子不知胜过多少大道理!

一位英国的老师调任一个差班的班主任,这些孩子都很调皮,爱捣蛋。这位老师第一堂课就跟他们玩,玩到暮色苍茫。下课了,老师对他们说:“孩子们,你们要是把学习成绩搞上去,我就去吻校外牧场里的一头猪。”这些调皮的孩子问:“老师,这是真的吗?”老师说:“而且我要吻的是一头你们认为最大的母猪。”孩子们都希望老师去吻一头猪。从那天起,他们的课堂纪律变好了,学习积极性变高了。即使有贪玩的,别的孩子也会提醒:“难道你不希望看到老师去吻那头肥猪吗?”半年后,孩子们的学习成绩有了很大的进步。圣诞节的前夜,孩子们对老师说:“老师,你可以去吻那头猪了吗?”老师说:“当然可以。”于是,老师带着这群孩子穿过公路,来到牧场。孩子们在猪圈里找到了一只特大特肥的猪。老师走近那头肥猪,轻轻地吻了它。孩子们在猪圈外笑得前仰后合。

这个故事在一些老师听来可能觉得荒唐可笑,可能还不以为然——作为一名老师去亲吻一头猪,成何体统!我们一些老师之所以不能接受这种事情,除了风俗民情中外有别之外,更多的是由于我们执着固守的教育理念。

自古以来,老师的地位都很高,特别讲究尊严;收入不丰,却特别崇尚斯文。老师的举手投足总带着“人师”的味儿,半点也苟且不得。庄重圣严,凛然可畏,仿佛就是老师永恒的标准。久而久之,我们似乎就有了一个放不下的“架子”。大概也正是因为如此,老师就端居圣坛之上,学生就匍匐在讲台之下。于是乎,我们的教育就没有了民主、平等,失去了亲近、自由,缺少了和谐、欢愉。

少些理性,多些情趣吧!少些严肃,多些活泼吧!少些包办,多些自主吧!少些限制,多些引导吧!放下架子,走下讲台,把自己置于和学生平等的地位吧!真的不要太像老师,不要太像上课。太像那么回事,就不是那么回事了。

## 教师招聘考试教育理论基础押题试卷(十五)

一、单项选择题

1. C 【解析】认知内驱力是指要求了解、理解和掌握知识以及解决问题的需要。一般来说,这种内驱力大多是从好奇倾向中派生出来的。根据题干描述可知,在小童的学习动机中占主导地位的是认知内驱力。

2. A 【解析】教育能够把潜在的劳动力转化为现实的劳动力，说明教育具有经济效益，体现了教育的经济功能。

3. D 【解析】以马斯洛为首的一些心理学家组建了美国人本主义心理学会，该学会的几项工作原则是：(1)心理学首要的研究对象是具有经验的人；(2)人本主义心理学家研究关心的是个人的创造性和自我实现；(3)研究对个人和社会有意义的问题；(4)人的尊严和价值的提高应成为心理学主要工作范围。

4. B 【解析】操行评定是以教育目的为指导思想，以"学生守则"为基本依据，对学生一个学期内在学习、劳动、生活、品行等方面的小结与评价。其一般步骤是：(1)学生自评；(2)小组评议；(3)班主任评价；(4)信息反馈。

5. A 【解析】我国古代的朱熹认为教师的出现、教育的产生都体现了上天的意志，这属于教育的神话起源说的观点。

6. C 【解析】错觉是对客观事物不正确的知觉，其产生的原因既有主观的，也有客观的，并且不可通过主观努力来纠正。错觉不存在个体差异。故C项正确，A、B、D三项说法错误。

7. D 【解析】马克思主义认为，所谓人的全面发展是指人的劳动能力，即人的体力和智力的全面、和谐、充分的发展，还包括人的道德的发展和人的个性的充分发展。A、B、C项表述不准确。

8. C 【解析】合理化又称文饰作用，指通过无意识地用一种似乎有理的解释或实际上站不住脚的理由来为其难以接受的情感、行为或动机辩护以使其可以接受。题干所述属于文饰的典例。

9. A 【解析】知觉的整体性是指人根据自己的知识经验把直接作用于感官的客观事物的多种属性整合为统一整体的过程。知觉对象的强度大的组成部分对事物的知觉有重要的意义，它往往决定对知觉对象的整体认识。人的面部特征是我们感知人体外貌的强的刺激部分。只要认得人的面部特征，不管他的发型、服饰等如何变化，只要面部没有变化，就依然能够认出来。

10. C 【解析】逆向迁移是指后继学习对先前学习产生的影响。正迁移也叫"助长性迁移"，是指一种学习对另一种学习的促进作用。题干所述是后继学习对先前学习的促进作用，属于逆向正迁移。

11. A 【解析】情绪和情感的两极性是指每一种情绪和情感都能找到与之对立的情绪和情感。故题干所述体现了情绪和情感的两极对立特性。

12. B 【解析】无意回忆是没有预定目的，也不需要任何意志努力的回忆。"自由联想""触景生情"都是一种没有预定目的的回忆，因此属于无意回忆。

13. B 【解析】个体身心发展的不平衡性（不均衡性）一方面是指身心发展的同一方面的发展速度，在不同的年龄阶段是不平衡的；另一方面是就个体身心发展的不同方面而言的。题干中王阳明5岁时还不能开口说话，却能默背众多藏书，这说明了个体身心发展的不同方面的发展水平是不平衡的。

14. B 【解析】杜威是儿童中心课程理论的代表人物；巴格莱是要素主义课程理论的代表人物；布鲁纳是结构主义课程理论的代表人物。

15. C 【解析】巩固性原则是指教师在教学中要引导学生在理解的基础上牢固地掌握基本知识和基本技能，而且在需要的时候，能够准确无误地呈现出来，以利于知识技能的利用。题干中的陈老师在给学生讲解完等差数列的基本概念之后，不断给学生出新的题目进行练习，加深学生对知识的理解，体现的是巩固性原则。

16. A 【解析】教师职业道德影响的广泛性是指教师的思想道德不仅影响在校学生，而且会通过学生和家长影响整个社会。

17. D 【解析】相对性评价又称为常模参照性评价，是运用常模参照性测验对学生的学习成绩进行的评价，它主要依据学生个人的学习成绩在该班学生成绩序列或常模中所处的位置来评价和决定他的成绩的优劣，而不考虑是否达到教学目标的要求。题干所述为相对性评价，故选D项。

18. B 【解析】实施素质教育是我国当前教学改革的主题，坚持整体教学改革和实验是我国当前教学改革的基本策略，建立合理的课程结构是我国当前教学改革的重心。故选B项。

19. D 【解析】复式教学适用于学生少、教师少、校舍和教学设备较差的农村以及偏远地区。

20. A 【解析】教师职业道德是教师在从事教育劳动时所应遵循的行为规范和必备的品德的总和，是调节教师与他人、与社会等关系时所必须遵守的基本道德规范和行为准则，以及在此基础上所表现出来的道德观念、情操和品质。它是一般社会道德在教师职业中的特殊体现。A项理解正确。教师职业道德具有促进、教育、引导、示范功能。B项理解错误。教师职业道德要求教师无私奉献，但是也要考虑个人利益。C项理解错误。教师要平等地对待每一个孩子。D项理解错误。

21. D 【解析】"壬子癸丑学制"是我国教育史上第一个具有资本主义性质的学制。

22. B 【解析】课外活动是学生自己的活动，学生是课外活动的主体。

23. B 【解析】质性研究法最早起源于人类学、社会学、民俗学等学科，它是基于经验和直觉的研究方法，以研究者本人作为研究工具，凭借研究者自身的洞察力，在与研究对象的互动中理解和解释其行为和意义建构。题干所述为质性研究法的内涵。

24. B 【解析】悬念导入是一种以认知冲突的方式设疑，使学生思维进入惊奇、矛盾等状态，构成悬念的导入方法。题干中语文老师的课堂导入使学生疑团顿生，充满好奇，让学生的思维进入惊奇状态，运用的是悬念导入法。

25. A 【解析】现代教育评价的理念是发展性评价与激励性评价。

26. A 【解析】接受学习是概念同化的典型方式，发现学习是概念形成的主要方式。

27. D 【解析】强化法可以用来培养新的适应行为。根据学习原理，一个行为发生后，如果紧跟着一个强化刺激，这个行为就会再一次发生。例如，一个不敢同老师说话，学习上有了疑问也没有勇气求教的学生，一旦在一次主动请教后得到了老师的耐心解答和表扬，那么他的胆怯心理就会得到很大改善。故题干所述为强化法的典型运用。

28. A 【解析】创造性思维的准备期的主要任务就是收集创造活动所必需的各种信息，组织已有的旧经验，掌握必要的技能。

29. A 【解析】效度是指一个测验工具希望测到某种行为特征的有效性与准确程度。化学测验试题的语句文字超出学生已有的理解水平，因此很难测出学生化学学习的真实水平，所以该测验是低效度的。

30. C 【解析】操作整合阶段的动作具有以下特点：(1)动作品质方面，动作可以表现出一定的灵活性、稳定性和精确性，但当外界条件发生变化时，动作的这些特点都有所降低。故A项正确。(2)动作结构方面，各个动作成分趋于分化、精确，整体动作趋于协调、连贯，各动作成分间的相互干扰减少，多余动作也有所减少。故B项正确。(3)动作控制方面，视觉控制不起主导作用，逐步让位于动觉控制，肌肉运动的感觉变得较清晰、准确，并成为动作执行的主要调节器。故C项错误。(4)动作效能方面，疲劳感、紧张感降低，心理能量不必要的消耗减少，但没有完全消除。故D项正确。

## 二、多项选择题

1. ABD 【解析】教师备课要写好三种计划，即学年(或学期)教学计划、课题(或单元)计划、课时计划(教案)。

2. ABCD 【解析】影响师生关系的因素归纳起来主要有：(1)教师方面：①教师对学生的态度；②教师领导方式；③教师的智慧；④教师的人格因素。(2)学生对教师的认识。(3)学校的人际关系环境和课堂的组织环境。

3. BCD 【解析】现代教学理论的三大流派主要是：布鲁纳提出的结构教学理论、赞科夫提出的发展性教学理论(教学与发展理论)、瓦·根舍因提出的范例教学理论。

4. ABC 【解析】自愿组合、小型分散、灵活机动是小组活动的特点。

5. BCD 【解析】教育主要是通过培养人来实现其社会功能的，教育的这一根本性特征使教育的社会功能具有间接性、隐含性、潜在性、迟效性和超前性的特点。

6. ABCD 【解析】根据《中华人民共和国义务教育法》第二十四条规定，学校应当建立、健全安全制度和应急机制，对学生进行安全教育，加强管理，及时消除隐患，预防发生事故。县级以上地方人民政府定期对学校校舍安全进行检查；对需要维修、改造的，及时予以维修、改造。

7. AD 【解析】再造想象是依据词语或符号的描述、示意在头脑中形成与之相应的新形象的过程。A、D两项属于再造想象。B项是无意想象，C项是创造想象。

8. AB 【解析】在访谈中，访谈者应争取掌握访谈过程的主动权，积极影响儿童，尽可能使研究按照预定的计划开展。故A项正确。访谈法有许多优点，它能有针对性地收集研究数据，适用于一切具有口头表达能力的不同文化程度的访谈对象，具有较问卷法更高的回收率和有效率，访谈法的局限性首先在于，访谈结果的准确性受访谈者自身的素质影响较大，与其他研究方法相比，费时费力，而且访谈所得资料不易量化。另外，访谈效果也受环境、时间和访谈对象特点的限制。故B项正确，C、D项错误。

9. ACD 【解析】高原现象产生的原因有：(1)学习方法的固定化；(2)学习任务的复杂化；(3)学习动机减弱；(4)兴趣降低；(5)心理和生理上的疲劳；(6)意志不够顽强。

10. ACD 【解析】问题解决具有以下三个特征：(1)目的性；(2)认知性；(3)序列性。

三、判断题

1. √ 【解析】我国在西周时已建立了典型的政教合一的官学体系，而私学是在春秋战国时期兴起的，故官学的出现早于私学。

2. × 【解析】题干所述是对素质教育使学生全面发展的误解。素质教育强调为学生的发展奠定基础，同时又要发展学生的个性，因此素质教育对学生的要求是合格加特长。

3. × 【解析】非制度化教育是相对于制度化教育而言的。它指出了制度化教育的弊端，但又不是对制度化教育的全盘否定。故题干表述错误。

4. × 【解析】师生关系是指教师和学生在教育教学活动中为完成一定的教育任务，以“教”和“学”为中介而形成的一种特殊的社会关系，包括彼此所处的地位、作用和态度等。师生关系是一个结构复杂的多层次的关系体系。教与学的关系只是其中的一部分。

5. √ 【解析】根据组织方式，课程可分为综合课程和分科课程。其中，综合课程是指打破传统的学科课程的知识领域，组合两门以上学科领域而构成的一门学科。故道德与法治课程属于综合课程。

6. √ 【解析】注意的分配是指人在同一时间进行两种或多种活动时能把注意指向不同对象的现象。它是人们根据当前活动需要主动调整注意指向的一种能力，因此是一种主动的过程。故题干说法正确。

7. × 【解析】美国心理学家杰罗姆·卡根主要根据个体对问题思考的速度的差异，将认知风格分为冲动型和沉思型。冲动型认知风格的学生的知觉与思维方式以冲动为特征，倾向于根据几个线索做出很大的直觉的跃进，往往以很快的速度形成自己的看法，在回答问题时很快就做出反应，因此所用的时间较少，但出错率较高。沉思型认知风格的学生在做出回答之前倾向于进行深思熟虑的、计算的、分析性的和逻辑的思考，往往先评估各种可替代的答案，然后给予较有把握的答案。两种风格，并无优劣之分。题干说法错误。

8. × 【解析】逃避条件作用是指当厌恶刺激出现时，有机体做出某种反应，从而逃避了厌恶刺激，则该反应在以后的类似情境中发生的概率便增加的一类条件作用。看见路上的垃圾就绕道走开属于逃避条件作用。逃避条件作用属于负强化的条件作用类型，故题干说法错误。

9. × 【解析】题干中的学生对学习时间的安排属于资源管理策略中的时间管理策略，故题干说法错误。

10. × 【解析】影响课堂管理的因素包括：(1)教师的领导风格；(2)班级规模；(3)班级的性质；(4)对教师的期望。故题干说法有误。

四、材料分析题

1. AB 【解析】材料所述反映了生物起源说的观点，B项为该学说的主要主张；C项属于心理起源说的观点；D项属于劳动起源说的观点；E项为误导项，不选。

2. B 【解析】美国教育学家孟禄在批判教育的生物起源说的基础上提出了教育的心理起源说，他认为教育起源于日常生活中儿童对成人的无意识模仿。

3. ABCDE 【解析】材料的内容体现了我国的教育单纯把提高学生的应试能力作为学校的教育目标，不利于学生的全面发展。

4. ABD 【解析】C项表述错误，E项与材料所述内容无关。

5. AC 【解析】期中考试是在一个大的学习阶段后对学生学习结果的评价，是总结性评价；刘老师根据小夏考试的情况进行点评，关注学生的学习过程，对学生下一阶段的学习表示期许，是形成性评价。

6. ABDE 【解析】教学评价的原则包括：客观性原则、发展性原则、整体性原则、指导性原则。

7. E 【解析】专制型师生关系中，教师教学责任心强，但不讲求方式方法，不注意听取学生的意愿和与学生的协作；学生对教师只能唯命是从，不能发挥独立性和创造性，学习是被动的。题干中的王老师从来不会听同学们说什么，王老师说怎么办就必须怎么办，这属于专制型的师生关系。

8. ABCD 【解析】材料中的王老师采用专制型的领

导方式,将学生看作是教育实践活动的对象,是被教育者、被组织者和被领导者。故 E 项不选。

9. B 【解析】学习权是指学生有权利在义务教育年限内在校学习,在教育教学过程中,教师不得以任何借口随意侵犯或剥夺学生参加学习活动,诸如听课、作业等的权利。王老师剥夺五位学生上体育课的权利,侵犯了学生的学习权。

10. E 【解析】教师的示范者角色的表现之一是:教师的言行是学生学习和模仿的榜样。学生具有可塑性和向师性的特点,教师的言谈举止、行为方式、为人处世的态度等都会对学生产生耳濡目染、潜移默化的影响,因此,教师是学生学习的最直接榜样。

11. ABCE 【解析】由材料可以得知,女孩升入初中后由于性格腼腆,心思细腻,在陌生环境中很少主动表现自己,相较于小学时备受老师的器重和喜爱,女孩会觉得自己缺乏来自老师的关注,便也缺少展示自己的机会,因此女孩会感到失意和惆怅。本题亦可用排除法:材料中"初一新生刚入学时,她的脸上总洋溢着甜甜的微笑""起初,我并不在意,认为这是她的性格所致"等语句均表明女孩变得惆怅并非"性格改变"所致,故 A 项不是主要原因。B、C、E 项在案例中均未提及。故本题选 ABCE 四项。。

12. BCD 【解析】对于那些性格内向、不爱说话的学生,教师不宜在公开场合下指责,不宜过于严厉地批评;但并不是不批评他们,对于犯了错误的学生,教师可以采取委婉暗示的方式,帮助其改正错误。当然,也不能漠不关心,应该多加关注,帮助他们调整,鼓励他们融入班集体。

13. CE 【解析】人本主义心理学主张让学生身处于一个和谐、融洽、被人关爱和理解的氛围,行为主义理论主张采用强化原则,强调刺激—反应之间的联结。钱老师的做法体现了人本主义心理学的主张,赵老师的做法体现了行为主义心理学的主张。所以,A、B 项说法错误。"向师性"是指学生常常会不自觉地效仿教师的言论行为、为人处世的态度,乃至性格、气质和习惯。小峰的行为是为了引起老师的注意,没有体现出"向师性"。D 项说法错误。

14. BCD 【解析】小峰的行为是为了引起老师的注意,消除他这种不良行为的合适方式是对他违反纪律的行为不予关注,而不是加大惩罚力度。A 项做法不合适。让家长领小峰回家,教育好了再来上课。这种做法侵犯了学生的受教育权。E 项做法不合适。

15. ABC 【解析】学生是具有发展潜能和发展需要的人,教师和家长应从多角度看待每个孩子,避免以偏概全。小辉的父母和教师认为成绩差的学生就是不好的学生,是以偏概全的表现。故 A 项正确。教师和家长在教育孩子的时候应该成为孩子的促进者和引导者,故 B 项正确。初二的学生处于青春期,也就是心理断乳期,不能急于求成,这样容易造成逆反心理,故 C 项正确。

16. ABCD 【解析】材料中家长的干涉导致孩子离家出走,启示我们:教师和家长在教育中应尊重孩子,多倾听孩子心声,而不是简单地替孩子做决定,更不能采取强制措施或威胁手段,故 A、C 项正确;班主任老师要注意发挥班级中非正式群体的积极作用,故 B 项正确;孩子成长需要学校、家庭、社会"三位一体"全面进行,家长应为孩子创造和睦的家庭氛围,依法履行对未成年人的监护职责,D 项正确;班级中的非正式群体既有积极作用又有消极作用,故 E 项错误。

17. BE 【解析】隐私权是指公民生活中不愿为他人公开或知悉的个人秘密的不可侵犯的人身权利。学校和教师侵犯学生隐私的表现形式有:故意隐匿、毁弃或者非法开拆学生信件,披露、宣扬学生自身及家庭成员的资料,提供学生成绩的方式不适当等。学校评选并公示排名结果,侵犯了学生的隐私权。王晓上完第一节课就跑回宿舍,而班主任老师在上午放学后才去找王晓,存在监管不到位,因此学校对此事件应当承担主要责任。

18. ACDE 【解析】学校实行校长负责制,校长是学校管理的负责人,但是重大事项应当定期召开校务会议,进行民主决策,A、E 项正确;此案例中,如果教师及时关注到王晓的心理变化,对其进行关心和引导,王晓就不会走极端,C 项正确;此事件中学校管理存在漏洞,如果教师在王晓上完第一节课回宿舍时,及时发现并解决该事件,也能阻止王晓自杀,D 项正确。

19. B 【解析】根据《中华人民共和国义务教育法》第十九条规定,普通学校应当接收具有接受普通教育能力的残疾适龄儿童、少年随班就读,并为其学习、康复提供帮助。案例中肖茹的左手残疾并不会影响其正常学习,故学校不予报到的行为违反了《中华人民共和国义务教育法》。

20. AE 【解析】根据《中华人民共和国教育法》第四

十三条规定,受教育者享有下列权利:(1)参加教育教学计划安排的各种活动,使用教育教学设施、设备、图书资料;(2)按照国家有关规定获得奖学金、贷学金、助学金;(3)在学业成绩和品行上获得公正评价,完成规定的学业后获得相应的学业证书、学位证书;(4)对学校给予的处分不服向有关部门提出申诉,对学校、教师侵犯其人身权、财产权等合法权益,提出申诉或者依法提起诉讼;(5)法律、法规规定的其他权利。根据《中华人民共和国教育法》第四十四条规定,受教育者应当履行下列义务:(1)遵守法律、法规;(2)遵守学生行为规范,尊敬师长,养成良好的思想品德和行为习惯;(3)努力学习,完成规定的学习任务;(4)遵守所在学校或者其他教育机构的管理制度。A、E 项属于受教育者享有的权利,B、C、D 三项属于受教育者应当履行的义务。

# 教师招聘考试教育理论基础押题试卷(十六)

## 一、单项选择题

1. A 【解析】有意义学习的本质就是以符号为代表的新观念与学习者认知结构中原有的适当观念建立起非人为的和实质性的联系的过程,是原有观念对新观念加以同化的过程。与此相反,机械学习就是学生没有建立实质性的联系,没有将教材的内容真正地理解,也就是传统教学中的"死记硬背"。题干中学生对地球结构的学习不能应用于实际,即为机械学习。

2. A 【解析】依据情绪发生的强度、持续性和紧张度的不同,可以把情绪状态划分为心境、激情和应激三种。

3. B 【解析】反思性研究,即研究如何促使学生从内部理解所学内容的意义,并对学习进行自我调节。

4. C 【解析】在我国,许慎在《说文解字》中最早对"教育"一词进行了解释:"教,上所施,下所效也","育,养子使作善也。"故选 C 项。

5. C 【解析】意志的果断性是一种善于辨明是非、抓住时机、迅速而合理地采取决定并执行决定的意志品质。与果断性相反的意志品质是优柔寡断和草率武断。优柔寡断的人表现为犹豫不决,疑虑重重,该断不断。考生应注意意志的品质的辨析,强调主动选自觉,约束自己是自制,犹豫不决缺果断,坚持不懈是坚韧。

6. A 【解析】社会、知识、儿童是制约学校课程的三大因素,也是影响课程发展的基本外部因素。

7. A 【解析】感受性的高低是用感觉阈限的大小来度量的。感受性与感觉阈限在数值上成反比关系,感受性高,则感觉阈限低;感受性低,则感觉阈限高。所以,A 项说法正确。

8. B 【解析】从"知"到"好"再到"乐",这是一个情绪和情感不断递进的过程,故题干中的话体现了教学要关注学生的情绪生活和情感体验。

9. D 【解析】心理对客观现实的反映具有主观性,因为对客观现实的反映必须通过主体来完成。由于个体在兴趣需要、知识经验、个性特点等方面不同,对客观事物的反映也必然呈现出个体差异。不同的人,对同一客观现实会有不同的反映,正所谓"仁者见仁,智者见智"。题干中两名同学对同一瓶水的反映不同,这体现了心理对客观现实的反映具有主观性。

10. B 【解析】气质是依赖于人的生理素质或身体特点的人格特征。气质具有遗传色彩,因此答案选 B 项。

11. B 【解析】相对性评价又称为常模参照性评价,是运用常模参照性测验对学生的学习成绩进行的评价,它主要依据学生个人的学习成绩在该班学生成绩序列或常模中所处的位置来评价和决定学生成绩的优劣,而不考虑是否达到教学目标的要求。题干所述评价属于相对性评价。

12. C 【解析】赞科夫把学生的一般发展作为教学的出发点,提出了发展性教学理论的五条教学原则,即高难度、高速度、理论知识起主导作用、理解学习过程、使所有学生包括"差生"都得到一般发展的原则。

13. D 【解析】根据我国《教育法》第二条规定,在中华人民共和国境内的各级各类教育,适用本法。留学国外学生所接受的教育不属于中国境内。

14. A 【解析】义务教育教学计划具有普遍性,它的适用范围要比普通的教学计划宽得多,它规定的培养目标和课程设置等是针对全国绝大多数学校、绝大部分地区和绝大多数学生的,既不过高也不过低,坚持"下要保底,上不封顶"的原则。

15. C 【解析】科技的发展和社会的进步,总是不断引起社会结构的调整变化,进而引起对各类专门人才的需求的变化。这些需求总是通过市场对人才的需求反映出来,学校的专业设置及结构调整,必须依据人才市场所需要的专门人才的规格及数量而进行,即学校的专业设置受制于社会生产力发展状况。故选C项。

16. A 【解析】素质教育是依据人的发展和社会发展的实际需要,以全面提高全体学生的基本素质为根本目的,以尊重学生主体性和主动精神,注重开发人的智慧潜能,形成人的健全个性为根本特征的教育。

17. B 【解析】课外活动的自主性主要表现为学生是课外活动的主体,教师是活动的指导者、辅导者,对学生活动的组织起辅助作用。

18. C 【解析】选择课题是教育科研的起始环节。课题选得好,科研价值才大,后面的研究环节才顺利。

19. D 【解析】思维的一般过程包括分析与综合、比较与分类、抽象与概括、系统化与具体化。概括是人脑把事物间共同的、本质的特征抽象出来加以综合的过程。例如,人们把那些"有羽毛的动物"统称为鸟类,这是概括的过程。故答案选D项。

20. B 【解析】三结合教育指的是学校、家庭、社会三种教育力量相结合,其中,学校教育占主导地位。

21. C 【解析】班上很多同学看到张老师用了一支比较别致的笔后纷纷效仿,这说明学生把教师作为自己行为举止的楷模,体现了学生的向师性特点。

22. A 【解析】贯彻依靠积极因素与克服消极因素相结合原则的要求之一是教育者要用一分为二的观点,全面分析,客观地评价学生的优点和不足。故选A项。

23. D 【解析】现代班级管理强调以学生为核心,建立一套能够持久地激发学生主动性、积极性的管理机制,确保学生的持久发展。

24. C 【解析】处于关注情境阶段的教师关心的是如何教好每一堂课,以及班级大小、时间压力和备课材料是否充分等与教学情境有关的问题,如"内容是否充分得当""如何呈现教学信息""如何掌握教学时间"等。故②③④属于处于"关注情境阶段"的教师关注的问题。①属于处于"关注生存阶段"的教师关心的问题。

25. D 【解析】班主任工作是学校对学生进行德育的一个重要而又特殊的途径。

26. C 【解析】信息加工的认知主义更多地把教师看成是学生学习的指导者、设计者,而建构主义更愿意把教师看成是学生学习的帮助者、合作者。

27. B 【解析】领会是指把握所学材料的意义,代表最低水平的理解。例如,学生用自己的语言来表述课文的中心思想,或者学生用自己的语言来陈述一个数学原理的大概意思。题干中的历史老师强调的是认知领域目标中的领会。

28. D 【解析】根据学习的结果,心理学家加涅将学习分为五类:智慧技能、认知策略、言语信息、动作技能和态度。态度指影响个人对人、事、物采取行动的内部状态。小刚对陌生人的倾向发生了改变,所以题干所述是态度学习。

29. C 【解析】力求成功者的主要目的是获取成就,即通过各种活动努力提高自尊心和获取心理上的满足,成功概率为50%的任务是他们最有可能选择的。

30. A 【解析】儿童去寻找被拿走的玩具,说明他知道玩具只是不在眼前,但是玩具是存在的,说明其已经获得了客体永久性。所以其思维发展至少处于感知运动阶段。

## 二、多项选择题

1. ACD 【解析】一般认为,爱岗敬业、教书育人和为人师表是师德的核心内容,关爱学生是最基本内容。

2. ABCD 【解析】影响人的发展的因素有遗传、环境、教育和个体的主观能动性等。

3. ACD 【解析】教师劳动的创造性主要表现在三个方面:(1)因材施教;(2)教学方法上的不断更新;(3)教师需要"教育机智"。B项"教育影响具有迟效性"是教师劳动的长期性特点的表现。

4. BC 【解析】显性课程亦称公开课程,是指在学校情境中以直接的、明显的方式呈现的课程。地方课程是省级教育行政部门以国家课程为基础,依据当地的政治、经济、文化、民族等发展的需要而开发设计的课程。题干中的课程是由地方教育主管部门所开发的,极具地方特色,属于地方课程。戏剧课程、方言课程是以直接的、明显的方式呈现的,属于显性课程。故选B、C两项。

5. BCD 【解析】西欧封建社会的教育内容主要是"三科"和"四学","三科"即文法、修辞、辩证法,"四学"即算术、几何、天文、音乐。

6. ABD 【解析】教师职业角色的形成有一个过程,一般可分为三个阶段:(1)角色的认知;(2)角色的认同;(3)角色的信念。

7. BD 【解析】操作技能又叫运动技能、动作技能,是通过学习而形成的合乎法则的操作活动方式。因此打篮球是一种动作技能。动作技能可分为封闭性技能和开放性技能。封闭性技能是一种完全依赖内部肌肉反馈作为刺激指导的技能,这种任务闭着眼睛也能完成。例如在黑板上徒手快速划一个大圆就接近于封闭动作技能。开放性技能,也称开放环路技能,主要依赖于周围环境提供的信息,正确地感知周围环境成为运动调节的重要因素。例如,打篮球。故答案选 B、D 两项。

8. ABCD 【解析】教师申诉的范围包括:(1)教师认为学校或其他教育机构侵犯其由《中华人民共和国教师法》规定的合法权益的,可以提起申诉。这里的合法权益,包括《中华人民共和国教师法》规定的教师在职务聘任、教学科研、工作条件、民主管理、培训进修、考核奖惩、工资福利待遇、退休等方面的各项权益。(2)教师对学校或其他教育机构作出的处理决定不服的,可以提出申诉。(3)教师认为当地人民政府的有关行政部门侵犯其根据《中华人民共和国教师法》规定享有的合法权益的,可以提出申诉。A、B、C、D 四项均在可以提起申诉的范围内。

9. BCD 【解析】道德情感从表现形式上看,主要包括:直觉的道德情感、想象的道德情感和伦理的道德情感。

10. ABC 【解析】有意义学习包含四个要素:(1)学习是学习者自我参与的过程,整个人都要参与到学习之中,既包括认知参与,也包括情感参与;(2)学习是学习者自我发起的,内在动力在学习中起主要作用;(3)学习是渗透性的,它会使学生的行为、态度以及个性等都发生变化;(4)学习的结果由学习者自我评价,他们知道自己想学什么和学到了什么。D 项是布鲁纳的观点。

三、填空题

1. 平时考查　考试
2. 循循善诱原则
3. 有仁爱之心
4. 贝尔—兰喀斯特制
5. 洛克
6. 强化
7. 注意的分配
8. 操作模仿　操作整合
9. 学龄初期
10. 智龄　实龄

四、简答题(参考答案)

1. 贯彻正面教育与纪律约束相结合原则的基本要求有哪些?

(1)坚持正面教育原则,以客观的事实、先进的榜样和表扬鼓励为主的方法教育和引导学生;(2)坚持摆事实,讲道理,以理服人,启发自觉;(3)建立健全学校规章制度和集体组织的公约、守则等,并且严格管理,认真执行。

2. 简述我国教育目的的基本精神。

(1)坚持社会主义方向性;(2)坚持全面发展;(3)培养独立个性;(4)教育与生产劳动相结合;(5)注重提高全民族素质。

3. 如何培养学生良好的意志品质?

(1)加强生活目的性教育,树立科学的世界观、远大的理想和信念,培养学生行为的目的性,减少其行动的盲目性;(2)加强养成教育,培养学生的自制能力;(3)组织实践活动,在困难环境中锻炼学生的意志,让学生取得意志锻炼的直接经验;(4)教育学生正确地对待挫折;(5)根据学生意志品质上的差异,采取不同的锻炼措施;(6)发挥教师、班集体和榜样的模范作用,给予必要的纪律约束;(7)加强自我锻炼,从点滴小事做起。

4. 教师在对学生进行必要的惩罚时应注意哪些方面?

(1)明确惩罚的目的,它是让学生最终经过努力"避免"惩罚,而不是一定要让学生不断地去"体验"惩罚;(2)惩罚应尽可能及时,延时实施则须先说明原委;(3)惩罚强度应适当,太轻当然无效,过严也会抑制正常的行为;(4)惩罚应基于爱和尊重,态度和蔼与满怀深情者来实施效果更佳;(5)惩罚应按特定的时间或程序安排来规范地进行;(6)惩罚务必与说理相结合,这一点尤为重要。此外,不要期望一步到位地消除课堂消极行为。要先将消极行为转化为中性行为,然后再将他们的中性行为转化为积极行为。

五、论述题(参考答案)

1. 试述教师主导作用和学生主体作用相统一的规律。

在教学中,教师的教依赖于学生的学,学生的学离不开教师的教,教与学是辩证统一的。

(1)充分发挥教师的主导作用。教师是教学活动的领导者、组织者,是学生学习的指导者和学习质量的检查者,他能够引导学生沿着社会所期望的方向发展,使学生成为社会所需要的人才。教师主导作用主要体现在三个方面:①教师决定着学生学习的方向、内容、进程、结果和质量,并起着引导、规范、评价和纠正的作用;②对学生的学习方式以及学习态度发挥作用;③影响学生的个性以及人生观、世界观的形成。

(2)充分发挥学生主体参与教学的能动性。教学中,学生是学习的主人,具有主观能动性,学生学习的主观能动性主要体现在两个方面:①学生对外部信息具有选择的能动性、自觉性,学生对信息的选择与否直接受学生本人的学习动机、兴趣、需要以及所接受的外部要求所左右;②学生对外部信息进行内部加工时体现出独立性、创造性,因为学生对信息进行内部加工的过程受到个体原有的知识经验、思维方式、情感意志、价值观念等制约。这些都直接影响学习的效果,因此,在教学中必须发挥学生的主体作用。

(3)教师的主导作用和学生主体作用之间的辩证统一关系。①教师和学生的作用是不可分割的。发挥教师的主导作用并不意味着制约学生的主动性。相反,发挥教师的主导作用,就是要更好地发挥学生的主动精神。同样,发挥学生的主动性又离不开教师的主导作用。②教师的主导作用和学生的主体作用是相互促进的。教师的主导作用要依赖于学生主体作用的发挥。学生学习的主动性、积极性越高,说明教师的主导作用发挥得越好。反过来,学生主体作用要依赖于教师的主导作用来实现。只有教师、学生两方面互相配合,才能收到最佳的教学效果。

(4)贯彻教师主导作用与学生主体作用相统一的规律,要防止两种倾向。在教学过程中,不能只重视教师的作用,忽略学生学习的主动性和创造性,也不能只强调学生的作用,使学生陷入盲目探索状态,学不到系统的知识,要把二者有机地结合起来。

2. 试述考试焦虑症的含义及治疗方法。

学生中常见的焦虑反应是考试焦虑。考试焦虑是一种复杂的情绪现象,是在一定的应试情境下,受个体认知评价能力、人格倾向与其他身心因素制约,以担忧为基本特征,以防御或逃避为行为方式,通过一定程度的情绪反应所表现出来的心理状态。其表现是:随着考试临近,心情极度紧张;考试时注意力不集中,知觉范围变窄,思维刻板,表现慌乱,无法发挥正常水平。

焦虑症的治疗方法有:(1)采用肌肉放松、系统脱敏等方法;(2)采用认知矫正程序,指导学生在考试中使用正向的自我对话,如“我能应付这个考试”;(3)锻炼学生的性格,提高挫折应对能力;(4)往最好处做,不要计较最后结果;(5)考前要注意调节情绪。

**六、案例分析题(参考答案)**

(1)相同点:都可以使学生学到知识,得到发展。

不同点:①李老师主要采用注入式的教学方法。“教师讲,学生听;教师写,学生抄”属于“填鸭式”的教学方法,教师把学生看成单纯接受知识的容器,向学生灌注知识,无视学生在学习上的主观能动性。在这种思想的指导下,教师在教学中仅仅起了一个现成信息的载负者和传递者的作用,而学生则仅仅起着记忆器的作用。王老师主要采用启发式的教学方法。启发式是指教师从学生实际出发,采取各种有效的形式去调动学生学习的积极性,指导他们自己去学习的方法。案例中,王老师设计游戏环节,并提出贴合学生实际生活的问题,并让学生自由讨论、思考,都体现了启发式的教学方法。

②李老师注重教学结果,注重单方面的传授知识,是课程的执行者。“教师讲,学生听;教师写,学生抄”,这反映了李老师只注重学生知识的掌握和学习,简单地、机械地传授给学生知识,而不注重学生的学习过程和情感体验。王老师则体现了新的教学观。案例中,王老师善于运用多媒体、设计游戏环节等手段配合教学,提出贴合学生实际生活的问题,并给予学生自由讨论、思考的机会,这反映他不仅注重教学过程,更关注人,注重学生在师生交往、积极互动、共同发展的过程中学习知识,把教学过程当作课程的创生与开发过程。

(2)我更喜欢王老师的教学。王老师具备现代教学观,不仅能够根据学生的需求、教学目的和任务的要求以及课程的性质和特点,灵活地选择教学方法,而且注重学生素质的发展和对学生潜能的挖掘,能帮助学生实现全面发展。

**七、教学设计题(参考答案)**

**《心中的“110”》**

(一)教学目标

(1)通过具体的情境了解“心中的110”,知道心中没有110的危险;(2)意识到生活中许多看似平常的事却暗藏着危险,要时刻警惕,不上当受骗,学会简单的自救自护方法;(3)培养自信心,提高和坏人坏事作斗争的勇气和智慧。

(二)教学重、难点

(1)教学重点:识破生活中潜藏的危险,拨打心中的110;(2)教学难点:培养自信心,提高和坏人坏事作斗争的勇气和智慧。

(三)教学准备

(1)教师:课件;(2)学生:课前了解身旁的人曾经上当受骗的经历。

(四)教学过程

(1)活动导入

教师:生活中总会遇到陌生人。在这些陌生人中,有很多人会像朋友一样关心、爱护、帮助我们,但也有少数人不怀好意,会危及我们的安全。

播放视频"我绝对不跟陌生人走",学生看完谈感受。

(2)知识讲授

教师:如果你独自一个人在家,这时有陌生人敲门,你该怎么办?

学生:自由讨论。

教师:讲述场景一,如果是你,你该怎么办?

学生:自主发言。

教师:你也有过独自在家的经历吧?与大家分享一下你的处理方式。

学生:"千万不要随便给陌生人开门。""有人敲门,给爸爸妈妈打电话。""让陌生人给爸爸妈妈打电话确认。"……

教师:结合场景二,打开课件,阅读"智捉小偷"绘本故事。

你最欣赏陈宇遇事后的什么表现?如果你遇到类似的情况,会怎么处理呢?

学生:小组讨论。

(3)教师小结。

教师:我们要在生活中学会面对陌生人,不能把陌生人都当成坏人,但也要有一定的警惕性,有自我保护的意识。

(五)活动延伸

师生齐读儿歌"心中要有110,安全防范记在心"。让学生在日常生活中,潜移默化地增强自我保护意识,提高警惕性。

## 教师招聘考试教育理论基础押题试卷(十七)

一、单项选择题

1. C 【解析】黏合是指把两种或两种以上客观事物的属性、元素、特征或部分结合在一起而形成新形象的过程。幼儿把鱼的头和鹿的躯干组合为"鱼鹿",这利用了黏合的想象加工方式。

2. C 【解析】意识具有四个特征:(1)觉知性;(2)能动性;(3)目的性;(4)社会历史制约性。

3. B 【解析】黏液质的人的特点是:稳重,但灵活性不足;踏实,但有些死板;沉着冷静,但缺乏生气。题干所述学生的表现符合黏液质气质类型的特点。

4. A 【解析】2008 年修订的《中小学教师职业道德规范》中关于"爱国守法"方面所规定的具体职业行为要求有:(1)全面贯彻国家教育方针;(2)自觉遵守教育法律法规,依法履行教师职责权利;(3)不得有违背党和国家方针政策的言行。倡导"爱国守法"就是要求教师热爱祖国、遵纪守法。因此,李老师对学生进行爱国主义教育做到了爱国守法。

5. A 【解析】现场教学是教师根据教学目的和要求,组织学生进行实地考察、研究,使学生获取新知识,巩固、验证旧知识的一种教学方法。李老师组织学生到牛奶厂听工人师傅讲解牛奶的生产加工流程,这采用了现场教学的教学组织形式。

6. C 【解析】壬戌学制在高中增加职业科,大中学校课程采用学分制、选科制,考虑到了青少年的不同需要和个性发展。这样,就兼顾了升学和就业的双重需要。

7. B 【解析】意志的自制性是一个人善于控制和支配自己的情绪,约束自己言行的品质。题干中教师能够控制自己的不愉快情绪,体现了其意志的自制性。

8. C 【解析】《基础教育课程改革纲要(试行)》中明确指出,建立促进学生全面发展的评价体系。评价不仅要关注学生的学业成绩,而且要发现和发展学生多方面的潜能,了解学生发展中的需求,帮助学生认识自我,建立自信。

9. B 【解析】教育法律规范是由国家制定或认可,并以国家强制力保证实施的行为规则。

10. B 【解析】差异律指对象和背景的差异越大,对象从背景中区分开来就越容易。题干所述为差异律的典型运用。

11. B 【解析】知行统一原则是指教育者在进行德育时,既要重视对学生进行系统的思想道德的理论教育,又要重视组织学生参加实践锻炼,把提高认识和行为养成结合起来,使学生做到言行一致。“理论头头是道,行动不对号”“语言的巨人,行动的矮子”反映的是知行不一的现象,违背了知行统一原则。

12. D 【解析】教育现代化的内容具体包括教育观念现代化、教育内容现代化、教育条件设备现代化、教育管理现代化和教师素质现代化。实现人的现代化是教育现代化的最高目的。

13. C 【解析】在课后评价时,专家型教师和新手型教师关注的焦点不同。新手型教师的课后评价要比专家型教师更多地关注课堂中发生的细节;而专家型教师则更多地谈论学生对新教材的理解情况和课堂中值得注意的活动,很少谈论课堂管理问题和自己的教学是否成功。

14. B 【解析】通常把能够引起法律关系发生、变更和消灭的客观情况称为法律事实。法律事实是教育法律关系发生、变更和消灭的根据。

15. B 【解析】昆体良是古罗马教学法大师,他是西方教育史上第一个专门论述教育问题的教育家。其代表作《雄辩术原理》(《论演说家的教育》)是西方最早的教育著作,也被誉为古代西方的第一部教学法论著。

16. A 【解析】“亲人不在身边,老师就是我们的亲人”说明留守儿童期待教师成为自己的亲人,故选 A 项。

17. C 【解析】《中国教育改革和发展纲要》确定了 20 世纪末教育发展的总目标——基本普及九年义务教育和基本扫除青壮年文盲;全面贯彻党的教育方针,全面提高教育质量;要建设好一批重点学校和一批重点学科。简称“两基”“两全”“两重”。故选 C 项。

18. D 【解析】“教育万能论”认为人完全是教育的产物,代表人物有洛克、康德、华生、爱尔维修等。D 项高尔顿是“教育无用论”的代表人物。

19. D 【解析】学校教育具有加速个体发展的特殊功能。首先,学校教育目标明确、时间相对集中、有专人指导并进行专门训练,所以能加速个体身心发展的速度。其次,学校教育使个体处于一定的学习群体中,个体之间发展水平有差异,有助于促进个体的发展。再次,如果学校教育能正确判断学生的最近发展区,这种加速会更明显、更富有成效。

20. B 【解析】思维的概括性包含两层意思:(1)把同一类事物的共同特征和本质特征抽取出来加以概括(形成概念)。(2)将多次感知到的事物之间的联系和关系加以概括,得出有关事物之间的内在联系的结论(得出关系)。题干所述事例体现了思维概括性的第二层含义。

21. C 【解析】辐合型认知方式是指在解决问题的过程中常表现出辐合思维的特征,表现为搜集或综合信息与知识,运用逻辑规律缩小解答范围,直到找到最合适的唯一正确解答。

22. A 【解析】班级的大小是影响课堂管理的一个重要因素。一般来说,班级规模越大,学生人数越多,课堂管理的难度也就越大。首先,班级的大小会影响成员间的情感联系。班级越大,学生之间相互交往次数越少,感情淡化,情感纽带的力量就越弱,故 A 项错误。其次,班内的学生越多,学生间的个别差异就越大,难免发生矛盾,产生利害冲突,课堂管理所遇到的阻力也可能越大,故 D 项正确。再次,班级的大小也会影响交往模式,班级越大,成员间相互交往的频率就越低,对课堂管理技能的要求也就越高,故 B 项正确。最后,班级越大,内部越容易形成各种非正式小群体,而这些小群体又会影响课堂教学目标的实现,故 C 项正确。因此,答案选 A 项。

23. A 【解析】班级平行管理的理论源于马卡连柯的“平行影响”的教育思想。马卡连柯认为,教师要影响个别学生,首先要影响学生所在的班级,然后通过学生集体与教师一起去影响这个学生,这样就会产生巨大的教育力量。

24. C 【解析】按照课程资源空间分布的不同,大致可以把课程资源分为校内课程资源和校外课程资源。学校范围之内的课程资源就是校内课程资源,超出学校范围的课程资源就是校外课程资源。故与企业合作开发的课程资源属于校外课程资源。

25. D 【解析】贯穿于第八次课程改革的核心理念是:为了中华民族的复兴,为了每位学生的发展。

26. A 【解析】相对性评价是运用常模参照性测验对学生的学习成绩进行的评价,它主要依据学生个人的学习成绩在该班学生成绩序列或常模中所处的位置来评价和决定他的成绩的优劣,而不考虑是否达到教学目标的要求。它具有甄选性强的特点,可以作为选拔人才、分类排队的依据。

因此,“矮子里挑高个”是一种相对性评价。

27. B 【解析】活动结课是指教师采用讨论、实验、演示、竞赛等形式进行结课的方法,主要目的是通过活动引导学生主动参与分析、综合、对比等思维活动,印证所学。故选 B 项。比较结课强调对教学内容的分析和比较;悬念结课强调设置疑问、留下悬念;拓展延伸结课强调对教学内容的延伸和拓展。

28. A 【解析】题干所述表明教育能够大大缩短科学知识再生产的必要劳动时间,是科学知识再生产的有效形式。这表明教学过程具有简捷性,学生掌握知识的过程是高效的。

29. D 【解析】桑代克提出联结—试误说;斯金纳提出操作性条件作用理论;苛勒提出完形—顿悟说;奥苏贝尔提出有意义言语学习理论;布鲁纳提出发现学习。故 D 项匹配正确。

30. A 【解析】直接兴趣是由认识事物本身的需要引起的,如对看电视、小说的兴趣;间接兴趣是由认识事物的目的和结果引起的,如科学家可能对繁杂的数据处理没有兴趣,只对研究结果有兴趣,这种兴趣就是间接兴趣。小石对数学本身不感兴趣但因为想当数学课代表而努力学习就是间接兴趣。

二、多项选择题

1. ABC 【解析】心理是脑的机能,脑是心理的器官。故 A、B 项正确。人的心理既是客观的又是主观的,它是由具体的个体在头脑中进行的。人的心理不是消极被动地、录像式地对客观现实进行反映,而是能动地去反映客观世界,但反映是否正确要视具体情况而定。所以,C 项正确,D、E 项错误。

2. ABCE 【解析】瞬时记忆的特点包括:(1)时间极短。感觉记忆的信息贮存时间极短,大约为 0.25 ~2 秒。(2)容量较大。几乎进入感官的所有信息都能被登记。(3)形象鲜明。(4)信息原始,记忆痕迹容易衰退。故 A、B、C 三项正确。D 项说法错误。瞬时记忆的编码方式有图像记忆和声像记忆两种。图像记忆是瞬时记忆的主要编码形式。故 E 项正确。

3. CDE 【解析】A 项为卢梭的教育思想,B 项为赫尔巴特的教育思想。

4. ABCDE 【解析】学习环境的设置首先要注意调节自然条件,如流通的空气、适宜的温度、明亮的光线以及和谐的色彩等;其次,要设计好学习的空间,如空间范围、室内布置、用具摆放等。

5. ACD 【解析】班主任“多次与小军进行单独谈话”运用的是说服教育法;“鼓励小军多参加由学校组织的公益活动和集体活动”运用的是实际锻炼法;“对于小军每次取得的进步,班主任都会给予肯定和鼓励”运用的是品德评价法。

6. BCD 【解析】素质教育有三大基本任务:第一大任务是培养学生的身体素质;第二大任务是培养学生的心理素质;第三大任务是培养学生的社会素质。

7. BC 【解析】以直观感知为主的教学方法主要有演示法和参观法两种,以实际训练为主的教学方法主要有练习法、实验法、实习作业法、实践活动法四种。故选 BC 两项。

8. ABD 【解析】习近平强调,教师是人类灵魂的工程师,承担着神圣使命。要加强师德师风建设,坚持教书和育人相统一,坚持言传和身教相统一,坚持潜心问道和关注社会相统一,坚持学术自由和学术规范相统一,引导广大教师以德立身、以德立学、以德施教。

9. ABCD 【解析】个人本位的价值取向主要反映在自然主义和人文主义的教育思想之中,其主要代表人物有孟子、卢梭、福禄贝尔、裴斯泰洛齐、康德、马斯洛、萨特等。E 项孔德是社会本位论的代表人物。

10. ABDE 【解析】侵犯学生人格尊严权利的主要表现有:(1)讽刺、挖苦学生;(2)故意侮辱、随意漫骂学生;(3)不给学生以合理的解释权和辩护权;(4)以记档案威胁学生等。

三、判断题

1. × 【解析】赫尔巴特强调教师的权威作用和中心地位,而卢梭等人主张自然教育,强调教师不要过多干预儿童的发展。

2. × 【解析】关键期是指人的某种身心潜能在人的某一年龄段有一个最好的发展时期。在这一时期内,对个体某一方面进行训练可以获得最佳成效,并能充分发挥个体在这一方面的潜力。错过了关键期,训练的效果就会降低,甚至永远无法补偿。因此,根据个体身心发展的不平衡性,教育教学要抓住关键期,以求在最短的时间内取得最佳的效果。

3. √ 【解析】刺激泛化和刺激分化是互补的过程。

泛化是对事物的相似性的反应,分化则是对事物的差异的反应。

4. × 【解析】连续记录法,是指在一段较长的时间内,研究者持续不断地、详细地把观察对象在自然状态下的行为表现记录下来的一种记录方法,它比日记描述法在内容上更全面,在时间上更长久,在记录上更详细。要求研究者根据观察的目的确定观察的地点和时间,记录要直观、全面、详细,不做主观推断、解释和评价。

5. × 【解析】活动课程(经验课程)的主导价值在于使学生获得关于现实世界的直接经验和真切体验。分科课程的主导价值在于使学生获得逻辑严密和条理清晰的文化知识。

6. × 【解析】德育的个体性功能是指德育对受教育者个体发展能够产生的实际影响,可以描述为德育对个体生存、发展、享用产生影响的三个方面。其中,享用性功能是德育个体性功能的最高境界。

7. × 【解析】在小学阶段,机械识记和意义识记的效果均随着年龄的增长而提高。在小学生学习过程中,由于学习材料的性质不同,机械识记和意义识记都是必需的。

8. × 【解析】内部学习动机是指诱因来自学习者本身的内在因素,即学生因对活动本身发生兴趣而产生的动机。外部学习动机是指诱因来自学习者外部的某种因素,即在学习活动以外由外部的诱因激发出来的学习动机。奖励学生当课代表属于外部诱因,故该老师激发的是学生的外部学习动机。

9. × 【解析】班主任做好个别教育工作,包括做好先进生的教育工作、中等生的教育工作和后进生的教育工作。

10. × 【解析】布鲁纳发起的课程改革运动促使美国教育心理学转向对教育过程、学生心理、教材、教法和教学手段改进的探讨。

**四、辨析题**

1. 教师取得资格证书意味着教师已经达到了专业化水平。

(1)这种说法是不正确的。(2)教师专业发展,又称教师专业成长,是指教师在整个专业生涯中,依托专业组织、专门的培养制度和管理制度,通过持续的专业教育,习得教育教学专业技能,形成专业理想、专业道德和专业能力,从而实现专业自主的过程。教师的专业发展是一个长期的过程,是教师自身素质不断提高和专业自我逐渐形成的过程。取得教师资格证只能说明教师拥有了从事教师职业的资格,而不能说明教师已经达到了专业化水平,完成了专业发展。

2. 教育对受教育者和社会的发展产生的都是正向功能。

(1)这种说法是不正确的。(2)教育对受教育者和社会的发展产生的既有正向功能,也有负向功能。正向功能指教育有助于社会进步和个体发展的积极影响和作用。教育的育人功能、经济功能、政治功能、文化功能等往往是强调教育正面的、积极的功能。负向功能指教育阻碍社会进步和个体发展的消极影响和作用。教育的负向功能是由于教育与政治、经济发展不相适应,教育者的价值观念与思维方式不正确,教育内部结构不合理等因素,使教育在不同程度上对社会和人的发展产生阻碍作用。

3. 德育过程就是学生思想品德形成过程。

(1)这种说法是不正确的。(2)德育过程与思想品德形成过程是教育与发展的关系。德育过程是一种教育过程,是教育者与受教育者双方统一活动的过程,是培养和发展受教育者品德的过程。教育者根据社会发展提出的要求,依据学生特点,以适当的方式调动受教育者的主观能动性,从而将相应的社会规范转化为学生的品德,不断提高学生的道德水平。而品德形成过程是受教育者思想道德结构不断建构完善的过程,品德形成过程属于人的发展过程,影响这一过程的有生理的、社会的、主观的和实践的等因素。所以,二者既有一定的联系,又有一定的区别,不能把二者等同起来。

4. 教育测验中有信度就一定有效度。

(1)这种说法是不正确的。(2)信度是效度的必要条件,但不是充分条件。一个测量工具要有效度必须有信度,没有信度就没有效度;但是有了信度不一定有效度。信度低,效度不可能高。信度高,效度未必高。效度低,信度很可能高。效度高,信度也必然高。

5. 习得性无力感与人们对失败的归因无关。

(1)这种说法是不正确的。(2)习得性无力感是指由于连续的失败体验而导致个体产生的对行为结果感到无力控制、无能为力的心理状态。其形成的原因是连续的失败,并把失败归于内部的、稳定的和不可控的因素(即能力低)。

五、简答题(参考答案)

1. 班主任如何建设培养班集体?

(1)确定班集体的发展目标;(2)建立得力的班集体核心;(3)建立班集体的正常秩序;(4)组织形式多样的教育活动;(5)培养正确的舆论和良好的班风。

2. 简述陶行知"生活教育"观点的主要内容。

(1)生活即教育,主张以人类的生活作为教育内容,在生活实践中接受教育;(2)社会即学校,把学校里的一切延伸到大自然界中去;(3)教学做合一,强调学做结合。

3. 简述布鲁纳的认知—发现学习理论。

布鲁纳是美国著名的认知教育心理学家,他主张学习的目的在于以发现学习的方式,使学科的基本结构转变为学生头脑中的认知结构。因此,他的理论常被称为认知—结构教学论或认知—发现学习说。该理论的主要观点包括:

(1)学习观。①学习的实质在于主动形成认知结构;②学习包括获得、转化和评价三个过程。

(2)教学观。①教学的目的在于理解学科的基本结构。②掌握学科的基本结构的教学原则主要有动机原则、结构原则、程序原则、强化原则。③提倡发现学习。布鲁纳认为,发现是教育儿童的主要手段,学生掌握学科的基本结构的最好方法是发现学习。发现学习是指给学生提供有关的学习材料,让学生通过探索、操作和思考,自行发现知识、理解概念和原理的教学方法。

4. 简述情绪情感与认识过程的关系。

(1)认识过程是情绪和情感的基础,并引导情绪和情感的发展;(2)情绪和情感伴随着认识活动的发展而发展;(3)情绪和情感反过来对认识过程起调节作用。

六、论述题(参考答案)

1. 有人说要蹲下身子做教育,只有"蹲下"才能与学生的视线保持同一水平,以同一视野去看世界。请你说说"蹲下教育"的含义,并结合相关专业知识与实际情况,说说你认为在教学工作中如何贯彻这一理念。

(1)"蹲下教育"的含义:"蹲下教育"强调教师要能够在思想上、认识上放下"架子",不以权威自居,真正做到尊重学生、平等对待学生。

(2)贯彻"蹲下教育"的要求:①在课堂上与学生沟通时要注意语言上的尊重。②教师与学生沟通时要换位思考,站在学生的立场反思一下自己,是不是有对学生欠尊重的言行举止。同时,在教学和工作中,教师要坚持平等相处的原则,以心交心,克服"我说你得听""我骂你得受""我打你得服"等传统的认识,真正与学生做朋友。③要建立民主、平等的对话氛围。④要用儿童化的语言与学生坦诚交流。⑤要用实在、亲和的态度与学生交流。

2. 试述性格与气质的关系。

联系:(1)性格和气质都属于稳定的人格特征;(2)性格与气质相互渗透,彼此制约,二者相互影响。这表现在:①气质影响到一个人对事物的态度和行为方式,因而使性格带上某种气质的色彩和具有某种特殊的形式;②气质影响性格的形成和发展,以及形成的速度;③性格可以掩蔽和改造气质,指导气质的发展,使它服从于生活实践的要求。

区别:(1)气质受生理影响大,性格受社会影响大;(2)气质的稳定性强,性格的可塑性强;(3)气质特征表现较早,性格特征表现较晚;(4)气质无所谓好坏,性格有优劣之分。

七、案例分析题(参考答案)

刘老师的教学行为符合现代学生观,具体分析如下:

(1)学生是处于发展过程中的人。作为发展中的人,意味着学生还是不成熟的人,是一个正在成长的人。把学生作为发展中的人来对待,就要理解学生身上存在的不足,就要允许学生犯错误。当然,更重要的是要帮助学生解决问题,改正错误,从而不断促进学生的进步和发展。刘老师在发现小月同学有些自卑后,决定召开主题班会帮助同学们克服自卑心理,说明刘老师把学生当成了发展中的人,重视学生心理问题的解决。

(2)学生是独特的人。学生并不是单纯的、抽象的学习者,而是有着丰富个性的、完整的人,每个学生都有自身的独特性。刘老师让同学们互相写出别人的优点,帮助同学们发现自己的优点,培养他们的自信心,正是因为刘老师关注到了每个学生的独特性和差异性。

(3)学生是具有独立意义的人。每个学生都是独立于教师的头脑之外,不以教师的意志为转移的客观存在,教师不能随意支配学生,也不能把自己的意志强加给学生。刘老师通过主题班会引导学生们发现自己的优点,进而克服自卑心理,而不是直接进行说教,说明刘老师把学生当成具有独立意义的人,尊重了学生的主体地位。

## 教师招聘考试教育理论基础押题试卷(十八)

一、单项选择题

1. C 【解析】抽象逻辑思维是以词为中介来反映现实的思维过程,也叫词的思维或逻辑思维。

2. A 【解析】草履虫是单细胞动物,没有神经系统,所以不存在反射行为,其趋利避害反应属于应激行为。B、C、D 三项属于反射活动。

3. D 【解析】回忆是过去经历过的事物不在面前,人们在头脑中把它重新呈现出来的过程。故题干所述属于进行回忆这一心理活动的典型事例。

4. B 【解析】学习困难综合征是指某些智力正常或接近正常的儿童,因神经系统的某种或某些功能性失调,使其在听、读、写、算方面能力降低或发展较慢,以致陷入学习困难。突然喊叫不属于学习困难综合征的表现。

5. C 【解析】德育的教育性功能有两大含义:一是指德育的“教育”或价值属性;二是指德育作为教育子系统对平行系统的作用。题干的描述出自赫尔巴特,这里的“教学”指的是传授具体的知识和技能等,着眼点在于帮助学生完成一定的课业;“教育”则主要指对于学生价值追求的引导。所谓德育的教育性就是德育的价值教育属性。故选 C 项。

6. A 【解析】心理自我是在青春期开始发展和形成的。这时,青年开始形成自觉地按照一定的行动目标和社会准则来评价自己的心理品质和能力。

7. D 【解析】从情感的社会内容角度来看,人类的情感有道德感、美感和理智感三种形式。A 项对艺术作品的欣赏属于美感,B 项对祖国的热爱和 C 项助人为乐的幸福感属于道德感。故 A、B、C 三项均属于情感。D 项高考被录取的喜悦属于情绪。

8. A 【解析】班级民主管理是指班级成员在服从班集体的正确决定和承担责任的前提下参与班级全程管理的一种管理方式。实行班级民主管理要求建立班级民主管理制度,如班干部轮换制度、定期评议制度、值日生制度、值周生制度、民主教育活动制度等。

9. D 【解析】课堂提问中应坚持的原则有:(1)量力性原则。课堂提问首先应注意从学生的实际出发,即“学情”出发,问题的难易程度必须适合学生的水平。(2)阶梯性原则。提问的设计要遵循由浅入深、由表及里、由简到繁的规律,问题的安排应当先易后难,有易有难。(3)整体性原则。教师要把难度较大的问题分解成若干较容易的小问题,将这些小问题的正确答案集中起来就是大问题的答案。(4)精要性原则。教师提问应力求少而精,应精简数量、加大容量和提高质量。(5)启发性原则。(6)普遍性原则。提问的对象应包括全班学生,最好面向全班提问,再指定个别学生回答。(7)激励性原则。教师应对学生的回答作出积极反应。对于错误回答,切忌讽刺挖苦或厉声指责,而应当鼓励其所做的努力,表扬其敢于回答的精神,然后再启发他做出正确回答。故 A 项违背了精要性原则,B 项违背了阶梯性原则,C 项违背了激励性原则,D 项符合整体性原则。

10. B 【解析】安全需要是指希求受到保护与免遭威胁从而获得安全感的需要。题干所述表现了人们的安全需要。

11. D 【解析】知觉的选择性是指当面对众多的客体时,知觉系统会自动地将刺激分为对象和背景,并把知觉对象优先地从背景中区分出来。题干中强调用红色粉笔标注重点内容(知觉对象),以引起学生关注,故体现了知觉的选择性特征。

12. D 【解析】由题干中“为一切社会所必需,与人类社会共始终”可知,教育是一个永恒的范畴,即教育具有永恒性。

13. C 【解析】幽默是指对于困境以幽默的方式处理。它没有个人的不适也没有不快地影响别人情感的公开显露。张老师面对困境,用一句“浓缩就是精华”化解了尴尬,属于情绪调节方法中的幽默法。

14. C 【解析】社会模仿模式认为人与环境是一个互动体,人既能对刺激做出反应,也能主动地解释并作用于情境。故选 C 项。体谅模式强调道德情感的培养;价值澄清模式着眼于价值观教育,试图帮助人们减少价值混乱并通过评价过程促进统一的价值观的形成;认知模式强调儿童道德判断力的发展及其行为的发生。

15. D 【解析】新课程中,教师教学行为的变化主要包括:(1)在对待师生关系上,新课程强调尊重、赞赏;(2)在对待教学关系上,新课程强调帮助、引导;(3)在对待自我上,新课程强调反思;(4)在对待与其他教育者的关系上,新课程强调合作。故选D项。

16. C 【解析】意义识记是指在理解的基础上,依据材料的内在联系(也可以人为地赋予某种意义),并运用已有的知识经验而进行的识记。教师通过新旧知识之间的联系来帮助学生记忆新知识,符合意义识记的含义。

17. A 【解析】在了解学生的常用方法中,书面材料分析法即借助学生的成绩表、作业、日记等书面材料对学生进行了解的方法,故选A项。调查法是通过对学生本人或知情者的调查访问,从侧面间接地了解学生的方法;观察法即在自然条件下,有目的、有计划地对学生的各种行为表现进行观察;谈话法是通过与学生面对面谈话来深入了解学生情况的基本方法。

18. C 【解析】人身自由是公民的一项基本权利,包括身体行动自由和表达的自由。侵害学生人身自由的表现形式有:非法拘禁和限制学生、非法搜查学生、非法限制学生表达自由的权利等。故题干中店主的行为侵犯了小北的人身自由权。

19. C 【解析】思想性(教育性)和科学性相统一的原则是指教学要以马克思主义为指导,授予学生科学知识,并结合知识教学对学生进行社会主义品德和正确人生观、科学世界观教育。题干中的王老师在讲到《义勇军进行曲》时,高度赞扬了创作者的爱国主义精神,既授予了学生知识,又对学生进行了思想品德教育,体现了思想性(教育性)和科学性相统一的教学原则。

20. C 【解析】课外教育与课堂教学的目的是一致的,都是为了实现全面发展的教育目的,完成学校的教育任务;两者都是在学校的统一领导下有计划、有组织地进行的。故C项表述正确。课外教育活动是由学生独立自主地进行的活动,而课堂教学是师生共同参与的活动,故A项表述不正确。学生参加的自愿性是课外教育活动的一个重要特点,学校和教师对学生的选择不宜作强制规定;而课堂教学必须有学生的参与,故B项表述不正确。课外教育活动的内容具有广泛性,不受教学计划、教学大纲的限制,可以根据参加活动者的愿望和要求,以及学校、教育机关的具体条件而确定,故D项表述不正确。

**易错提示**:在理解两者的联系时,考生需要注意:在实施课外、校外教育的过程中,教师主要是作为辅导者指导学生去参加各种教育活动,并没有参与到活动之中,故课外、校外教育并不是师生共同参与的,而课堂教学是师生共同参与的。

21. A 【解析】教师职业道德修养的基本原则包括:(1)坚持知和行的统一;(2)坚持动机和效果的统一;(3)坚持自律和他律相结合;(4)坚持个人和社会相结合;(5)坚持继承和创新相结合。A项属于教师职业道德修养的方法。

22. A 【解析】科学技术对教育的作用具体表现在:(1)科学技术能够改变教育者的观念。(2)科学技术能够影响受教育者的数量和教育质量。(3)科学技术能够影响教育的内容、方法和手段。(4)科学技术影响教育技术。科学技术可以渗透到教育活动的各个环节中去,为教育技术的更新和发展提供各种必要的思想基础和技术条件。

23. D 【解析】终身教育理论是由保罗·朗格朗首次提出的。

24. C 【解析】根据评价所运用的方法和标准不同,可将教学评价分为相对性评价(常模参照性评价)和绝对性评价(标准参照评价)。故选C项。根据严谨程度,可将教学评价分为正式评价和非正式评价;按照评价主体,可将教学评价分为内部评价和外部评价;根据评价采用的标准,可将教学评价分为绝对性评价、相对性评价和个体内差异评价。

25. B 【解析】研究型课程注重培养学生的探究态度和能力。课程从问题的提出、方案的设计到实施以及结论的得出,完全由学生自己来做,题干所述属于研究型课程。

26. B 【解析】道尔顿制是由美国教育家柏克赫斯特创建的一种新的教学组织形式,创立的初衷是为了解决班级授课制形式下容易使学生处于被动地位、学生的性格差异被忽视等问题。这一制度的主要措施是:(1)把教室一律改为作业室,作业室按学科分设,室内陈列各科的参考书、图表及实验仪器等,供学生学习使用;(2)废除班级授课制,把各科教学内容制成分学期、分月、分周的作业大纲,规定每学期、每月、每周应完成的各项作业及其进度,由学生根据各科作业大纲自行学习,自行记载成绩表,教师在作业室担任指导者;

(3)实行学分制,年级递升具有一定的弹性和自由度。故选 B 项。

27. D 【解析】建立民主、平等、和谐的师生关系,关键在教师。

**易错提示:**对于影响师生关系的核心(关键)因素,一些考生容易受"学生在教育过程中处于主体地位"的影响而误认为是"学生"。实际上,在教育活动中起着主导作用的教师才是影响师生关系的关键所在,因为教师的主导作用发挥得越好,学生学习的主动性、积极性才会越高。

28. A 【解析】马克思主义教育学在教育起源问题上坚持劳动起源论,认为教育起源于人类所特有的生产劳动。

29. A 【解析】亚里士多德在教育史上首次提出了"教育遵循自然"的观点,主张按照儿童心理发展的规律对儿童分阶段进行教育,提倡对儿童进行和谐的教育。

30. A 【解析】"己欲立而立人,己欲达而达人"出自《论语·雍也》。意为:自己要站稳,也要让别人站稳,自己要腾达,也要让别人腾达。对于教师来说,就是在与同事、学生相处时做到相互尊重与体谅。

31. C 【解析】实验研究的目的是发现事物间的因果关系,是各类研究中唯一能确定因果关系的研究。

32. A 【解析】在杜威看来,"教育的过程在它自身以外没有目的,它就是它自己的目的"。他反对学校和家长为儿童制定教育目的。

33. D 【解析】为人师表的教师职业道德规范要求教师衣着得体,该老师显然违反了这一要求。

34. A 【解析】条件性知识是帮助教师有效进行教育教学活动的教育学科知识,即认识教育对象、开展教育活动和研究所需的教育学科知识和技能。教育学、心理学及各科教材教法是教师首先要掌握的最为基本的条件性知识。

35. A 【解析】按课程资源的功能特点,可将课程资源分为素材性课程资源和条件性课程资源。故选 A 项。按课程资源空间分布的不同,可将课程资源分为校内课程资源和校外课程资源;按课程资源的存在形态,可将课程资源分为物质形态的课程资源和精神形态的课程资源;按课程资源的形成过程,可将课程资源分为可预设的课程资源和不可预设的课程资源。

36. A 【解析】"壬戌学制"以美国学制为蓝本,明确以学龄儿童和青少年身心发展规律作为划分学校教育阶段的依据,这在我国现代学制史上是第一次。

37. A 【解析】在当前班级管理实践中,班主任在具体操作过程中有两种领导方式运用得比较多,即"教学中心"和"集体中心"的领导方式。

38. C 【解析】纲要式板书是指教师以讲授内容的内在逻辑关系为线索,从而体现教学信息结构体系的板书形式,它是最基本、最常用、最传统的一种板书形式,几乎适用于所有学科。故选 C 项。语词式板书是指教师从讲授内容中选择或概括一些关键性的词语,随着教学的进展依次书写到黑板上的板书形式,它常用于语文、政治等学科中。表格式板书是指教师把在讲解过程中提炼出的关键词以表格的形式绘制在黑板上的板书形式,它通常用于可以明显分项或具有明确对比性的教学内容中。线索式板书是指教师在黑板上板书教材内容的行文线索的板书形式,它常可以起到化繁为简、以简驭繁的效果。

39. D 【解析】教育目的是整个教育工作的核心,是教育活动的依据和评判标准、出发点和归宿,在教育活动中居于主导地位。它贯穿于教育活动的全过程,对一切教育活动都有指导意义。

40. D 【解析】学生的主观能动性主要表现在自觉性、独立性和创造性三个方面。其中,自觉性也称主动性,是学生主观能动性最基本的表现。

二、多项选择题

1. ABC 【解析】学生是有意识、有情感、有个性的社会人,是具有主观能动性的人。他们不是盲目、机械、被动地接受作用于他们的影响。故 D 项说法错误。

2. ABC 【解析】教学评价主要包括对学生学习结果的评价和对教师教学工作的评价,也可以划分为学生学业评价、课堂教学评价和教师评价。

3. ABCD 【解析】常用的复述策略有:(1)在复述的时间上,采用及时复习、分散复习;(2)在复述的次数上,强调过度学习;(3)在复述的方法上,包括运用有意识记和无意识记、排除相互干扰、运用多种感官协同记忆、整体识记与部分识记相结合、复习形式多样化、画线等。

4. AD 【解析】幻想是有意想象的一种特殊形式,是一种与生活愿望相结合并指向于未来的想象。梦是无意想象的极端表现,B 项属于无意想象;C 项属于自主运动。

5. BC 【解析】根据《中华人民共和国教师法》第三十七条规定,教师有体罚学生,经教育不改的,由所在学校、其他教育机构或者教育行政部门给予行政处分或者解聘。

6. BCD 【解析】课程计划、课程标准、教材(教科书)是我国课程文本的一般表现形式,也是我国中小学课程的主要组成部分。

7. AB 【解析】依据题干所述,随着生产力的发展,西方社会的教育目的和课程内容产生了很大变化,这表明,生产力的发展水平不仅影响教育目的,而且影响学校课程的设置和教学内容的选择。故 A、B 项正确。

8. ABCD 【解析】教师的职业角色主要有:(1)"传道者"角色(人类灵魂的工程师);(2)"授业、解惑者"角色(知识传授者、人类文化的传递者);(3)示范者角色(榜样);(4)"教育教学活动的设计者、组织者和管理者"角色;(5)"家长代理人、父母"和"朋友、知己"的角色;(6)"研究者"角色和"学习者""学者"角色。

9. ABCD 【解析】智力是使人能顺利完成某种活动所必需的各种认知能力的有机结合,它包括观察力、记忆力、注意力、想象力和思维力等成分,以思维力为核心,创造力为最高表现。

10. ABCD 【解析】教师心理健康的标准有:(1)能积极地悦纳自我;(2)有良好的教育认知水平;(3)热爱教师职业,积极地爱学生;(4)具有稳定而积极的教育心境;(5)能控制各种情绪与情感;(6)和谐的教育人际关系;(7)能适应和改造教育环境;(8)具有教育独创性。

三、案例分析题

1. ACD 【解析】案例中部分家长由于有"神童"情结,没有针对孩子自身的情况,对孩子进行有的放矢的教育,这忽视了人的个别差异性。家长在幼儿园阶段就给孩子报大量的补习班,违背了孩子的成长规律,忽视了人的身心发展的顺序性和阶段性。

2. CD 【解析】人本主义心理学一方面反对行为主义把人看作是动物或机器;另一方面也批评认知心理学虽然重视人类的认知结构,但却忽视人类的情感、态度、价值等对学习的影响,认为心理学应该探讨完整的人,强调人的价值,强调人有发展的潜能,而且有发挥潜能的内在倾向,即自我实现倾向。所以题干所述做法违背了人本主义学习理论。建构主义教学观注重学生认知和情感领域共同、并行发展,引导学生产生积极的情感体验。建构主义学习理论认为,建构主义的核心关键词是"建构"和"互动",强调知识是个体对于现实的理解和假设,强调学习的社会互动性和情境性。所以题干所述做法违背了建构主义学习理论。

3. AC 【解析】少年期又称学龄中期,大致相当于初中阶段,是个体从童年期向青年期过渡的时期,具有半成熟、半幼稚的特点。这一时期也被称为"心理断乳期"或"危险期"。

4. AD 【解析】智力差异包括智力发展水平的差异、智力类型的差异等。案例中学生家长不考虑学生的智力差异就给孩子报了大量的补习班,不利于学生智力的发展。A 项符合题意。人格差异主要表现在气质、性格、自我调控系统方面。案例中没有相关表述,B 项排除。性别差异主要指男女之间的差异,案例中没有相关表述,C 项排除。兴趣是人对事物的一种认识倾向,伴随着积极的情绪体验。不同的人兴趣不同。家长没有考虑到学生的兴趣就给孩子报了大量的补习班。D 项符合题意。

5. ABD 【解析】对于叛逆的孩子要因材施教,循循善诱,一味地批评无法达到理想的教育效果,故 C 项错误。

6. A 【解析】社会本位论认为教育的目的是为社会培养合格的成员和公民,使受教育者社会化。材料中"教育目的就是在我们每个人身上造就这种社会特性"体现出该社会学家的教育目的价值取向是社会本位论。

7. C 【解析】社会本位论的代表人物有荀子、柏拉图、赫尔巴特、涂尔干、纳托普、凯兴斯泰纳、孔德、巴格莱等。卢梭、福禄贝尔、裴斯泰洛齐均为个人本位论的代表人物。

8. AC 【解析】社会本位论认为确立教育目的的根据是社会的要求,个人的发展必须服从社会需要,因为个人生活在社会中,受制于社会环境。社会价值高于个人价值,教育质量和效果可以用社会发展的各种指标来评价。

9. D 【解析】田老师让同学们动手捡纸片,体现了德育中的劳动教育。故选 D 项。

10. ABD 【解析】品德评价法是通过对学生品德进

行肯定或否定的评价而予以激励或抑制，促使其品德健康形成和发展的德育方法。由“大家这么爱集体，关心班级，老师很感动”“用赞许的目光看看于成”可以看出田老师给同学们进行了肯定的评价，运用了品德评价法，A 项正确。榜样示范法是用榜样人物的优秀品德来影响学生的思想、情感和行为的德育方法。田老师说于成“为班级做了好事，给大家作出了榜样”即运用了榜样示范法，B 项正确。品德修养指导法是教师指导学生自觉主动地进行学习、自我品德反省，以实现思想转化及行为控制的德育方法。品德修养指导法主要包括学习、自我批评、座右铭、自我实践体验与锻炼等。田老师通过一系列的教育让于成主动承认自己的错误，并且让于成能够自我批评，自我检讨，正是运用了品德修养指导法，D 项正确。

11. ABCD 【解析】田老师通过教育让于成认识到自己的错误，体现了促进自我教育的积极性，A 项正确；从“大家这么爱集体，关心班级，老师很感动”可以看出，田老师尊重信任学生，相信同学们爱集体，关心班级，B 项正确；从“重要的是大家都要自觉地保持班级的环境卫生”这句话可以看出，田老师在让同学们保持班级环境卫生方面有严格的要求，C 项正确；田老师对于成的教育不是直接的批评教育，而是通过对全班同学的教育从而过渡到对于成的教育，体现了循序渐进的教学原则，D 项正确。

12. C 【解析】赞科夫提出了发展性教学理论的五条教学原则，即高难度、高速度、理论知识起主导作用、理解学习过程、使所有学生包括“差生”都得到一般发展的原则。

13. A 【解析】案例中李明将自己的成败归因于运气，是外部、不可控、不稳定的归因。

14. A 【解析】根据案例中“学生李明的最大特点就是上课不认真听讲，并且讨厌学习。”等描述可知，李明的学习动机水平较低。

15. C 【解析】“耶克斯—多德森定律”表明，动机水平与行为效果呈倒 U 型曲线关系。

16. D 【解析】近景性动机指与近期目标相联系的一类动机。间接的近景性动机是社会观念、父母意愿以及教师期望在学生头脑中的反映(也可理解为间接奖励而不是自身意愿)。题干中李明的目标是下次考试考好，动力的诱因来自买苹果手机，故属于间接的近景性动机，这种学习动机具有不稳定的特性，持久性差。

17. D 【解析】题干中的张老师和赵老师分别采用扣分和命令的方式，利用自身的教师权威约束学生的行为，从而达到维持课堂秩序的目的。

18. BD 【解析】题干中张老师和赵老师的做法，确实维持了课堂秩序。但是他们的行为会对学生的健康成长、师生关系的改善和课堂气氛的营造产生负面作用。

19. CD 【解析】根据案例可知，班主任老师应从学生吴小生和张老师两个方面进行处理。学生吴小生因为自身的问题行为受到了惩罚，而张老师采取了不恰当的处理方式。因此，C、D 两项说法均正确。

20. CD 【解析】案例中告诉我们要搞好课堂管理，营造良好的课堂教学气氛，很重要的一点是真正掌握课堂教学管理的科学思想和多种方法，提高课堂教学管理的科学性和艺术性。故 D 项说法正确。A 项在本案例中并没有体现，B 项说法错误。C 项中制定班级制度(规则)的要求有：(1)内容要明确、合理、必要、可行；(2)数量要少而精；(3)制定的过程要有学生参与；(4)要及时进行必要调整。因此，C 项中制定明确合理的班级制度的做法是正确的。故答案选 C、D 两项。

## 教师招聘考试教育理论基础押题试卷(十九)

### 一、单项选择题

1. C 【解析】教学与智育两者既有联系又有区别。作为教育的一个组成部分的智育，主要是通过教学进行的，但不能把两者等同。一方面，教学也是德育、美育、体育、劳动技术教育的途径；另一方面，智育也需要通过课外活动等才能全面实现。故 C 项说法不正确。

易错提示：考生应注意区分教学与教育、智育、上课的关系：

(1)教学与教育：部分与整体。

(2)教学与智育：既有联系又有区别。教学是智育的主要途径，但不是唯一途径。

(3)教学与上课：上课是实施教学的一种方式。

2. B 【解析】个体身心发展的顺序性是指个体身心

发展是一个由低级到高级、由简单到复杂、由量变到质变的连续不断的发展过程。例如,身体的发展遵循着从上到下、从中间到四肢、从骨骼到肌肉的顺序发展,心理的发展总是由机械记忆到意义记忆,由具体思维到抽象思维。故题干所述体现了个体身心发展的顺序性规律,选 B 项。

3. A 【解析】教师职业的最大特点在于职业角色的多样化。

4. A 【解析】题干的意思是:樊迟向孔子请教如何种庄稼。孔子说:“我不如老农。”樊迟又请教如何种菜。孔子说:“我不如老菜农。”樊迟退出以后,孔子说:“樊迟真是小人。在上位者只要重视礼,老百姓就不敢不敬畏;在上位者只要重视义,老百姓就不敢不服从;在上位的人只要重视信,老百姓就不敢不用真心实情来对待你。要是做到这样,四面八方的老百姓就会背着自己的小孩来投奔,哪里用得着自己去种庄稼呢?”这表明孔子轻视生产劳动,体现了古代社会教育与生产劳动相脱离的特征。

5. C 【解析】校本课程的主导价值在于通过课程展示学校的办学宗旨和特色,提升学校的办学水平,促进学生的个性发展。

6. D 【解析】古代斯巴达教育以军事体育训练和政治道德灌输为主,教育内容单一,教育方法也比较严厉,其目的是培养忠于统治阶级的强悍的军人。

7. D 【解析】上位学习又称总括学习,是在学生掌握一个比认知结构中原有概念的概括和包容程度更高的概念或命题时产生的。题干中,先让学生认识了鸵鸟、乌龟等常见的卵生动物,再认识卵生动物,属于上位学习。

8. D 【解析】过度代偿又称过度补偿,是指一个真正的或幻想的躯体或心理缺陷可通过代偿而得到超乎寻常的纠正。残疾人通过努力变成著名的运动员,口吃者通过努力成为说话流利的演说家,都属于过度代偿防御机制。

9. C 【解析】教学策略具有灵活性,它不是“万金油”式的“教学处方”,不存在一个能包揽一切的大而全的教学策略。

10. A 【解析】初中阶段学生独立意识增强,对于父母的过多干涉比较反感,所以最容易和父母发生冲突。

11. C 【解析】知觉的恒常性是指客观事物本身不变,但知觉条件在一定范围内发生变化时,人的知觉映像仍相对不变。题干所述是知觉恒常性的典型事例。

**方法技巧**:知觉的特征是常考点,也是易混点。考生需把握各自的关键词:选择性——对象和背景的区分;理解性——知识经验的作用;整体性——也强调知识经验的作用,但是会突出部分与整体;恒常性——不变性。

12. C 【解析】以直观感知为主的教学方法包括演示法和参观法。参观法是教师根据教学任务的要求,组织学生到工厂、农村、展览馆、自然界和其他社会场所,通过对实际事物和现象的观察和研究而获得知识的方法。故选 C 项。

13. C 【解析】艾利斯的 ABC 理论中,“A”表示个体遇到的主要事实、行为、事件;“B”表示个体对 A 的信念、观点;“C”表示事件造成的情绪结果。

14. B 【解析】瑞士教育家裴斯泰洛齐第一次提出“教育教学的心理学化”的思想。A 项正确。1868 年俄国教育家乌申斯基出版了《人是教育的对象》一书,对当时的心理学发展成果进行了总结,他因此被誉为“俄罗斯教育心理学的奠基人”。1877 年,俄国教育家和心理学家卡普捷列夫发表了《教育心理学》一书,这是最早正式以“教育心理学”命名的著作。故 B 项错误。我国出版的第一本教育心理学著作是 1908 年房东岳翻译自日本小原又一著的《教育实用心理学》。C 项正确。20 世纪 60 年代掀起了一股人本主义思潮,罗杰斯提出了“以学生为中心”的主张,认为教师只是一个“方便学习的人”。D 项正确。

15. B 【解析】人格是由多种成分构成的有机体,具有内在的一致性,受自我意识的调控。当人格结构的各方面彼此和谐一致时,就会呈现出健康的人格特征,否则,就会产生心理冲突,出现适应困难,甚至“分裂人格”。所以,人格的整合性是心理健康的重要指标。

16. B 【解析】教育影响的一致性和连贯性原则是指在德育工作中,教育者应主动协调多方面教育力量,统一认识和步调,有计划、有系统、前后连贯地教育学生,发挥教育的整体功能,培养学生正确的思想品德。题干这一现象说明老师和家长没有统一认识和步调,违背了教育影响的一致性和连贯性原则。

17. D 【解析】一个好的研究课题必须具有以下特点:(1)选题必须有价值;(2)选题必须有科学的

现实性;(3)选题必须明确具体;(4)选题必须新颖,有独创性;(5)选题必须有可行性。

18. A 【解析】班杜拉提出了直接强化、替代强化和自我强化的概念。直接强化是指通过外部因素对学习行为予以强化,如奖励与惩罚便是学习中常用的两种强化形式。

19. B 【解析】亚里士多德的《论灵魂》是西方历史上第一部论述各种心理现象的著作。

20. B 【解析】家庭教育是指在家庭生活中,由父母或其他年长者对其子女与年幼者实施的教育和影响。它是学校教育的基础和补充,有不可替代的教育作用。

二、多项选择题

1. ABCD 【解析】教师职业道德的特点有:(1)教育专门性(适用的针对性);(2)要求的双重性;(3)内容的全面性;(4)功能的多样性;(5)境界的高层次性;(6)意识的自觉性;(7)行为的典范性和示范性;(8)影响的广泛性和深远性。

2. ABCD 【解析】教学过程的基本规律主要包括:(1)间接经验与直接经验相结合(间接性规律);(2)教师主导作用与学生主体作用相统一(双边性规律);(3)掌握知识和发展智力相统一(发展性规律);(4)传授知识与思想品德教育相统一(教育性规律)。

3. BCD 【解析】校本课程开发的理念包括:(1)"学生为本"的课程理念;(2)"决策分享"的民主理念;(3)校本课程开发的主体是教师而不是专家;(4)"全员参与"的合作精神;(5)校本课程开发的基础:善于利用现场课程资源;(6)个性化是校本课程开发的价值追求;(7)校本课程开发的性质:国家课程的补充;(8)校本课程开发的运作:同一目标的追求。

4. ABC 【解析】德育过程的矛盾是指德育过程中各要素、各部分之间和各要素、各部分内部各方面之间的对立统一关系,包括教育者与受教育者的矛盾,教育者与德育内容、方法的矛盾,受教育者与德育内容、方法的矛盾,受教育者自身思想品德内部诸要素之间的矛盾等。德育过程的主要矛盾是教育者提出的德育要求(社会所要求的道德规范)与受教育者已有品德水平之间的矛盾。

5. ACD 【解析】相对于分科课程而言,综合实践活动是一门综合性课程,包括内容综合、学习方式综合和活动时空综合三个方面。故B项表述错误。

6. ABCD 【解析】运用记忆规律,促进知识保持的措施包括:(1)明确记忆目的,增强学习的主动性;(2)理解学习材料的意义;(3)对材料进行精细加工,促进对知识的理解;(4)运用组块化学习策略,合理组织学习材料;(5)运用多重信息编码方式,提高信息加工处理的质量;(6)有效运用记忆术;(7)适当过度学习;(8)重视复习方法(如间隔复习、及时复习等),防止知识遗忘。

7. ACD 【解析】根据《中华人民共和国教育法》第六十七条规定,教育对外交流与合作坚持独立自主、平等互利、相互尊重的原则,不得违反中国法律,不得损害国家主权、安全和社会公共利益。

8. ABC 【解析】多元智力理论是由美国心理学家加德纳提出来的。加德纳认为,人的智力结构中存在着七种相对独立的智力(后发展为九种),这几种智力在每个人身上的组合方式是多种多样的,每个人在不同领域的智力发展水平是不同步的。加德纳认为如果给予适当的鼓励,提供丰富的环境与指导,实际上每个人都有可能将任何一种智能发展到令人满意的水平。故A、B两项说法正确。逻辑—数学智力指数学运算与逻辑思考的能力以及科学分析的能力,故C项说法正确。多元智力理论不采用智力测验来鉴别智力的高低,故D项说法错误。

9. ABCD 【解析】布鲁巴奇等人提出了四种教学反思的方法:(1)反思日记;(2)详细描述;(3)交流讨论;(4)行动研究。

10. ABC 【解析】学习策略的特点有:(1)主动性;(2)有效性;(3)过程性;(4)程序性。

三、辨析题

1. 课程即学校开设的全部学科的总和。

(1)这种说法是不正确的。(2)课程是指学校学生所应学习的学科总和及其进程与安排。广义的课程是指学校为实现培养目标而选择的教育内容及其进程的总和,它包括学校所教的各门学科和有目的、有计划的教育活动。狭义的课程是指某一门学科。

2. 环境对个体发展的影响总是积极的。

(1)这种说法是不正确的。(2)环境对个体发展的影响有积极和消极之分,一般来说,生产力发达地区或良好的社会生活条件,可以加速年青一代身心发展的进程;相反,不良的社会生活条件,可以阻碍年青一代身心发展的进程。

3. 小明上课随意说话，班主任让他到教室外罚站。小明找到校长，说班主任侵犯了其受教育权。

(1)这种说法是正确的。(2)学生的受教育权包括受完法定年限教育权、学习权和公正评价权。学习权是指学生有权利在义务教育年限内在校学习，在教育教学过程中，教师不得以任何借口随意侵犯或剥夺学生参加学习活动，诸如听课、作业等的权利。小明上课随意说话，班主任可以给予批评教育，但不能剥夺其上课听课的权利。

4. 班级就是班集体，二者是相同的。

(1)这种说法是不正确的。(2)班级是学校为实现一定的教育目的，将年龄和知识程度相近的学生编班分级而形成的、有固定人数的基本教育单位。班级是学校行政体系中最基层的行政组织，是开展教学活动的基本单位。班集体是按照班级授课制的培养目标和教育规范组织起来的，以共同学习活动和直接性人际交往为特征的社会心理共同体。它被视为班级发展的高级阶段。班级和班集体是不同的。

5. 负强化作为一种温和的惩罚形式，是教师给予学生的负性关注，其作用是使负性行为得以增加。

(1)这种说法是不正确的。(2)惩罚与负强化有所不同，负强化是通过厌恶刺激的排除来增加反应在将来发生的概率，而惩罚则是通过厌恶刺激的呈现来降低反应在将来发生的概率。所以，题干的说法是不正确的。

## 四、简答题(参考答案)

1. 如何提高小学生的情绪调节能力？

(1)教会学生形成适宜的情绪状态；(2)丰富学生的情绪体验；(3)引导学生正确看待问题(调整认知)；(4)教会学生情绪调节的方法；(5)通过实际锻炼提高学生的情绪调节能力。

2. 简述教学工作的意义。

(1)教学是传播系统知识、促进学生发展的最有效的形式，是社会经验的再生产、适应并促进社会发展的有力手段。(2)教学是进行全面发展教育、实现培养目标的基本途径，为个人全面发展提供科学的基础和实践，是培养学生个性全面发展的重要环节。(3)教学是学校教育的中心工作，学校教育工作必须坚持以教学为主。

3. 简述最近发展区的概念及其在教学中的意义。

(1)最近发展区的概念。维果斯基认为，儿童有两种发展水平：一是儿童的现有水平，即由一定的已经完成的发展系统所形成的儿童心理机能的发展水平；二是可能达到的发展水平。这两种水平之间的差异，就是最近发展区。也就是说，最近发展区是儿童在有指导的情况下，借助成人的帮助所能达到的解决问题的水平与独自解决问题所达到的水平之间的差异，实际上是两个邻近发展阶段间的过渡状态。

(2)最近发展区的教学意义。在维果斯基看来，教学的可能性由学生的最近发展区决定，"教学应走在发展的前面"。维果斯基强调教育者不应只看到儿童今天已达到的发展水平，还应看到仍处于形成的状态，正在发展的过程。教学不能只适应发展的现有水平，还应适应最近发展区，从而走在发展的前面，最终跨越"最近发展区"而达到新的发展水平。

4. 简述教师在德育中贯彻疏导原则的基本要求。

(1)讲明道理，疏通思想；(2)因势利导，循循善诱；(3)以表扬、激励为主，坚持正面教育。

## 五、论述题(参考答案)

全面发展教育是对含有各方面的素质培养功能的整体教育的一种概括，是对为使受教育者多方面得到发展而实施的多种素质培养的教育活动的总称。试论述我国全面发展教育的内容。

(1)德育。德育是培养学生正确的人生观、世界观、价值观，使学生具有良好的道德品质和正确的政治观念，形成正确的思想方法的教育。

(2)智育。智育是传授给学生系统的科学文化知识、技能，发展他们的智力和与学习有关的非认知因素的教育。智育的主要内容和任务包括传授知识、发展技能、培养自主性和创造性。

(3)体育。体育是授予学生有关身体健康的知识、技能，发展他们的体力，增强他们的自我保健意识和体质，培养他们参加体育活动的需要和习惯，增强其意志力的教育。

(4)美育。美育是培养学生健康的审美观，发展他们感受美、鉴赏美、创造美的能力，培养他们高尚的情操与文明素养的教育。

(5)劳动技术教育。劳动技术教育是引导学生掌握劳动技术知识和技能，形成劳动观点和习惯的教育。

## 六、案例分析题(参考答案)

(1)小李老师认真备课，努力提高自己的教学技能，不断提升自己的教学水平的行为履行了《中华人民共和国教师法》规定的“贯彻国家的教育方针，遵守规章制度，执行学校的教学计划，履行教师聘约，完成教育教学工作任务”的义务。但是她对不认真听课的学生采取罚站，甚至用不许进教室听课的方式惩罚学生则违反了《中华人民共和国教师法》规定的“关心、爱护全体学生，尊重学生人格，促进学生在品德、智力、体质等方面全面发展”的义务。根据《中华人民共和国义务教育法》第二十九条规定，教师应当尊重学生的人格，不得歧视学生，不得对学生实施体罚、变相体罚或者其他侮辱人格尊严的行为，不得侵犯学生合法权益。小李老师用不许学生进教室听课的方式惩罚他们，严重地侵犯了学生的受教育权。

(2)①小李老师的做法符合爱岗敬业的师德规范要求。爱岗敬业的职业道德规范要求教师对工作高度负责，认真备课上课，认真批改作业，认真辅导学生，不得敷衍塞责。小李老师能够认真备课，认真讲课，体现了这一点。

②小李老师的做法符合终身学习的师德规范要求。终身学习的职业道德规范要求教师崇尚科学精神，树立终身学习理念，拓宽知识视野，更新知识结构；潜心钻研业务，勇于探索创新，不断提高专业素养和教育教学水平。小李老师到岗后一直努力提高自己的教学水平，不断提高自己的教学技能，符合终身学习的职业道德要求。

③小李老师的做法不符合爱国守法的师德规范要求。爱国守法的职业道德规范要求教师自觉遵守教育法律法规，依法履行教师职责权利。而小李老师对不认真听课的学生采取罚站的惩罚措施，侵犯了学生的人身权。另外，她不允许不守纪律的学生听课，侵犯了学生的受教育权，违反了《中华人民共和国义务教育法》和《中华人民共和国未成年人保护法》的相关规定。

④小李老师的做法不符合关爱学生的师德规范要求。关爱学生的职业道德规范要求教师关心爱护全体学生，尊重学生人格，平等公正对待学生；对学生严慈相济，做学生的良师益友；保护学生安全，关心学生健康，维护学生权益；不讽刺、挖苦、歧视学生，不体罚或变相体罚学生。小李老师体罚学生，并且不让学生听课的做法违背了这一职业道德规范的要求。

## 教师招聘考试教育理论基础押题试卷(二十)

**一、单项选择题**

1. A 【解析】教育的继承性是指不同历史时期的教育都前后相继，后一时期教育是对前一时期教育的继承与发展。由题干中“教育传统”“不随时代变迁而消失”可知，教育具有继承性。

2. C 【解析】中世纪的西欧形成了两种著名的封建教育体系：教会教育和骑士教育。教会教育的教育内容主要是“七艺”，具体分为“三科(文法、修辞、辩证法)”和“四学(算术、几何、天文、音乐)”。骑士教育的教育内容主要是“骑士七技”，即骑马、游泳、击剑、打猎、投枪、下棋、吟诗。故选C项。

3. D 【解析】由题干中“以‘学生守则’为基本依据”，对学生的学习、劳动、生活、品行等方面进行小结与评价，即对学生的操行进行小结与评价可知，班主任做的这项工作是操行评定。

4. A 【解析】在教育研究过程中，文献检索是必不可少的步骤，它贯穿教育研究的全过程。

5. D 【解析】学科活动是学校课外活动的主体部分，学校应高度重视，分科组织落实。

6. D 【解析】终身学习是教师专业发展的不竭动力。

7. A 【解析】教师中心论的典型代表是赫尔巴特，他认为教师在教育教学过程中起主宰作用，强调教师的权威作用。杜威、卢梭、罗杰斯是儿童中心论的代表人物。

8. B 【解析】“授人以鱼仅供一饭之需，授人以渔则终身受用无穷。”这说明教学中应重视发展学生自身的能力，强调“能力”的重要性。

9. D 【解析】从教育系统所赖以运行的场所或空间标准出发，可将教育形态分为“家庭教育”“学校教育”和“社会教育”。

10. A 【解析】特朗普制把大班上课、小班讨论、个人自学结合起来，以灵活的时间单位代替固定统一的上课时间。

11. B 【解析】1879年，德国著名心理学家冯特在德国莱比锡大学创建了世界上第一个心理学实验室，开始对心理现象进行系统的实验研究。在心理学史上，人们把这一事件看作是心理学脱离哲学，走上独立发展道路的标志，也意味着科学心理学的诞生。

12. D 【解析】理智感是人认识事物和探求真理的需要是否得到满足而产生的主观体验。攻克难题的自豪感、发现问题的惊奇感、问题解决的喜悦感、为真理献身的自豪感、问题不解的苦闷感等都属于理智感。

13. A 【解析】系统脱敏是指当某些人对某事物、某环境产生敏感反应(害怕、焦虑、不安)时,我们可以在当事人身上发展起一种不相容的反应,使其对本来可引起敏感反应的事物,不再发生敏感反应。例如,一个学生过分害怕猫,我们可以让他先看猫的照片,谈论猫;再让他远远观看关在笼中的猫,让他靠近笼中的猫;最后让他摸猫、抱起猫,消除对猫的惧怕反应。这就是"脱敏"。

14. C 【解析】在心理发展过程中,当某些代表新特征的量累积到一定程度时,就会取代旧特征而处于主导地位,表现为阶段性的间断现象。但后一阶段的发展总是在前一阶段的基础上发生的,而且又萌发着下一阶段的新特征,表现出心理发展的连续性。故选 C。

15. C 【解析】测验的效度(有效性),是指一个测验工具希望测到某种行为特征的有效性与准确程度。在本题中,算数试卷希望测到的是学生对算数知识的掌握程度,但却因生字而没有达到原有的效果。因此,这说明该试卷的有效性差。

16. A 【解析】水平迁移也叫横向迁移,是指先行学习内容与后继学习内容在难度、复杂程度和概括层次上属于同一水平的学习活动之间产生的影响。先学习电子琴,再学习弹钢琴属于同一水平的学习,产生的迁移属于水平迁移。

17. B 【解析】群体规范会形成群体压力,对学生的心理和行为产生极大的影响,还可能导致从众现象的发生。

18. C 【解析】职业倦怠中的情绪耗竭表现为:个体的情绪情感处于极度的疲劳状态,工作热情完全丧失。因此,张老师目前的状态属于情绪耗竭。

19. C 【解析】胆汁质的人以精力旺盛、粗枝大叶、表里如一、刚强、易感情用事为特征。整个心理活动笼罩着迅速而突发的色彩,并不容易形成善于克制自己情绪的性格特征。故 C 项说法错误。由于气质较多地受生物因素的制约,因此,气质变化较难、较慢。故 A 项说法正确。气质不能决定人的社会价值与成就的高低,也不直接具有社会道德评价含义,但气质对人在不同性质的活动中的适应性,甚至活动的效率却有一定的影响。故 B 项说法正确。多血质的人以反应迅速、有朝气、活泼好动、动作敏捷、情绪不稳定为特征。故 D 项说法正确。

20. B 【解析】根据《中华人民共和国教师法》第三条规定,教师是履行教育教学职责的专业人员,承担教书育人,培养社会主义事业建设者和接班人、提高民族素质的使命。教师应当忠诚于人民的教育事业。

**二、多项选择题**

1. ABD 【解析】个体身心发展的个别差异性要求教育必须因材施教,充分发挥每个学生的潜能和积极因素,有的放矢地选择适宜、有效的教育途径和方法手段,使每个学生都能得到最大的发展。如在教学中采取弹性教学制度、采取能力分组、组织兴趣小组等。故选 ABD 三项。

2. ABCD 【解析】教师需要具备精深的学科专业知识,主要包括:(1)掌握该学科的基本知识和基本技能;(2)掌握该学科的基本理论和学科体系;(3)了解该学科的发展脉络;(4)了解该学科领域的思维方式和方法论。

3. AD 【解析】人类教育活动的本质属性是一种有目的地培养人的社会活动。它与动物的"教育"活动的本质区别在于社会性和意识性。

4. BCD 【解析】校风是学校中物质文化、制度文化、精神文化的统一体,是经过长期实践形成的。一旦形成往往代代相传,具有不易消散的特点,因为它已经成为学校所有成员特别是教师的自觉行为。良好的校风能对新师新生起到潜移默化的影响。

5. ABC 【解析】批判教育学的代表人物及代表著作主要有鲍尔斯和金蒂斯的《资本主义美国的学校教育》、阿普尔的《教育中的文化和经济再生产》、布厄迪尔的《教育、社会和文化再生产》等。斯普兰格是文化教育学的代表人物。

6. BCD 【解析】学习是个体在特定情境下由于练习或反复经验而产生的行为或行为潜能的相对持久的变化。故 B、C、D 三项属于学习的现象。A 项属于本能行为,因此不属于学习现象。

7. ABCD 【解析】布卢姆认为,教学质量的要义是:如何向学生提供线索或指导;学生参与(外显地或内隐地)学习活动的程度;以及如何给予强化以吸引学生学习。鉴于目前学校中的教学都采取班级集体教学,学生经常会有些差错和困难,因此,反馈—纠正系统是必需的。这样,教学的四个要素是:线索、参与、强化和反馈—纠正。

8. ABCD 【解析】学生道德评价能力发展趋势的特点有:(1)从他律到自律;(2)从效果到动机;(3)从律他到律己;(4)从片面到全面;(5)从笼统到具体。

9. AB 【解析】从信息的输入与输出看,陈述性知识相对静态,程序性知识相对动态。故A、B两项正确。从信息的激活和提取来看,陈述性知识激活速度慢,其提取往往是一个有意识的搜索过程,程序性知识激活速度快,能相互激活。故C、D两项错误。

10. ACD 【解析】元认知计划策略包括设置学习目标、浏览阅读材料、设置思考题以及分析如何完成学习任务等。故选A、C、D三项。对注意加以跟踪是监控策略的内容。

三、简答题(参考答案)

1. 简述一堂好课的基本要求。

(1)教学目标明确;(2)教学内容准确;(3)教学结构合理;(4)教学方法适当;(5)讲究教学艺术;(6)板书有序;(7)充分发挥学生的主体性。

2. 简述运用榜样示范法的基本要求。

(1)选好学习的榜样;(2)激起学生对榜样的敬慕之情;(3)狠抓落实,引导学生用榜样来调节行为,提高修养。

3. 简述斯腾伯格的三元智力理论。

美国耶鲁大学的心理学家斯腾伯格提出了智力的三元理论。该理论包括智力成分亚理论、智力情境亚理论和智力经验亚理论。

(1)智力成分亚理论认为,智力包括三种成分及相应的三种过程,即元成分、操作成分和知识获得成分。元成分是用于计划、控制和决策的高级执行过程,如确定问题的性质,选择解题步骤等;操作成分表现在任务的执行过程中,是指接收刺激,将信息保持在短时记忆中,并进行比较,它负责执行元成分的决策;知识获得成分是指获取和保存新信息的过程,负责接收新刺激,做出判断与反应,以及对新信息的编码与存储。在智力成分中,元成分起着核心作用,它决定人们解决问题时所使用的策略。

(2)智力情境亚理论认为,智力是指获得与情境拟合的心理活动。在日常生活中,智力表现为有目的地适应环境、塑造环境和选择新环境的能力,这些能力统称为情境智力。

(3)智力经验亚理论认为,智力包括两种能力:一种是处理新任务和新环境时所要求的能力;另一种是信息加工过程自动化的能力。

4. 简述桑代克的试误说对教学的启示。

桑代克的联结—试误理论(试误说)对于学生的学习有很大的借鉴意义。根据学生学习的特点,这一理论特别强调"从做中学",即在实际的操作过程中学习有关的概念、原理、技能和策略等。具体而言,对教育有以下指导意义:

(1)教师应该允许学生犯错误,并鼓励学生多尝试,从错误中学习,这样获得的知识才会更牢固;(2)任何学习都应该在学生有准备的状态下进行,不能经常搞"突然袭击"(准备律);(3)在学习过程中,应加强合理的练习,并注意学习结束后不时地进行练习(练习律);(4)在实际教育过程中,教师应努力使学生的学习能得到自我满意的积极结果,防止一无所获或得到消极的后果(效果律)。

四、论述题(参考答案)

1. 实施素质教育是迎接21世纪的挑战、提高国民素质、培养跨世纪人才的措施。试述学校应采取哪些具体措施来确保实施素质教育的实效。

(1)改变教育观念。提高民族素质,实施素质教育,关键是要转变教育观念。教育要面向全体学生,让每一个学生在各自的基础上全面提高,积极推进义务教育的普及。在义务教育阶段要淡化选拔意识,调动个体自身的积极性、主动性,使自身个性得以充分发展,使整体素质在各自的基础上得到改善和提高。

(2)转变学生观。实施素质教育必须转变学生观。学生是教育的主体,学生的成长主要依靠自己的主动性。因此,教育要唤起学生的主体意识,充分发展学生的个性,发挥学生的积极主动精神,基础教育阶段实施素质教育不仅要尊重学生的主体地位,发挥学生学习的主动性,而且还要引导学生自尊、自重、自主、自律。

(3)加大教育改革的力度。素质教育是一种新的教育思想、教育观念,而不是一门具体的课程或一种具体的方法,是通过学校的各种教学活动来进行的。课堂教学是实施素质教育的主渠道,因此我们必须改革课堂教学方法。

(4)建立素质教育的保障机制。要充分发挥政府作用,加大教育督导力度,提高教育评价的科学性,加强各类教育之间的沟通和衔接。

(5)建立素质教育的运行机制。建立学校内部管理机制,提高校长和教师的素质,完善课程体系,优化教学过程。

(6)营造良好的校园文化氛围。校园文化对于学生素质的形成具有潜移默化的作用。因此,应营造良好的校园文化氛围,开展多种有益于学生身心发展的学术的、文娱的、体育的活动,使学生受到良好的校园文化的熏陶,培养他们健康的心理。

2. 试论述韦纳的成败归因理论及其在教育上的意义(联系实际)。

美国心理学家韦纳对归因进行了系统的研究。他把人经历过事情的成败归结为六种原因:能力、努力程度、工作难度、运气、身心状况、外界环境。又把上述六项因素按各自的性质,分别归入三个维度:内部归因和外部归因、稳定性归因和非稳定性归因、可控制归因和不可控制归因。

韦纳的归因理论在教育上具有重要意义:(1)教师根据学生的自我归因可预测其此后的学习动机。学生自我归因虽未必正确,但却是重要的。因为归因促使学生在从了解自己到认识别人的过程中,建立起明确的自我概念,促进自身的成长。而如果学生有不正确的归因,则更表明他们需要教师的辅导与帮助。(2)长期消极的归因不利于学生的人格成长,这就需要教师利用反馈的作用,并在反馈中给予鼓励和支持,帮助学生正确归因,重塑自信。韦纳发现,在师生交互作用的教学过程中,学生对自己成败的归因,并非完全以其考试分数的高低为基础,而是受到教师对他的成绩表现所做反馈的影响。(3)通过归因训练改变学生消极的自我认识,提高学习动机。根据归因理论,学生将成败归因于努力比归因于能力会产生更强烈的情绪体验。努力而成功,体验到愉快;不努力而失败,体验到羞愧;努力而失败,也应受到鼓励。因此,教师在给予奖励时,不仅要考虑学生的学习结果,而且要联系学生学习进步与努力程度的状况来看,强调内部、稳定和可控制的因素。在学生付出同样努力时,对能力低的学生应给予更多的奖励;对能力低而努力的人给予最高评价;对能力高而不努力的人则给予最低评价,以此引导学生进行正确归因。

(考生可结合实际适当加以阐述,言之有理即可)

**五、案例分析题(参考答案)**

1. (1)①捕捉亮点,正面引导。如案例中小叶初二时新来的班主任那般,善于发现小叶身上的亮点——亲近动物,并对小叶进行正面引导。②善于发现学生的爱好,并针对其爱好进行引导教育。如案例中新来的班主任发现小叶喜欢上生物课,于是就找小叶谈话,针对小叶的爱好,让其当动物兴趣小组的小组长。③用欣赏的眼光看待学生。案例中新来的班主任就是以欣赏的眼光看待小叶。④善于发现每一个学生的优点,以表扬为主,鼓励学生进步。⑤培养自己的观察能力,同时多和学生接触以创造“机缘”。⑥肯定学生行为中合理的地方,赞赏学生解决问题的创造性。⑦包容学生的过失,能用期待的心情等待学生的每一点进步,用喜悦的语气去赞许学生的每一份成功。⑧创造条件,给予学生成功的机会,增强他们战胜困难的信心。

(2)①“一分为二”地看待学生。②发扬积极因素,克服消极因素。调动学生的积极性,引导他们自觉地巩固发扬自身的优点来抑制和克服自身的缺点。③引导学生自觉评价自己,勇于自我教育。

2. (1)学校的行为不符合法律规定,根据《中华人民共和国教师法》《教师资格条例》的规定,国家实行教师资格制度,中国公民在各级各类学校和其他教育机构中专门从事教育教学工作,应当依法取得教师资格。然而学校却聘用了没有取得教师资格证的小李。(2)小李对小明受同学欺负未进行干预的行为不合法,属于不作为违法侵权行为。不作为侵权行为是指行为人以一定的不作为致人损害的行为。根据《中华人民共和国教师法》《中华人民共和国未成年人保护法》的规定,学校和教师负有保护学生的法定义务。如果教师没有积极履行保护职责或阻止有害学生的行为即构成不作为侵权。(3)小明父亲辱骂李老师的行为不合法。根据《中华人民共和国教师法》第三十五条规定,侮辱、殴打教师的,根据不同情况,分别给予行政处分或者行政处罚;造成损害的,责令赔偿损失;情节严重,构成犯罪的,依法追究刑事责任。